Die

Zahlenlehre oder Arithmetik

der

niedere Zweig der Analyse.

Erster Zweig

der

Formenlehre oder Mathematik.

Vorwort.

Die Formenlehre oder Mathematik ſoll in dieſem Werke streng wissenschaftlich mit Ausschluss jedes Trugschlusses dargestellt werden. Sie wird alle vier Zweige der reinen Mathematik: Zahlenlehre oder Arithmetik, Folgelehre oder Funktionenlehre, Ausdehnungslehre und Erweiterungslehre umfassen; dagegen werden die Anwendungen auf die Raumlehre und auf die Mechanik aus dieſem Bande ausgeschlossen und ſollen demnächst in einem andern Bande folgen.

Gegenwärtig entbehren noch fast alle Darstellungen der Mathematik der streng wissenschaftlichen Form, obwohl dieſe die leichteste und elementarste und zugleich die kürzeste und klarste Form der Entwicklung ist. Fast alle Lehrbücher der Mathematik, bez. ihrer Zweige, namentlich der Zahlenlehre und Funktionenlehre stellen noch Sätze auf, deren Anwendung zu den schlimmsten Trugschlüssen führt, und das traurige Ergebnis hat, dass man durch streng wissenschaftliche Anwendung dieſer Sätze bez. Formeln die grösten Widersprüche, ja jeden beliebigen Unſinn beweiſen kann.

Der Verfasser will hier nicht die Beweiſe für dieſe Behauptung führen; er hat dieſe Beweiſe im Vorworte zu den einzelnen Zweigen, bez. auserdem noch an den betreffenden Stellen des Textes in den Anmerkungen geführt und erlaubt ſich hier darauf zu verweiſen. Die geehrten Leſer werden namentlich in dem Vorworte zur Zahlenlehre einen grosen Teil dieſer Beweiſe, ſowie die ſie interessirenden Mitteilungen ſinden über die Form der Darstellung und über die Art, wie ſich das Buch mit Leichtigkeit leſen und benutzen lässt.

Indem ſich der Verfasser demnach auf die Vorworte zu den einzelnen Zweigen, namentlich zur Zahlenlehre bezieht, bittet er die geehrten Mathematiker, dies Werk einer Prüfung und geneigten Beurteilung zu unterziehen. Namentlich empfiehlt er dies Werk den Herren Lehrern, ſie werden darin die leichtesten Methoden ſinden, welche trotz der Strenge der Form zu den schnellsten und zugleich ſichersten Fortschritten ihrer Schüler führen müssen.

Der Verfasser.

Die

Zahlenlehre oder Arithmetik

streng wissenschaftlich in strenger Formel-Entwicklung.

Von

Robert Grassmann.

Stettin 1891.

Druck und Verlag von R. Grassmann.

Vorwort.

Die vorliegende Darstellung der Zahlenlehre oder Arithmetik macht den Anspruch, die erste streng wissenschaftliche und zugleich ganz elementare Darstellung der Zahlenlehre zu ſein. Sehen wir von den Arbeiten der Gebrüder Grassmann in Stettin und des Professors Schroeder in Karlsruhe (H. Grassmann Arithmetik Stettin 1860, Berlin 1861, R. Grassmann Zahlenlehre Stettin 1872, E. Schroeder Lehrbuch der Arithmetik und Algebra Leipzig 1872) ab, ſo bieten ſämmtliche andere Darstellungen der Zahlenlehre in ihren grundlegenden Abschnitten bei ihren ſogenannten Beweiſen die bedenklichsten Zirkelschlüsse und Trugschlüsse, welche nichts beweiſen und nur geeignet ſind, die Leſer an unwissenschaftliches Denken zu gewöhnen und ſie zu verwirren.

Es mag dieſe Behauptung vielen Leſern übertrieben und anmasend erscheinen; aber ſie ist durchaus wahr und darf im Interesse der Wissenschaft nicht verschwiegen werden. Fast alle Darstellungen der Zahlenlehre, auch die zuletzt erschienenen gründen (und dies ist ein Fehler, der zuerst gerügt werden muss, da er bereits die Möglichkeit strenger Wissenschaftlichkeit ausschliest) ihre Beweiſe auf logische Schlüsse, obwohl ihre Schüler noch gar keine Logik studirt haben, und obwohl es bis in die neueste Zeit noch gar keine wissenschaftliche Darstellung der Logik gegeben hat. Und dieſe Darstellungen thun dies, obwohl die strenge Mathematik gar keine Anwendung der logischen Schlüsse bedarf, ſondern ohne jede Logik allein auf die Sätze der einwertigen Grösen, ihrer Gleichheit und Ungleichheit gegründet werden kann und muss, wie ja auch die Kinder viel früher die Rechnungen mit Zahlen als die Geſetze der Logik kennen lernen.

In jeder streng wissenschaftlichen Darstellung der Zahlenlehre darf jede Zahl nur auf eine Weise erklärt werden und zwar fortschreitend jede folgende als die Summe der vorhergehenden plus eins (z. B. $8 = 7 + 1$) und muss erst bewiesen werden, dass jede andere Art, wie dieselbe entstehen kann (z. B. $8 = 5 + 3$, $8 = 4 \times 2$ u. s. w.) der obigen Zahl gleich ist. In jeder streng wissenschaftlichen Darstellung der Zahlenlehre muss ferner festgestellt werden, dass jede folgende Zahl mit allen vorhergehenden Zahlen ungleich sein muss, wenn man nicht in die gröbsten Trugschlüsse verfallen will.* Wenn aber jede Zahl mit allen vorhergehenden und allen folgenden Zahlen ungleich sein und nur einen Wert haben soll, so muss auch für jede Zahl ein eigener einwertiger Name und ein eigenes einwertiges Zeichen eingeführt und muss dies in der wissenschaftlichen Darstellung der Zahlenlehre unzweifelhaft nachgewiesen werden.

Alle Beweise in der Zahlenlehre können wissenschaftlich nur in fortschreitender Form geführt werden. Da alle Erklärungen der Zahlen fortschreitende sind, und jede Zahl fortschreitend aus der vorhergehenden Zahl **a** plus Eins erklärt ist, so muss auch jeder Satz, der für alle Zahlen gelten soll, auch so bewiesen werden, dass man beweist, wenn er für **a** gilt, so gilt er auch für **a + 1** und so fortschreitend für alle folgenden Zahlen.

Fast alle Darstellungen der Zahlenlehre ersparen sich aber die Mühe des fortschreitenden Beweises und wollen denselben durch einige nichtssagende und nichtsbeweisende Phrasen ersetzen.

Fast alle Darstellungen der Zahlenlehre enthalten aber auch weitere grose Fehler, lassen die Division durch Null zu, rechnen mit mehrwertigen Grösen wie $\sqrt{a^2}$ und lassen es ganz unbeachtet, dass man damit jeden Trugschluss beweisen kann.**

---

* Anm. Setzen wir z. B. $9 = 1$, so ergiebt sich $8 = 9 - 1 = 1 - 1 = 0$, also auch $2 = \frac{1}{4} \cdot 8 = \frac{1}{4} \cdot 0 = 0$ und ebenso $\frac{1}{2} = \frac{1}{4} \cdot 2 = \frac{1}{4} \cdot 0 = 0$, mithin auch $1 = \frac{1}{2} + \frac{1}{2} = 0 + 0 = 0$.

** Anm. Lässt man die Division durch Null, oder die mehrwertige Gröse $\sqrt{a^2}$ zu, so ergeben sich aus den Gesetzen der Zahlenlehre die gefährlichsten Trugschlüsse und verliert die ganze Zahlenlehre jeden wissenschaftlichen Wert, wie dies die folgenden kurzen Beispiele beweisen.

1) Es ist unzweifelhaft $(a - b)c = (a - b)c$ oder $ac - ac = bc - bc$, also $a(c - c) = b(c - c)$. Dividiren wir nun durch $c - c$ und heben $\frac{c - c}{c - c}$, so ergiebt sich $a = b$, d. h. jede Zahl jeder andern gleich.

Beim Gebrauche der Klammern musste eine weſentliche Aenderung vorgenommen werden, wenn man nicht eine höchst lästige Zahl von Klammern haben wollte.

Bekanntlich kann man beim fortschreitenden Knüpfen derſelben Art die Klammern weglassen. So ist $a + b + c + d + e = (((a + b) + c) + d) + e$, ebenſo $abcde = (((ab)c)d)e$, und auch $a^{b^{c^d}} = \left((a^b)^c\right)^d$. Dagegen wenn verschiedene Knüpfungen vorkommen, ſo bezieht ſich die höhere nur auf die unmittelbar vorhergehende Gröse, ſo ist $a + bc = a + (bc)$, aber nicht gleich $(a + b)c$, ſo ist $ab^c = a(b^c)$, aber nicht gleich $(ab)^c$. Für die Funktionszeichen log, sin, cos, tan, cot, f_0 u. ſ. w. gilt nun aber ein ganz anderes Geſetz; dieſe Zeichen müssen auf alle folgenden Grösen desſelben Gliedes bezogen werden, wenn man nicht eine höchst lästige Zahl von Klammern haben, oder durch Ersparung von Klammern Unklarheiten bereiten will. So ist $\sin abc = \sin(abc)$, ſo $\sin\frac{x}{y} = \sin\left(\frac{x}{y}\right)$, ſo $f_0 a \sin x = f_0(a \sin x)$, ſo $\sin x^2 = \sin(x^2)$, dagegen $\sin^2 x = \sin \sin x = \sin(\sin x)$ und $(\sin x)\sin x = (\sin x)^2$. Dieſe Regel erspart namentlich für die Funktionenlehre zahlreiche Klammern und macht die Sache viel einfacher.

Es könnte nach dem Geſagten Manchem ſo scheinen, als müsse der Fortschritt in der Zahlenlehre ein ſehr langſamer und weitläuftiger werden, dem ist aber nicht ſo. Vermeidet man alle unnützen Beweiſe, und beweiſt man nicht vielmal, was man mit einem Male beweiſen kann, ſo wird der Fortschritt in der Zahlenlehre ein überraschend schneller. Die vorliegende Darstellung bietet auf nur 242 Seiten trotz vielfacher erläuternder Bemerkungen und aller strengen Beweiſe die ganze niedere und höhere Zahlenlehre, nebst allen Sätzen über imaginäre und komplexe Grösen, über Winkelfunktionen und höhere Gleichungen in 596 Sätzen.

Der Verfasser glaubt daher dies Buch allen empfehlen zu können, welche eine strenge Wissenschaft mit Vermeidung aller Trugschlüsse

---

2) Setzen wir $\sqrt{a^2} = \sqrt{a^2}$, ſo folgt, da $\sqrt{a^2}$ zwei Werte hat, nämlich $+a$ und $-a$, unmittelbar $+a = \sqrt{a^2} = -a$, alſo $a + a = a + \sqrt{a^2} = a - a = 0$, jede Gröse der Zahlenlehre gleich Null.

Man wird nun ſagen, ja ſolche Anſätze muss man nicht machen. Darauf antworte ich, man darf nicht ſolche unrichtigen Geſetze aufstellen, aus denen ſich bei richtiger Anwendung ſolche Trugschlüsse ergeben; das ist schlechthin unwissenschaftlich und muss auf das schärfste gerügt werden.

wünschen. Namentlich erlaubt er sich aber dies Buch allen Lehrern dringend zu empfehlen.

Der vom Verfasser in ſeiner Darstellung eingeschlagene Weg ist nämlich ganz genau derſelbe, den jeder Lehrer beim Rechenunterrichte einschlägt und einschlagen muss. Jeder von uns hat einst auf dieſem Wege zählen und rechnen gelernt. Jede Zahl wird auch vom Kinde fortschreitend gebildet, indem von der gewonnenen Zahl zu der um Eins grösern Zahl fortgeschritten wird. Ebenſo wird beim Zufügen oder Addiren erst $2 = 1 + 1$ zugefügt, dann, wenn dies spielend vor ſich geht, $2 + 1 = 3$ zugefügt, dann $3 + 1 = 4$ und ſo fort. Ebenſo beim Vervielfachen oder Multipliziren wird für jede Zahl z. B. 8 erst

$$1 \text{ mal } 8 + 1 \text{ mal } 8 = 2 \times 8,$$

dann $(2 + 1)$ mal $8 = 2$ mal $8 + 1$ mal $8 = 3 \times 8$ u. ſ. w.

stets fortschreitend gebildet, ganz wie dies in der vorliegenden Darstellung geschehen ist. Es ist ja auch unmöglich in andrer Weiſe rechnen zu lernen. Die Lehrer finden alſo in dieſer Darstellung die wissenschaftliche Begründung ihres Rechenunterrichtes. Die Darstellung des Verfassers ist hiernach ebenſo ganz elementar wie ſie streng wissenschaftlich ist.

Die Darstellung in reiner Formelentwicklung wird aber für viele Leſer abschreckend und ermüdend ſein. Auch dem Verfasser ist dieſe Form, zumal, wie ſie in den meisten mathematischen Werken angewandt wird, wenig ſympathisch. Er hat daher hier neue Wege einschlagen zu müssen geglaubt, und bittet die geehrten Leſer dieſen neuen Wegen ihre Aufmerkſamkeit zuzuwenden.

Der Verfasser wird die Zahlenlehre in zwei Formen darstellen, die eine in strenger Formelentwicklung, die andere in freier Gedankenentwicklung.

Die Zahlenlehre in strenger Formelentwicklung ist die streng wissenschaftliche, den Denkoperationen entsprechende Form. In den mathematischen Werken, welche in Formelentwicklung vorschreiten, verlangen die Verfasser aber meist, dass der Leſer alles leſe, jeden Beweis mitmache, kurz, das Buch ausführlich studire; dadurch ermüden ſie den geübten Fachgenossen, langweilen ihn, und müssen doch, um nicht die vorgeschrittenen Kräfte zu ſehr zu ermüden, für die Anfänger oft zu schwierig und unverständlich werden. Dies ist ein Uebel, welches ſich ſehr leicht vermeiden lässt, wenn man verschiedene Schriftarten für den Text der Sätze, für die Beweiſe und für die ſonstigen Bemerkungen anwendet und neben der Zahlenlehre ein geſondertes Formelbuch und ein Uebungsbuch auflegt. So ist die Sache vom Verfasser geordnet.

Der Text der Sätze ist in halbfetter Borgis-Schrift gedruckt, ſo dass er hervortritt und man die Sätze leſen kann, ohne die Beweiſe durchzugehen. Es kann dann ein Jeder ganz nach Wunsch das ausſuchen, was ihm beſonders anregend oder wichtig erscheint.

Der Beweis der Sätze ist in gewöhnlicher Borgis-Schrift gedruckt. Jeder kann alſo leicht die Beweiſe durchnehmen, welche ihm beſonders wichtig erscheinen; ebenſo leicht kann er aber auch wieder Beweiſe überschlagen. Jeder Beweis aber ist Schritt für Schritt, ohne jeden Sprung geführt; für jede Formeländerung ist in derſelben Zeile hinten der Satz in Klammern beigefügt, nach welchem dieſe Aenderung gestattet ist. Hat der Leſer das Formelbuch neben ſich liegen, ſo findet er in demſelben unmittelbar die Formel oder den Satz, der hier angeführt ist.

Das Formelbuch giebt unter der fortlaufenden Nummer der Sätze für jeden Satz die Formel an, welche in dem Satze bewieſen ist. Dies Formelbuch ſoll beim Gebrauche neben der Zahlenlehre liegen und mit gröster Leichtigkeit eingeſehen werden können. Der gewiegte Fachmann überblickt darnach leicht den Gang des Werkes und findet mit einem Blicke das, worauf es ihm ankommt. Die Beweiſe leſen ſich darnach leicht, wie ein gewöhnliches Buch. Der Anfänger aber kann darnach leicht die Sätze wiederholen und prägt ſich die Formeln leicht bis zur grösten Sicherheit ein. Dies aber ist bekanntlich die erste Bedingung für jeden weitern Fortschritt. Das Formelbuch wird daher jedem eine willkommene Gabe ſein.

Die Bemerkungen ſind in kleiner Schrift (in Petitschrift) gedruckt. Der wissenschaftlichen Darstellung jedes Abschnittes ist eine Einleitung vorausgeschickt, welche den Leſer vorbereiten und mit der Idee und dem Gange des Zweiges vertraut machen ſoll, welche daher nicht zur streng wissenschaftlichen Darstellung gehört. Bei den einzelnen Sätzen ſind, wo es erforderlich schien, Bemerkungen über den Erfinder des Satzes, über die Anſichten anderer Fachmänner, die Beurteilungen anderer Darstellungen, die Beispiele und die Anleitung zu den Uebungen, um die Anwendung der Sätze zu erleichtern, zugefügt und gehören gleichfalls nicht zur strengen Darstellung.

Das Uebungsheft endlich bildet für jeden einzelnen Zweig die Uebungen, welche für den Lernenden notwendig ſind, um den Stoff zu beherrschen und die Sätze mit Leichtigkeit anwenden zu können.

Die Zahlenlehre in freier Gedankenentwicklung ist die freiere, kritische, die Denkoperationen betrachtende Form. Es kann ſich dieſe letzte Form der Entwicklung freier bewegen; ſie kann die verschiedenen möglich erscheinenden Wege unterſuchen, die Ideen, welche der Entwicklung zu Grunde liegen, beleuchten und dadurch den Leſer mehr anregen, auch ſeinerſeits Verſuche in Formelentwicklung und Beweiſen nach verschiedenen Richtungen hin zu machen. Es wird dieſe Art der Darstellung daher eine wünschenswerte Ergänzung zu der ersten Art der Darstellung gewähren. Auch bei der Darstellung in freier Gedankenentwicklung werden ebenſo wie bei der Darstellung in strenger Formelentwicklung nur einwertige Grösen durch einwertige Knüpfungen und ebenſo die Zeichen derſelben, die Buchstaben durch einwertige Knüpfungszeichen zu Formeln verbunden, aber der Unterschied besteht darin, dass bei der Darstellung in freier Gedankenentwicklung die Entwicklung durch Betrachtungen geführt wird, in welcher Weiſe man zu einer strengen Formel gelangen und wie man dieſelbe umgestalten kann, und wie man dadurch zu den Sätzen des Formelbuches gelangt. Der Vorteil dieſer Darstellung ist hier, dass man ſich stets Rechenschaft giebt, welche Wege man einschlagen ſoll und dass man kritisch den eingeschlagenen Weg beleuchtet, ſowie dass ſich hieran dann eine Anleitung schliest, wie man ſich durch Uebungen im Uebungshefte die nötige Gewandtheit in der Umwandlung der Formeln und in der Anwendung derſelben auf das äusere Leben erwerben kann.

Beide Arten der Darstellung ergänzen alſo einander und werden ihre Verehrer finden. Wer die Darstellung in strenger Formelentwicklung studirt hat, wird durch die Darstellung in freier Gedankenentwicklung einen freiern und umfassendern Blick gewinnen. Wer die Darstellung in freier Gedankenentwicklung studirt hat, wird durch die Einſicht in die strengen Beweiſe der strengen Formelentwicklung grösere Sicherheit gewinnen und auftauchende Bedenken leicht überwinden.

Die Kunstsprache ist gegenwärtig in allen mathematischen Werken eine ſehr wenig brauchbare. Man bezeichnet jetzt mit demſelben Kunstausdrucke die verschiedensten, nach ganz abweichenden Geſetzen vorzunehmenden Verknüpfungen und wird dadurch unklar und verworren, ohne die Allgemeinheit erreichen zu können, welche doch notwendig ist. Irrtümer und Verwechſlungen ſind daher ganz unvermeidlich. So z. B. wird das Wort die Multiplikation für die verschiedensten Knüpfungen gebraucht

für a(bc), wo a(bc) = abc und wo a(bc) $\gtrless$ abc,
für ab, wo ab = ba und wo ab $\gtrless$ ba,
für ab, wo aa = 0 und wo aa $\gtrless$ 0 u. ſ. w.

Und ſo in vielen andern Fällen. Dasſelbe Wort bezeichnet bald eine Knüpfung in der Zahlenlehre, bald in der Ausdehnungslehre, bald in der Logik und bald in der Bindelehre, obwohl für dieſe Knüpfung in jedem der Zweige ganz verschiedene Geſetze gelten. Dies ist unwissenschaftlich und muss vermieden werden. Die neuen deutschen Kunstausdrücke gewähren hierfür ein gutes Mittel.

Als Kunstsprache werden daher in der Zahlenlehre neue, eindeutig erklärte Kunstausdrücke in rein deutscher Sprache eingeführt; alle mehrdeutigen Fremdwörter ſind entfernt und durch rein deutsche Wörter erſetzt, die gewohnten Kunstausdrücke aber ſind in Klammer beigefügt, damit auch denen Rechnung getragen werde, welche an dieſe Ausdrücke gewöhnt ſind.

Nach dem Vorbilde des berühmten Mathematikers S. F. Lacroix giebt der Verfasser noch einen Ueberblick über die griechischen Buchstaben. Es werden dieſelben mehrfach in der Zahlenlehre angewandt; um nun auch denen verständlich zu bleiben, welche die griechische Sprache nicht erlernt haben, mögen Zeichen und Namen folgen:

Zeichen. Verſal.	Zeichen. Text.	Name.
A	α	Álpha.
B	β	Bèta.
Γ	γ	Gámma.
Δ	δ	Délta.
E	ε	Épſilon.
Z	ζ	Zêta.
H	η	Êta.
Θ	ϑ	Thêta.
I	ι	Ïôta.
K	$\varkappa$	Káppa.
Λ	λ	Lámbda.
M	μ	Mû.
N	ν	Nû.
Ξ	ξ	Xî.

Zeichen. Verfal.	Text.	Name.
Ο	ο	Ómīkrón.
Π	π	Pī.
Ρ	ϱ	Rhô.
Σ	σ, ς	Sígma.
Τ	τ	Taû.
Υ	υ	Ŭpsīlón.
Φ	φ	Phî.
Χ	χ	Chî.
Ψ	ψ	Psî.
Ω	ω	Ôméga.

Zum Schlusse möge noch ein kurzer Ueberblick über die Geschichte der Zahlenlehre folgen.

Die niedere Zahlenlehre ist eine sehr alte Wissenschaft. Schon 2000 Jahre vor Chr. bildete das Rechnen in Egypten einen Zweig des Volksunterrichtes. Die erste wissenschaftliche Ausbildung erhielt die Zahlenlehre durch die Griechen, namentlich durch Eukleídēs, (geb. 308 vor Chr.), durch Archimēdēs (287 bis 212 vor Chr.) und durch Dióphantos (im vierten Jahrhundert nach Chr.). Eine weitere Ausbildung gewann die Zahlenlehre um 500 bis 650 nach Chr. in Indien; hier ward das zehnteilige Zahlensystem mit den zehn Ziffern, namentlich auch mit der Null eingeführt. Die Araber erfanden im Mittelalter die Zehntbrüche oder Dezimalbrüche, sowie die ersten trigonometrischen Funktionen. Von ihnen ist die Zahlenlehre um 1000 nach Chr. zuerst in Spanien eingeführt und später erst in den andern Ländern Europas bekannt geworden.

Die höhere Zahlenlehre gehört erst der neuen Zeit an. Erst um 1585 ist das Höhen oder Potenziren und erst 1614 sind die Logarithmen erfunden.

Die beiden höchsten Zweige der Zahlenlehre: Die dehnende Zahlenlehre oder die Lehre von den komplexen Grösen und die erweiternde Zahlenlehre oder die Lehre von den höhern Gleichungen haben erst in diesem Jahrhundert ihre Ausbildung erhalten.

Der Verfasser.

Inhaltsverzeichniss.

Einleitung in die Zahlenlehre oder Arithmetik.

Erster Abschnitt der Zahlenlehre: Die niedere Zahlenlehre oder die Rechnungen mit ganzen Zahlen und mit Brüchen.

Zweiter Abschnitt der Zahlenlehre: Die höhere Zahlenlehre oder Höhen, Tiefen, Loge oder Logarithmen.

Dritter Abschnitt der Zahlenlehre: Die dehnende Zahlenlehre oder Richtgrösen, Winkelfolgen und Winkeltafeln.

Vierter Abschnitt der Zahlenlehre: Die erweiternde Zahlenlehre oder die Lehre von den Gleichungen.

Einleitung in die Zahlenlehre oder Arithmetik.

1. Die Erklärungen und die Beweisform der Grösenlehre.

Das Erste, womit wir die Zahlenlehre beginnen müssen, wenn wir keine andre Lehre vorausfetzen wollen, find die allgemeinen Erklärungen und Sätze, welche ein streng wissenschaftliches Denken überhaupt erst möglich machen und welche uns lehren, wie man streng wissenschaftlich beweifen und fortschreiten kann, ohne die Logik und ihre Gefetze zu bedürfen.

Diefe Erklärungen und Sätze gehören aber der Grösenlehre an. Wir müssen alfo auch die Zahlenlehre mit den ersten Sätzen der Grösenlehre beginnen.

a. Die Erklärungen der Grösenlehre.

Erklärung. Die Denklehre ist die Wissenschaft von der Knüpfung der Grösen. Der allgemeine Zweig derfelben heist die Grösenlehre. 1.

Erklärung. Eine Gröse heist jedes, was Gegenstand des Denkens ist oder werden kann, fofern es nur einen und nicht mehre Werte hat. 2.

Alle Werke über Mathematik beginnen mit der Erklärung der Gröse; aber in keinem mir bekannten Werke ist die schlechthin notwendige Bestimmung getroffen, dass jede Gröse nur einen und nicht mehre Werte haben darf. Ohne diefe Festfetzung bleibt aber das ganze Gebäude unwissenschaftlich. Denken wir uns, eine Gröse habe auch nur zwei Werte, welche einander ungleich find, fo gilt für fie kein Satz der Mathematik oder überhaupt des strengen Denkens: denn dann kann man nicht einmal die Gröse fich felbst gleich fetzen, ohne dass man zu Trugschlüssen gelangt.

In neuester Zeit hat nun der Professor Paul Du Bois-Reymond „Die all- „gemeine Funktionentheorie. Erster Teil: Metaphysik und Theorie der mathe- „matischen Grundbegriffe: Gröse, Grenze, Argument und Funktion", Tübingen 1882, eine neue Erklärung von Gröse aufgestellt, welche von der obigen Erklärung wefentlich abweicht. Er fagt a. a. O. S. 14 Folgendes: „Unter mathematischer Gröse (quantum, quantitas, quantité) versteht man gewöhnlich eine gemeinfame Eigenschaft verschiedenartiger Dinge, in Bezug auf welche fie numerisch vergleichbar find, wie deren Länge oder Gewicht. Doch keineswegs alle Vorstellungsreihen, mit welchen ſich mathematisch operiren lässt, fallen unter dieſe Definition. Allgemeiner ist unter mathematischer Gröse der Inbegriff einer Folge von Vorstellungen zu verstehen, von der mindestens ausgeſagt werden kann, 1. dass jede Einzelvorstellung in jener Folge ihren genügend bestimmten Platz beſitzt, 2. dass zwischen den Grösen der Folge, oder zwischen ihnen und den Grösen anderer ebenfalls festgeordneter Folgen Beziehungen stattfinden, welche zu neuen Beziehungen combinirt werden können."

Aber dieſe Erklärung ist unbrauchbar und fehlerhaft. Dieſelbe ist zunächst unklar und nebelnd und zeigt, dass der Verfasser ſelbst nicht weiss, was Gröse ist, dass vielmehr in ſeinem Kopfe die verschiedensten Vorstellungen von Gröse durch einander laufen. Die Gröse ſoll nach ihm zunächst eine Eigenschaft, und zwar „eine gemeinſame Eigenschaft verschiedener Dinge", ſie ſoll dann wieder eine Reihe und zwar „eine Vorstellungsreihe" ſein, ſie ſoll drittens „ein Inbegriff von Vorstellungen" ſein. Der Herr D. B. giebt alſo drei von einander abweichende Erklärungen statt einer. Der allein notwendige Teil der Erklärung, dass jede Gröse nur einen und nicht mehre Werte haben darf, fehlt dagegen. Hätte er dieſen aufgestellt, ſo würde er die groben Fehler ſeiner Erklärung ſelbst erkannt haben.

Nicht minder bedenklich ist, was derſelbe Verfasser in demſelben Werke über die mathematische Gröse ſagt. Er behauptet zunächst a. a. O. S. 23, die mathematischen Grösen ſeien lineär, d. h. ſie ſeien auf Längen zurückführbar, ihre Unterschiede, Teile und Vielfachen ſeien wie bei den Längen wieder Grösen derſelben Art, wie Längen messbar und in der Richtung des Kleinsten und Längsten ausgedehnt. Auch die Zahl entstehe durch das Messen der Länge durch ein bestimmtes Mas, die Einheit genannt. Gleich ſeien, ſagt er S. 44, zwei lineäre mathematische Grösen, wenn ihre ſinnlichen Erscheinungen unter denſelben Bedingungen denſelben Eindruck hervorbringen. Er verweist alſo die Mathematik ganz auf die ſinnlichen Erscheinungen und ſagt, dieſe Wissenschaft ſei in Wahrheit eine Naturwissenschaft.

Herr Du Bois-Reymond verkennt hiemit gänzlich den rein formellen Charakter der Mathematik. Er verkennt ganz, dass die Mathematik ſich ihre Grösen ſelbst ſetzt ohne jeden Inhalt, und ohne jedes ſinnliche Substrat und dass ſie dieſelben nach rein geistigen Geſetzen verknüpft, ohne dass ſie auf die Erfahrung der Naturwissenschaft zurückzugehen braucht. Im Gegenteile, er ſieht in der Anwendung der Zahlen und des Messens auf die äusern Dinge der Welt und auf die Erscheinungen die eigentliche Quelle aller mathematischen Grösen. „Ein „rein formalistisch-literales Gerippe der Analyſis, worauf die Trennung der Zahl „nebst den analytischen Zeichen von der Gröse hinausliefe", ſagt er a. a. O. „Seite 53, „würde dieſe Wissenschaft, welche in Wahrheit eine Naturwissenschaft „ist, wenn ſie auch nur die allgemeinsten Eigenschaften des Wahrgenommenen „in den Bereich ihrer Forschungen zieht, schlieslich, wie bemerkt, zum blosen „Zeichenspiel hinabwürdigen, wo den Schriftzeichen willkürliche Bedeutungen „beigelegt werden, wie den Schachfiguren und Spielkarten. So ergötzlich ein „ſolches Spiel ſein kann, ja ſo nützlich für analytische Zwecke die Löſung der „Aufgabe ſich erweist, die Regeln zwischen den Zeichen, welche aus der Grösen„vorstellung hervorgingen, nun bis in ihre letzten formalen Konſequenzen zu „verfolgen, ſo würde dennoch dieſe literale Mathematik, wenn ſie von dem

„Boden, auf dem ſie gewachſen, völlig losgelöst würde, bald genug in unfrucht-„baren Trieben ſich erschöpfen, während die von Gauss ſo wahr und tief Grösen-„lehre genannte Wissenschaft in dem natürlichen stets an Umfang zunehmenden „Wahrnehmungsgebiet des Menschen eine unverſiegbare Quelle neuer Forschungs-„gegenstände und ersprieslicher Anregungen beſitzt. Ohne Frage wird man mit „Hülfe von ſogenannten Axiomen, von Konventionen, ad hoc erdachten Philo-„ſophemen, unfassbaren Erweiterungen ursprünglich deutlicher Begriffe nach-„träglich ein System der Arithmetik konstruiren können, welches dem aus dem „Grösenbegriff hervorgegangenen in allen Punkten gleicht, um ſo die rechnende „Mathematik gleichſam durch einen Kordon von Dogmen und Abwehrdefinitionen „gegen das psychologische Gebiet abzusperren. Auch kann ein ungewöhnlicher „Scharfſinn auf ſolche Konstruktionen verwendet worden ſein. Allein man würde „auf dieſelbe Weiſe auch andre arithmetische Systeme ſich ausdenken können, „wie dies ja geschehen ist. Die gewöhnliche Arithmetik ist eben die einzige „dem linearen Grösenbegriff entsprechende, ist gleichſam ſeine erste Registrirung, „während die Analyſis, mit dem Grenzbegriff an der Spitze, ſeine höchste Ent-„wicklung bildet.“

Herr Du Bois-Reymond ſieht alſo in der reinen Zahlenlehre pp., welche ihre Zahlen und Zahlgrösen ſelbst erzeugt, nur ein bloses Zeichenspiel ähnlich dem Schachspiele, nicht eine Wissenschaft. Er will die ganze Zahlenlehre auf die Begriffe der Länge, des Längenmases, auf Messungsaufgaben und auf die Erfahrung aus der Sinnenwelt gründen und giebt daher die ganze strenge Formenlehre als Wissenschaft auf. Er ruft Seite 127 a. a. O. bei der Einleitung in die Folgelehre, den Analytikern, welche der numerischen Auffassung der Veränderlichen den Vorzug geben, zu: „Es darf nicht vergessen werden, dass die Zahl „nur das Proteron ſein kann. Das Proton ist und bleibt die lineäre mathematische „Gröse. Denn erst das Teilungsbedürfniss, insbeſondre das Geschäft des Messens „konnte die Zahl und ſolgeweiſe deren Bildungsgeſetze erzeugen. Die Messkunst „teilt zunächst die Einheit in gleiche Teile, heischt ſodann die inkommenſurable „Teilung der Einheit, um geometrisch anschauliche Beziehungen arithmetisch „festzulegen, es entsteht der Begriff des Irrationalen und ſeiner Geſetze. Und „die wissenschaftliche Verallgemeinerung und Zuſammenfassung dieſes Vorganges „ergiebt schlieslich den Begriff der Veränderlichen.“

Man ſieht, Herr Du Bois-Reymond erblickt in der Zahlenlehre nur eine Anwendung der Messkunst und zwar nur in der geraden Linie; er überſieht, dass das ganze Messen mit einem Einheitsmase ja ſelbst nur eine Anwendung der Zahlenlehre ist und dieſe mit ihren Geſetzen bereits vorausſetzt. Aber auch die Messkunst, auch die gerade Linie ist ihm nicht das Erste, er will dieſe erst erfahrungsmäsig aus der Erfahrung der Sinnenwelt ableiten, statt ſie geistig durch Bewegung eines Punktes zu erzeugen und kommt nun zu dem Ergebnisse, dass es in der Erfahrung gar keine gerade Linie giebt, ſofern man mit hinlänglicher Vergröserung die Linie prüft; er hebt mithin überhaupt die Wissenschaft auf. In der Tat, Schwächeres kann man auf dieſem Gebiete kaum leisten. Wir schätzen Herrn Du Bois-Reymond auf dem Gebiete der höhern Funktionenlehre, wo er ſehr Tüchtiges geleistet hat. Aber in den elementaren Zweigen, in Begründung der Wissenschaft, im Auffinden streng wissenschaftlicher Formen und Beweiſe hat er ſich nicht bewährt, dies ist nicht das Gebiet ſeiner bedeutenden Leistungen.

3. **Erklärung. Der Buchstabe ist das Zeichen der Gröse. Derſelbe Buchstabe bezeichnet in demſelben Satze der Grösenlehre stets eine und dieſelbe Gröse und hat alſo nur einen Wert. Im Uebrigen kann jeder Buchstabe jede beliebige Gröse bezeichnen.**

Jeder Satz, welcher für einen Buchstaben bewieſen ist, gilt mithin für alle Grösen, welche der Buchstabe bezeichnen kann, d. h. für jede beliebige Gröse. Soll ein Buchstabe nur eine bestimmte Art von Grösen bezeichnen, ſo muss dies in dem Satze ausdrücklich geſagt und genau und unzweifelhaft festgestellt werden, welche Grösen dadurch bezeichnet werden ſollen, ſonst würde der Satz für alle beliebigen Grösen gelten.

Wenn eine Reihe von Grösen (z. B. von n Grösen) gegeben ist, ſo bezeichnet man die Grösen der Reihe gerne durch denſelben Buchstaben mit darunter geſetztem Zeiger, z. B.

$$a_1, a_2, a_3, a_4 \cdots\cdots a_{n-1}, a_n.$$

Dann bezeichnet a_1 die erste, a_n die letzte Gröse der Reihe, a_a eine beliebige, a_{a+1} die nächstfolgende Gröse der Reihe.

Der Buchstabe ist als allgemeines Zeichen der einwertigen Gröse bereits von Aristotélēs 384 bis 322 vor Chr. in die Wissenschaft eingeführt worden und muss beibehalten werden. Er ist einerſeits einwertig (einem andern Buchstaben entweder gleich oder ungleich) und ist andrerſeits ganz allgemein, nicht an bestimmte Begriffe gebunden, und kann alſo jedes bezeichnen, was Gegenstand des Denkens ist oder werden kann.

4. **Erklärung. Ein Einfaches (ein elementum) heist eine Gröse, wenn ſie geknüpft werden ſoll, ohne dass ſie ſelbst durch eine Knüpfung von Grösen entstanden ist und welche alſo ursprünglich geſetzt ist.**

In der Grösenlehre ſind die Zeichen $e_1, e_2 \cdots$ die Zeichen der Einfachen (der Elemente), die Buchstaben (a, b, c...) die Zeichen beliebiger Grösen.

Das Einfache, das Element, kann alſo Jedes ſein, was Gegenstand des Denkens ist oder werden kann. Gleichgültig ist dabei, ob es vorher verknüpft geweſen, oder auch durch Verknüpfung entstanden ist, wenn es nur in dem Denkakte, um den es ſich handelt, als Einfaches geſetzt wird, d. h. noch nicht verknüpft ist. Es kann mithin auch jede beliebige Gröse als Einfaches geſetzt werden. Jede durch Knüpfung der Einfachen erzeugte Gröse ist im Gegenſatze dazu zuſammengeſetzt.

5. **Erklärung. Die Knüpfung (die nexio) von Grösen heist jede Zuſammenstellung oder Verbindung von Grösen, welche dem Geiste des Menschen möglich ist, ſofern das Ergebniss nur einen und nicht mehre Werte hat.**

Das Ergebniss oder das Geſammt der Knüpfung heist das, was durch die Knüpfung zweier Grösen entsteht. Das Ergebniss ist, da

es nur einen Wert hat und Gegenstand des Denkens ist, wieder eine Gröse und kann von neuem geknüpft werden. Das Zeichen für das Gefammt ist Ge.

Jede Grösenknüpfung findet nur zwischen zwei Grösen statt, deren Reihenfolge nicht geändert wird; denn nur diefe Knüpfung hat einen und nicht mehre Werte. Sollen mehre Grösen geknüpft werden, fo muss genau und unzweifelhaft festgestellt werden, welche zwei Grösen zuerst geknüpft werden follen, und mit welcher weiteren Gröse demnächst jedesmal das Ergebniss der Knüpfung geknüpft werden foll.

Die Knüpfung kann alfo jede beliebige Verbindung von Grösen im Denken bezeichnen. Beispiele derfelben find die Verbindungen der Begriffe im Gedanken, der Gedanken in einem Werke. Beispiele find ferner Addition, Multiplikation, Zeichnungen aller Art, Inhaltsverzeichnisse, Lexika, kurz jedes, was der Mensch im Denken verbinden kann, fofern das Ergebniss nur einen und nicht mehre Werte hat.

Wie notwendig die letzte Bestimmung fei, das macht uns ein Beispiel aus der Raumlehre anschaulich. Denken wir uns, es folle mit der Strecke AB, deren Länge und Lage bestimmt fei, eine zweite Strecke BC von gegebener Länge geknüpft werden. Wenn hier die Richtung diefer zweiten Strecke beliebig fein kann, fo hat AB∘BC unzählig viele Werte; schlagen wir nämlich mit BC um B einen Kreis, fo ist jede von A nach dem Umfange des Kreifes gezogene Strecke z. B. AC′ und AC″ gleich AB∘BC, alfo der Wert von AB∘BC ganz unbestimmt und kann nicht einmal AB∘BC = AB∘BC gefetzt werden. Wenn dagegen der Winkel, den AB und BC mit einander bilden follen, bestimmt ist, dann giebt es nur eine Strecke AC, welche der Forderung genügt und ist AB∘BC = AC eine einwertige Gröse.

Erklärung. Das Zeichen der Knüpfung kann jedes beliebige Zeichen werden. Dasfelbe Knüpfungszeichen bezeichnet in demfelben Satze der Grösenlehre stets eine und diefelbe Knüpfung. Im Uebrigen kann jedes Knüpfungszeichen jede beliebige Knüpfung bezeichnen. 6.

Jeder Satz, welcher für ein Knüpfungszeichen bewiefen ist, gilt mithin für alle Knüpfungen, welche das Knüpfungszeichen bezeichnen kann. Soll ein Knüpfungszeichen nur eine bestimmte Art von Knüpfungen bezeichnen, fo muss dies bei feiner Einführung ausdrücklich gefagt und genau und unzweifelhaft festgestellt werden, welche Knüpfung dadurch bezeichnet werden foll.

Das allgemeine Zeichen der Knüpfung, welches jede beliebige Knüpfung bezeichnen kann, ist der Kreis ∘, welcher zwischen die zu knüpfenden Grösen gefetzt wird (z. B. a∘b, gelefen a geknüpft mit b oder kurz a mit b).

Erklärung. Die Klammer ist das Zeichen, dass die in die Klammer eingeschlossenen Grösen zuvor zu einem Gefammte geknüpft 7.

werden ſollen, ehe dies mit der Gröse auser der Klammer geknüpft werden ſoll.

In jeder Klammer dürfen nur zwei Grösen stehen, ſind mehre Grösen in derſelben enthalten, ſo müssen alle bis auf eine in eine andre Klammer geschlossen ſein, und müssen dann alle Grösen in dieſer andern Klammer zuvor zu einem Geſammte geknüpft ſein, ehe das Geſammt dieſer Klammer mit der einen auser dieſer Klammer stehenden Gröse geknüpft werden darf.

Sind demnach n Grösen zu knüpfen, ſo ſind in dem Ausdrucke n — 2 Klammern erforderlich, ſofern kein Zweifel über die Reihenfolge der Knüpfung Statt finden ſoll (z. B. bei 5 Grösen ſind drei Klammern erforderlich $(a\circ([b\circ c]\circ d))\circ e$.

Ein Beispiel wird uns die Bedeutung der Klammer klar machen. Es ist z. B. $(3+4)\,5 = 7\cdot 5 = 35$, denn nach der Regel dieſes Satzes muss man zunächst die beiden Grösen in der Klammer knüpfen, alſo $3+4=7$ und nun dieſe Gröse mit der Gröse auser der Klammer knüpfen, alſo $7\cdot 5 = 35$. Dagegen ist $3+(4\cdot 5) = 3+20 = 23$. Man muss demnach die Klammern stets genau beachten. Die Grösenlehre wird die Aufgabe haben, festzustellen, in welchen Fällen eine Klammer ohne Aenderung des Wertes weggelassen werden darf.

Wenn mehre Klammern in einem Ausdrucke vorkommen, ſo muss jede ein andres Zeichen haben, als die andern, damit Verwechſelungen unmöglich ſind. Man wendet demnach folgende Klammern an, zunächst die runde Klammer $(\ )$, dann die eckige Klammer $[\ ]$, dieſe beiden Arten genügen meist, dann die fassende Klammer $\{\ \}$, endlich die gebogene Klammer $\left(\ \right)$. Wenn noch mehr Klammern gebraucht werden, giebt man ihnen unten eine Ziffer und unterscheidet demnach

$$(\ )_1,\ (\ )_2,\ (\ )_3,\ \ldots\ldots\ldots\ (\ )_n.$$

Da viele Klammern den Ueberblick auserordentlich erschweren, ſo ſucht man dieſelben möglichst zu vermeiden. der folgende Satz zeigt uns, wie dies zu erreichen ist.

8. **Erklärung. Fortschreitend knüpfen eine Reihe von Grösen heist in der Reihe zuerst die erste mit der zweiten knüpfen; das Geſammt dieſer Knüpfung mit der dritten knüpfen, und ſofort jedesmal das Geſammt der Knüpfung aller frühern Grösen mit der nächstfolgenden knüpfen.**

Eine Gröse, in welcher nur Einfache (Elemente) fortschreitend geknüpft ſind, heist eine einfache Gröse.

Soweit mehre Grösen durch dieſelbe Knüpfungsart fortschreitend geknüpft werden, können die Klammern fortgelassen werden, da über die Folge der Knüpfung kein Zweifel Statt finden kann. Die Klammern

müssen nur dort stehen, wo von der fortschreitenden Knüpfung abgewichen wird, können aber auch in der fortschreitenden Knüpfung wieder eingeführt werden, z. B. $a + b + c = (a + b) + c$, $a + b + c + d = [(a + b) + c] + d$.

Das Gesammt aus der fortschreitenden Knüpfung der Grösen a_1, a_2, $a_3 \cdots a_n$ bezeichnen wir durch $\underset{1.n}{G_e} a_\alpha$, gelesen Gesammt von 1 bis n von a_α, wo n eine ganze Zahl und wo α alle ganzen Werte von 1 bis n erhält; es ist demnach $\underset{1,n}{G_e} a_\alpha = a_1 \circ {}_2a \circ a_3 \circ a_4 \circ \cdots \circ a_n$.

Es ist von gröster Wichtigkeit, dass jede Klammer, welche irgend entbehrt werden kann, ohne zweideutig zu werden, auch wirklich vermieden werde, und ist daher das Weglassen der Klammern, wenn in derselben Knüpfungsart fortschreitend geknüpft werden soll, ein wichtiger Fortschritt.

Es ist aber wohl zu beachten, dass dies Weglassen bei fortschreitender Knüpfung nicht erlaubt ist, wenn bei verschiedenen Knüpfungsarten fortschreitend geknüpft werden soll. So z. B. ist $(a + b) + c = a + b + c$, so auch ist $(ab)c = abc$, dagegen ist nicht $(a + b)c = a + bc$, sondern letzteres ist $a + bc = a + (bc)$. Ebenso ist $(a^b)^c = a^{b^c}$, aber nicht $(ab)^c = ab^c$, auch nicht $(a + b)^c = a + b^c$ u. s. w. Wir werden noch wiederholt auf diese Regel aufmerksam machen.

Gegenwärtig wird das Setzen und Weglassen der Klammern in fast allen mathematischen Werken noch sehr mangelhaft betrieben. Man setzt vielfach Klammern, wo sie weggelassen werden können und sollen, und lässt vielfach Klammern fort, wo sie gesetzt werden müssen. Die Darstellung wird dadurch häufig undeutlich, selbst fehlerhaft. Ich werde im Laufe des Werkes, namentlich in der Folgelehre, mehrfach auf diesen Punkt zurückkommen und die Regeln aufstellen, nach denen hier verfahren werden muss. Es können darnach in einzelnen Zweigen 90 bis 99 Hundertel der jetzt gebräuchlichen Klammern entbehrt werden, und wird dadurch ein wesentlicher Fortschritt erreicht.

Erklärung. Formel heist jede Knüpfung von Grösen, die Art der Knüpfung bestimmt die Gestalt der Formel. 9.

Formel von a heist eine Formel, welche die Gröse a enthält. Das Zeichen derselben ist Fa, gelesen „Formel von a". Das Zeichen Fa bezeichnet in demselben Satze der Grösenlehre eine und dieselbe Formel von a. Im Uebrigen kann sie jede beliebige Formel von a bezeichnen. Soll sie nur eine Art von Formeln bezeichnen, so muss dies ausdrücklich gesagt werden.

Gleichlautend heisen zwei Formeln, wenn sie beide ganz dieselben Knüpfungen ganz derselben Grösen enthalten.

Verschieden heisen zwei Formeln, wenn die Knüpfungen oder die Grösen der Formeln von einander abweichen.

Entsprechend heisen die Formeln zweier Grösen, wenn die

Formeln gleichlautend werden, ſobald man in der zweiten Formel die erste Gröse statt der zweiten einführt.

Beispiele:

Gleichlautend ſind: $a + b(c + a)$ und $a + b(c + a)$.

Verschieden ſind: $a + b(c + a)$ und $a + bc + ba$.

Entsprechend ſind: $a + b(c + a^n)$ und $m + b(c + m^n)$.

Die Mathematiker oder Formenlehrer wenden zur Bezeichnung einer Formel. bez. später einer Folge oder Funktion die Zeichen f, F, φ, Φ an und ſetzen, wenn noch mehre Arten derſelben unterschieden werden, Zeiger an das Zeichen, z. B. $f_1, f_2, f_3, \cdots f_n$ oder $f', f'', f''', f^{IV} \ldots$. Dieſem Gebrauche muss man ſich anschliesen; da aber die Zeichen f, F, φ, Φ auch häufig zur Bezeichnung von Grösen gebraucht werden, ſo wird der Ausdruck fa bez. f(a) zweideutig und kann ebenſo das Zeug oder Produkt von f und a, als die Formel von a bezeichnen. Eine ſolche Zweideutigkeit ist in streng wissenschaftlichen Werken unzulässig. Viele Mathematiker ſuchen dieſe Zweideutigkeit dadurch zu vermeiden, dass ſie Formel von a als f(a) schreiben; aber dies ist fehlerhaft. Denn einmal hat die Klammer um eine einzelne Gröse keinen Sinn und dann ist f(ab) doch wieder zweideutig und kann ebenſo f mal ab, als Formel von ab bezeichnen. Das einzig Richtige ist, dem Formelzeichen eine etwas andre Form zu geben, ich führe dafür die Zeichen f̊, F̊, $\mathring{\varphi}$, $\mathring{\Phi}$ ein, welche jede Verwechſelung unmöglich machen.

b. Die Beweisform der Grösenlehre.

Nicht minder wichtig, als die Erklärungen der Grösenlehre ſind, ist auch die Beweisform der Grösenlehre für die Zahlenlehre und für die ganze Mathematik. Da wir in der Zahlenlehre keine andre Wissenschaft, auch nicht einmal die Logik vorausſetzen, ſo dürfen wir auch nicht für die Beweiſe einen logischen Schluss und Beweis anwenden.

Glücklicher Weiſe bedürfen wir aber auch des begrifflichen oder logischen Schlusses gar nicht für unſre Beweiſe der Grösenlehre. In dem begrifflichen Schlusse wird nämlich nur von einem Begriffe, der weiter ist, auf einen Begriff geschlossen, der ihm untergeordnet oder enger ist. Bei den Beweiſen der Grösenlehre dagegen haben wir es nicht mit untergeordneten, ſondern allein mit gleichen und ungleichen Grösen zu tun. Der begriffliche oder logische Schluss findet alſo in der Grösenlehre gar keine Anwendung. Dasſelbe ergiebt ſich auch daraus, dass alle Beweiſe der Grösenlehre in Formeln geführt werden können und müssen und dass die Ueberſetzung der Beweiſe in die Sprache nur eine Uebertragung ist in das Gebiet des gewöhnlichen Denkens, welches der Grösenlehre und strengen Denklehre an ſich fremd ist.

Die Beweiſe in der Grösenlehre werden nun ſo geführt, dass eine Formel einer andern gleichgeſetzt wird, dieſe einer dritten und ſo fort. Dies führt uns zu den Sätzen von der Gleichheit.

Bei den Sätzen von der Gleichung der Grösen geht die Entwicklung von der Erklärung aus, dass zwei Grösen nur dann gleich genannt werden, wenn man in jeder Knüpfung der Grösenlehre die eine statt der andern ohne Aendrung des Wertes ſetzen kann. Bewieſen wird, dass, wenn in einer Reihe von Grösen jede vorhergehende der nächstfolgenden gleich ist, auch die erste jeder folgenden gleich ist, indem dann die erste der zweiten gleich ist, statt der zweiten aber die gleiche dritte, statt diefer die gleiche nächstfolgende und fofort jede folgende gefetzt werden kann, fo dass die erste jeder folgenden gleich ist. Es ist dies das erste Gefetz der Gleichheit oder der Satz des geraden oder direkten Grösenbeweifes.

Bewiefen wird ferner, dass, wenn in einer Reihe von Grösen eine Gleichung für die erste Gröse der Reihe gilt und wenn fie auserdem, fobald fie für eine beliebige Gröse der Reihe gilt, auch für die nächstfolgende Gröse der Reihe gilt, dass fie dann auch allgemein für alle Grösen der Reihe gilt. Es ist dies das zweite Gefetz der Gleichheit oder der Satz des fortleitenden oder induktorischen Grösenbeweifes. Diefe beiden Arten von Beweifen kommen in der Grösenlehre allein vor.

In der Logik werden wir später noch die entsprechenden Formen des begrifflichen Beweifes und auserdem noch den ungeraden oder indirekten Beweis kennen lernen, welche in den späteren Zweigen der logischen Wissenschaften und der Formenlehre und in den Anwendungen diefer Wissenschaften häufig gebraucht werden.

Erklärung. Gleich heisen zwei Grösen, wenn man in den Knüpfungen der Grösenlehre die eine statt der andern ohne Aendrung des Wertes fetzen kann. 10.

Ungleich heisen zwei Grösen, wenn man in den Knüpfungen der Grösenlehre die eine nicht statt der andern ohne Aendrung des Wertes fetzen kann.

Eine Gröse kann nie einer andern Gröse gleich und zugleich ungleich fein, fondern fie muss der andern Gröse entweder gleich oder ungleich fein; denn jede Gröse darf nur einen und nicht mehre Werte haben.

Erklärung. Das Gleichheitszeichen $=$ ist das Zeichen der Gleichheit, das Ungleichheitszeichen $\gtrless$ ist das Zeichen der Ungleichheit. Das erstre bezeichnet, dass die geknüpften Grösen gleich find (z. B. $a = b$, gelefen a gleich b), das zweite bezeichnet, dass die geknüpften Grösen ungleich find (z. B. $a \gtrless b$, gelefen a ungleich b). 11.

Eine Gleichung heist die Knüpfung zweier Grösen durch das Gleichheitszeichen, z. B. $a = b$. Die links stehende Gröse a heist ihre linke Seite, die rechts stehende b ihre rechte Seite.

Wenn auf einer Seite der Gleichung zwei oder mehre Grösen durch Knüpfungszeichen verbunden find, fo müssen diefe zuerst unter fich geknüpft werden, ehe fie der andern Seite gleich gefetzt werden können, oder es ist $a = b \circ c \circ d$ gleich $a = (b \circ c \circ d)$.

Zwei verschiedene Formeln find einander gleich, wenn die eine ohne Aendrung des Wertes in die andre umgewandelt werden kann.

Herr Professor Paul Du Bois-Reymond giebt „Allg. Funktionenlehre I. Metaphyfik und Theorie der mathematischen Grundbegriffe", Tübingen 1882. S. 44 folgende Erklärung von gleich. „Die mathematischen Grösen find ent„weder gleich oder ungleich. Gleich find fie, wenn ihre finnlichen Erschei„nungen unter denfelben Bedingungen denfelben Eindruck hervorbringen." Hieraus folgt, fie find ungleich, wenn die finnlichen Erscheinungen unter denfelben Bedingungen nicht denfelben Eindruck hervorbringen. Aber diefe Erklärung ist in mehrfacher Beziehung fehlerhaft.

Denn einmal find die Grösen der Formenlehre oder Mathematik, wie die der Denklehre vom Geiste gefetzte oder verknüpfte Gebilde, welche grosenteils gar nicht der Sinnenwelt angehören und daher auch keine finnlichen Eindrücke hervorbringen, und dann brauchen fie, auch wenn fie von finnlichen Erscheinungen begleitet find, gar nicht denfelben Eindruck unter denfelben Bedingungen hervorzubringen. So ist logisch: der Mensch gleich der Mensch, mag er schwarz oder weis, gros oder klein, dick oder dünn, kurz, mag feine äusere Erscheinung fein, wie fie will. So find mathematisch: 2 Menschen = 2 Menschen, 2 Dreiecke = 2 Dreiecke, mag die finnliche Erscheinung derfelben fein, welche fie wolle. Kurz, die Gröse hat mit der finnlichen Erscheinung gar nichts gemein; Gröse kann jedes fein, was Gegenstand des Denkens ist, ob es der Sinnenwelt angehört oder nicht. Ebenfo als gleich können jede 2 Grösen gefetzt werden, wenn in dem Denkakte die eine statt der andern ohne Aendrung des Wertes gefetzt werden kann, mögen fie übrigens in andern Beziehungen fo ungleich fein, wie fie wollen. Die Erklärung des Herrn Du Bois-Reymond ist alfo durchaus fehlerhaft.

Vor allem fehlt bei Herrn D. B. wieder die Hauptbestimmung in der Erklärung, dass eine Gröse einer andern Gröse nie gleich und zugleich ungleich fein darf. Ohne diefe Bestimmung ist aber jede Erklärung der Gleichheit unbrauchbar.

12. **Satz.** $a = a$ **oder in Worten:**
Jede Gröse ist fich felbst gleich.

Beweis: Unmittelbar aus Erklärung 10. oder in Worten: Nach Erklärung 10 heisen zwei Grösen einander gleich, wenn man ohne Aendrung des Wertes die eine statt der andern fetzen kann. Jede Gröse kann man, da fie nach Erklärung 2 nur einen Wert befitzt, ohne Aendrung des Wertes für fic felbst fetzen, alfo ist jede Gröse fich felbst gleich.

13. **Satz.** $a \circ b \circ c \circ d = [(a \circ b) \circ c] \circ d$ **oder in Worten:**
In jeder fortschreitenden Knüpfung von Grösen in derfelben Knüpfungsart kann man die Klammern beliebig weglassen oder fortschreitend fetzen.

Beweis: Unmittelbar aus Erklärung 8 oder in Worten: Die beiden Seiten der Gleichung find verschieden in der Form der Knüpfung. Nun kann man aber nach Erklärung 8 in der fortschreitenden Knüpfung die Klammern fortlassen; tut man dies auf der rechten Seite, fo werden fie gleichlautend. alfo find fie gleich nach 12.

Satz. $\underset{1,n+1}{G_c} a_a = \left(\underset{1,n}{G_c} a_a\right) \circ \underset{n+1}{a}$ 14.

Das Gefammt aus n + 1 Grösen $a_1, a_2 \cdots a_{n+1}$ ist gleich dem Gefammte aus den n ersten Grösen geknüpft mit der Gröse a_{n+1}.

Beweis: Unmittelbar aus Erklärung 8.

Die Sätze 12, 13 und 14 drücken nur in Formeln, bezüglich in Sätzen aus, was in den Erklärungen gegeben war; fie find nur ein andrer Ausdruck des in den Erklärungen Gefetzten und bedürfen daher eines Beweifes nicht.

Erklärung. Bedingt gleich oder gleich in Bezug auf eine Bedingung heisen zwei Grösen, wenn die Grösen gleich find, fofern die Bedingung eintritt. 15.

Das Zeichen der bedingten Gleichheit ist $\overset{*}{=}$; durch den Stern wird die Bedingung, für welche die Gleichheit eintritt, hinzugefügt. Ein zweites Zeichen der bedingten Gleichheit ist die Verbindung zweier Gleichungen, von denen die eine die Annahme oder die Bedingung (die hypóthesis), die andre die Folgerung (die thésis) heist.

Satz. $\mathfrak{F}a \overset{*}{=} \mathfrak{F}b$ *** Bedingung** $a = b$ **oder** 16.
Annahme: $a = b$ **Folgerung:** $\mathfrak{F}a = \mathfrak{F}b$ **oder in Worten: Wenn zwei Grösen einander gleich find, fo ist auch jede Formel der ersten Gröse gleich der entsprechenden der zweiten Gröse.**

Beweis: Unmittelbar aus Erklärung 10 oder in Worten: Die Formeln zweier Grösen heisen entsprechend, wenn fie gleichlautend werden, fobald man in der zweiten Formel die erste Gröse statt der zweiten einführt. Nun ist aber $a = b$ nach der Annahme, alfo kann man ohne Aendrung des Wertes die eine statt der andern in jede Knüpfung, mithin auch in die Formel $\mathfrak{F}a$ fetzen, dann werden beide Formeln gleichlautend oder gleich, alfo ist $\mathfrak{F}a = \mathfrak{F}b$.

Bemerkt möge hier werden, dass, wenn $\mathfrak{F}a = \mathfrak{F}b$ ist, daraus noch keineswegs immer folgt, dass $a = b$ ist. So ist $a \cdot o = b \cdot o$; daraus folgt aber noch nicht $a = b$; fo ist $(+a)^2 = (-a)^2$. daraus folgt aber nicht, dass $+a = -a$ fei.

Satz. $a \circ b \overset{*}{=} a \circ c$ *** Bedingung** $b = c$ **oder** 17.
Annahme: $b = c$ **Folgerung** $a \circ b = a \circ c$ **oder in Worten: Eine Gleichung bleibt richtig, wenn man beide Seiten der Gleichung mit gleichen Grösen auf gleiche Weife knüpft.**

Beweis: Unmittelbar aus Satz 16.

Der Satz ist von groser Wichtigkeit für die ganze Grösen- und Denklehre. Wenn $a = b$ ist. fo folgt daraus $a + c = b + c$. ferner $a \cdot c = b \cdot c$ und $a^c = b^c$. und zwar folgt dies für alle Zweige der Denklehre. für Zahlenlehre und

Ausdehnungslehre, für Logik und Bindelehre. Aber dieſer Satz ſetzt auch voraus, dass jede Verknüpfung nur ein einwertiges Geſammt liefere, lässt man dies auser Acht, ſo kann gerade dieſer Satz zu den bedenklichsten Trugschlüssen führen. Es tritt dies ſofort hervor, wenn man die Knüpfungen mit negativen Grösen oder mit Brüchen zulässt.

Sei z. B. bei der Zahlenlehre $\frac{1}{0}$ zugelassen, ſo wird, da $a \cdot \frac{1}{a} = 1$, auch $a \cdot 0 = 0 = b \cdot 0$ ist, nach dieſem Satze, wenn auf beiden Seiten mit $\frac{1}{0}$ multiplicirt wird, $(a \cdot 0) \cdot \frac{1}{0} = (b \cdot 0) \cdot \frac{1}{0}$ und $(a \cdot 0) \cdot \frac{1}{0} = a \cdot (0 \cdot \frac{1}{0}) = a \cdot 1 = a$ und ebenſo $(b \cdot 0) \cdot \frac{1}{0} = b$, mithin $a = b$, d. h. jede Gröse jeder andern gleich.

Sei ferner z. B. bei der Logik, wo $a + a = a$ ist, die Gröse $a - a = 0$ zugelassen, ſo wird $a = a + 0 = a + (a - a) = (a + a) - a = a - a = 0$ und ebenſo jede andere Gröse, alſo alle Grösen gleich Null und einander gleich.

Sei bei der Logik, wo $a \cdot a = a$ ist, die Gröse $a \cdot \frac{1}{a} = 1$ zugelassen, ſo wird $a = a \cdot 1 = a \cdot (a \cdot \frac{1}{a}) = (a \cdot a) \cdot \frac{1}{a} = a \cdot \frac{1}{a} = 1$, und ebenſo jede andere Gröse, alſo alle Grösen gleich Eins und einander gleich.

Man muss alſo aufpassen und ſich verſichern, dass jede Knüpfung nur einen Wert giebt, wie dies bereits die Erklärung 5 fordert. Ist dies erfüllt, dann gilt der Satz ſelbstverständlich ganz allgemein.

18. **Satz. Annahme: $a = c$, $b = c$ Folgerung $a = b$.**

Wenn zwei Grösen einer dritten gleich ſind, ſo ſind ſie unter einander gleich.

Beweis: In Formeln: Annahme $b = c$ Folg.: $(a = c) \stackrel{*}{=} (a = b)$ (nach 17) oder in Worten:

Die Gleichung $c = b$ bleibt nach Satz 17 richtig, wenn man beide Seiten der Gleichung mit gleichen Grösen a auf gleiche Weiſe knüpft, alſo ist $(a = c) \stackrel{*}{=} (a = b)$.

In dem Satze 18 kommt zuerst die Formel vor $(a = c) \stackrel{*}{=} (a = b)$, wo in einer Gleichung jede Seite der Gleichung wieder eine Gleichung darstellt. Da die Grösen auf jeder Seite des Gleichheitszeichens unter ſich geknüpft werden müssen, ehe ſie gleichgeſetzt werden können, ſo muss hier jede Seite der Hauptgleichung in eine Klammer geschlossen werden, wie dies im Beweiſe geschehen ist. Dann ist der Sinn der Bezeichnung unzweifelhaft und einwertig.

19. **Satz. $(a = b) \equiv (b = a)$ oder**

Annahme $a = b$, Folgerung $b = a$ oder in Worten:

Die beiden Seiten einer Gleichung kann man vertauschen.

Beweis: Unmittelbar aus Erklärung 10.

Zwei Grösen ſind einander gleich, wenn man ohne Aendrung des Wertes in jeder Knüpfung die eine statt der andern ſetzen kann, alſo kann man statt der ersten die zweite und statt der zweiten die erste ſetzen.

Satz. Annahme: $a = b$, $b = c$ Folgerung: $a = c$ oder in Worten: Wenn die erste Gröse der zweiten und die zweite der dritten gleich ist, ſo ist auch die erste der dritten gleich. 20.

Beweis: Unmittelbar nach 17. Annahme: $b = c$ Folgerung: $(a = b) \stackrel{*}{=} (a = c)$ oder in Worten: Die Gleichung $b = c$ bleibt nach 17 richtig, wenn man beide Seiten der Gleichung mit gleichen Grösen a auf gleiche Weiſe knüpft, alſo ist $(a = b) \stackrel{*}{=} (a = c)$.

Satz. $[a = (b \circ c \circ d \circ \cdots)] \equiv [a = b \circ c \circ d \circ \cdots]$. oder in Worten: Wenn die eine Seite einer Gleichung in eine Kammer geschlossen ist, ſo kann man die Klammer weglassen. 21.

Beweis: Unmittelbar aus der Erklärung 10.

Satz des geraden (direkten) Grösenbeweiſes. Annahme: $a_1 = a_2$, $a_2 = a_3 \cdots a_{n-1} = a_n$ oder $a_\alpha = a_{\alpha+1}$ Folgerung: $a_1 = a_n$ oder in Worten: Wenn in einer Reihe von Grösen jede vorhergehende der nächstfolgenden gleich ist, ſo ist auch die erste der letzten gleich. 22.

Beweis in Formeln: Annahme: $a_1 = a_2$, $a_2 = a_3$ Folgerung: $a_1 = a_3$ (nach 20)

Annahme: $a_1 = a_3$, $a_3 = a_4$ Folgerung: $a_1 = a_4$ (nach 20)

u. ſ. w.

Annahme: $a_1 = a_{n-1}$, $a_{n-1} = a_n$ Folgerung: $a_1 = a_n$ (nach 20)

Beweis in Worten: Nach der Vorausſetzung ist die erste Gröse gleich der zweiten. Da aber nach der Vorausſetzung ferner jede nächstvorhergehende der nächstfolgenden gleich ist, ſo kann ich in jeder Gleichung statt der nächstvorhergehenden Gröse die nächstfolgende ſetzen; alſo kann ich in der rechten Seite der ersten Gleichung statt der zweiten die dritte, statt der dritten die vierte und ſofort bis zu der letzten Gröse der Reihe ſetzen, alſo ist auch die erste Gröse der letzten Gröse gleich.

Satz des fortleitenden (induktorischen) Grösenbeweiſes. 23.

Annahme: $\mathfrak{F} a_1 = \Phi a_1$, $[\mathfrak{F} a_\alpha = \Phi a_\alpha] \equiv [\mathfrak{F} a_{\alpha+1} = \Phi a_{\alpha+1}]$ Folgerung: $\mathfrak{F} a_n = \Phi a_n$ oder in Worten: Jede Gleichung der Formenlehre, welche für die erste Gröse einer Reihe gilt und welche, wenn ſie für eine beliebige Gröse der Reihe gilt, dann auch für die nächstfolgende Gröse der Reihe Geltung hat, gilt auch für alle folgenden Grösen der Reihe.

Beweis in Formeln:

Es ist $Fa_1 = \Phi a_1$ und $[Fa_1 = \Phi a_1] = [Fa_2 = \Phi a_2]$ Folgerung: $Fa_2 = \Phi a_2$ (nach 10)

Es ist $Fa_2 = \Phi a_2$ und $[Fa_2 = \Phi a_2] = [Fa_3 = \Phi a_3]$ Folgerung: $Fa_3 = \Phi a_3$ (nach 10)

u. f. w.

Es ist $Fa_{n-1} = \Phi a_{n-1}$ und $[Fa_{n-1} = \Phi a_{n-1}] = [Fa_n = \Phi a_n]$

Folgerung: $Fa_n = \Phi a_n$ (nach 10)

In Worten: Nach der Annahme gilt die Gleichung $Fa_1 = \Phi a_1$ für die erste Gröse der Reihe. Ferner gilt diefe Gleichung, fobald fie für eine beliebige Gröse der Reihe a_a gilt, auch für die nächstfolgende Gröse der Reihe a_{a+1}; man kann mithin in diefer Gleichung a_{a+1} statt a_a fetzen, oder es ist in Bezug auf diefe Gleichung $a_a \overset{*}{=} a_{a+1}$, mithin ist auch in Bezug auf diefe Gleichung $a_1 \overset{*}{=} a_n$ nach Satz 22, d. h. man kann in diefer Gleichung auch statt der ersten Gröse der Reihe a_1 die letzte Gröse der Reihe a_n fetzen, oder die Gleichung gilt, da fie für die erste Gröse gilt, auch für die letzte Gröse der Reihe.

24. **Satz des einfachen Grösenbeweifes (des elementaren Beweifes).**

Jede Gleichung der Grösenlehre, welche für ein Einfaches oder für ein Element gilt, und welche, fobald fie für eine beliebige Gröse gilt, auch für jede Gröse gilt, welche ein Einfaches mehr enthält, gilt auch für alle durch fortschreitende Knüpfung von Einfachen erzeugten Grösen.

Beweis: Unmittelbar aus Satz 23, wenn man das erste Einfache als erste Gröse und jedesmal die ein Einfaches mehr enthaltende Gröse auch jedesmal als nächstfolgende Gröse in der Reihe fetzt.

Alle die Sätze über die Gleichung der Grösen gehen aus der Erklärung der gleichen Gröse hervor, dass man statt jeder Gröse die gleiche fetzen kann. Die ersten Sätze ergeben fich daraus unmittelbar, die letzten ergeben fich durch wiederholte Anwendung der Erklärung und wiederholte Einstellung der gleichen Gröse.

Es hat uns diefe Nummer namentlich in den letzten Sätzen 22, 23 und 24 die Form der Beweife gelehrt, welche in der Grösenlehre, wie in allen Zweigen der Denklehre: in allen Zweigen der Formenlehre oder Mathematik, wie in allen Zweigen der logischen Wissenschaften die allein gültige und stets wiederkehrende ist und daher die gröste Wichtigkeit für die strenge Wissenschaft befitzt.

2. Die drei Arten der Grösenknüpfung.

Nachdem wir die Erklärungen und die Beweisform der Grösenlehre kennen gelernt haben, könnten wir nunmehr zu den Grösen und Knüpfungen der Zahlenlehre übergehen, dann aber müssten wir das Gefetz der Einigung etwa fęchsmal beweifen und ebenfo oft das Gefetz der Vertauschung und ebenfo viermal die Gefetze der Trennung einer Knüpfung. Viel kürzer, einfacher und auch für die Schüler leichter ist es, diefe Gefetze einmal in der Grösenlehre zu beweifen und dann diefe Gefetze einfach in den verschiedenen Ordnungen der Zahlenlehre anzuwenden. Ich ziehe daher diefen Weg vor und entwickle alfo aus der Grösenlehre noch die Sätze über die Arten der Knüpfung und demnächst auch die über die Gattungen der Knüpfung.

Erklärung. Unter der Gröse $a\circ(\circ b)$ verstehen wir die Gröse 25.
$a\circ b$. Die Gröse $(\circ b)$, gelefen „Mit b", heist eine Knüpfgröse.

Satz. $a\circ(\circ b) = a\circ b$. 26.
Statt eine Knüpfgröse zu knüpfen, kann man die Gröse ohne Vorzeichen knüpfen.

Erklärung. Satz. Bei der Grösenlehre unterscheiden wir drei 27.
Arten der Knüpfung: Die Anreihung, die Einigung und die Vertauschung der Grösen.

a. Die Anreihung der Grösen.

Erklärung. Die Anreihung heist eine Knüpfung von Grösen, 28.
fofern die Klammer nicht weggelassen, die Stellung der Grösen nicht geändert werden darf, ohne dass fich der Wert des Gefammtes ändert.

Die Anreihung der Grösen ist die einzige Form der Knüpfung, bei welcher jede Knüpfungsform von jeder andern Knüpfungsform verschieden und nur fich felbst gleich ist. So ist für die Anreihung nicht nur $a\circ b \gtrless b\circ a$, fondern auch $a\circ b\circ c \gtrless a\circ(b\circ c)$.

Für die Anreihung, wo alfo weder Einigung, noch Vertauschung gilt, giebt uns jedes wissenschaftliche System, jedes Buch, namentlich jedes Wörterbuch ein Beispiel. Ein andres Beispiel bietet die Erhöhung oder Potenzirung, denn auch bei diefer ist weder $a^b = b^a$, noch ist $(a^b)^c = a^{(b^c)}$.

b. Die Einigung der Grösen.

Erklärung. Die Einigung (die connexio) heist eine Knüpfung 29.
von Grösen, fofern man, statt mit der zweiten Gröse ein Einfaches (ein Element) zu knüpfen, dies auch mit dem Gefammte der Knüpfung der beiden Grösen knüpfen kann, ohne dass fich der Wert des Gefammtes ändert.

30. **Grundformel der Einigung.** $a \circ (b \circ e) = a \circ b \circ e$ **oder in Worten Statt mit der zweiten Gröse ein Einfaches (ein Element) zu einigen, kann man es mit dem Geſammte der beiden Grösen einigen, und — Statt mit dem Geſammte zweier Grösen ein Einfaches zu einigen, kann man es mit der zweiten Gröse einigen.**

Die Erklärung der Einigung muss ſo gefasst werden, dass das Ergebniss der Einigung wieder einwertig ist. Daraus ergiebt ſich die obige Erklärung mit Notwendigkeit. Denn gegeben ſind uns die Einfachen (die Elemente), welche noch nicht geknüpft ſind. Festgeſetzt ist bereits, dass wir in der fortschreitenden Knüpfung der Einfachen die Klammern ſortlassen können, alſo dass $(a \circ e_1) \circ e_2 = a \circ e_1 \circ e_2$ ist. Festgeſetzt muss noch werden, was gelten ſoll, wenn mit einer Gröse a das Geſammt einer Gröse b und eines Einfachen geknüpft werden ſoll, z. B. $a \circ (b \circ e)$. Darf hier die Klammer nicht weggelassen werden, ſo ist eine Weglassung der Klammern auserhalb der fortschreitenden Knüpfung überhaupt nicht möglich: darf ſie dagegen hier weggelassen werden, ist alſo $a \circ (b \circ e) = a \circ b \circ e$, ſo lässt ſich daraus das ganze Geſetz der Einigung ableiten. Zunächst gilt dann nämlich $a \circ (e_1 \circ e_2) = a \circ e_1 \circ e_2$. Ferner gilt $a \circ (e_1 \circ e_2 \circ e_3) = a \circ (e_1 \circ e_2) \circ e_3 = a \circ e_1 \circ e_2 \circ e_3$ u. ſ. w.

Die Erklärung: Eine Knüpfung heist Einigung, wenn $a \circ (b \circ e) = a \circ b \circ e$ ist, genügt alſo für die ganze Klammerlöſung. Andrerſeits enthält ſie auch nicht zuviel; denn angenommen, ſie ſollte nur gelten bis zu 10 Einfachen (Elementen), weiter aber nicht, ſo ſetzen wir, dass b 10 Einfache enthalte, dann gilt alſo nicht $a \circ (b \circ e) = a \circ b \circ e$, alſo auch von da ab keine einzige Art der Klammerlöſung (auserhalb der fortschreitenden Knüpfung). Aus der Erklärung, dass $a \circ (b \circ e) = a \circ b \circ e$ ſei, wird in den Sätzen über die Einigung das Geſetz der Einigung oder das Klammergeſetz abgeleitet, dass, ſofern jene Grundformel gelte, auch jede Klammer beliebig geſetzt oder weggelassen werden könne und dass das Ergebniss wieder eine Gröse ſei, deren Einfache (Elemente) fortschreitend geknüpft ſind.

Man hat von anderer Seite die Erklärung ſo gefasst, dass man $a \circ (b \circ a) = a \circ b \circ c$ erklärt hat, wo a, b, c beliebige Grösen ſind. Aber wollten wir die Erklärung in dieſer Weiſe fassen, ſo wäre in der Erklärung bereits das ganze Geſetz der Einigung vorausgeſetzt. Denn, wenn man alle Klammern herstellt, ſo enthält jede Klammer nur zwei Grösen und kann man demnach von der äusersten Klammer anfangend nach dieſer Erklärung jede Klammer weglassen. Die Erklärung könnte dann alſo auch lauten: Die Einigung ist die Knüpfung der Grösen, bei welcher man jede Klammer beliebig ſetzen oder weglassen kann. In dieſer Erklärung wäre dann aber als Erklärung ausgesprochen, was ſich aus einer viel engeren Erklärung ableiten lässt. Es würde daher auch gar nicht erkannt werden, welche Vorausſetzung notwendig ist, damit das ganze Geſetz der Einigung stattfinde. Eine gute Erklärung aber darf nichts weiter festſetzen, als dieſe für die Sache unumgänglich notwendige Vorausſetzung.

Andrerſeits kann dann aber auch jede mehrfach zuſammengeſetzte Gröse auf mehrfache Weiſe entstanden ſein, und könnte daher auch ſehr wohl mehrfache Werte haben; jedenfalls müsste doch erst bewieſen werden, dass alle dieſe Werte gleich ſind, wenn man wissenschaftlich ſein und Trugschlüsse vermeiden will. Die gegebene Erklärung ist alſo die allein mögliche, wenn man streng wissenschaftlich ſein will.

Es ist dieſe strenge Form der Erklärung zuerst 1847 von den Gebrüdern Grassmann bei ihrer gemeinſamen Arbeit in der Arithmetik eingeführt worden. Sie erkannten bereits damals, dass bei allen Grösen, welche aus mehren Einfachen zuſammengeſetzt ſind, genau die Reihenfolge der Knüpfung bestimmt werden müsse, in welcher die Einfachen verbunden werden ſollen. Eine verschiedene Art der Knüpfung kann auch einen verschiedenen Wert der geknüpften Grösen erzeugen, ſo z. B. ist für Geänder (Variationen) ab $\gtrless$ ba, ſo ist für Höhen (Potenzen) $a^{bc} \gtrless a^{(bc)}$. Die Gebrüder Grassmann liesen es für den ersten Unterricht im Rechnen gelten, wenn der Lehrer ſagt: „Seht Kinder, es giebt ganz dasſelbe, ob ich ſage 6 + 1 ist 7, oder 4 + 3 ist 7, die Reihenfolge im Zuſammenzählen ist alſo ganz gleichgültig"; dagegen erklärten ſie es für schlechthin unwissenschaftlich, in der Wissenschaft eine ſolche Annahme zu machen, ohne ſie zu beweiſen.

Jede einwertige Gröse, ſo schlossen die Gebrüder Grassmann, darf nur in einer einzigen bestimmten Reihenfolge durch Knüpfung der Einfachen erzeugt werden, und ſie ſetzten als die einfachste Reihenfolge der Knüpfung die fortschreitende Knüpfung fest, bei welcher das jedesmalige Ergebniss der Knüpfung nur mit einem, und zwar dem nächstfolgenden Einfachen geknüpft wird. Sie gaben demnach auch bereits 1847 und demnächst in ihren Werken H. Grassmann, Arithmetik 1861, R. Grassmann, Formenlehre 1872, der auf a folgenden Gröse die Form a∘e und ſo fort und erklärten jede Gröse aus der nächstvorhergehenden durch Knüpfung mit einem Einfachen. Auch Schroeder, Lehrbuch der Arithmetik und Algebra für Lehrer und Studirende, Erster Band 1872 ist, ohne damals dieſe Arbeiten zu kennen, ganz zu derſelben Erklärung gekommen und erklärt jede Zahl durch Zufügung von Eins zu der nächstvorhergehenden.

Auch der Beweis für die fortschreitend aus Einfachen erzeugten Grösen und für ihre Knüpfungen muss, dies erkannten die Gebrüder Grassmann gleichfalls schon damals, wenn er streng wissenschaftlich ſein ſoll, fortleitend (von a zu a∘e vorgehend) geführt werden.

Satz. Das Geſammt der Einigung zweier einfachen Grösen a und b ist wieder eine einfache Gröse, d. h. eine Gröse, deren Einfache (Elemente) fortschreitend geknüpft ſind. 31.

Formelbeweis: Nach Einfachen d. h. einfach (elementar) in Bezug auf b.

1. Der Satz gilt, wenn b nur ein Einfaches e enthält, denn es ist a, alſo auch a∘e nach 8 eine einfache Gröse, in welcher die Einfachen fortschreitend geknüpft ſind.

2. Wenn der Satz für eine Gröse a∘b gilt, ſo dass a∘b eine Gröse ist, deren Einfache fortschreitend geknüpft ſind (Annahme), ſo gilt er auch für die Gröse a∘(b∘e), wo b ein Einfaches e mehr enthält, ſo dass auch a∘(b∘e) wieder eine Gröse ist, in welcher

die Einfachen fortschreitend geknüpft ſind (Folgerung); denn es ist

$$a \circ (b \circ e) = a \circ b \circ e \qquad \text{(nach 30)}$$

d. h. da $a \circ b$ nach der Annahme eine Gröse ist, deren Einfache fortschreitend geknüpft ſind, ſo ist auch $a \circ b \circ e$, alſo auch $a \circ (b \circ e)$ eine Gröse, deren Einfache fortschreitend geknüpft ſind.

3. Mithin gilt der Satz nach 24 allgemein für alle Grösen b.

Der fortleitende und namentlich der nach Einfachen (Elementen) fortleitende oder elementare Beweis erscheint zur Zeit Vielen, welche an das unwissenschaftliche Geschwätz gewöhnlicher Beweiſe in der Logik und Arithmetik gewöhnt ſind, ermüdend, abschreckend und namentlich für Schulen unpraktisch und unpassend. Dieſe werden vorausſichtlich auch über den vorliegenden streng wissenschaftlichen Weg die Naſe rümpfen und vornehm aburteilen. Dieſen daher noch ein Wort. Ich lege dieſen Gegnern des fortleitenden Beweiſes die folgenden Fragen vor:

1. Wollen ſie mit bereits geknüpften Grösen anfangen, ohne die Geſetze der Knüpfung zu bestimmen und ohne Einfache oder Elemente zu ſetzen, welche ſie knüpfen?

Ich für meinen Teil halte es allein für wissenschaftlich und für Schüler einfach (elementar), erst nach einander eine Reihe ungeknüpfter Einfacher oder Elemente zu ſetzen und dieſe demnächst zu andern Grösen nach bestimmten Geſetzen zu knüpfen.

2. Wollen ſie aus den Einfachen alle Grösen, welche ſich aus denſelben durch Knüpfung erzeugen lassen, gleichzeitig ableiten, ohne allmählich von der jedesmal erzeugten Gröse zu der nächstfolgenden durch Knüpfung eines neuen Einfachen überzugehen?

Ich für meinen Teil erzeuge erst allmählich jede folgende Gröse aus der vorhergehenden durch Knüpfung eines neuen Einfachen oder Elementes, und jeder Elementarlehrer wird mir bestätigen, dass man nur auf dieſem Wege in der Zahlenlehre die Zahlen erzeugen könne. Auch die Gegner des fortleitenden Weges haben ſo in der Kindheit zählen gelernt, indem ſie lernten: Eins und eins ist zwei; zwei und eins ist drei; drei und eins ist vier u. ſ. w. Der fortleitende (induktorische) Weg ist alſo bei dem Setzen der Einfachen (der Elemente) und bei der fortschreitenden Knüpfung der Einfachen zu Grösen der gebotne, allein richtige und allein einfache (elementare).

3. Wollen ſie bei der Knüpfung mehrer Grösen ſofort beliebig viele und zwar beliebig zuſammengeſetzte knüpfen, oder wollen ſie erst zwei Grösen knüpfen und zwar zunächst ſo, dass die zweite nur zwei Einfache (Elemente), demnächst dass ſie drei Einfache und fortschreitend immer ein Einfaches mehr enthält?

Ich für meinen Teil wähle wieder den letztern Weg als den allein wissenschaftlichen und einfachen (elementaren). Nachdem nämlich die Kinder die Zahlen erzeugt haben, ſo beginnt nun in der Schule das Zufügen der Zahlen oder Addiren. Der Lehrer zeigt den Kindern, dass statt 2 zuzufügen, ſie erst eins und dann noch eins zufügen können und übt dann ein „eins und zwei giebt drei. zwei und zwei giebt vier u. ſ. w.“ Ist dies bis zu voller Sicherheit

eingeübt, ſo zeigt der Lehrer, dass statt drei zuzufügen, man zwei und eins zufügen könne und übt dann das Zufügen von drei bis zu voller Sicherheit ein und ebenſo bei jeder folgenden Zahl zeigt der Lehrer, dass statt die folgende zuzufügen, man die vorhergehende und eins zufügen könne und übt jede folgende Reihe, ehe er weiter fortschreitet, bis zu voller Sicherheit ein.

Es giebt alſo nur einen einfachen (elementaren) Weg des Unterrichtes in der Formenlehre, das ist der fortleitende (induktorische), und ebenſo giebt es nur einen wissenschaftlichen Weg der Entwicklung und des Beweiſes in den Anfangsgründen der Grösenlehre, das ist wiederum der fortleitende (induktorische).

Das Werk des ausgezeichneten Mathematikers E. Schroeder, Lehrbuch der Arithmetik und Algebra, Leipzig 1872, gehört zu den besten Werken dieſes Zweiges. Er hat bereits die fortschreitende Erklärung der Zahlen a + 1, wo jede folgende von allen früheren verschieden ist, dagegen hat er nicht den fortleitenden Beweis. Wenn der Satz für a gilt, gilt er auch für a + 1, obwohl dies der einzig wissenschaftliche ist, hier kommen wieder Trugschlüsse, oder es werden Vorausſetzungen gemacht, welche bewieſen werden können. Dagegen ist das Werk von H. Grassmann, Arithmetik, Berlin 1861, das erste, in welchem einer der Zweige der Formenlehre namentlich die Arithmetik in streng wissenschaftlicher Weiſe dargestellt ist.

Satz. $a \circ (b \circ c) = a \circ b \circ c$ **oder in Worten** 32.
In der Einigung dreier Grösen kann man die Klammern beliebig weglassen oder ſetzen.

Formelbeweis: Nach Einfachen, d. h. einfach (elementar) in Bezug auf c.

1. Die Gleichung gilt, wenn c nur ein Einfaches enthält (nach 30)
2. Wenn die Gleichung für eine Gröse c gilt (Annahme), ſo gilt ſie auch für die Gröse $c \circ e$, welche ein Einfaches mehr enthält (Folgerung); denn

$$a \circ [b \circ (c \circ e)] = a \circ [b \circ c \circ e] \quad \text{(nach 30)}$$
$$= a \circ (b \circ c) \circ e \quad \text{(nach 30)}$$
$$= a \circ b \circ c \circ e \quad \text{(nach Annahme)}$$
$$= a \circ b \circ (c \circ e) \quad \text{(nach 30)}$$

3. Alſo gilt der Satz nach 24 auch allgemein für alle Grösen.

Beweis in Worten: Wenn man nach Satz 31 in der dritten Gröse c alle Klammern herstellt und die Einfachen nach 30 rückschreitend aus der Klammer entfernt, ſo kann man die ſämmtlichen Einfachen von c aus der Klammer entfernen und die Klammer alſo weglassen.

Satz. Geſetz der Einigung oder Klammergeſetz. 33.

In jeder Knüpfung beliebiger Grösen, für welche Einigung gilt, kann man jede Knüpfklammer dieſer Knüpfung beliebig weglassen

oder fetzen, und das Gefammt der Knüpfung ist eine Gröse, deren Einfache (Elemente) fortschreitend geknüpft find.

Beweis in Formeln, fortleitend (induktorisch) in Bezug auf $\underset{1,n}{G^0} b\mathfrak{b}$.

Es fei gegeben $a\circ(\underset{1,n}{G^0} b\mathfrak{b}) = a\circ(b_1\circ b_2\cdots\circ b_n)$, zu beweifen ist $a\circ(b_1\circ b_2\cdots\circ b_n) = a\circ b_1\circ b_2\cdots\circ b_n$.

1. Die Gleichung gilt, wenn $\underset{1,n}{G^0} b\mathfrak{b}$ nur zwei Grösen $b_1\circ b_2$ enthält (nach 32).
2. Wenn die Gleichung für irgend ein Gefammt $\underset{1,n}{G^0} b\mathfrak{b}$ gilt (Annahme), fo gilt fie auch für das Gefammt $\underset{1,n+1}{G^0} b\mathfrak{b}$, welches eine Gröse b_{n+1} mehr enthält (Folgerung), denn

$$a\circ(\underset{1,n+1}{G^0} b\mathfrak{b}) = a\circ(\underset{1,n}{G^0} b\mathfrak{b}\circ b_{n+1}) \qquad \text{(nach 14)}$$
$$= (a\circ \underset{1,n}{G} b\mathfrak{b})\circ b_{n+1} \qquad \text{(nach 32)}$$

3. Mithin gilt die Gleichung nach 23 allgemein.

Beweis in Worten: Man stelle zunächst alle Klammern wieder her. Dann find in jeder Klammer nach 7 nur zwei Grösen enthalten, und ist das Gefammt der Klammer nur mit einer dritten Gröse auser der Klammer zu knüpfen. Man kann alfo nach 32 jedesmal die äuserste Klammer weglassen, und fo nach der Reihe fämmtliche Klammern weglassen, die Formel wird dabei eine Gröse, in welcher alle Einfache fortschreitend geknüpft find.

34. **Satz. In jeder Knüpfung von Grösen, für welche Einigung gilt, kann man statt der Einfachen (Elemente) auch beliebige aus diefen erzeugte Grösen, welche ungleich der nichtigen Gröse diefer Knüpfung find, als Einfache (Elemente) fetzen und daraus neue Grösen ableiten, und gelten auch für diefe alle Gefetze der Einigung.**

Beweis: Die Grundformel der Einigung ist $a\circ(b\circ e) = a\circ b\circ e$, aus diefer find alle Gefetze der Einigung abgeleitet. Diefe Formel gilt aber nach 32 auch, wenn wir statt des Einfachen e eine beliebige Gröse c einführen u. f. w.

Das Gefetz der Einigung der Grösen findet in den Zweigen der Denklehre oder Grösenlehre, wie der Formenlehre und der logischen Wissenschaften eine überaus reiche Anwendung. In der Grösenlehre wird es bei der Addition, bei der Multiplikation und auch bei der Potenzirung angewandt. In der Zahlenlehre wird es bei der Addition und bei der Subtraktion, bei der Multiplikation und bei der Divifion, bei der Potenzirung ff. angewandt. In der Logik wird es bei der Addition und Multiplikation, in der Bindelehre wird es bei der Addition und bei der Multiplikation, und zwar bei den Kombinationen, wie Variationen und ferner bei den Potenzen gebraucht. Es wäre wenig wissenschaftlich, wollte man dasſelbe Geſetz 18 bis 20 mal an verschiedenen Stellen ableiten und beweiſen, statt es einmal in der Grösenlehre abzuleiten und dann nur anzuwenden. Ganz unwissenschaftlich aber ist es, wenn man es gar nicht ableitet, ſondern ohne Ableitung und ohne Beweis als ſelbstverständlich vorausſetzt. oder auch statt des Beweiſes einige nichts beweiſende Phraſen giebt, hinter denen man Unwissenschaftlichkeit verstecken will, wie dies gewöhnlich geschieht. Für die Einübung empfiehlt es ſich. dies Geſetz für verschiedene Knüpfungszeichen, z. B. $a + (b + c) = a + b + c$ und $a(bc) = abc$ zu beweiſen und an Zahlenbeispielen zu erläutern, z. B. dass $8 + (3 + 10) = (8 + 3) + 10$, dass $4\cdot(5\cdot7) = (4\cdot5)\cdot7$ ist. Es wird dadurch das Geſetz anschaulich und tritt lebendiger ins Bewusstſein. Sehr zweckmäsig ist es, bei Geübteren die Grenzen dieſes Geſetzes aufzustellen, dass z. B. in der Zahlenlehre zwar $a^{(b\cdot c)} = (a^b)^c$ gilt, dass aber nicht $(a^b)^c = a^{(b^c)}$ ist. Ein Beispiel für Einigung ohne Vertauschung bieten uns die Geänder oder Variationen in der Bindelehre (Kombinationslehre); denn bei den Geändern ist $a(bc) = abc$. aber nicht $ab = ba$; es gilt alſo Einigung ohne Vertauschung.

c. Die Vertauschung der Grösen.

Erklärung. Die Vertauschung (die mutatio) heist eine Knüpfung von Grösen, ſofern auser der Einigung auch die Vertauschung zweier Einfachen (Elemente) gilt. 35.

Grundformel der Vertauschung. $e_1 \circ e_2 = e_2 \circ e_1$ 36.
Zwei Einfache (Elemente) kann man, wenn Vertauschung gilt, mit einander vertauschen.

Für die Vertauschung der Grösen muss zunächst bemerkt werden, dass Vertauschung ohne Einigung nichts Neues giebt. Sollte z. B. die Vertauschung zweier Einfachen $e_1 \circ e_2 = e_2 \circ e_1$ gelten, aber nicht Einigung: ſo könnte man in $e_1 \circ e_2 \circ e_3$, wohl $e_1 \circ e_2$ vertauschen, aber nicht $e_2 \circ e_3$, denn stellt man die Klammern her, ſo ist $e_1 \circ e_2 \circ e_3 = (e_1 \circ e_2) \circ e_3$, alſo wird e_2 und e_3 durch eine Klammer getrennt und kann, ſofern nicht Einigung gilt, auch nicht vertauscht werden, gilt dagegen Einigung, ſo kann man die Klammern beliebig ſetzen, alſo ist dann $e_1 \circ e_2 \circ e_3 = e_1 \circ (e_2 \circ e_3)$. Hier kann man e_2 und e_3 vertauschen und erhält alſo $e_1 \circ (e_3 \circ e_2) = e_1 \circ e_3 \circ e_2$. Die Erklärung der Vertauschung wird alſo die ſein müssen, dass nicht nur Einigung, ſondern auch auserdem die Vertauschung zweier benachbarter Einfacher (Elemente) gilt. Beweiſen wird dann das Geſetz der Vertauschung, dass man die Klammer beliebig ſetzen und weglassen und die Ordnung der Grösen beliebig ändern kann ohne Aendrung des Werts des Ergebnisses.

Lehrſatz. Geſetz der Vertauschung. 37.

In jeder Knüpfung beliebiger Grösen, für welche Vertauschung gilt, kann man die Klammern beliebig ſetzen oder weglassen und die Ordnung der zu verknüpfenden Grösen beliebig ändern, ohne dass ſich

der Wert des Gefammtes ändert, und das Gefammt der Knüpfung ist eine Gröse, deren Einfache (Elemente) fortschreitend verknüpft find.

Beweis in Formeln: Der Formelbeweis zerfällt in drei Teile, man muss nämlich beweifen,

a. dass man eine Gröse und ein Einfaches vertauschen kann, oder dass $a \circ e = e \circ a$,

b. dass man zwei Grösen unter einander vertauschen kann, oder dass $a \circ b = b \circ a$ und

c. dass bei mehren Grösen jede Gröse eine beliebige Stelle erhalten kann, oder dass $a \circ b \circ c \circ d = a \circ d \circ c \circ b$.

a. Beweis nach Einfachen, d. h. einfach (elementar) in Bezug auf a.

1. Die Gleichung $a \circ e_1 = e_1 \circ a$ gilt, wenn a nur ein Einfaches e_2 enthält, denn $e_2 \circ e_1 = e_1 \circ e_2$ (nach 36).
2. Wenn die Gleichung für eine beliebige Gröse a gilt (Annahme), fo gilt fie auch für die Gröse $a \circ e_2$, welche ein Einfaches e_2 mehr enthält (Folgerung); denn

$$\begin{aligned}(a \circ e_2) \circ e_1 &= a \circ (e_2 \circ e_1) && \text{(nach 30)}\\ &= a \circ (e_1 \circ e_2) && \text{(nach 36)}\\ &= (a \circ e_1) \circ e_2 && \text{(nach 30)}\\ &= (e_1 \circ a) \circ e_2 && \text{(nach Annahme)}\\ &= e_1 \circ (a \circ e_2) && \text{(nach 30)}\end{aligned}$$

3. Alfo gilt die Gleichung nach 24 allgemein.

b. Beweis nach Einfachen, d. h. einfach (elementar) in Bezug auf b.

1. Die Gleichung $a \circ b = b \circ a$ gilt, wenn b nur ein Einfaches e enthält (nach 37a).
2. Wenn die Gleichung für eine beliebige Gröse b gilt (Annahme), fo gilt fie auch für jede Gröse $b \circ e$, welche ein Einfaches mehr enthält (Folgerung); denn

$$\begin{aligned}a \circ (b \circ e) &= (a \circ b) \circ e && \text{(nach 30)}\\ &= (b \circ a) \circ e && \text{(nach Annahme)}\\ &= b \circ (a \circ e) && \text{(nach 30)}\\ &= b \circ (e \circ a) && \text{(nach 37a)}\\ &= (b \circ e) \circ a && \text{(nach 32)}\end{aligned}$$

3. Alfo gilt der Satz nach 24 allgemein.

c. Da Einigung gilt, fo kann man die Grösen zwischen der zu verfetzenden Gröse d und der Stelle, wohin fie verfetzt werden foll, in eine Klammer schliesen, dann ist

$$a\circ b\circ c\circ d = a\circ[(b\circ c)\circ d] \quad \text{(nach 33)}$$
$$= a\circ[(c\circ b)\circ d] \quad \text{(nach 37b)}$$
$$= a\circ[d\circ(c\circ b)] \quad \text{(nach 37b)}$$
$$= a\circ d\circ c\circ b \quad \text{(nach 33)}$$

Beweis in Worten: a. Da Vertauschung gilt, fo gilt nach 35 auch Einigung. alfo kann man nach 34 auch die Klammern beliebig fetzen oder weglassen, ohne dass fich der Wert des Gefammtes ändert.

b. Man kann aber auch jedes Einfache in jede beliebige Stelle bringen. Denn nach dem Gefetze der Einigung (33) kann man ein beliebiges Einfaches mit feinem benachbarten, z. B. dem vorhergehenden. in eine Klammer schliesen. dann die Einfachen (nach 36) vertauschen und demnächst die Klammer wieder löfen. Auf gleiche Weife kann man dasfelbe Einfache wieder mit dem nunmehr benachbarten, z. B. vorhergehenden, in eine Klammer schliesen, wieder die Einfachen vertauschen und dann die Klammer löfen und fofort. Man kann alfo jedes beliebige Einfache in jede beliebige vorhergehende oder nachfolgende Stelle bringen ohne Aendrung des Wertes.

c. Ebenfo kann man jede Gröse in jede beliebige Stelle bringen, indem man nach der Reihe jedes Einfache der Gröse ohne Aendrung des Wertes an jene Stelle bringt. Mithin kann man die Ordnung der zu knüpfenden Grösen beliebig ändern, ohne dass fich der Wert des Gefammtes ändert. Das Gefammt ist nach 34 wieder eine Gröse, deren Einfache fortschreitend geknüpft find.

Satz. In jeder Knüpfung von Grösen, für welche Vertauschung gilt, kann man statt der Einfachen (der Elemente) auch beliebige, aus diefen erzeugte Grösen, welche ungleich der nichtigen Gröse diefer Knüpfung find, als Einfache (Elemente) fetzen und daraus neue Grösen ableiten, und gelten auch für diefe alle Gefetze der Vertauschung. 38.

Beweis: Die Gefetze der Vertauschung find fämmtlich aus den beiden Grundformeln $a\circ(b\circ e) = a\circ b\circ e$ und $e_1\circ e_2 = e_2\circ e_1$ abgeleitet, diefe gelten aber nach 37 auch für beliebige Grösen, alfo u. f. w.

Auch der Beweis für das Gefetz der Vertauschung kann felbstredend, wenn er streng wissenschaftlich fein foll, wieder nur fortleitend nach Einfachen oder Elementen, d. h. elementar geführt werden.

Das Gefetz der Vertauschung der Grösen findet wieder in den Zweigen der Grösenlehre, wie der Formenlehre und der Denklehre eine überaus reiche Anwendung. In der Grösenlehre wird es bei der Addition, bei der Multiplikation und bei der Potenzirung angewandt. In der Zahlenlehre wird es bei der Addition und Subtraktion, Multiplikation und Divifion, Potenzirung ff. gebraucht. In der Logik wird es bei der Addition und Multiplikation. in der Bindelehre bei der Addition, der Multiplikation und Potenzirung der Kombinationen gebraucht. Es wäre wenig wissenschaftlich, wollte man auch hier den Beweis 12 bis 20 mal wiederholen oder gar ihn überschlagen und durch unwissenschaftliche bemäntelnde Phrafen erfetzen, wie dies meistenteils geschieht. Die strenge Wissenschaft fordert den Beweis hier an diefer Stelle vor den einzelnen Zweigen und findet die Darstellung hierin ihre Begründung und Rechtfertigung. Für die Einübung empfiehlt es fich. dies Gefetz wieder für verschiedene Knüpfungszeichen, z. B. $a + b = b + a$, $ab = ba$ zu beweifen und an Zahlenbeispielen zu erläutern, alfo dass $7 + 9 = 9 + 7$, dass $7 \cdot 9 = 9 \cdot 7$ ist. Es wird dadurch das Gefetz anschaulich und tritt lebendiger ins Bewusstfein. Für die Geübteren empfiehlt es fich, die Formeln $(a \cdot b)^c = (b \cdot a)^c$, $a^{b+c} = a^{c+b}$, $(a^b)^c = (a^c)^b$ zu üben und nachzuweifen, dass nicht $a^b = b^a$ ist.

3. Die beiden Gattungen der Knüpfung und der Zerlegung.

Bei der Knüpfung giebt es nun zwei grose Gattungen mit überaus abweichenden Gefetzen, fie unterscheiden fich dadurch. dass bei der einen das Gefammt wieder in feine geknüpften Grösen zerlegt oder getrennt werden kann, und die durch diefe Trennung erzeugte Gröse nur einen und nicht mehre Werte hat, dass bei der andern dagegen es mehre Grösen giebt, welche der Löfung der Knüpfung entsprechen, ja dass es wohl felbst ein ganzes Gebiet folcher Grösen giebt. Wir nennen die erstre Gattung *die trennbare Knüpfung*, die zweite *die untrennbare Knüpfung*. Die beiden Gattungen der Knüpfung find es, welche das Denken des Menschen mannigfach und reich gestalten.

Der ersten diefer beiden Gattungen der trennbaren Knüpfung entspricht die *Trennung*, wo die übrig bleibende Gröse nur einen Wert hat. Der untrennbaren Knüpfung entspricht die *Löfung*, wo die übrig bleibende Gröse mehre Werte hat.

Beiden Gattungen der Knüpfung find gemeinfam einerfeits die *nicht ändernde Gröse* einer Knüpfung, welche mit jeder Gröse in diefer Knüpfung geknüpft werden kann, ohne den Wert derfelben zu ändern. Als Beispiele haben wir für diefelbe bei der Addition die Null, denn $a + 0 = a$, bei der Multiplikation die Eins, denn $a \cdot 1 = a$ und bei dem Exponenten auch die 1, denn $a^1 = a$.

Andrerfeits find beiden Gattungen gemeinfam die *unveränderliche Gröse* einer Knüpfung, welche mit jeder Gröse in diefer Knüpfung geknüpft werden kann, ohne dass fich ihr Wert ändert. Als Beispiele haben wir für diefelbe bei der Multiplikation die Null, denn $0 \cdot a = 0$, bei der Bafe die Eins, denn $1^a = 1$.

Wir werden zuerst diefe beiden Grösen behandeln und dann zu den beiden Gattungen der Knüpfung und zu den beiden Gattungen der Zerlegung übergehen.

39. **Erklärung. Die nicht ändernde Gröse einer Knüpfung heist die Gröse, welche mit jeder Gröse a durch diefe Knüpfung ver-**

bunden werden kann, ohne dass der Wert dieſer Gröse a geändert wird.

Das Zeichen der nicht ändernden Gröse für die allgemeine Knüpfung ist μ, geleſen my.

Es ist höchst wichtig, dass man ſich für jede Knüpfung die nicht ändernde Gröse merke. Für die Addition oder Fügung ist 0 die nicht ändernde Gröse. denn für jede Gröse a ist $a + 0 = a$; für die Multiplikation ist 1 die nicht ändernde Gröse. denn für jede Gröse a ist $a \cdot 1 = a$, für das Potenziren ist im Exponenten die 1 die nicht ändernde Gröse; denn für jede Gröse a ist $a^1 = a$.

Satz. $a \circ \mu = a \quad \mu \circ a = a$ 40.

Die nicht ändernde Gröse einer Knüpfung mit jeder beliebigen Gröse a in dieſer Knüpfung geknüpft, ändert dieſe Gröse a nicht.

Unmittelbar aus der Erklärung 39.

Erklärung. Die unveränderliche Gröse einer Knüpfung heist die Gröse, welche mit jeder Gröse a durch dieſe Knüpfung verbunden werden kann, ohne dass ihr eigner Wert verändert wird. 41.

Das Zeichen der unveränderlichen Gröse für die allgemeine Knüpfung ist v, geleſen ypsilón.

Es ist auch hier wieder höchst wichtig, dass man für jede Knüpfung die unveränderliche Gröse merke. Für die Addition ist Unendlich oder ∞ die unveränderliche, denn für jede Gröse a ist $\infty + a = \infty$; für die Multiplikation ist 0 die unveränderliche, denn es ist $0 \cdot a = 0$; für die Potenzirung ist 1 in der Baſe die unveränderliche, denn es ist $1^a = 1$, auserdem ist für poſitiven Exponenten auch 0 in der Baſe eine unveränderliche, denn dann ist $0^a = 0$.

Satz. $a \circ v = v \quad v \circ a = v$ 42.

Die unveränderliche Gröse einer Knüpfung bleibt auch, wenn man eine beliebige Gröse a in dieſer Knüpfung mit ihr knüpft, ganz unverändert.

Unmittelbar aus der Erklärung 41.

Erklärung. Bei der Knüpfung unterscheiden wir zwei Gattungen: eine trennbare und eine untrennbare. 43.

Man kann darüber, ob die beiden Gattungen der Knüpfung in die Grösenlehre gehören, verschiedener Anſicht ſein. Ich ſelbst habe in meiner Grösenlehre von 1872 die Betrachtung der beiden Gattungen von der Grösenlehre ausgeschlossen. Als ich jedoch die Bearbeitung der zeichnenden Raumlehre vornahm, welche eine Anwendung der Grösenlehre auf den Raum darstellt, erkannte ich, dass die Unterscheidung der beiden Gattungen der Knüpfung bereits in der Grösenlehre vorgenommen werden muss, und erweiterte demnach die Grösenlehre zunächst nach dieſer Richtung.

Erklärung. Die Zerlegung der Knüpfung heist die Verbindung 44.

zweier Grösen, durch welche das geknüpfte Gesammt wieder in seine geknüpften Grösen zerlegt wird.

Es giebt zwei Gattungen von Zerlegung der Knüpfung: die Trennung und die Lösung, erstre entspricht der trennbaren, letztre der untrennbaren Knüpfung.

Jeder Gattung und Art der Knüpfung entspricht auch eine Gattung und Art der Zerlegung. Wenn zwei oder mehre Grösen zu einem Gesammte geknüpft sind, so kann man diese Knüpfung wieder zerlegen, indem man von dem Gesammte die eine Gröse wieder wegnimmt. In diesem Falle ist also das Gesammt und eine wegzunehmende Gröse gegeben und wird die dann übrig bleibende Gröse gesucht.

Sei z. B. $7 + 8 = 15$ die Knüpfung, so ist $15 - 8 = 7$ die Zerlegung, sei $3 \cdot 5 = 15$ die Knüpfung, so ist $15 : 5 = 3$ die Zerlegung, sei $4^3 = 64$ die Knüpfung, so ist $64^{\frac{1}{3}} = 4$ die Zerlegung.

Bei der Zerlegung ist nun aber grose Vorsicht geboten, wenn noch ferner die Gesetze der Grösenlehre gelten sollen. In der Grösenlehre darf nämlich, wie wir oben feststellten, jede Gröse nur einen und nicht mehre Werte haben, beachtet man dies nicht, so gerät man in die bedenklichsten Trugschlüsse. Dies mussten wir schon bei der Erklärung der Knüpfung ins Auge fassen. Wir erklärten daher die Knüpfung so: Die Knüpfung von Grösen heist jede Zusammenstellung oder Verbindung von Grösen, welche dem Geiste des Menschen möglich ist, sofern das Ergebniss nur einen und nicht mehre Werte hat.

Ganz entsprechend werden wir nun auch bei der Zerlegung verfahren müssen. Wir nennen die Zerlegung eine Trennung, wenn es nur eine Gröse a giebt, welche mit derselben Gröse b geknüpft, das Gesammt c liefert. Nimmt man dann b aus c fort, oder trennt man b von c, so bleibt nur eine Gröse a übrig; das Ergebniss der Trennung hat dann nur einen und nicht mehre Werte und gelten dann für die Trennung alle Gesetze der Knüpfung. Namentlich ist dann $(a \circ b) \smile b = a$. Diese Trennung entspricht der trennbaren Knüpfung.

Wenn es dagegen zwei oder mehre Grösen $a_1 \cdots a_n$ giebt, welche mit b geknüpft, das Gesammt c geben, so bleiben, wenn man b wieder aus c fortnimmt oder wenn man $c = a \circ b$ zerlegt, n Grösen $a_1 \cdots a_n$ übrig, von denen jede der Forderung genügt, sei nun $\smile$ das Zeichen dieser Gattung der Zerlegung, so hat $c \smile b$ also n verschiedene Werte und darf dann nicht mehr $a = (a \circ b) \smile b$ gesetzt werden, sondern $(a \circ b) \smile b$ hat dann n Werte $a_1 \cdots a_n$ und wollte man also $a = (a \circ b) \smile b$ setzen, so würde es gleich $a_1 \cdots a_n$ sein und also nicht mehr eine Gröse sein, da diese nur einen und nicht mehre Werte hat bez. haben darf. Tut man es dennoch, so kommt man in die gröbsten Trugschlüsse. So ist in der Logik für jede Gröse a stets $a + a = a$, also darf man in der Logik nicht $a - a = 0$ einführen, da man sonst zu groben Trugschlüssen gelangt; es ergiebt sich dann beispielsweise, da auch Einigung gilt, $a = a + 0 = a + (a - a) = a + a - a = a - a = 0$, d. h. jede Gröse der Logik gleich Null; ebenso darf man in der Logik, da in derselben für jede Gröse a auch $a \cdot a = a$ ist, nicht $a : a = 1$ einführen, da man hier wieder zu Trugschlüssen gelangt; es ergiebt sich dann beispielsweise, da auch wieder Einigung gilt, $a = a \cdot 1 = a \cdot (a : a) = a \cdot a : a = a : a = 1$, d. h. jede Gröse der Logik gleich Eins.

So ist in der Zahlenlehre a·0 = 0. alſo darf man in der Zahlenlehre nicht 1 = 0 : 0 einführen, denn es ist dann a = a·1 = a·(0 : 0) = (a·0) : 0 = 0 : 0 = 1. alſo jede Zahl gleich eins.

So ist in der Zahlenlehre $(+a)^2 = (-a)^2 = a^2$, alſo darf man hier nicht die zweite $\sqrt{a^2}$ als Gröſe ſetzen; denn es wäre dann $+a = \sqrt{a^2} = -a$.

Es werden dieſe Beiſpiele hinreichen, um zu zeigen, dass man, wenn es bei der Zerlegung der Knüpfung mehre Gröſen giebt, welche der Zerlegungsaufgabe genügen, die übrig bleibenden Gröſen nicht einander gleich ſetzen darf. In dieſem Falle ist es aber wünſchenswert. dass festgestellt werde, welche Gröſen der Aufgabe genügen, und dass dieſe Feſtſtellung ein einfaches Zeichen habe. Ich führe dafür das Zeichen ≅ ein, geleſen entsprechend gleich, es ist alſo $\sqrt{a^2} \cong \pm a$. Die Zerlegung nenne ich in dieſem Falle eine Löſung, das Ergebniss das Gelöſe.

Die ersten, welche eine streng wissenschaftliche Unterſuchung über die möglichen Zerlegungen in den einzelnen Ordnungen der Arithmetik und der Ausdehnungslehre vorgenommen haben. ſind meines Wissens die Gebrüder Grassmann geweſen. Dieſelben haben bereits 1847 die Geſetze ganz in der Form dargestellt, wie ſie in H. Grassmann, Arithmetik, Berlin 1861, erschienen ſind. Hier ist zuerst in der Wissenschaft bei jeder Art der Trennung zunächst der Beweis geführt. dass es nur eine Gröſe giebt, welche der Aufgabe genügt, und ist zuerst bewieſen, dass man nie durch Null teilen darf.

In R. Grassmann, Formenlehre, Stettin 1872, ist ferner die Subtraktion und die Diviſion für die Logik und für die Kombinationslehre verworfen, welche von andern Gelehrten auch noch nach 1872 angewandt ist, ohne dass dieſe Gelehrten die Trugſchlüſſe bemerkt haben, denen ſie dadurch verfallen ſind und dass hienach alle Gröſen der Logik einerſeits gleich Null und andrerſeits gleich Eins ſein müssen, dass alſo dann kein Geſetz der Logik gilt.

A. Die trennbare Knüpfung und die Trennung der Gröſen.

Erklärung. Die trennbare Knüpfung der Gröſen heiſt die 45. **Knüpfung, wenn es nur eine Gröſe a giebt, welche mit der gegebenen Gröſe b durch dieſe Knüpfung verbunden dasſelbe Geſammt a∘b, bez. dasſelbe Geſammt b∘a giebt, ſofern die gegebene Gröſe b ungleich der unveränderlichen Gröſe dieſer Knüpfung ist.**

Man nennt die unveränderliche Gröſe der Knüpfung daher auch die untrennbare Gröſe der Knüpfung, die andern Gröſen heiſen bei der trennbaren Knüpfung trennbare Gröſen.

Es ist die Bedingung, dass die gegebene Gröſe b ungleich der unveränderlichen Gröſe der Knüpfung ſein müsse, eine ganz notwendige; denn nach 42 ist v∘a = v = v∘c, wo a und c ganz beliebige Gröſen ſein können. Würde man hier alſo auch die Trennung zulassen, ſo würde folgen a = c, d. h. jede beliebige Gröſe jeder andern beliebigen Gröſe gleich.

Bei der Addition ist die unendliche Gröse ∞ die unveränderliche, hier ist alſo $\infty + a = \infty = \infty + c$; bei der Multiplikation ist Null die unveränderliche, hier ist alſo $0 \cdot a = 0 = 0 \cdot b$, in der Baſe ist die Eins die unveränderliche, hier ist $1^a = 1 = 1^b$, ebenſo ist im Exponenten die Null die unveränderliche, denn es ist $a^0 = 1^0 = b^0$.

46. **Satz. Bei trennbarer Knüpfung ist,**
wenn $a \circ b = a \circ c$ oder wenn $b \circ a = c \circ a$, wo $a \gtrless v$ (Annahme)
auch $b = c$ (Folgerung) oder
Je zwei Grösen (b und c), welche mit derſelben Gröse a durch trennbare Knüpfung verbunden gleiche Geſammte liefern, ſind einander gleich, ſofern die Gröse a der unveränderlichen Gröse der Knüpfung ungleich ist.

Beweis: Unmittelbar aus 45.

47. **Erklärung. Die Trennung (die secretio) zweier Grösen heist die Verbindung zweier Grösen, wenn zu dem gegebenen Geſammte a und einer gegebenen trennbaren Gröse b (d. h. einer Gröse, welche ungleich der unveränderlichen Gröse dieſer Knüpfung ist) die andre Gröse c geſucht wird, welche mit der gegebenen Gröse b in entsprechender Weiſe geknüpft, das Geſammt a giebt und es zugleich nur eine Gröse c giebt, welche mit b in dieſer Weiſe geknüpft, das Geſammt a liefert.**

Im Folgenden wird stets bei der Trennung vorausgeſetzt, dass die zu trennende Gröse ungleich der unveränderlichen Gröse dieſer Knüpfung ist.

48. **Erklärung. Das Zeichen der Trennung ist $\smile$, geleſen „trenn". Vor dem Zeichen steht das Geſammt a, nach demſelben die zu trennende Gröse b. Die zu trennende Gröse heist der Trenner, die übrig bleibende Gröse heist das Bleibſel.**

49. **Grundformel der Trennung. $a = a \circ b \smile b$, $a = a \smile b \circ b$.**
Eine Gröse fortschreitend trennbar knüpfen und trennen oder fortschreitend trennen und trennbar knüpfen, ändert den Wert der Gröse nicht.

Nach der Erklärung 48 ist das Geſammt $a = c \circ b$, und ist auch $a \smile b = c$, mithin ist, wenn wir den Wert von a einſetzen, $c \circ b \smile b = c$. Nach der Erklärung 48 ist ebenſo $a \smile b = c$ und $c \circ b = a$, alſo, wenn wir den Wert von c einſetzen, $a \smile b \circ b = a$. Die Grundformel enthält alſo genau das, was in der Erklärung gegeben ist.

50. **Erklärung. Die Trenngröse heist die Gröse, welche mit a trennbar geknüpft $a \smile b$ giebt.**

Das Zeichen der Trenngröse ist $(\smile b)$, geleſen „Trenn b".

Satz. $a \circ (\smile b) = a \smile (\circ b) = a \smile b$ **und** $a \smile (\smile b) = a \circ (\circ b) = a \circ b$. 51.
Eine Trenngröse knüpft man, indem man die entsprechende Knüpfgröse trennt und eine Trenngröse trennt man, indem man die entsprechende Knüpfgröse knüpft und statt eine Knüpfgröse zu knüpfen bez. zu trennen, kann man die Gröse ohne Vorzeichen knüpfen bez. trennen.

Beweis. 1. Es ist $a \circ (\smile b) = a \smile b$. Unmittelbar aus 50.

2. Es ist $a \smile (\circ b) = a \smile (\circ b) \circ b \smile b$ (nach 49)
$= a \smile (\circ b) \circ (\circ b) \smile b$ (nach 26)
$= a \smile b$ (nach 49)

3. Es ist $a \smile (\smile b) = a \smile (\smile b) \smile b \circ b$ (nach 49)
$= a \smile (\smile b) \circ (\smile b) \circ b$ (nach 51.1)
$= a \circ b$ (nach 49)

Satz. Es giebt den drei Arten der Knüpfung entsprechend drei Arten des Trennens: das Antrennen, das Eintrennen und das Abtrennen. 52.

Die drei Arten der Knüpfung, welche wir im zweiten Abschnitt kennen gelernt haben, waren die Anreihung, für welche weder Einigung, noch Vertauschung gilt, die Einigung, für welche zwar Einigung, aber keine Vertauschung gilt, und die Vertauschung, für welche fowohl Einigung als auch Vertauschung gilt.

Von den drei Arten der Trennung entspricht nun das Antrennen der Anreihung, das Eintrennen der Einigung und das Abtrennen der Vertauschung.

a. Das Antrennen der Grösen.

Erklärung. Das Antrennen (die dejunctio) heist die Trennung, wenn für die entsprechende Knüpfung nur das Gefetz der Anreihung gilt. 53.

Gefetz des Antrennens. Für das Antrennen gelten nur die allgemeinen Gefetze der Trennung; dagegen darf man weder eine Klammer auflöfen, noch die Reihenfolge der Grösen ändern. 54.

Beweis: Da das Antrennen nach 53 eine Trennung ist, fo gelten für diefelbe auch die allgemeinen Gefetze der Trennung, d. h. die Sätze 47 bis 51. Da ferner für die entsprechende Knüpfung nach 53 weder Einigung, noch Vertauschung gilt, fo darf man keine Klammer auflöfen, und darf auch nicht einmal innerhalb einer Klammer die Reihenfolge der Grösen ändern, noch weniger darf man eine Gröse in einer Klammer mit einer Gröse auser der Klammer vertauschen.

b. Das Eintrennen der Grösen.

55. **Erklärung. Das Eintrennen (die sejunctio) heist die Trennung, wenn für die entsprechende Knüpfung die Einigung gilt.**

56. **Satz. In jeder Knüpfung beliebiger Grösen, für welche ſowohl Einigung, als auch Trennung gilt, kann man jede Knüpfklammer dieſer Knüpfung beliebig weglassen oder ſetzen ohne Aendrung der Vorzeichen und ohne Aendrung des Wertes. Die Ordnung der Grösen bleibt dabei unverändert.**

Beweis: 1. Es ſei die erste Gröse in der Klammer eine Gröse ohne Vorzeichen oder eine Knüpfgröse, ſo kann man nach 51 für jede Gröse, welche in der Klammer zu trennen ist, die entsprechende Trenngröse knüpfen. alſo z. B. statt $a\circ(b\smile c)$ ſetzen $a\circ(b\circ(\smile c))$. dann ſind alle Grösen in der Klammer nur zu knüpfen und kann man alſo die Klammer nach 33 weglassen und dann auser der Klammer wieder statt $\circ(\circ b)$ nur $\circ b$, statt $\circ(\smile b)$ nur $\smile b$ ſetzen nach 51.

2. Es ſei die erste Gröse in der Klammer eine Trenngröse, ſo kann man nach 56.1 alle folgenden Glieder in der Klammer in eine zweite Klammer schliesen, welche zu knüpfen ist. Die Formel hat dann die Form $a\circ(\smile b\circ c)$. Setzen wir hier $(\smile b) = d$, ſo ist

$$\begin{aligned}
a\circ(\smile b\circ c) &= a\circ(d\circ c) && \text{(nach Annahme)}\\
&= a\circ(d\circ c)\smile c\circ c && \text{(nach 49)}\\
&= a\circ(d\circ c)\circ(\smile c)\circ c && \text{(nach 51)}\\
&= a\circ(d\circ c\circ(\smile c))\circ c && \text{(nach 33)}\\
&= a\circ(d\circ c\smile c)\circ c && \text{(nach 51)}\\
&= a\circ d\circ c && \text{(nach 49)}\\
&= a\circ(\smile b)\circ c && \text{(nach Annahme)}\\
&= a\smile b\circ c && \text{(nach 51)}
\end{aligned}$$

57. **Satz.** $b\smile b = \smile b\circ b = \mu$ **oder**
Das Geſammt aus der Knüpfgröse und der entsprechenden Trenngröse und ebenſo das Geſammt aus der Trenngröse und der entsprechenden Knüpfgröse ist in der Eintrennung gleich der nicht ändernden Gröse.

Beweis: Nach 40 ist $a = a\circ\mu$. Nach 49 und nach 56 ist aber auch $a = a\circ b\smile b = a\circ(b\smile b)$, und $a = a\smile b\circ b = a\circ(\smile b\circ b)$. Mithin ist nach 18 auch $a\circ\mu = a\circ(b\smile b) = a\circ(\smile b\circ b)$ Bei der Trennung giebt es aber nur eine Gröse, welche mit a geknüpft das gleiche Geſammt giebt, mithin ist auch $\mu = b\smile b = \smile b\circ b$, was zu beweiſen war.

58. **Satz. Statt eine Klammer, welche mehre Knüpf- bez. Trenngrösen enthält, einzutrennen, kann man die Vorzeichen der Grösen**

entgegengeſetzt nehmen und die ſo erhaltenen Grösen in umgekehrter Reihenfolge fortschreitend knüpfen, oder

Eine Trennklammer kann man, wenn Einigung gilt, nach Entgegenſetzung der Vorzeichen aller Grösen in der Klammer und, nachdem man die Reihenfolge dieſer Grösen umgekehrt hat, weglassen oder ſetzen.

Beweis: 1. Der Satz gilt, wenn in der Klammer nur zwei Grösen ſind; denn es ist

$$
\begin{aligned}
a \smile (\mathfrak{z} b\, \mathfrak{z} c) &= a \smile (\circ(\mathfrak{z} b)\circ(\mathfrak{z} c)) = a \smile ((\mathfrak{z} b)\circ \mathfrak{z} c)) && \text{(nach 52)}\\
&= a \smile (d\circ e) \quad \text{wo } d = (\mathfrak{z} b) \text{ und } e = (\mathfrak{z} c)\\
&= a \smile (d\circ e)\circ d \smile d && \text{(nach 49)}\\
&= a \smile (d\circ e)\circ d\circ e \smile e \smile d && \text{(nach 49)}\\
&= a \smile (d\circ e)\circ(d\circ e) \smile e \smile d && \text{(nach 56)}\\
&= a \smile e \smile d && \text{(nach 49)}\\
&= a \smile (\mathfrak{z} c) \smile (\mathfrak{z} b) \quad \text{da } e = (\mathfrak{z} c) \text{ und } d = (\mathfrak{z} b)\\
&= a \curlyvee c \curlyvee b && \text{(nach 51)}
\end{aligned}
$$

2. Wenn der Satz für n Grösen in der Klammer gilt, ſo gilt er auch für n + 1 Grösen in der Klammer. Angenommen nun, dass $a \smile (c_1\circ c_2\circ c_3 \cdots \circ c_n) = a \smile c_n \smile c_{n-1} \smile \cdots \smile c_3 \smile c_2 \smile c_1$ und $c_a = (\mathfrak{z} b_a)$ geſetzt ist, dann ſetze $c_1\circ c_2\circ c_3 \cdots \circ c_n = C$, ſo ist

$$
\begin{aligned}
a \smile (c_1\circ c_2\circ c_3 \cdots \circ c_n\circ c_{n+1}) &= a \smile ((c_1\circ c_2\circ c_3 \cdots \circ c_n)\circ c_{n+1})\\
&= a \smile (C\circ c_{n+1})\\
&= a \smile c_{n+1} \smile C && \text{(nach 58,1)}\\
&= a \smile c_{n+1} \smile (c_1\circ c_2\circ c_3 \cdots \circ c_n)\\
&= a \smile c_{n+1} \smile c_n \cdots \smile c_3 \smile c_2 \smile c_1\\
& && \text{(nach Annahme)}
\end{aligned}
$$

Setzen wir hierin wieder $c_a = (\mathfrak{z} b_a)$, ſo wird jede Gröse $\smile(\mathfrak{z} b_a) = \curlyvee b_a$ nach 32, d. h. das Vorzeichen entgegengeſetzt genommen.

59. **Geſetz der Einigung und Eintrennung. In jeder Verbindung von Grösen durch Knüpfen mit Einigung oder durch Eintrennung kann man ohne Aendrung des Wertes jede Knüpfklammer unter Beibehaltung der Ordnung ohne Weitres, jede Trennklammer aber erst nach Entgegenſetzung der Vorzeichen und nach Umkehr der Reihenfolge aller Grösen in der Klammer beliebig weglassen oder ſetzen.**

Beweis: Unmittelbar aus 56 und 58.

60. **Satz. In jeder Knüpfung und Trennung von Grösen, für welche Einigung gilt, kann man statt der Einfachen (Elemente) auch belie-**

bige aus diefen durch Knüpfung oder Trennung erzeugte Grösen, welche ungleich der nicht ändernden Gröse diefer Knüpfung find, als Einfache (Elemente) fetzen und daraus neue Grösen ableiten und gelten auch für diefe alle Gefetze der Einigung und der Trennung.

Beweis: Für die Knüpfung ist der Satz bereits in Nummer 34 bewiefen. Die Gefetze der Trennung gelten aber auch nach 55, wie in den Nummern 56 bis 59 bewiefen, wenn für die Knüpfung die Gefetze der Einigung gelten, alfo gelten fie auch hier.

c. Das Abtrennen der Grösen.

61. **Erklärung. Die Abtrennung (die disjunctio) heist die Trennung, wenn für die entsprechende Knüpfung die Vertauschung gilt.**

62. **Gefetz der Vertauschung und Abtrennung. In jeder Verbindung von Grösen durch Knüpfen mit Vertauschung oder durch Abtrennung kann man ohne Aendrung des Wertes jede Knüpfklammer ohne Weitres, jede Trennklammer nach Entgegenfetzung der Vorzeichen aller Grösen in der Klammer beliebig weglassen oder fetzen, und die Ordnung der verknüpften Grösen beliebig ändern.**

Beweis: Die Klammern kann man fämtlich nach 59 wegschaffen, wenn man die richtige Reihenfolge beobachtet. Giebt man dann jeder Gröse $\smile e$, welche ein Trennzeichen hat, nach 51 die Form $\circ(\smile e)$, fo find dann alle Grösen nur zu knüpfen und kann man alfo nach 37 auch die Ordnung der verknüpften Grösen beliebig ändern und der Gröse $\circ(\smile e)$ dann wieder die Form $\smile e$ geben.

63. **Satz. In jeder Knüpfung und Trennung von Grösen, für welche Vertauschung gilt, kann man statt der Einfachen (Elemente) auch beliebige aus diefen durch Knüpfung oder Trennung erzeugte Grösen als Einfache (Elemente) fetzen und daraus neue Grösen ableiten und gelten auch für diefe alle Gefetze der Vertauschung und der Trennung.**

Beweis: Für die Knüpfung ist der Satz bereits in 38 bewiefen. Wenn aber die Gefetze der Vertauschung für die Knüpfung gelten, fo gelten nach 61 auch die Gefetze der Abtrennung, alfo auch hier.

64. **Erklärung. Die untrennbare Knüpfung der Grösen heist die Knüpfung, wenn es mehre Grösen a_1, $a_2 \cdots$ giebt, welche mit der gegebenen Gröse b durch diefe Knüpfung verbunden dasfelbe Gefammt $a_1 \circ b$, bezüglich dasfelbe Gefammt $b \circ a_1$ geben, fofern die gegebene Gröse b ungleich der unveränderlichen Gröse diefer Knüpfung ist.**

Auch hier muss die Bedingung hinzugefügt werden, wenn $b \gtrless e$ ist, denn wenn $b = e$ ist, fo lässt fich gar nicht erkennen, ob die Knüpfung trennbar oder untrennbar ist, da in beiden Fällen für je zwei beliebige Grösen a und b nach 42 auch $\nu \circ a = \nu = \nu \circ b$ ist.

Erklärung. Die Löſung (die lysis) zweier Grösen heist die Verbindung zweier Grösen, wenn zu dem gegebenen Geſammte a und einer gegebenen Gröse b alle die Grösen $c_1, c_2 \cdots c_n$ geſucht werden, welche mit der gegebenen Gröse b in entsprechender Weiſe geknüpft, das Geſammt a geben und es zugleich mehr als eine ſolche Gröse c_1 giebt, welche dieſer Forderung genügt. 65.

Erklärung. Das Zeichen der Löſung ist ✓, geleſen „los“. Vor dem Zeichen steht das Geſammt a, nach demſelben die zu löſende Gröse b. Die zu löſende Gröse heist der Löſer; die Geſammtheit der Grösen, welche der Aufgabe genügen, heist das Gelös, jede einzelne dieſer Grösen heist eine Wurzel. 66.

Beispiel aus der Zahlenlehre: $(a^4)^{\frac{1}{4}}$ hat die vier Werte $+a$, $-a$, $+ai$, $-ai$, die Gröse $a0:0$ hat die unendlich vielen Werte von Null bis +Unendlich.

Beispiel aus der Logik: Die Gröse, welche mit b gefügt $a + b$ giebt, hat die Werte $a + x(a + b)$, die Gröse, welche mit b multiplizirt $a \cdot b$ giebt, hat die Werte $a + x(a + \bar{b})$.

Der Name die Wurzel (die radix) ist für die einzelnen Werte, welche der Löſungsaufgabe $(a^n)^{\frac{1}{n}}$ entsprechen, bereits allgemein in Gebrauch. Dieſen Namen nehme ich hier auf und erweitere die Bedeutung auf jeden Wert eines Gelöſes.

Erklärung. Das Gelös kann dem Geſammte nach Löſung des Löſers nur entsprechend gleich geſetzt werden. Das Zeichen hiefür ist $\cong$, geleſen „entsprechend gleich“. Beim Gelös werden die entsprechenden Werte in scharfe Klammer geſetzt. 67.

Beispiele: $(a^4)^{\frac{1}{4}} \cong [\pm a, \pm ai]$ $\quad a \cdot 0 : 0 \cong \text{Med.}[+\infty, -\infty]$.

Satz. Für die Löſung gilt kein Geſetz der Grösenlehre, da das Gelös nicht einen, ſondern mehre Werte hat. Die Löſung kann erst dann angewandt werden, wenn die Löſung ſo bestimmt ist, dass jedem Werte der Löſung auch nur ein bestimmter Wert des Gelöſes entspricht. 68.

Beispiel: $\sqrt[n]{a^n}$ hat bekanntlich n Werte. und es ist

$$\sqrt[n]{a^n} = a\left(\cos\frac{2a\pi}{n} + i\sin\frac{2a\pi}{n}\right).$$ Ebenſo hat das Integral

$\int ax^2$ bekanntlich eine ganz willkürliche Konstante w und es ist $\int ax^2 = w + \frac{1}{3}ax^3$. Hier muss in jedem einzelnen Falle der Wert der willkürlichen Konstante w bestimmt werden und hat dann das Intregal einen ganz bestimmten Wert.

Da man mit dem Gelöſe nicht weiter knüpfen kann, ſo scheint es, als habe das Gelös für die strenge Denklehre oder für die Formenlehre und für die logischen Wissenschaften keinen Wert; dem ist aber nicht ſo. Es ist in vielen Fällen ſehr wichtig zu wissen, welcher Grösenkreis einer bestimmten Aufgabe Genüge leistet und dies ermittelt gerade die Löſung. Wir werden die Löſung in vielen Fällen auftreten ſehen und die Wichtigkeit kennen lernen, welche dieſelbe für die Wissenschaft hat. Dagegen giebt es auch andre Gelöſe, welche stets ganz unbestimmt bleiben, ſo z. B. $\frac{1}{0}$; mit dieſen Gelöſen darf man dann gar nicht rechnen.

4. Die Beziehung zweier Knüpfungen.

Wir haben bisher immer nur eine einzelne Knüpfung für ſich betrachtet, ohne in einer Formel die eine Knüpfung mit einer andern Knüpfung in Beziehung zu ſetzen. In dieſer Nummer werden wir nun die Beziehung zweier Knüpfungen kennen lernen und dadurch die niedrigste und die nächsthöhere Ordnung der Grösenknüpfung gewinnen.

Eine Beziehung nennen wir es, wenn bei einer Knüpfung von Grösen jedes Einfache der einen Gröse mit der andern Gröse zu knüpfen ist, z. B.

$$3 \cdot 8 = (1 + 1 + 1) \cdot 8 = 1 \cdot 8 + 1 \cdot 8 + 1 \cdot 8.$$

Wir haben hier zwei Knüpfungen: eine niedere $1 + 1 + 1$ und eine höhere $3 \cdot 8$.

69. **Erklärung der Fügung. Die Fügung oder Addition (gr. die prósthesis, lat. die additio) heist die niedrigste Knüpfung der Grösen, für welche es keine Beziehung zu einer noch niederen Knüpfung giebt.**

Das Stück (der summandus) heist die zu fügende Gröse.

Die Summe (die summa) heist das Geſammt der Fügung.

Die Einfachgrösen (die Elementargrösen) heisen die Einfachen (die Elemente) und die durch fortschreitende Fügung derſelben erzeugten Grösen.

70. **Erklärung. Das Zeichen der Fügung ist ein stehendes Kreuz +, geleſen „plus“ oder „zu“. Eine Gröse mit einem Kreuz als Vorzeichen heist eine Plusgröse. Eine Gröse ohne Vorzeichen ist gleich der Plusgröse oder $a = +a$. Eine Klammer, vor welcher das Kreuz + steht, heist eine Plusklammer. Das Zeichen der Summe von n Grösen $a_1, a_2 \cdot \cdot a_n$ ist $\underset{1,n}{S} a_a = a_1 + a_2 + \cdots + a_n$.**

Wenn kein Anfangszeichen unter dem Summenzeichen steht, ſo beginnt die Reihe mit a_0 oder $\underset{,n}{S} a_a = a_0 + a_1 + a_2 + \cdots + a_n$.

Die Fügung (die additio) ist alſo die niedrigste Ordnung der Grösenlehre, wie des Denkens überhaupt. In ihr werden die vom Geiste geſetzten Einfachen (die Elemente) an einander geknüpft, daraus die Grösen gebildet und dieſe weiter mit einander geknüpft, aber ſo, dass keine Beziehung zu einer noch niederen Ordnung der Knüpfung gilt.

Erklärung. Die nicht ändernde Gröse der Fügung heist Null. Das Zeichen der Null ist 0. 71.

Die Null ist alſo diejenige Gröse, welche zu jeder Gröse gefügt werden kann, ohne den Wert derſelben zu ändern; oder

Die Knüpfung, für welche Null die nicht ändernde Gröse ist, ist die Fügung oder die Addition.

Eine unveränderliche Gröse für die allgemeine Fügung giebt es nicht, ſofern man nicht die unendliche Gröse, deren Zeichen ∞ ist, in die Fügung einführen will.

Satz. $a + 0 = a \qquad 0 + a = a$ 72.

Null zu jeder Gröse gefügt, ändert die Gröse nicht.

Beweis: Unmittelbar aus 71.

Satz. Es giebt drei Arten der Fügung: 1. die Anfügung, für welche weder Einigung noch Vertauschung der Stücke gilt, 2. die Einfügung, für welche zwar Einigung, aber keine Vertauschung der Stücke gilt und 3. die Zufügung, für welche ſowohl Einigung, als auch Vertauschung der Stücke gilt. 73.

Man könnte hier für die verschiedenen Gattungen der Fügung verschiedene Namen einführen und würden ſich in dem Falle die folgenden Namen empfehlen:

	Allgemeines Fügen.	Aeuseres Fügen.	Inneres Fügen.
Fürs Fügen:	Reihen.	Fügen.	Stellen.
Anfügen:	Anreihen.	Anfügen.	Anstellen.
Einfügen:	Einreihen	Einfügen.	Einstellen.
Zufügen:	Zureihen.	Zufügen.	Zustellen.

Ich halte dies aber für überflüssig. Der Name Fügen ist ganz allgemein und kann für alle Zweige verwandt werden. Welche Gattung der Fügung gemeint ist, das ergiebt ſich leicht aus den Sätzen, wenn geſagt wird, was gefügt werden ſoll. In der Logik und in der Kombinationslehre nennt man übrigens bereits das Fügen allgemein ein Aufſtellen und redet vom Aufſtellen der Gebinde oder Kombinationen, vom Aufſtellen der Geänder oder Variationen u. ſ. w. Dies kann man zur Unterscheidung beibehalten.

Erklärung der Anfügung. Die Anfügung (die additio im weiten Sinne) heist die Fügung, ſofern für die Grösen derſelben weder Einigung noch Vertauschung gilt. 74.

Die Anfügung ist die einzige Form der Fügung, bei welcher jede einzelne Ordnung und Klammerſetzung von jeder andern verschieden und nur ſich ſelbst gleich ist. Bei der Anfügung ist nicht nur $a + b \gtrless b + a$, ſondern auch $a + b + c \gtrless a + (b + c)$.

Jedes wissenschaftliche System, ſelbst jedes Wörterbuch giebt uns ein Beispiel der Anfügung; ebenſo jedes Buch, wo die Folge und die Zuſammenordnung der Gedanken eine feste ist, für welche weder Vertauschung noch auch nur Einigung gilt.

75. **Gesetz der Anfügung. In jeder Knüpfung durch Anfügung darf man weder eine Klammer lösen, noch die Reihenfolge der Grösen ändern; auch giebt es für diese Art der Knüpfung keine höhere Ordnung der Knüpfung.**

Beweis: Da nicht Einigung gilt, so darf man keine Klammer lösen; da nicht Vertauschung gilt, so darf man auch innerhalb einer Klammer nicht einmal die Reihenfolge der Grösen ändern; noch weniger darf man eine Gröse in einer Klammer mit einer Gröse auser der Klammer vertauschen. Endlich giebt es auch für das Anfügen nicht eine Knüpfung höherer Ordnung; denn für jede Knüpfung höherer Ordnung muss das Beziehungsgesetz zur niederen Knüpfung gelten; dies aber erfordert, wie wir demnächst sehen werden, die Einigung für die niedere Knüpfung. Da nun für die Anfügung keine Einigung gilt, so giebt es auch für die Anfügung keine höhere Ordnung der Knüpfung.

76. **Erklärung der Einfügung. Die Einfügung (die additio im mittlern Sinne) heist die Fügung, sofern für dieselbe die Grundformel der Einigung gilt.**

77. **Grundformel der Einfügung (der additio im mittlern Sinne).**

$$a + (b + e) = a + b + e$$ **oder in Worten**

Statt zu dem zweiten Stücke ein Einfaches (ein Element) zu fügen, kann man es zur Summe fügen und: Statt zu der Summe ein Einfaches zu fügen, kann man es zu dem zweiten Stücke fügen.

78. **Gesetz der Einfügung (der additio im mittlern Sinne). In jeder Knüpfung der Grösen durch Einfügung kann man ohne Aendrung des Wertes die Plusklammern beliebig setzen oder weglassen. Die Summe ist wieder eine Einfachgröse (eine Elementargröse).**

Beweis: Nach 77 gilt die Grundformel der Einigung, also nach 30 bis 34 auch das Gesetz der Einigung, d. h. man kann die Klammern beliebig setzen oder weglassen, und das Ergebniss ist wieder eine Gröse, deren Einfache fortschreitend gefügt sind, d. h. nach 69 eine Einfachgröse (eine Elementargröse).

79. **Erklärung der Zufügung. Die Zufügung (die additio im engen Sinne) heist die Fügung, sofern für dieselbe auser der Grundformel der Einigung auch die Grundformel der Vertauschung gilt.**

80. **Grundformel der Zufügung (der peradditio oder der additio im engen Sinne).** $e_1 + e_2 = e_2 + e_1$

Bei der Zufügung kann man zwei Einfache (zwei Elemente) vertauschen.

Gefetz der Zufügung (der additio im engen Sinne). In jeder Knüpfung der Grösen durch Zufügung kann man ohne Aendrung des Wertes die Plusklammern beliebig fetzen oder weglassen und die Ordnung der Stücke beliebig ändern, die Summe ist wieder eine Einfachgröse (eine Elementargröse). 81.

Beweis: Nach 77 und 78 gilt für jede Zufügung zunächst das Gefetz der Einfügung oder der Einigung, d. h. man kann ohne Aendrung des Wertes die Plusklammern beliebig fetzen oder weglassen, und die Summe ist wieder eine Einfachgröse. Nach 79 und 80 gilt ferner die Grundformel der Vertauschung, alfo gilt nach 36 bis 38 auch das Gefetz der Vertauschung, d. h. man kann ohne Aendrung des Wertes die Ordnung der Stücke beliebig ändern. Mithin gilt das ganze Gefetz der Zufügung.

Erklärung des Webens. Das Weben (die multiplicatio) heist die mittlere Ordnung der Grösenknüpfung, für welche das Gefetz der einfachen Beziehung zur Fügung gilt, d. h. statt die Summe einer Gröse und eines Einfachen mit einer andern Gröse zu weben, kann man die beiden Grösen mit einander weben und ebenfo das Einfache mit der andern Gröse weben und die Ergebnisse fügen. 82.

Die Bedingung ist, dass für das Fügen wenigstens Einfügen gilt und dass ein Einfaches (Element) mit einem Einfachen gewebt wieder ein Einfaches giebt.

Was die beiden Bedingungen betrifft, fo muss zunächst festgestellt werden, was $e_a \cdot e_b$ fein foll, wo ein Einfaches mit einem Einfachen gewebt ist. Ist dies wieder eine Gröse und zwar ein Einfaches, welches nur einen Wert hat, fo kann man weiter damit knüpfen, ist es nicht ein Einfaches, fondern hat es mehre Werte, fo gilt für die Webung kein Gefetz der Grösenknüpfung.

Ebenfo wenn für die niedere Knüpfung Einigung gilt, fo dass $a + b + e = a + (b + e)$ ist, dann gilt, wie in Satz 86 ff. bewiefen wird, das ganze Gefetz der Beziehung, gilt dagegen für die niedere Knüpfung keine Einigung, fo gilt auch nicht Satz 86, noch irgend ein andrer Satz der Beziehung.

Für das Weben empfiehlt es fich, diefe Erklärung zunächst an einigen Beispielen klar zu machen, z. B.

$$(7 + 1)\,5 = 7 \cdot 5 + 1 \cdot 5 \text{ oder } 8 \cdot 5 = 7 \cdot 5 + 1 \cdot 5.$$
$$7\,(8 + 1) = 7 \cdot 8 + 7 \cdot 1 \text{ oder } 7 \cdot 9 = 7 \cdot 8 + 7 \cdot 1.$$
$$(a + 1)\,m = am + 1m \text{ und } a\,(m + 1) = am + a1.$$

Es wird zweckmäsig fein, dies bis zur vollsten Anschaulichkeit der Erklärung am kleinen Einmaleins einzuüben, z. B.

$$2 \cdot 3 = 1 \cdot 3 + 1 \cdot 3 = 3 + 3 = 6; \; 3 \cdot 3 = 2 \cdot 3 + 1 \cdot 3 = 6 + 3 = 9;$$
$$4 \cdot 3 = 3 \cdot 3 + 1 \cdot 3 = 9 + 3 = 12 \text{ u. f. w.}$$

Und ebenfo

$$2 \cdot 3 = 2 \cdot 2 + 2 \cdot 1 = 4 + 2 = 6; \; 2 \cdot 4 = 2 \cdot 3 + 2 \cdot 1 = 6 + 2 = 8 \text{ u. f. w.}$$

Die Erklärung bietet dann keine Schwierigkeiten mehr.

Die fo eben gegebene Erklärung ist die allein scharfe und streng wissenschaftliche und zugleich die einfachste (die elementarste). Aus ihr lässt fich das ganze Beziehungsgefetz ableiten. Andrerfeits enthält diefe Erklärung aber auch nicht mehr, als unumgänglich nötig ist, um das Beziehungsgefetz daraus ableiten zu können.

Endlich ist diefe Erklärung auch allein einfach (elementar). Der Lehrer, welcher im Rechenunterrichte die Kinder das Gefetz der Beziehung beim Vervielfachen (beim Multipliziren) lehrt, wo bekanntlich die 1 das Einfache ist, zeigt den Kindern, dass einmal zwei zwei ist, und führt dann fort: Zweimal zwei ist einmal zwei und einmal zwei, einmal zwei ist zwei und noch einmal zwei ist wieder zwei, zwei und zwei ist vier, alfo ist zweimal zwei auch vier. Dreimal zwei ist zweimal zwei und einmal zwei, zweimal zwei ist vier, einmal zwei ist zwei, vier und zwei ist fechs, alfo ist dreimal zwei auch fechs. Viermal zwei ist dreimal zwei und einmal zwei, dreimal zwei ist fechs, einmal zwei ist zwei, fechs und zwei ist acht, alfo ist viermal zwei auch acht u. f. w. Die Erklärung ist alfo ganz einfach (elementar).

Das Weben (die multiplicatio) ist die mittlere Ordnung der Grösenknüpfung. Sie fetzt die Knüpfung der Einfügung, bez. der Zufügung und die in diefer Knüpfung erzeugten Grösen bereits voraus, und erzeugt die Grösen der mittleren Ordnung durch Beziehung nach den Formeln $(a + b) c = ac + bc$ und $a (b + c) = ab + ac$.

Das Weben oder die mittlere Ordnung der Knüpfung, für welche das Gefetz der einfachen Beziehung zur Knüpfung erster Ordnung, der Fügung oder additio, gilt, wird in der Zahlenlehre das Multipliziren oder Vervielfachen genannt. Für die Zahlenlehre behalte ich diefen Ausdruck, da er für die Zahlen fehr gut passt, bei. Dagegen passt diefer Ausdruck gar nicht für die andern Zweige der Grösenknüpfung. So z. B. ist es ganz unpassend, vom Vervielfachen der Begriffe in der Logik oder vom Vervielfachen der Aufstellungen in der Kombinationslehre, oder auch nur vom Vervielfachen der Grösen in der Ausdehnungslehre zu sprechen. Man würde durch folche Ausdrücke die gefährlichsten Missverständnisse herbeiführen. Der Ausdruck vervielfachen eignet, wie gefagt, nur der Zahlenlehre; für die Grösenlehre und für die andern Zweige der Grösenknüpfung bedarf man demnach neuer Ausdrücke.

In der Grösenlehre von 1872 habe ich für diefe mittlere Ordnung der Knüpfung den Namen „Weben“ in die Wissenschaft eingeführt, der die Eigentümlichkeit diefer Knüpfungsart fehr passend bezeichnet; denn wie beim Weben der Fäden jeder Faden des Aufzugs mit jedem Faden des Einschlags verbunden oder geknüpft wird, fo wird bei der mittlern Ordnung der Knüpfung jedes Stück des einen Faches oder Faktors mit jedem des andern geknüpft. Das folgende Beispiel giebt uns ein klares Bild der Sache.

	a	b	c	d	e	f	g	h	i	k	l
α	αa	αb	αc	αd	αe	αf	αg	αh	αi	αk	αl
β	βa	βb	βc	βd	βe	βf	βg	βh	βi	βk	βl
γ	γa	γb	γc	γd	γe	γf	γg	γh	γi	γk	γl
δ	δa	δb	δc	δd	δe	δf	δg	δh	δi	δk	δl
ε	εa	εb	εc	εd	εe	εf	εg	εh	εi	εk	εl
ζ	ζa	ζb	ζc	ζd	ζe	ζf	ζg	ζh	i	ζk	ζl

Um aber auch auszudrücken, dass das Weben hier dasſelbe bezeichnet, was man gewöhnlich ein Multipliziren nennt, ſo füge ich den lateinischen Namen multiplicare hinzu. Zwar passt dieſer Name eigentlich auch nur für die Zahlenlehre; aber man ist gewöhnt, die lateinischen Namen vieldeutig zu gebrauchen und bald dies, bald jenes darunter zu verstehen; es ist alſo auch erlaubt, den Namen multiplicare ſo zu behandeln. Der deutsche Name „weben" ist dann der eindeutige, streng wissenschaftliche, der lateinische der erläuternde, auf die Knüpfungsart der Zahlenlehre hindeutende.

Von dem Weben giebt es nun übrigens in den verschiedenen Zweigen ſehr verschiedene Gattungen: in der Zahlenlehre das Vervielfachen, für welches $1 \cdot 1 = 1$ ist, in der Ausdehnungslehre das Flachen, für welches $ee = 0$ und $e_{\mathfrak{a}} e_{\mathfrak{b}} = - e_{\mathfrak{b}} e_{\mathfrak{a}}$ ist, und das innre Weben, für welches $e_{\mathfrak{a}} e_{\mathfrak{b}} = 0$ und $ee = 1$ ist, in der Logik das Bestimmen, für welches $ee = e$ und $e_{\mathfrak{a}} e_{\mathfrak{b}} = 0$ ist, und in der Kombinationslehre das Binden der Geschiede (der Komplexionen), für welches $e_{\mathfrak{a}} e_{\mathfrak{b}} = e_{\mathfrak{b}} e_{\mathfrak{a}}$ ist, wobei entweder $aa = 0$, oder $aa \gtrless 0$ geſetzt wird und das Binden der Geänder (der Variationen), für welches $e_{\mathfrak{a}} e_{\mathfrak{b}} \gtrless e_{\mathfrak{b}} e_{\mathfrak{a}}$ ist, wobei wieder entweder $aa = 0$, oder $aa \gtrless 0$ geſetzt wird.

Hier ist es alſo unerlässlich, die verschiedenen Arten des Webens zu unterscheiden und verschiedene unterscheidende Namen für die einzelnen Gattungen einzuführen.

Erklärung. Das Zeichen des Webens ist ein Punkt oder das blose Nebeneinanderschreiben der zu webenden Grösen, z. B. a · b oder ab geleſen a mal b oder ab. 83.

Die zu webende Gröse heist der Fach (der factor), das Geſammt des Webens heist das Zeug (das productum). Eine Gröse, vor der ein Malzeichen steht, heist eine Malgröse.

Der Name der Fach stammt vom Urverb pak, sskr. paç, lat. pac, goth. fahan, nhd. fahen, fangen in der Bedeutung fange, binde, dann fange an, mache.

Der Fach ist alfo ein Gerät zum Fangen, zum Aufnehmen; dann in den Zufammenfetzungen „einfach, zehnfach, hundertfach, das Vierfache“ etc. zur Bezeichnung der Faktoren allgemein üblich, mithin echt deutsch.

Der Name das Zeug stammt vom Urverb tagh, tangh, sskr. taksh, gr. teúchō tyn-chánō, étych-on erzeuge, wirke, téch-nē Kunst, lat. texo webe, ahd. ziugan, nhd. zeugen, erzeugen, weben, davon Zeug, ahd. ziuc, schwd. tyg, das Gewebte, das Gerät.

84. **Erklärung. Die Klammer heist eine Malklammer, wenn die Grösen in und auser der Klammer durch Weben geknüpft find; fie heist eine Beziehungsklammer, wenn die Grösen in der Klammer durch Fügen, diefe Klammer aber mit der Gröse auser der Klammer durch Weben geknüpft find.**

Beispiele: Malklammer $a(bc)$; Beziehungsklammer $a(b+c)$, $(a+c)b$, $(a+b)(c+d)$.

Beim Weben oder Multipliziren ist es wichtig, auf das Gefetz zu achten, welche Klammer ohne Aendrung des Wertes fortgelassen werden kann. In jeder einfachen Knüpfungsart können die Klammern fortgelassen werden, wenn fortschreitend geknüpft wird: fo ist $(a+b)+c = a+b+c$ und $(ab)c = abc$. Wenn dagegen zwei Knüpfungsarten gemengt find, fo muss, fofern keine Klammer steht, zunächst erst die höhere Knüpfung ausgeführt werden, ehe die niedere Knüpfung ausgeführt wird, fo ist $a + bc = a + (bc)$, $ab + c = (ab) + c$, $ac + bd = (ac) + (bd)$.

85. **Erklärung. Jedes Formelzeichen (Funktionszeichen), welches fich auf die folgenden Grösen bezieht, muss, fofern keine Klammer steht, auf alle folgenden Grösen desfelben Gliedes bezogen werden. Soll das Formelzeichen fich nicht auf alle diefe Grösen beziehen, fo muss es mit den Grösen, auf welche es fich beziehen foll, in eine Klammer geschlossen werden.**

Es ist diefe Regel von allergröster Wichtigkeit zur Vermeidung unnützer Klammern; man kann durch Beobachten derfelben etwa 90 % der fonst erforderlichen Klammern ersparen. Wir werden gleich in den folgenden Sätzen 87 bis 89 die Anwendung diefer Regel kennen lernen.

86. **Grundformel des Webens (der Multiplikation).**

$$(a + e) b = ab + eb, \qquad a(b + e) = ab + ae \text{ und } e_1 e_2 = e$$

Statt zu dem einen Fache (dem einen Faktor) ein Einfaches zu fügen, kann man zu dem Zeuge der beiden Fache das Zeug des Einfachen mit dem andern Fache fügen und

Das Zeug oder Produkt zweier Einfachen ist wieder ein Einfaches.

Aus diefer Grundformel folgen nun die Gefetze der einfachen Beziehung oder des Webens durch fortleitende (induktorische) Beweife.

87. **Satz. Das Zeug oder Produkt ae und eb eines Einfachen (eines Elementes) und einer Einfachgröse ist wieder eine Einfachgröse, d. h. eine Gröse, deren Einfache fortschreitend geknüpft find.**

Beweis nach Einfachen (elementar) in Bezug auf a.

1. Der Satz gilt, wenn a nur ein Einfaches enthält; denn $e_1 e_2$ ist ein Einfaches (nach 86).
2. Wenn der Satz für a gilt (Annahme), ſo gilt er auch für die Gröse $a + e_1$, welche ein Einfaches mehr enthält (Folgerung); denn es ist $(a + e_1)e = ae + e_1 e$ (nach 86). Nun ist ae eine Gröse, deren Einfache fortschreitend geknüpft ſind nach der Annahme, $e_1 e$ ist ein Einfaches (nach 86) und fortschreitend geknüpft, alſo ist auch $ae + e_1 e$ eine Gröse, deren Einfache fortschreitend geknüpft ſind.
3. Alſo gilt der Satz nach 24 auch allgemein.

Und ebenſo folgt, dass eb eine Gröse, deren Einfache fortschreitend geknüpft ſind.

Satz. Das Zeug oder Produkt ab zweier Einfachgrösen ist wieder eine Einfachgröse, d. h. eine Gröse, deren Einfache fortschreitend geknüpft ſind und gelten für die Zeuge alle Geſetze der Einfügung. 88.

Beweis nach Einfachen (elementar) in Bezug auf b.

1. Der Satz gilt, wenn b nur ein Einfaches enthält (nach 87).
2. Wenn der Satz für eine beliebige Gröse b gilt (Annahme), ſo gilt er auch für die Gröse $b + e$, welche ein Einfaches mehr enthält (Folgerung); denn nach 86 ist
$$a(b + e) = ab + ae.$$
Hier aber ist ab eine Gröse, deren Einfache fortschreitend geknüpft ſind (nach Annahme) und ae eine ebenſolche Gröse (nach 87); die Summe zweier Grösen, deren Einfache fortschreitend geknüpft ſind, ist aber nach 78, wenn Einfügung gilt, wieder eine Gröse, deren Einfache fortschreitend geknüpft ſind, alſo ist auch $a(b + e)$ eine Gröse, deren Einfache fortschreitend geknüpft ſind.
3. Alſo gilt der Satz nach 24 allgemein.

Satz. $$(a + b)c = ac + bc$$ 89.
$$c(a + b) = ca + cb$$ **oder in Worten**
Das Zeug oder Produkt einer Gröse mit einer Summe aus 2 Grösen ist gleich der Summe aus den Zeugen jener Gröse mit den beiden Grösen.

Formelbeweis: Nach Einfachen (elementar) in Bezug auf b.

1. Die Gleichung gilt, wenn b nur ein Einfaches enthält (nach 86).
2. Wenn die Gleichung für eine beliebige Gröse b gilt (Annahme),

ſo gilt ſie auch für die Gröse $b + e$, welche ein Einfaches e mehr enthält; denn

$$\begin{aligned}[a + (b + e)]c &= [(a + b) + e]c && \text{(nach 77)}\\ &= (a + b)c + ec && \text{(nach 86)}\\ &= ac + bc + ec && \text{(nach Annahme)}\\ &= ac + (bc + ec) && \text{(nach 77)}\\ &= ac + (b + e)c && \text{(nach 86)}\end{aligned}$$

3. Alſo gilt der Satz nach 24 allgemein.

Und ebenſo folgt $c(a + b) = ca + cb$.

90. **Satz.**

$$(\underset{1,n}{S} a_a)b = \underset{1,n}{S} a_a b \quad \text{oder} \quad (a_1 + a_2 + \cdots + a_n)b = a_1 b + a_2 b + \cdots + a_n b$$

$$b(\underset{1,n}{S} a_a) = \underset{1,n}{S} b a_a \quad \text{oder} \quad b(a_1 + a_2 + \cdots + a_n) = ba_1 + ba_2 + \cdots + ba_n$$

Das Zeug oder Produkt einer Gröse mit einer Summe aus beliebig vielen Grösen ist gleich der entsprechenden Summe aus den Zeugen jener Gröse mit dieſen einzelnen Grösen oder —

Eine Beziehungsklammer löst man, indem man jede Gröse in der Klammer mit der Gröse auser der Klammer webt und die entstandenen Zeuge einfügt.

Beweis in Formeln fortleitend (induktoriſch) in Bezug auf $\underset{1,n}{S} a_a$.

1. Der Satz gilt, wenn die Summe $\underset{1,n}{S} a_a$ nur 2 Grösen $a_1 + a_2$ enthält, nach 89.

2. Wenn der Satz für eine Summe $\underset{1,n}{S} a_a$ aus n Grösen gilt (Annahme), ſo gilt er auch für die Summe $\underset{1,n+1}{S} a_a$, welche eine Gröse a_{n+1} mehr enthält (Folgerung); denn

$$\begin{aligned}[\underset{1,n+1}{S} a_a]b &= [(\underset{1,n}{S} a_a) + a_{n+1}]b && \text{(nach 14)}\\ &= (\underset{1,n}{S} a_a)b + a_{n+1}b && \text{(nach 89)}\\ &= (\underset{1,n}{S} a_a b) + a_{n+1}b && \text{(nach Annahme)}\\ &= \underset{1,n+1}{S} a_a b && \text{(nach 14)}\end{aligned}$$

3. Alſo gilt der Satz nach 23 allgemein.

Und ebenſo folgt, dass $b[\underset{1,n}{S} a_a] = \underset{1,n}{S} b a_a$ ist.

Beweis in Worten: Man stelle in der Summe nach 78, da Einfügung gilt, alle Klammern her, ſo ist jede Summe eine Summe aus 2 Grösen. Das Zeug einer Gröse b mit dieſer Summe ist gleich der Summe aus den beiden Zeugen jener Gröse b mit den beiden einzelnen Grösen. Ist nun eine der beiden Grösen noch eine Summe, ſo verwandelt ſich ganz auf dieſelbe Weiſe das Zeug jener Gröse b mit dieſer Summe wieder in die Summe zweier Zeuge jener Gröse b mit den einzelnen Grösen und ſofort, bis keine der Grösen mehr eine Summe andrer Grösen ist und alſo das Ganze in eine Summe aus den Zeugen der Gröse b und der einzelnen Grösen umgewandelt ist.

Satz. $(\underset{1,n}{S} a_a)(\underset{1,m}{S} b_b) = \underset{1,n\,1,m}{\overline{S}} a_a b_b$ **oder** 91.

$$(a_1 + a_2 + \cdots + a_n)(b_1 + b_2 + \cdots + b_m) = \begin{array}{l} a_1 b_1 + a_1 b_2 + \cdots + a_1 b_m \\ + a_2 b_1 + a_2 b_2 + \cdots + a_2 b_m \\ \quad \vdots \qquad \vdots \qquad \vdots \\ + a_n b_1 + a_n b_2 + \cdots + a_n b_m \end{array}$$

Das Zeug (das Produkt) zweier Summen erhält man, indem man jede Gröse der einen Summe mit jeder der andern Summe webt und die erhaltenen Zeuge einfügt. Die erhaltene Summe ist wieder eine Gröse, deren Einfache (deren Elemente) fortschreitend geknüpft ſind.

Beweis in Formeln: Wir ſetzen $\underset{1,m}{S} b_b = B$, dann ist

$$\begin{aligned} (\underset{1,n}{S} a_a)(\underset{1,m}{S} b_b) &= (\underset{1,n}{S} a_a)B = \underset{1,n}{S} a_a B && \text{(nach 90)} \\ &= \underset{1,n}{S} a_a (\underset{1,m}{S} b_b) && \text{(nach Setzung)} \\ &= \underset{1,n.1,m}{S} a_a b_b \end{aligned}$$

Da $a_a(\underset{1,m}{S} b_b) = \underset{1,m}{S} a_a b_b$ ist nach 90, wo $_{1,m}$ ſich auf b bezieht.

Beweis in Worten: Man betrachte zuerst die zweite Summe als eine Gröse, ſo ist das Zeug der beiden Summen gleich der Summe aus den Zeugen, welche man erhält, wenn man jede Gröse der ersten Summe mit der ganzen zweiten Summe webt (nach 90). Und jedes ſolche Zeug ist gleich der Summe der Zeuge, welche man erhält, wenn man die betreffende Gröse der ersten Summe mit jeder Gröse der zweiten Summe webt. Die erhaltene Summe aber ist nach 88 wieder eine Gröse, deren Einfache (deren Elemente) fortschreitend geknüpft ſind.

Satz. $(\underset{1,n}{S} a_a)(\underset{1,m}{S} b_b)(\underset{1,p}{S} c_c)\cdots = \underset{1,n.1,m.1,p.}{S} a_a b_b c_c \cdots$ 92.

Das Zeug (das Produkt) mehrer Summen erhält man, indem man jede Gröse der ersten Summe mit jeder der zweiten Summe webt, jedes erhaltene Zeug mit jeder Gröse der dritten Summe webt u. ſ. w. und die erhaltenen Zeuge einfügt. Die erhaltene Summe ist wieder eine Gröse, deren Einfache (deren Elemente) fortschreitend geknüpft ſind.

Beweis: Man schliese zuerst die ersten beiden Fache in eine Klammer

$$(\underset{1,n}{S} a_\alpha)(\underset{1,m}{S} b_\beta)(\underset{1,p}{S} c_\gamma)\cdots = [(\underset{1,n}{S} a_\alpha)(\underset{1,m}{S} b_\beta)](\underset{1,p}{S} c_\gamma)\cdots$$

$$= ([\underset{1,n,1,m}{S} a_\alpha b_\beta](\underset{1,p}{S} c_\gamma))\cdots \qquad \text{(nach 91)}$$

$$= (\underset{1,n,1,m,1,p}{S} a_\alpha b_\beta c_\gamma)\cdots \qquad \text{(nach 91)}$$

u. f. w.

Es empfiehlt fich, bei jedem der Sätze eine Uebung der Beziehung namentlich bei der Multiplikation vorzunehmen, um die Anschauung an Zahlenbeispielen zu gewinnen.

93. **Gefetz des Webens (der Multiplikation). In jeder Grösenknüpfung durch Weben (durch Multiplikation) kann man ohne Aendrung des Wertes jede Plusklammer beliebig fetzen oder weglassen und jede Beziehungsklammer auflöfen,**

indem man jedes Stück des einen Fachs (des einen Faktors) mit jedem des andern webt und die Zeuge einfügt; das Ergebniss ist wieder eine Einfachgröse (eine Elementargröse).

Beweis: Nach 92 gilt das Gefetz der Beziehung, wie es in dem Satze ausgesprochen ist, und da auserdem Einfügung gilt, fo kann man nach 78 auch die Plusklammer beliebig fetzen oder weglassen.

Für das Weben empfiehlt fich zunächst und vor allem die Einübung des Beziehungsgefetzes an einer Reihe von Beispielen. Hier ist schon eine grösere Mannigfaltigkeit der Uebung möglich. Man entwickle nur z. B.

$(a+b)(b+c)=ab+ac+bb+bc \quad (a+b)(a+b)=aa+ab+ba+bb.$

$(a+b+c)(d+e+f)=ad+ae+af+bd+be+bf+cd+ce+cf.$

$(a+b)(b+c)(c+d)=abc+abd+acc+acd+bbc+bbd+bcc+bcd.$

94. **Satz.** $\quad 0\cdot a=0 \qquad a\cdot 0=0$

und wenn $ab \gtrless 0$, fo ist fowohl $a \gtrless 0$, als auch $b \gtrless 0$.

Null ist die unveränderliche Gröse des Webens oder Null giebt mit jeder Gröse gewebt Null und wenn ein Zeug oder Produkt zweier Grösen ungleich Null ist, fo ist jede der beiden Grösen ungleich Null und umgekehrt.

Beweis: $ab = a(b+0)$ (nach 72)

$= ab + a0$ (nach 93)

Mithin ist a0 eine Gröse, welche zu ab gefügt, dies nicht ändert, d. h. es ist Null (nach 71). Wenn ferner $ab \gtrless 0$, fo muss fowohl $a \gtrless 0$ als $b \gtrless 0$ fein, denn wäre eine Gröse z. B. $a=0$, fo wäre $ab = 0\cdot b = 0$, was gegen die Annahme ist.

95. **Erklärung. Die Eins heist dasjenige Einfache (das Element), welches mit jedem Einfachen ohne Aendrung des Wertes gewebt werden kann. Das Zeichen der Eins ist 1.**

Satz. $e \cdot 1 = e \quad 1 \cdot e = e$ 96.
Eins ändert, mit einem beliebigen Einfachen gewebt (multiplizirt), den Wert desselben nicht.

Satz. $1 \cdot 1 = 1$ 97.
Eins ist diejenige Gröse, welche mit sich selbst gewebt (oder multiplizirt) sich nicht ändert.

Satz. $a \cdot 1 = a \quad 1 \cdot a = a$ 98.
Eins ist die nicht ändernde Gröse des Webens oder
Eins ändert, mit einer beliebigen Gröse gewebt (multiplizirt), den Wert derselben nicht.

Beweis: Nach Einfachen, d. h. einfach (elementar) in Bezug auf a.

1. Der Satz gilt, wenn a nur ein Einfaches enthält (nach 96)
2. Wenn der Satz für eine beliebige Gröse a gilt (Annahme), so gilt er auch für $a + e$, welche ein Einfaches mehr enthält (Folgerung); denn

$$(a + e) \cdot 1 = a \cdot 1 + e \cdot 1 \quad \text{(nach 93)}$$
$$= a + e \quad \text{(nach Annahme und nach 96)}$$

3. Also gilt der Satz nach 24 allgemein.

Wenn für das Fügen trennbares Einfügen, also auch Einziehen, gilt, so kann bei der Beziehung der Fall eintreten, dass eine Beziehungsklammer Strichgrösen enthält. Wir müssen also noch das Weben von Plusgrösen und von Strichgrösen behandeln.

Satz. Es giebt drei Arten der Webung: 1. Die Anwebung, für welche weder Einigung, noch Vertauschung der Fache oder Faktoren gilt, 2. die Einwebung, für welche zwar Einigung, aber keine Vertauschung der Fache gilt und 3. die Verwebung, für welche sowohl Einigung, als auch Vertauschung der Fache gilt. 99.

Bei der Webung ist das Gesetz der Beziehung des Webens zum Fügen für alle Arten der Webung das gleiche; ein Unterschied der Arten der Webung kann also nur dadurch erzeugt werden, dass für die zu webenden Fache oder Faktoren verschiedene Gesetze der Einigung und der Vertauschung gelten. Darnach kann man beim Weben entsprechend wie beim Fügen drei Arten der Webung unterscheiden: Das Anweben, für welches weder Einigung noch Vertauschung der Fache oder Faktoren gilt, das Einweben, für welches zwar Einigung, aber keine Vertauschung der Fache oder Faktoren gilt und das Verweben, für welches sowohl Einigung, als auch Vertauschung der Fache oder Faktoren gilt.

b. Das Anweben.

100. **Erklärung des Anwebens. Das Anweben (die Multiplikation im weiten Sinne) heist die Webung, wenn nur das Gesetz der Beziehung, nicht aber Einigung, auch nicht Vertauschung der Fache (der Faktoren) gilt.**

Ein Beispiel für diese Rechnungsart findet sich weder in den Zweigen der mathematischen, noch in den Zweigen der logischen Wissenschaften. Dennoch durfte diese Knüpfungsart an dieser Stelle in der Grösenlehre nicht übergangen werden, da es dem Menschen möglich ist, eine solche Knüpfungsart im Denken auszuführen und die Grösenlehre alle Knüpfungen behandeln soll, welche im Denken vorkommen oder doch möglicher Weise vorkommen können, sofern ihr Ergebniss nur einen und nicht mehre Werte hat.

101. **Gesetz des Anwebens. Für das Anweben gilt nur das Gesetz des allgemeinen Webens oder das Gesetz der Beziehung, auch giebt es für diese Art des Webens keine Knüpfung dritter Ordnung.**

Beweis: Unmittelbar aus 100. Eine Knüpfung dritter Ordnung kann es nur geben, wenn es eine Beziehung zum Weben giebt, dann aber muss mindestens Einigung der Fache oder Faktoren gelten. Da diese für das Anweben nicht gilt, giebt es für diese Art der Webung keine Knüpfung dritter Ordnung.

c. Das Einweben.

102. **Erklärung des Einwebens. Das Einweben (die Multiplikation im mittlern Sinne) heist das Weben, wenn auser der Beziehung Einigung dreier Einfachen (Elemente) als Fache (als Faktoren), nicht aber Vertauschung derselben gilt.**

103. **Grundformel des Einwebens (der Multiplikation im mittlern Sinne).**

$$e_1(e_2e_3) = e_1e_2e_3$$

Im Zeuge dreier Einfachen (im Produkte dreier Elemente) kann man bei dem Einweben die Malklammer setzen oder weglassen.

104. **Satz.** $a(e_1e_2) = ae_1e_2$

Im Zeuge oder Produkte einer Gröse und zweier Einfachen kann man beim Einweben die Malklammer setzen oder weglassen, oder: Statt eine Gröse mit dem Zeuge zweier Einfachen (mit dem Produkte zweier Elemente) einzuweben, kann man sie mit den Einfachen fortschreitend einweben.

Formelbeweis: Nach Einfachen, d. h. einfach (elementar) in Bezug auf a.

1. Die Gleichung gilt, wenn a nur ein Einfaches enthält (nach 103).
2. Wenn die Gleichung für eine beliebige Gröse a gilt (Annahme), ſo gilt ſie auch für die Gröse $a + e_3$, welche ein Einfaches mehr enthält (Folgerung); denn

$$(a + e_3)(e_1e_2) = a(e_1e_2) + e_3(e_1e_2) \quad \text{(nach 93)}$$
$$= ae_1e_2 + e_3e_1e_2 \quad \text{(nach Annahme und nach 103)}$$
$$= (a + e_3)e_1e_2 \quad \text{(nach 93)}$$

3. Alſo gilt die Gleichung nach 24 allgemein.

Beweis in Worten: Die Gröse a ist eine Summe von Einfachen, das Zeug (e_1e_2) ist ein Einfaches nach 83. Dann wird nach 93 das Zeug $a(e_1e_2)$ eine Summe, deren Stücke ſämmtlich Zeuge dreier Einfachen ſind. In dieſen ſämmtlich können nach 103 die Malklammern geſetzt oder weggelassen werden; wir lassen ſie daher weg. Endlich können, da in allen dieſen Zeugen die beiden letzten Einfachen e_1 e_2 dieſelben ſind, die ersten Einfachen nach 90 wieder in eine Summe gefügt werden und geben dann wieder die erste Gröse a. Es ist dann aber dieſe Gröse fortschreitend mit den beiden Einfachen eingewebt.

Satz. $a(be) = abe$ 105.

Im Zeuge (im Produkte) zweier Grösen und eines Einfachen (eines Elementes) kann man beim Einweben die Malklammer ſetzen oder weglassen, oder:

Statt eine Gröse mit dem Zeuge (dem Produkte) aus einer Gröse und einem Einfachen einzuweben, kann man ſie fortschreitend mit der Gröse und mit dem Einfachen einweben.

Formelbeweis: Nach Einfachen, d. h. einfach (elementar) in Bezug auf b.

1. Die Gleichung gilt, wenn b nur ein Einfaches enthält (nach 104).
2. Wenn die Gleichung für eine beliebige Gröse b gilt (Annahme), ſo gilt ſie auch für die Gröse $b + e_1$, welche ein Einfaches mehr enthält (Folgerung); denn

$$a[(b + e_1)e] = a[be + e_1e] \quad \text{(nach 93)}$$
$$= a(be) + a(e_1e) \quad \text{(nach 93)}$$
$$= abe + ae_1e \quad \text{(nach Annahme und nach 104)}$$
$$= (ab + ae_1)e \quad \text{(nach 93)}$$
$$= a(b + e_1)e \quad \text{(nach 93)}$$

3. Alſo gilt die Gleichung nach 24 allgemein.

Beweis in Worten: Ganz entsprechend wie zu 104.

106. **Gesetz des Einwebens (der Multiplikation im mittlern Sinne).**

In jeder Grösenknüpfung durch Einweben kann man die Plusklammern und die Malklammern ohne Weitres setzen oder weglassen, und die Beziehungsklammern auflösen, indem man jedes Stück des einen Fachs (des einen Faktors) mit jedem Stücke des andern einwebt und die Zeuge fügt. Das Zeug ist wieder eine Einfachgröse.

Beweis: Nach 105 gilt die Grundformel der Einigung für Fache (für Faktoren), also gilt nach 30 bis 34 auch das Gesetz der Einigung für Fache (für Faktoren). Die übrigen Teile des Satzes gelten aber nach dem Gesetze des Webens (nach 93).

d. Das Verweben.

107. **Erklärung des Verwebens. Das Verweben (die Multiplikation im engen Sinne) heist das Weben, wenn für die Fache (für die Faktoren) auser der Grundformel der Einigung auch die Grundformel der Vertauschung gilt.**

108. **Grundformel des Verwebens (der Multiplikation im engen Sinne).**

$$e_1 e_2 = e_2 e_1$$

Beim Verweben lassen sich zwei Einfache (zwei Elemente) vertauschen.

109. **Gesetz des Verwebens (der Multiplikation im engen Sinne).**

In jeder Grösenknüpfung durch Verweben kann man ohne Aenderung des Wertes die Plusklammern und die Malkammern beliebig setzen oder weglassen, die Ordnung der Fache (der Faktoren) beliebig ändern und die Beziehungsklammern auflösen, indem man jedes Stück des einen Fachs (des einen Faktors) mit jedem des andern verwebt und die Zeuge zufügt. Das Zeug ist wieder eine Einfachgröse.

Beweis: Nach 108 gilt die Grundformel der Vertauschung, also nach 36 bis 38 auch das Gesetz der Vertauschung. Der übrige Teil des Satzes gilt nach dem Gesetze des Einwebens (106).

Für die Verwebung empfehlen sich zur Uebung wieder einige Beispiele, wie:

$$abc(a+b+c) = aabc + abbc + abcc$$

$$(a+b)(a+b)(a+b) = aaa + 3aab + 3abb + bbb \text{ u. s. w.}$$

Bis hieher mussten wir die Grösenlehre entwickeln, ehe wir zur Zahlenlehre übergehen konnten. Alle Zahlen sind nämlich durch Zufügen der Eins gewonnen; wir mussten demnach erst den Begriff der Eins haben, ehe wir zur Zahlenlehre übergehen konnten.

Erklärung. Die **Formenlehre** oder **Mathematik** ist derjenige Zweigstamm der Grösenknüpfung, für den äusere Fügung gilt, d. h. für den fämmtliche durch fortschreitendes Zufügen desfelben Einfachen entstandene Grösen einander ungleich find, fofern das Einfache ungleich Null ist. 110.

Erklärung. In der **Formenlehre** oder **Mathematik**, zu der wir jetzt übergehen, heist das Einfache oder Element eine **Einheit** (die henótēs, die monás). 111.

Erklärung. Die Formenlehre oder Mathematik zerfällt in **zwei Hauptzweige**: die **Rechenlehre** oder die **Análysis** und die **Dehnlehre** oder die **Sýnthesis**. 112.

Jeder diefer beiden Hauptzweige der Mathematik entwickelt zwei Zweige, einen niedern und einen höhern.

Die Formenlehre oder Mathematik zerfällt demnach im Ganzen in **vier Zweige**: die **Zahlenlehre** (Arithmetik) oder die niedere Analyfis, die **Folgelehre** (Funktionenlehre) oder die höhere Analyfis, die **Ausdehnungslehre** oder die niedere Synthefis und die **Erweiterungslehre** oder die höhere Synthefis.

Wir behandeln im Folgenden zunächst die Zahlenlehre.

Erster Abschnitt der Zahlenlehre: Die niedere Zahlenlehre oder die elementare Zahlenlehre enthaltend die Lehre von den Rechnungen mit den ganzen Zahlen und den Brüchen.

113. **Erklärung. Die Zahlenlehre oder die Arithmetik (die arithmētikḗ) heist der Zweig der Grösenknüpfung, in welchem nur eine Einheit, die Eins, und die durch fortschreitendes Fügen der Eins entstandenen Grösen, die Zahlen, ſowie die durch Knüpfung von Zahlen erzeugten Grösen behandelt werden.**

Die Zahlenlehre zerfällt wie die Formenlehre in vier Abschnitte: die niedere Zahlenlehre, welche die Lehre von den vier elementaren Rechnungen: Addition, Subtraktion, Multiplikation und Diviſion mit ganzen Zahlen und mit Brüchen behandelt, die höhere Zahlenlehre, welche die Erhöhung oder Potenzirung und die Vertiefung, Radizirung, wie die Lehre von den Logarithmen behandelt, die dehnende Zahlenlehre, welche uns die komplexe Gröse und die Winkelfunktionen vorführt, und endlich die erweiternde Zahlenlehre, welche uns in den höhern Gleichungen die höchste Blüte der Zahlenlehre bietet.

Der erste Abschnitt oder die niedere Zahlenlehre ist die arithmētikḗ im Sinne der alten Griechen.

Die Entwicklung wird, wenn man die Grösenlehre vorausſetzen darf, ungemein einfach und kurz und führt bis zu der unbegrenzten Aufstellung aller Brüche, ſowie zu der Bruchgleichung oder Proportion und ihrer Anwendung in der Regeldetri und zu den Gleichungen ersten Grades.

Es ist dieſer Abschnitt trotz ſeiner Einfachheit in fast allen Lehrbüchern der Zahlenlehre höchst unwissenschaftlich behandelt; kein Abschnitt enthält ſoviel Trugschlüsse, als gerade dieſer elementare und grundlegende Abschnitt. Nirgends ſind die Trugschlüsse aber auch verderblicher als gerade hier; ſie verwirren die Köpfe der Lernenden, machen ſie unklar und unſicher, dass ſie nicht wissen, was gilt, und was nicht gilt, und schaden dadurch dem Fortschritte und dem strengen mathematischen Denken unſäglich.

Das vorliegende Werk vermeidet diese Trugschlüsse; es schlägt den streng wissenschaftlichen Weg ein. Es ist aber überaus wichtig, dass der Lernende nicht blos die Sätze richtig mathematisch in Formeln oder logisch in Sätzen ableiten lerne, sondern er muss dieselben auch sofort praktisch anwenden und gebrauchen lernen. Um dies zu erzielen, habe ich bei jedem Satze Beispiele in Zahlen gegeben, welche den Satz anschaulich machen und dem Verständnisse näher führen. Aber diese Beispiele genügen allein auch nicht. Die Sätze müssen durch zahlreiche Uebungen in Fleisch und Blut übergeführt werden. Der Mathematiker muss die Sätze beherrschen und sie mit Leichtigkeit und voller Sicherheit anwenden können, dazu bedarf er aber bedeutender Uebungen.

Der Verfasser hat daher eigene „Mathematische Uebungshefte" herausgegeben, welche die praktische Anwendung und Einübung der mathematischen Gesetze lehren. Das erste Heft entspricht ganz dem ersten Abschnitte der Zahlenlehre. Von den andern mathematischen Uebungsbüchern unterscheidet es sich dadurch, dass es zunächst die Regeln kurz aufstellt und dann die Reihenfolge der Aufgaben so ordnet, dass jeder Schüler die Aufgaben der Reihe nach selbständig und ohne fremde Hülfe lösen kann.

In dem vorliegenden ersten Abschnitte, d. h. in der niedern oder elementaren Zahlenlehre behandeln wir zunächst das Zählen oder die Bildung der Zahlen, d. h. den einfachsten oder elementarsten Teil der niedern Zahlenlehre; dann behandeln wir die erste Ordnung der Zahlenknüpfung oder das Addiren und Subtrahiren, sowie die Strichzahlen und die benannten Zahlen; demnächst gehen wir zur zweiten Ordnung der Zahlenknüpfung über oder zum Multipliziren und Dividiren mit den benannten Zahlen und mit den Brüchen und kommen schlieslich zu den Bruchgleichungen und den Gleichungen ersten Grades, mit denen die niedere oder elementare Zahlenlehre schliest.

5. Das Zählen oder die Bildung der Zahlen.

Erklärung. Die Zahlen (die arithmoi, die numeri), welche durch fortschreitendes Fügen der Eins entstehen, werden sämmtlich einander ungleich gesetzt. 114.

Die Bedingung, dass alle durch fortschreitendes Fügen derselben Einheit entstandenen Zahlen einander ungleich sein müssen, haben zuerst die Gebrüder Grassmann 1847 in ihrer gemeinsamen Arbeit über Arithmetik, demnächst zuerst der eine derselben, H. Grassmann, in seiner „Arithmetik", Stettin 1860, Berlin 1861, Seite 3, und der andre R. Grassmann in seiner „Zahlenlehre", Stettin 1872 Seite 9 gestellt. Ganz unabhängig von ihnen hat der ausgezeichnete Mathematiker Schroeder „Lehrbuch der Arithmetik und Algebra. Erster Band." Leipzig 1872, Seite 63, dieselbe Bedingung aufgestellt. In der Tat, wenn man diese Bedingung auslässt, so gilt kein Satz des Abziehens, des Teilens und des Tiefens und Logens, wie wir dies an den betreffenden Stellen sehen werden.

In den Lehrbüchern der Zahlenlehre werden die Zahlen fast immer so erklärt, dass sie durch fortschreitendes Zufügen derselben Einheit e entstanden seien, wo e eine beliebige Gröse sein kann. Dann aber muss eine zweite Bedingung hinzugefügt werden, dass nämlich die Einheit e ungleich Null und auch ungleich unendlich geſetzt werden muss. Dieſe Bedingung aber ist bis jetzt in allen Lehrbüchern der Zahlenlehre überſehen worden; dennoch muss ſie, wenn man die Einheit e einführt, aufgestellt werden, ſofern man streng wissenschaftlich ſein will. Selbst in H. Grassmann, Arithmetik, Stettin 1860 und in R. Grassmann, Zahlenlehre, Stettin 1872 ist es überſehen worden, dieſe Bedingung einzuführen. Dieſelbe erscheint zuerst in der Grösenlehre des Verfassers von 1889 und in dieſem Werke. Wie notwendig dieſelbe ist, ergiebt ſich aber ſofort, wenn man statt der Einheit e die Gröse 0 oder die Gröse ∞ einführt. Denn es ist $0+0=0$ nach 73, wenn alſo 0 als Einheit geſetzt wird, ſo ist nicht mehr $e+e \gtrless e$. Ebenſo ist $a+\infty=\infty$, wenn alſo ∞ als Einheit e geſetzt wird, ſo ist nicht mehr $a+e \gtrless a$. Es darf alſo in der Zahlenlehre nie 0 oder ∞ als Einheit geſetzt werden. Wir ſetzen deshalb in der Zahlenlehre entweder jede Einheit stets endlich und ungleich Null und können dann künftig dieſe Bedingung weglassen, oder wir ſetzen noch viel einfacher nur die Eins als die Einheit, welche wir zufügen und leiten daraus die andern Zahlen ab, wie es hier geschehen ist und wie es das einfachste und zugleich das wissenschaftlichste ist.

Alle durch fortschreitendes Fügen der Eins oder auch der Einheit e erzeugten Zahlen a ſind übrigens, ſofern e endlich und ungleich Null ist, gleichfalls endlich und ungleich Null. Denn wie weit auch der Mensch das Zählen fortſetzen möge, ſo bleibt er doch immer bei einer endlichen Zahl stehen; die durch fortschreitendes Zählen erzeugte Zahl a kann alſo nie unendlich werden. Die durch fortschreitendes Zählen der Eins oder des e erzeugte Zahl a kann aber auch nie Null werden; denn wäre die Zahl a gleich Null, ſo wäre $a+e=0+e=e$ nach 73, was gegen die Erklärung 110, wie 114 wäre.

115. Grundformel für das Zählen.

Es ist $\underset{1,m+n}{S} 1 \gtrless \underset{1,m}{S} 1$ **oder** $\overbrace{1+1+\cdots+1+\cdots+1}^{m+n} \gtrless \overbrace{1+1+\cdots+1}^{m}$

Sämmtliche durch fortschreitendes Fügen der Einheit, d. h. durch Zählen entstandene Zahlen ſind einander ungleich.

Da alle Zahlen, welche durch fortschreitendes Fügen der Eins entstehen, einander ungleich ſind, ſo würde es unwissenschaftlich ſein, wollte man auch nur zwei dieſer Zahlen mit einander verwechſeln. Jede Zahl muss demnach ihr eigenes Zeichen und ihren eigenen Namen haben, der eine Verwechſelung mit andern Zahlen unmöglich macht. Die Aufgabe, alle Zahlen zu bezeichnen und zu benennen, ist alſo die erste, die an uns herantritt.

Wenn man, wie in fast allen Lehrbüchern der Zahlenlehre, die Zahlen durch fortschreitendes Zufügen einer beliebigen Einheit entstehen lässt, ſo kann man jede beliebige endliche Gröse, welche ungleich Null ist, als Einheit ſetzen und muss dann, da auch die Zahlen verschiedener Einheit verschieden ſind, z. B. die Zahl: Mensch + Mensch verschieden ist von Apfel + Apfel, die Zahlen verschiedener Einheiten unterscheiden. Wir müssen dann alſo auch für jede Zahl jeder andern Einheit e ein andres Zeichen und einen andern Namen haben. Die Einführung der Einheit e an dieſer Stelle macht alſo die Sache unnütz verwickelt, ja die Namengebung geradezu unmöglich.

Der einzig einfache und brauchbare Weg ist alſo der, dass man alle Zahlen nur durch fortgeſetztes Zufügen der Eins entstehen lässt, wie das hier geschehen ist.

Da beim Zählen alle durch fortschreitendes Zufügen der Eins entstandenen Zahlen einander ungleich ſind, ſo bedarf man auch ſelbst hier für jede Zahl einen eigenen Namen und ein eigenes Zeichen; da man aber durch fortgeſetztes Zufügen der Eins unzählig viele Zahlen bilden kann, ſo gebraucht man auch unzählig viele Namen und Zeichen.

Da andrerſeits alle Mathematiker ſich bei demſelben Zeichen und demſelben Namen auch stets dieſelbe Zahl denken müssen, ſo müssen die Namen und die Zeichen leicht kenntlich und leicht zu behalten ſein und müssen bereits wenige Namen genügen, um ſämmtliche Zahlen zu bezeichnen.

Die Löſung dieſer Aufgabe hat den alten Völkern grose Schwierigkeit gemacht. Die alten Völker, wie die Egypter, die Phönizier und die Griechen wandten für die Bezeichnung der Zahlen teils die Buchstaben an nach der Reihe des Alphabets, teils Zeichen, welche die Anzahl der Striche zählten, wie I, II, III, und konnten damit nur wenige Zahlen bezeichnen. Vollkommner war bereits ihre Bildung der Namen für die Zahlen; aber auch dieſe war noch zum Teil fehlerhaft und ſind dadurch auch Fehler in unſere jetzigen Zahlnamen gekommen.

Die Zeichen ſind zuerst vollkommner geworden, ſeitdem die Inder im Mittelalter das Zeichen der Null eingeführt haben und die ſogenannten arabischen Ziffern aus Egypten durch die Araber nach Europa verpflanzt ſind. Die Namen und Zeichen der Zahlen ſind darnach die in den folgenden Nummern aufgeführten.

Die bisherigen Lehrbücher der Zahlenlehre haben es verſäumt, die Zeichen und Namen der Zahlen hier aufzuführen; dennoch ist dieſe Aufführung schlechthin geboten und wird zur Entfernung grober Missbräuche in der Benennung der Zahlen Anlass geben.

Erklärung. Die Namen und Zeichen der ersten zehn Zahlen oder der Einer. Die Zeichen der Zahlen heisen Ziffern. 116.

a. Die Null (Zeichen 0) ist die Gröse, welche zu jeder Gröse ohne Aendrung des Wertes gefügt werden kann.

b. Die Eins (Zeichen 1) ist die Einheit der reinen Zahlen, für welche $1 \cdot e = e$ ist.

c. Die Zwei (Zeichen 2) ist eins plus eins.

d. Die Drei (Zeichen 3) ist zwei plus eins.

e. Die Vier (Zeichen 4) ist drei plus eins.

f. Die Fünf (Zeichen 5) ist vier plus eins.

g. Die Sechs (Zeichen 6) ist fünf plus eins.

h. Die Sieben (Zeichen 7) ist ſechs plus eins

i. Die Acht (Zeichen 8) ist ſieben plus eins.

k. Die Neun (Zeichen 9) ist acht plus eins.

l. Die Zehn (Zeichen 10) ist neun plus eins.

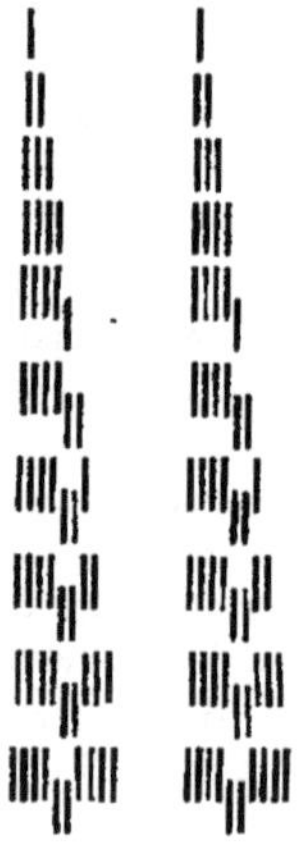

117. **Erklärung. Die Namen und Zeichen der höhern Zahlen. Um auch die höhern Zahlen bezeichnen zu können, giebt man den Ziffern verschiedene Stellen.**

Der Wert der Ziffer richtet ſich nach der Stelle, auf welcher ſie steht. Die Stelle links vom Komma oder, wenn kein Komma steht, die letzte Stelle rechts heist die nullte Stelle; die Stelle links neben der nullten Stelle heist die erste Stelle; die ate Stelle links neben der nullten Stelle heist die ate Stelle.

Jede Ziffer hat auf der nullten Stelle den einfachen Wert; ſie hat auf der a + 1ten Stelle den zehnfachen Wert als auf der aten Stelle.

Die Eins heist auf der ersten Stelle zehn (Zeichen 10), auf der zweiten Stelle hundert (Zeichen 100), auf der dritten Stelle tauſend (Zeichen 1000), auf der vierten Stelle zehntauſend (Zeichen 10000), auf der fünften Stelle hunderttauſend (Zeichen 100000) und auf der ſechſten Stelle Million (Zeichen 1000000).

Beim Leſen der Ziffern beginnt man mit der Ziffer der höchsten Stelle und schliest mit der der niedrigsten Stelle.

Beispiele: 3221 geleſen dreitauſend zweihundert zwanzig und eins. 5006 geleſen fünftauſend und ſechs.

Beim Leſen der Ziffern und bei der Benennung der Zahlen ist aber bereits in den ältesten Zeiten eine Verwirrung eingetreten, welche auch jetzt noch fortdauert und welche beſeitigt werden muss. Es ist klar, dass die kleine Zahl vor dem Namen der Stellenzahl (tauſend, hundert pp.) die Anzahl bestimmt, wie viel mal dieſe Stellenzahl genommen werden ſoll, ſo ist drei Tauſend $= 1000 + 1000 + 1000 = 3 \cdot 1000 = 3000$, ſo dreihundert $= 100 + 100 + 100 = 3 \cdot 100 = 300$, ſo ist hundert und zwei Tauſend $= 102 \cdot 1000 = 102000$. Es ist dies nicht nur eine allgemeine Regel bei der Namengebung der Zahlen, ſondern bei jeder Benennung, ſo ist 3 Mas $= 3 \cdot 1$ Mas, ſo 3 Pfund $= 3 \cdot 1$ Pfund, ſo 3 Mark $= 3 \cdot 1$ Mark. Dagegen muss die Zahl niederer Stelle bei der Benennung stets auf die Zahl höherer Stelle folgen. Hienach bezeichnet der deutsche Name dreizehn unzweifelhaft $3 \cdot 10 = 30$. Dagegen muss die Zahl 13 im Deutschen nicht dreizehn, ſondern zehn drei genannt werden, ebenſo muss die 21 im Deutschen nicht ein und zwanzig, ſondern zwanzig eins genannt werden u. ſ. w., wie dies bei den Franzoſen richtig geschieht. Es ist dieſe sprachliche Verwirrung bei den Zahlnamen aber schon eine ſehr alte; schon 2000 vor Chr. herrscht dieſelbe im Sanskrit. So heist in den Veden **trisata** 300 und **trisapta** 3. 7, aber daneben **trâgôdasan** 13 u. ſ. w. Im Griechischen und Lateinischen gehen die Formen drei und zehn und zehndrei, ein und zwanzig und zwanzig eins durch einander, in neuerer Zeit haben die Deutschen die unrichtige erste Form, die Franzoſen die richtige zweite Form angenommen. Die Deutschen müssen hier die jetzt übliche Form der Zahlnamen ändern und die richtige Form annehmen. Es ist dies eine ſehr leichte Sache, welche auch bereits vielfach im kaufmännischen Verkehre angewandt wird. Das „und" wird zweckmäsig nur bei der Ziffer der letzten Stelle angewandt.

Auch für die höhern Stellen empfiehlt ſich eine andre Benennung der Stellen; dieſe kann aber nur durchgeführt werden, wenn alle Gelehrten darin übereinkommen. Bis dahin muss es bei der jetzigen Sitte bleiben. Es wird aber wenigstens erlaubt ſein, einen Vorschlag zu machen, wie die Sache geordnet werden kann. Alle gebildeten Völker haben jetzt ein zehnteiliges Zahlenſystem; dazu gehört aber auch, dass die Stellen zehnteilig geordnet werden. Die Billion ſollte darnach 10 Stellen, nicht aber 12 Stellen haben, die Million ſollte 5, nicht aber 6 Stellen links von der nullten Stelle erhalten; ich erlaube mir daher den Vorschlag zu machen, dass man 10^{10} eine Bill, 10^5 eine Mill nenne. Man könnte dann 10^4 eine Myr nennen, auch könnte man etwa statt Tauſend und statt Hundert die abgekürzten Formen „Daus" und „Hun" einführen, welche, wie die Sprachgeschichte beweiſ't, ebenſo gut ſind, wie jene gewöhnlichen längeren Wortformen. So lange aber ein ſolcher Vorschlag nicht allgemein angenommen ist, muss es bei der jetzigen Sitte bleiben.

Der Satz 117 von den verschiedenen Stellen der Zahlen wird in den Lehrbüchern der Zahlenlehre oder Arithmetik fast immer erst nach der Lehre von den Potenzen bei den Reihenzahlen vorgetragen; aber ganz mit Unrecht. Die Zahlen höherer Stellen ſind von den Indern und Arabern um 500 bis 800 n. Chr. eingeführt, lange bevor man Potenzen kannte, welche erst 1585 n. Chr. in Europa eingeführt ſind. Ebenſo werden die Zahlen höherer Stellen von den Kindern bereits in der untersten Klasse der Elementarschule gebildet und benutzt, lange bevor ſie von den Potenzen eine Ahnung haben. Die Lehre von den höhern Stellen muss alſo hier bei der Bildung der Zahlen vorgetragen werden und wird in den folgenden Nummern ihre Entwicklung finden. Mit der Potenzlehre hat ſie gar nichts zu tun.

Satz. $a + (b + 1) = a + b + 1$ 118.
Für die Zahlen gilt die Grundformel der Einfügung: Statt zu dem zweiten Stücke eine Eins zu fügen, kann man ſie zu der Summe fügen und statt zu der Summe eine Eins zu fügen, kann man ſie zum zweiten Stücke fügen.

Wir haben schon oben bemerkt, dass man in allen Zweigen der Grösenknüpfung die Grundformel der Einfügung und daraus hervorgehend das Geſetz der Einfügung gelten lässt, da nur in dem Falle, wenn dies gilt, eine höhere Ordnung der Grösenknüpfung möglich ist. Haben wir aber dieſe Grundformel, ſo geht daraus die ganze Zahlbildung für höhere Stellen hervor, ſofern man noch das Geſetz aus 116 für den Uebergang der 9 in die 10 beachtet, dass nämlich $10 = 9 + 1$.

Satz. Wenn auf einer Stelle die Ziffer neun steht und es wird 119.
noch eine Eins auf der Stelle zugefügt, ſo wird dafür auf dieſer Stelle eine Null und auf der nächst höhern Stelle eine Eins geſetzt.

Es wird zweckmäsig ſein, die Bildung der höheren Zahlen nach dieſen Sätzen an einigen Beispielen zu zeigen.

Es ist $11 = 10 + 1$.

$12 = 10 + 2 = 10 + (1 + 1) = (10 + 1) + 1 = 11 + 1$ (nach 116c und 118)

$13 = 10 + 3 = 10 + (2 + 1) = (10 + 2) + 1 = 12 + 1$ (nach 116d und 118)

$14 = 10 + 4 = 10 + (3 + 1) = (10 + 3) + 1 = 13 + 1$ (nach 116e und 118)

$15 = 10 + 5 = 10 + (4 + 1) = (10 + 4) + 1 = 14 + 1$ (nach 116f und 118)

$16 = 10 + 6 = 10 + (5 + 1) = (10 + 5) + 1 = 15 + 1$ (nach 116g und 118)

$17 = 10 + 7 = 10 + (6 + 1) = (10 + 6) + 1 = 16 + 1$ (nach 116h und 118)

$18 = 10 + 8 = 10 + (7 + 1) = (10 + 7) + 1 = 17 + 1$ (nach 116i und 118)

$19 = 10 + 9 = 10 + (8 + 1) = (10 + 8) + 1 = 18 + 1$ (nach 116k und 118)

$20 = 10 + 10 = 10 + (9 + 1) = (10 + 9) + 1 = 19 + 1$ (nach 116.l und 118)

u. f. w. ganz in gleicher Weife bis 99 bez. bis 999.

$99 + 1 = (90 + 9) + 1 = 90 + (9 + 1) = 90 + 10 = 100$,

$999 + 1 = (900 + 99) + 1 = 900 + (99 + 1) = 900 + 100 = 1000$

u. f. w.

Man kann alfo auch bei der obigen Namengebung und Bezeichnung doch fehr wohl die Bildung der Zahlen durch die fortschreitende Fügung von Eins festhalten, dass alfo 20 nicht durch $10 + 10$, fondern durch $19 + 1$, dass 100 nicht durch $10 \cdot 10$, fondern durch $99 + 1$ erklärt und gewonnen wird. Es ist dies der einzige einfache oder elementare Weg der Zahlbildung, auf dem die Kinder die Zahlen beim Zählen bilden lernen und ist auch der einzig wissenschaftliche Weg.

6. Das Zufügen und das Abziehen, die Strichzahl und die benannte Zahl.

A. Das Zufügen der Zahlen.

Wir haben schon oben in 118 gefehen, dass in der Zahlenlehre, wie in allen Zweigen der Grösenknüpfung die Grundformel der Einfügung oder der Einigung für die Fügung gefetzt wird, da es nur in dem Falle, wenn Einigung gilt, eine höhere Ordnung der Zahlenknüpfung geben kann. Die Grundformel der Vertauschung gilt felbstverständlich, da nur gleiche Einheiten, d. h. gleiche Einfen $1 + 1$ gefügt werden.

120. **Grundformeln der Zahlenfügung.**

$$a + (b + 1) = a + b + 1 \qquad 1 + 1' = 1' + 1$$

Für die Zahlenfügung gelten die Grundformeln der Einfügung und Zufügung oder der Einigung und Vertauschung.

Satz. Das Zufügen einziffriger Zahlen oder das Eins und Eins. Um das Eins und Eins für die einziffrige Zahl zu bilden, fügt man zu der Zahl a erst 1, dann 2, und so fortschreitend, nachdem man a + b gefunden hat, die Summe a + (b + 1) = a + b + 1, bis man zu a + 10 gelangt. 121.

Beweis: Unmittelbar aus 120.

Ein Beispiel wird die Sache klar machen. Sei das Eins und Eins für acht zu bilden, also 8 + 1. 8 + 2, 8 + 3 u. s. w. So füge man

$8 + 1 = 9$

$8 + 2 = 8 + (1 + 1) = (8 + 1) + 1 = 9 + 1 = 10$ (nach 118)

$8 + 3 = 8 + (2 + 1) = (8 + 2) + 1 = 10 + 1 = 11$ (nach 118)

$8 + 4 = 8 + (3 + 1) = (8 + 3) + 1 = 11 + 1 = 12$ (nach 118)

$8 + 5 = 8 + (4 + 1) = (8 + 4) + 1 = 12 + 1 = 13$ u. s. w.

Die Sache macht hienach gar keine Schwierigkeiten. Das Eins und Eins ist demnächst bis zu schlechthiniger Sicherheit, welche jeden Irrtum unmöglich macht, zu lernen.

Ganz ebenso verfährt man beim Zufügen der Ziffern höherer Stellen, z. B. $8000 + 1000 = 9000$;
$8000+2000=8000+(1000+1000)=(8000+1000)+1000=9000+1000=10000$
und übt auch diese Zufügung bis zu vollster Sicherheit ein. Dann geht man zu dem Gesetze der Zahlenfügung über.

Gesetz der Zahlenfügung. In jeder Knüpfung der Zahlen durch Fügen gilt das Gesetz der Zufügung, d. h. man kann ohne Aendrung des Wertes die Plusklammern beliebig setzen oder weglassen und die Ordnung der Stücke beliebig ändern, die Summe ist wieder eine Zahl. 122.

Beweis: Unmittelbar aus 78 und 81, da 77 und 80 gilt.

Satz. Das Zufügen mehrziffriger Zahlen. Beim Zufügen mehrziffriger Zahlen zerlegt man jede Zahl in soviel Stücke, als sie geltende Ziffern (d. h. Ziffern ungleich Null) hat, so dass jedes Stück nur eine geltende Ziffer hat, ordnet alle Ziffern gleicher Stellen zusammen und fügt nun von der untersten Stelle anfangend die Ziffern jeder Stelle für sich zu. Wenn die Summe Ziffern höherer Stellen ergiebt, so fügt man diese bei den betreffenden Stellen mit zu. 123.

Beweis: Unmittelbar aus 122.

Beispiel. Sei 325 + 287 zu nehmen, so setze man

$$\begin{aligned}325 + 287 &= (300 + 20 + 5) + (200 + 80 + 7)\\ &= (300 + 200) + (20 + 80) + (5 + 7)\\ &= (300 + 200) + (20 + 80) + 12\\ &= (300 + 200) + (20 + 80 + 10) + 2\\ &= (300 + 200) + 110 + 2\\ &= (300 + 200 + 100) + 10 + 2\\ &= 600 + 10 + 2 = 612.\end{aligned}$$

Hieraus ergiebt sich unmittelbar folgende praktische Rechenregel.

124. **Satz. Rechenregel fürs Zufügen. Beim Zufügen mehrziffriger Zahlen schreibt man die Zahlen ſenkrecht unter einander, ſo dass Einer unter Einer, Zehner unter Zehner, kurz die Ziffern der gleichen Stelle ſenkrecht unter einander kommen, und fügt dann, von der untersten Stelle anfangend, die Ziffern jeder Stelle für ſich zu. Wenn die Summe Ziffern höherer Stellen ergiebt, ſo fügt man dieſe bei den betreffenden Stellen mit zu.**

Beispiel: 5832 + 7469

$$\begin{array}{r} 5832 \\ 7469 \\ \hline 13301 \end{array}$$

Das Zufügen unbenannter Zahlen ist nun bis zur grösten Sicherheit und Fertigkeit einzuüben. Der Rechnende hat zuletzt kurz zu rechnen, d. h. jedesmal nur die Summe zu ſagen, ohne die Stücke zu nennen. Ist die Rechnung vollendet, ſo macht man nochmals die Probe, d. h. wenn zuerst von unten nach oben zugefügt war, ſo fügt man nun von oben nach unten zu und prüft, ob dieſelbe Summe herauskommt. Geschieht dies, ſo kann man ſicher ſein, dass man richtig gerechnet hat.

Zahlreiche Uebungsbeispiele bietet das Rechenheft I des Verfassers. Die Anleitung zum Unterrichte und zu der notwendigen Stufenfolge der Uebungen ist in den Auflöſungen und der Anleitung zum Unterrichte für das Rechenheft I vom Verfasser gegeben.

125. **Satz. Für das Zufügen der Zahlen gilt trennbare Knüpfung oder: Wenn $a + b = a + c$ (Annahme), ſo ist $b = c$ (Folgerung) oder: Je zwei Zahlen b und c, welche zu derſelben Zahl a gefügt gleiche Summen liefern, ſind einander gleich.**

Beweis: Soll es zwei Zahlen b und c geben, welche beide zu a gefügt die Summe $a + b = a + c$ geben, ſo muss entweder $b = c$ ſein und dann gilt der Satz, oder es muss $b \gtrless c$ ſein, d. h. es muss in der fortschreitenden Zahlenreihe die eine eine andre Zahl als die andre, die eine etwa c, alſo später ſein als die andre b. Sei demnach $c = b + 1 + 1 + 1 + \cdots = b + (1 + 1 + 1 + \cdots) = b + d$ nach 122, ſo muss alſo auch $a + b = a + c = a + b + d$ ſein, wo $d \gtrless 0$ ist. Dies aber ist unmöglich, da $a + b + d$ in der Zahlenreihe später ist als $a + b$ und alſo auch ungleich $a + b$ ſein muss nach 114. Es kann alſo nicht $b \gtrless c$ ſein, ſondern es muss $b = c$ ſein oder es giebt nur eine Zahl b, welche zu der Zahl a gefügt die Summe $a + b$ giebt, d. h. es gilt nach 45 trennbare Fügung.

Da es bei der Fügung, ſofern nur endliche Grösen gefügt werden, keine unveränderliche Gröse giebt, ſo kann hier die Bedingung aus 45 und 46, dass a der unveränderlichen Gröse ungleich ſein müsse, weggelassen werden.

B. Das Abziehen der Zahlen.

Erklärung. Das Abziehen der Zahlen oder das Subtrahiren (griech. hyphairein, lat. subtraheri) heist die dem Zufügen der Zahlen entsprechende Trennung, wo die Summe $a = b + c$ oder $a = c + b$ und das eine Stück b gegeben ist und das andre Stück c gefucht wird. 126.

Die Summe a, von der abzuziehen ist, heist der Vorrat (der minuendus), das gegebene Stück b, das abgezogen wird, heist der Abzug (der subtractor), das Ergebniss des Abziehens heist der Rest (quod restat) oder der Unterschied (die differentia).

Das Abziehen der Zahlen ist die Trennung, welche dem Zufügen der Zahlen entspricht, da nun bei dem Zufügen der Zahlen Vertauschung der Zahlen gilt, fo gelten auch für das Abziehen die Gefetze der Abtrennung und nennt man daher die dem Zufügen entsprechende Trennung passend ein Abziehen.

Den Abzug nennt man gewöhnlich den subtrahendus, dies aber ist fehlerhaft und verwirrend. Beim Teilen nennt man die Gröse, welche geteilt werden foll, den dividendus, die Gröse, welche teilt, den divisor. Entsprechend müsste beim Abziehen die Gröse, von welcher abgezogen werden foll, der subtrahendus, die Gröse, welche abzieht, der subtractor heisen. Mag man nun auch die erste Gröse, den Vorrat, immerhin den minuendus nennen, fo darf man doch jedenfalls nicht den Abzug einen subtrahendus nennen, fondern muss ihn subtractor nennen.

Erklärung. Das Zeichen des Abziehens ist ein wagerechter Strich —, gelefen „strich", „ab" oder „minus". Z. B. $a - b$ gelefen a strich b, oder a ab b oder a minus b. Die Zeichen „plus +" und „strich —" heisen entgegengefetzte Zeichen. Eine Gröse mit einem Strich als Vorzeichen heist eine Strichgröse oder eine negative Gröse; eine Klammer, vor welcher der Strich steht, heist eine Strichklammer. Z. B. $-a$ ist eine Strichgröse, $-(a + b)$ ist eine Strichklammer. 127.

Erklärung. Ein Gliederausdruck (der polynómos) heist ein Ausdruck, in welchem die Grösen fortschreitend durch Plus oder Strich (minus) geknüpft find; jede Gröse mit ihrem Vorzeichen und ebenfo jede Klammer heist ein Glied (der nómos) des Ausdrucks. So z. B. hat der Gliederausdruck $a + (b - c) - d$ die drei Glieder a, $+(b - c)$ und $-d$. 128.

Satz. $a = a + b - b = a - b + b$ 129.

Zu einer Zahl eine zweite Zahl fortschreitend zufügen und abziehen oder fortschreitend abziehen und zufügen ändert die Zahl nicht.

Beweis: Unmittelbar aus 49.

130. **Satz. Das Abziehen einziffriger Zahlen oder das Eins von Eins. Aus dem Eins und Eins erhält man unmittelbar das Eins von Eins, indem man statt $a + b = c$ nun $c - a = b$ fetzt.**

Beispiel. Aus $8 + 2 = 10$ erhält man $10 - 8 = 2$, aus $8 + 3 = 11$ erhält man $11 - 8 = 3$ u. f. w. Das Eins von Eins ist demnächst wieder bis zu schlechthiniger Sicherheit, welche jeden Irrtum unmöglich macht, zu lernen.

Ganz ebenfo verfährt man beim Abziehen der Ziffern höherer Stellen, z. B. $8000 + 3000 = 11000$; $11000 - 8000 = 3000$ und übt auch diefe bis zu vollster Sicherheit ein.

131. **Gefetz der ersten Ordnung der Zahlenlehre. In jeder Verknüpfung von Zahlen durch Zufügen oder Abziehen (Addiren oder Subtrahiren) kann man ohne Aendrung des Wertes die Plusklammern ohne Weitres, die Strichklammer nach Entgegenfetzung der Zeichen aller Klammerglieder beliebig weglassen oder fetzen und die Ordnung der Glieder beliebig ändern. Das Ergebniss der Verknüpfung ist wieder eine Zahl.**

Beweis: Da für das Fügen Vertauschung gilt und die Fügung nach 125 eine trennbare Fügung ist, fo gilt nach 62 auch das Gefetz der Vertauschung und Abtrennung.

132. **Satz. Man kann jede durch Zufügen oder Abziehen (Addiren oder Subtrahiren) von Zahlen erzeugte Gröse, welche ungleich Null ist, als Einheit fetzen, und gelten dann für alle aus diefer und der entgegengefetzten Zahl erzeugten Zahlen alle Gefetze der ersten Ordnung der Zahlenlehre.**

Beweis: Unmittelbar aus 63.

133. **Satz.** $+(-a) = -(+a) = -a \qquad +(+a) = -(-a) = +a$

Eine Strichzahl fügt man zu, indem man die entsprechende Pluszahl abzieht und eine Strichzahl zieht man ab, indem man die entsprechende Pluszahl zufügt oder:

Statt „strich strich" kann man „plus" und statt „plus strich" oder statt „strich plus', kann man „strich" fetzen.

Beweis: Unmittelbar aus 131, indem man die Klammer auflöst.

134. **Satz.** $a + 0 = a - 0 = a$

Null zufügen oder abziehen ändert die Zahl nicht.

Beweis: Es ist $a + 0 = a$ nach 116. a. Ebenfo ist aber auch

$$a - 0 = a + 0 - 0 \qquad \text{(nach 116. a)}$$
$$= a \qquad \text{(nach 129)}$$

135. **Satz.** $0 = a - a = -a + a$

Der Unterschied zweier gleichen Zahlen ist Null und wenn der Unterschied zweier Zahlen Null ist, fo find die Zahlen gleich.

Beweis: Nach 134 ist $b = b + 0$. Ebenso ist nach 129

$b = b + a - a = b - a + a$, mithin nach 131

$= b + (a - a) = b + (-a + a)$. Also ist auch nach 18

$b + 0 = b + (a - a) = b + (-a + a)$.

Mithin ist nach 125, da in den gleichen Summen das erste Stück b gleich ist, auch das zweite Stück gleich, d. h. es ist $0 = a - a = -a + a$.

Satz. Das Abziehen mehrziffriger Zahlen. Beim Abziehen mehrziffriger Zahlen zerlegt man jede Zahl in soviel Stücke als sie geltende Ziffern (d. h. Ziffern ungleich Null) hat, ordnet die beiden Ziffern gleicher Stellen zusammen und zieht nun von der untersten Stelle anfangend die Ziffern jeder Stelle für sich ab. Wenn auf einer Stelle der Abzug gröser ist als der Vorrat, so zieht man auf einer höhern Stelle des Vorrats eine Eins ab, fügt den Wert derselben zur Ziffer der Stelle im Vorrat und zieht nun die Ziffer des Abzugs ab. 136.

Beweis: Unmittelbar aus 131.

Beispiel: $325 - 283 = (300 + 20 + 5) - (200 + 80 + 3)$
$= (300 - 200) + (20 - 80) + (5 - 3)$
$= (300 - 200) + (20 - 80) + 2$
$= (200 - 200) + (100 + 20 - 80) + 2$
$= (200 - 200) + 40 + 2$
$= 42.$

Hieraus ergiebt sich unmittelbar folgende praktische Rechenregel.

Satz. Rechenregel fürs Abziehen. Beim Abziehen mehrziffriger Zahlen schreibt man die Ziffern der gleichen Stelle senkrecht unter einander und zieht, bei der untersten Stelle beginnend, die Ziffern jeder Stelle für sich ab. 137.

Borgeregel. Wenn auf einer Stelle der Abzug gröser ist als der Vorrat, so borgt man eine Einheit auf der nächst höhern Stelle, gleich zehn Einheiten auf der folgenden Stelle, und zieht nun ab.

Höhere Borgeregel. Wenn die nächst höhere Stelle Null hat, so borgt man eine Einheit bei der nächsten höhern Stelle, welche nicht Null hat, setzt für jede folgende Null eine Neun und behält für die letzte Stelle eine Zehn beim Borgen übrig, oder kurz:

Eine Null, über welche weggeborgt wird, verwandelt sich in Neun.

Beispiele: Die Aufgabe sei 53 — 28; 3 — 8 kann ich nicht, ich borge mir einen Zehner und mache den Borgepunkt bei der 5, 13—8 ist 5, 40—20 ist 20, 5 + 20 ist 25, also ist 53 — 28 = 25.

203—57; 3—7 kann ich nicht, ich borge einen Zehner. Bei den Zehnern kann ich nicht borgen. Ich borge 1 Hundert und mache den Borgepunkt. Ein Hundert hat 10 Zehner; davon lasse ich 9 auf der Zehnerstelle und borge 1 Zehner für die Einer, 13 — 7 = 6; 9 Z — 5 Z = 4 Z. 1 H — 0 = 1 H, 1 H + 4 Z + 6 E = 146, alſo u. ſ. w.

Das Abziehen unbenannter Zahlen ist nun bis zur grösten Sicherheit und Fertigkeit einzuüben. Der Rechnende muss namentlich das Abziehen, wo geborgt werden muss, bis zur grösten Sicherheit einüben. Die Probe wird hier ſo gemacht, dass die beiden Stücke (der Rest und der Abzug) gefügt werden; ſie müssen dann beide zugefügt den Vorrat geben.

Uebungsbeispiele und genauere Anleitung bietet das Rechenbuch vom Verfasser Heft I.

C. Die Vergleichung der Zahlen.

138. **Erklärung. Gleichartig heisen zwei Zahlen, wenn beide Pluszahlen (poſitive Zahlen) oder beide Strichzahlen (negative Zahlen) ſind, hingegen einander ungleichartig, wenn die eine eine Pluszahl, die andre eine Strichzahl ist.**

Gleichwertig heisen zwei Zahlen, wenn jeder Einheit der einen eine Einheit der andern entspricht. Unter dem Pluswerte einer Zahl wird die gleichwertige Pluszahl verstanden.

Entgegengeſetzt heisen zwei Zahlen, wenn ſie gleichwertig ſind und entgegengeſetzte Zeichen haben,

139. **Satz. Die Pluszahl $+a$ und die Strichzahl $-a$ ſind entgegengeſetzte Zahlen.**

Beweis: Sollen ſie entgegengeſetzte Zahlen ſein, ſo muss jeder Einheit der einen eine Einheit der andern entsprechen. Habe nun $+a$ n Einheiten, alſo $+a = 1_1 + 1_2 + \cdots + 1_n$, ſo ist

$$-a = -(+a) = -(1_1 + 1_2 + \cdots + 1_n) \quad \text{(nach 138 und Annahme)}$$
$$= -1_1 - 1_2 - \cdots - 1_n \quad \text{(nach 131)}$$

alſo entspricht jeder Einheit $+1$ der Pluszahl $+a$ auch eine Einheit -1 der Strichzahl $-a$.

140. **Satz. Jede Zahl ist entweder eine Pluszahl (poſitive Zahl) oder eine Strichzahl (negative Zahl) oder Null.**

Beweis: Jede Zahl ist eine Gröse, welche durch fortschreitendes Zufügen von Einheiten entstanden ist. Enthält dieſelbe nur eine Art von Einheiten, ſo ist ſie entweder eine Plus- oder eine Strichzahl. Enthält ſie beide Arten der Einheiten, Pluseinheiten und Stricheinheiten, ſo kann man je eine Pluseinheit und eine Stricheinheit in eine Klammer schliesen (nach 131) und ſolange hiermit fortfahren, bis auser den Klammern nur noch eine Art der Einheiten bleibt. Jede Klammer hat dann die Form $(e + (-e))$ und ist (nach 133 und 135) Null. Null aber kann (nach 134) bei der Zufügung weggelassen werden.

Die Klammern können alſo ſämmtlich weggelassen werden. Bleibt nun auser den Klammern keine Einheit, ſo ist die Zahl Null, bleiben auser den Klammern nur Pluseinheiten, ſo ist die Zahl eine Pluszahl, bleiben nur Stricheinheiten, ſo ist ſie eine Strichzahl.

Satz. Die Summe mehrer Pluszahlen ist wieder eine Pluszahl, die mehrer Strichzahlen ist wieder eine Strichzahl. 141.

Beweis: Nach 114 ist jede Pluszahl durch fortgeſetztes Zufügen von Pluseinheiten entstanden; stellt man alſo jede Zahl als Summe ihrer Einheiten dar, und löst man die Plusklammer, ſo ist die Geſammtſumme mehrer Pluszahl eine Zahl, welche nur fortschreitend verknüpfte Pluseinheiten enthält, d. h. nach 114 eine Pluszahl.

Die Summe von Strichzahlen $(-a) + (-b) + (-c) + \cdots$ ist aber nach 131 $(-a) + (-b) + (-c) + \cdots = -(a + b + c + \cdots)$ und ist alſo nach 139 die entgegengeſetzte Zahl zu $a + b + c + \cdots$, alſo eine Strichzahl.

Erklärung. Eine Zahl a heist gröser, als eine andre b, und die zweite b heist kleiner als die erste, wenn $a - b$ eine Pluszahl ist. Das Zeichen ist $a > b$ (geleſen a gröser als b) oder $b < a$ (geleſen b kleiner als a). 142.

Die drei Ausdrücke $a > b$, $a = b$ und $a < b$ bilden die drei Arten der Vergleichung. Eine Zahl c, welche gröser als b und zugleich kleiner als a ist, heist ein ausschliesendes Mittel zwischen b und a. Das Zeichen des ausschliesenden Mittels ist c = Mitt (b [,] a).

Wenn die Zahl c gröser oder gleich b und zugleich kleiner oder gleich a ist, ſo heist das Mittel ein einschliesendes Mittel. Das Zeichen des einschliesenden Mittels ist c = Mitt [a,b].

Satz. Jede Zahl a ist jeder andern b aus derſelben Einheit, entweder gleich oder gröser oder kleiner. 143.

Beweis: Es ist $a - b$ eine Zahl, mithin nach 140 entweder Null oder eine Pluszahl oder eine Strichzahl.

1. Es ſei $a - b = 0$; dann ist

$$\begin{aligned} b &= b + 0 && \text{(nach 134)} \\ &= b + (a - b) && \text{(nach Annahme)} \\ &= a + (b - b) && \text{(nach 131)} \\ &= a + 0 && \text{(nach 135)} \\ &= a && \text{(nach 134)} \end{aligned}$$

d. h. $a = b$.

2. Es ſei $a - b$ eine Pluszahl, ſo ist $a > b$ (nach 142)
3. Es ſei $a - b$ eine Strichzahl, ſo ist die entgegengeſetzte

$-(a-b)$ eine Pluszahl, und diefe ist (nach 131) $-(a-b) = -a+b = b-a$, d. h. $b > a$ oder $a < b$ nach 142.

144. **Satz. Wenn in einer Reihe von Zahlen jede vorhergehende gröser ist als die nächstfolgende, fo ist auch die erste gröser als die letzte.**

Beweis: Es fei $a_1 > a_2$, $a_2 > a_3, \cdots a_{n-1} > a_n$, oder allgemein, es fei $a_a > a_{a+1}$, fo ist nach 142 $a_a - a_{a+1}$ eine Pluszahl, alfo auch die Summe

$$(a_1 - a_2) + (a_2 - a_3) + \cdots + (a_{n-1} - a_n) =$$
$$a_1 + (a_2 - a_2) + (a_3 - a_3) + \cdots + (a_{n-1} - a_{n-1}) - a_n = a_1 - a_n$$

eine Pluszahl, d. h. $a_1 > a_n$.

Beispiel: In der Zahlenreihe 21, 18, 15, 12, 9, 6, 3 ist jede vorhergehende gröser als die nächstfolgende, alfo ist auch 21 gröser als 3.

145. **Satz. Jede Pluszahl ist gröser als Null, jede Strichzahl ist kleiner als Null.**

Beweis: 1. Es fei a eine Pluszahl, fo ist auch $a - 0 = a$ (nach 134) eine Pluszahl, d. h. nach 142 $a > 0$.

2. Es fei a eine Strichzahl, $b = -a$ die entgegengefetzte Pluszahl, fo ist $0 - a = 0 + (-a) = 0 + b = b$ (nach 133 und 134), d. h. eine Pluszahl, alfo $a < 0$ nach 142c.

Beispiel: +1 ist gröser als Null, —1 ist kleiner als Null.

146. **Satz. Die Summe zweier ungleichartiger Zahlen a und b ist demjenigen Stücke gleichartig, das den grösern Pluswert hat, und zwar findet man den Pluswert diefer Summe, wenn man unter den Pluswerten der Stücke den kleinern von dem grösern abzieht.**

Beweis: Es fei a die Zahl, deren Pluswert gröser ist als der von b. Da die beiden Zahlen ungleichartig find, fo ist entweder a eine Plus- und b eine Strichzahl, oder es ist a eine Strich- und b eine Pluszahl.

1. Es fei a eine Plus- und b eine Strichzahl, fo fetze $b = -b_1$, dann ist a der Pluswert von a, b_1 der von b. Da nun der Pluswert von a gröser ist als der von b, fo ist $a > b_1$, oder $a - b_1$ eine Pluszahl (nach 142), mithin ist die Summe $a + b = a + (-b_1) = a - b_1$ dem a gleichartig und wird ihr Pluswert erhalten, wenn man unter den Pluswerten der Stücke den kleinern vom grösern abzieht.

2. Es fei a eine Strich- und b eine Pluszahl, fo fetze $a = -a_1$, dann find a_1 und b die beiden Pluswerte und, da der von a gröser als der von b, fo ist $a_1 - b$ eine Pluszahl (nach 142); mithin ist $a + b = -a_1 + b = -(a_1 - b)$ eine Strichzahl oder dem a gleich-

artig, und der Pluswert $a_1 - b$ wird erhalten, wenn man unter den Pluswerten der Stücke den kleinern von dem grösern abzieht.

Beispiel: $16 + (-13) = +3$; $13 + (-16) = -3$.

Satz. Die Vergleichung ändert ſich nicht, wenn man auf beiden Seiten Gleiches zufügt oder abzieht. 147.

Beweis: Es ſei $a > b$, d. h. nach 142 $a - b$ eine Pluszahl, dann ist auch

$$a \pm c - (b \pm c) = a - b \pm c \mp c \qquad \text{(nach 131)}$$
$$= a - b \qquad \text{(nach 129)}$$

eine Pluszahl, d. h. $a \pm c > b \pm c$, was zu beweiſen war.

Beispiel: Wenn $5 > 3$, ſo ist auch $5 + 4 > 3 + 4$.

Satz. Wächst in einer Summe zweier Zahlen das eine Stück, während das andre gleich bleibt, ſo wächst auch die Summe. 148.

Beispiel: Wachſe in $5 + 3 = 8$ die 3 zu 7, ſo wächst auch die Summe 8 zu 12.

Satz. Wachſen in einer Summe mehrer Zahlen ein oder mehre Stücke, während kein Stück kleiner wird, ſo wächst auch die Summe. 149.

Beweis: Lässt man zunächst nur ein Stück wachſen, während die andern gleich bleiben, ſo wächst die Summe nach 148. Lässt man jedesmal in der ſo erhaltenen Summe ein Stück wachſen, während die andern gleich bleiben, bis alle Stücke, welche wachſen ſollen, gröser geworden ſind, ſo wächst auch jedesmal die Summe, man erhält eine Reihe von Summen, in welcher jede nächstfolgende gröser als die vorhergehende ist, alſo ist nach 144 auch die letzte gröser als die erste.

Satz. Wächst in einem Unterschiede der Abzug (Subtractor), während der Vorrat (Minuend) gleich bleibt, ſo nimmt der Unterschied ab. 150.

Beweis: Es ſei $c > b$, d. h. $c - b$ eine Pluszahl, ſo ſoll bewieſen werden, dass $a - b > a - c$, d. h. dass $(a - b) - (a - c)$ eine Pluszahl ſei. Es ist aber

$$(a - b) - (a - c) = c - b + a - a \qquad \text{(nach 131)}$$
$$= c - b \qquad \text{(nach 129)}$$

d. h. nach der Vorausſetzung eine Pluszahl.

Beispiel: Wachſe in $18 - 7 = 11$ die 7 um 5, ſo nimmt der Unterschied um 5 ab, d. h. aus 11 wird 6; oder $18 - (7 + 5) = 6$.

D. Die Rechnung erster Ordnung mit benannten Zahlen.

Erklärung. Die benannte Zahl heist das Zeug oder Produkt einer reinen Zahl mit einer Einheit e. Die reine Zahl heist die Anzahl, die Einheit e heist der Name oder die Benennung. Gleich- 151.

benannte Zahlen heisen zwei Zahlen, welche den gleichen Namen haben.

Beispiel: In der benannten Zahl 7 Meter ist 7 die Anzahl, Meter der Name. In der benannten Zahl 12 Aepfel ist 12 die Anzahl, Apfel der Name. 5 Mark und 7 Mark ſind gleichbenannte Zahlen. Jede Einheit ist stets ungleich Null geſetzt, alſo auch der Name der benannten Zahl.

152. **Satz. In der Zahlenlehre werden nur gleichbenannte Zahlen zugefügt und abgezogen.**

153. **Satz. Gleichbenannte Zahlen fügt man zu oder zieht man ab, indem man die Anzahlen zufügt oder abzieht und der Summe, bezüglich dem Reste den gleichen Namen giebt.**

Beweis: 1. $ae + be + ce + de = (a + b + c + d)e$ (nach 90)

2. $ae - be = ae + (-be) = ae + (-b)e$

(nach 133) (nach 151)

$= (a + (-b))e = (a - b)e$

(nach $153,_{1}$) (nach 133)

154. **Satz. Alle Sätze der ersten Ordnung der Zahlenlehre gelten auch für die benannten Zahlen.**

Beweis: Alle Sätze der ersten Ordnung ſind aus den beiden Grundformeln $a + (b + 1) = a + b + 1$ und $1 + 1' = 1' + 1$ abgeleitet, wo $1' = 1$ geſetzt war und ſind für die Eins bewieſen. Nun ist aber

$$ae + (be + e) = ae + (be + 1e) = [a + (b + 1)]e = (a + b + 1)e$$
$$= ae + be + 1e$$
$$= ae + be + e$$

und ebenſo auch, wenn wir die gleichen e mit e und e' bezeichnen,

$$e + e' = 1e + 1'e = (1 + 1')e$$
$$= (1' + 1)e$$
$$= 1'e + 1e$$
$$= e' + e$$

alſo gelten die Grundformeln, alſo auch alle Sätze der ersten Ordnung für die benannten Zahlen.

Es ſind hier zahlreiche Uebungen im Zufügen und Abziehen einfach benannter Zahlen vorzunehmen. Anleitung und zahlreiche Uebungsbeispiele bietet das Rechenbuch des Verfassers Heft I.

7. Das Vervielfachen und das Teilen, der Bruch und die Eigenschaften der Zahlen und Brüche.

A. Das Vervielfachen der Zahlen.

155. **Erklärung. Das Vervielfachen, das Multipliziren (gr. pollaplasiázein, lat. multiplicare) heist das Weben zweier reinen Zahlen;**

die beiden Zahlen heisen die Fache oder Faktoren, das Zeug oder Produkt heist ein Vielfaches.

Will man in der Zahlenlehre alle Ordnungen der Grösenknüpfung haben, alfo auch das Höhen oder Potenziren, fo muss für das Vervielfachen der Zahlen nach 82 Einigung der Fache oder Faktoren gelten. Man muss demnach, wenn man die Zahlenlehre voll entwickeln will, die Grundformel für Einigung der Fache oder Faktoren gelten lassen. Die Grundformel der Vertauschung $1 \cdot 1 = 1 \cdot 1$ gilt felbstverständlich, da $1 \cdot 1' = 1' \cdot 1$, wenn $1' = 1$ ist. Die Formel $a \cdot 1 = 1 \cdot a = a$ folgt unmittelbar aus 98.

Grundformeln der Vervielfachung. 156.

$$(a + 1) \cdot b = ab + 1 \cdot b \qquad a(b + 1) = ab + a \cdot 1$$
$$1 \cdot 1' = 1' \cdot 1 \qquad a \cdot 1 = 1 \cdot a = a$$

Für die Vervielfachung der Zahlen gelten die Grundformeln des Einwebens und Verwebens oder der Einigung und Vertauschung der Fache oder Faktoren.

Aus der Grundformel des Vervielfachens folgt unmittelbar das Einmaleins $1 \cdot 2 = 2$.

$$2 \cdot 2 = (1 + 1) \cdot 2 = 1 \cdot 2 + 1 \cdot 2 = 2 + 2 = 4$$
$$3 \cdot 2 = (2 + 1) \cdot 2 = 2 \cdot 2 + 1 \cdot 2 = 4 + 2 = 6$$
$$4 \cdot 2 = (3 + 1) \cdot 2 = 3 \cdot 2 + 1 \cdot 2 = 6 + 2 = 8$$
$$5 \cdot 2 = (4 + 1) \cdot 2 = 4 \cdot 2 + 1 \cdot 2 = 8 + 2 = 10$$
$$6 \cdot 2 = (5 + 1) \cdot 2 = 5 \cdot 2 + 1 \cdot 2 = 10 + 2 = 12$$
$$7 \cdot 2 = (6 + 1) \cdot 2 = 6 \cdot 2 + 1 \cdot 2 = 12 + 2 = 14$$
$$8 \cdot 2 = (7 + 1) \cdot 2 = 7 \cdot 2 + 1 \cdot 2 = 14 + 2 = 16$$
$$9 \cdot 2 = (8 + 1) \cdot 2 = 8 \cdot 2 + 1 \cdot 2 = 16 + 2 = 18$$
$$10 \cdot 2 = (9 + 1) \cdot 2 = 9 \cdot 2 + 1 \cdot 2 = 18 + 2 = 20$$

Und in gleicher Weife das ganze Einmaleins.

Satz. Das Zeug oder Produkt zweier Zahlen erhält ein Pluszeichen, wenn beide Zahlen gleiche Zeichen, ein Strichzeichen, wenn fie entgegengefetzte Zeichen haben 157. oder

$$(+ a)(+ b) = + ab = (- a)(- b)$$
$$(+ a)(- b) = - ab = (- a)(+ b)$$

Beweis: Die Zeichen der beiden Zahlen können fein

1, + +. 4, — — 2, + — 3, — +

dies giebt vier Fälle für den Beweis.

1. Fall: $(+ a)(+ b) = ab$ (nach 70)
$= + ab$ (nach 70)

2. Fall: $(+ a)(- b) = a(- b) + ab - ab$ (nach 70 und 129)
$= a(- b + b) - ab$ (nach 89)
$= a \cdot 0 - ab$ (nach 135)
$= - ab$ (nach 94)

3. Fall: $(-a)(+b) = -ab$ folgt ebenſo wie 2. Fall.
4. Fall: $(-a)(-b) = ab - ab + (-a)(-b)$ (nach 129)
$= ab + (+a)(-b) + (-a)(-b)$ (nach 157,2)
$= ab + (+a + (-a))(-b)$ (nach 89)
$= ab + 0$ (nach 133 und 135)
$= ab$ (nach 134)

158. **Satz.** $(-1)a = -a$
Jede Zahl erhält mit der Stricheins vervielfacht entgegengeſetztes Zeichen.

159. **Satz. Das Zeug oder Produkt mehrer Zahlen erhält ein Pluszeichen wenn 2a Fache oder Faktoren ein Strichzeichen enthalten, dagegen ein Strichzeichen, wenn 2a + 1 Fache ein Strichzeichen enthalten,**

Beweis: Fortleitend

1. Der Satz gilt nach 157, wenn das Zeug nur 2 Fache enthält.
2. Wenn der Satz für ein Zeug von n Fachen A_n gilt, ſo gilt er auch für das Zeug $A_n a_{n+1}$, welches ein Fach mehr enthält. Denn ſei $a_{n+1} = +b$, d. h. enthalte es ein Pluszeichen, ſo gilt der Satz nach der Annahme. Enthalte dagegen $a_{n+1} = -b$ ein Strichzeichen und habe A_n 2a Fache mit Strichzeichen, ſo hat nach der Annahme A_n ein Pluszeichen, ſei alſo in dieſem Falle $A_n = +c$, ſo ist $A_n a_{n+1} = (+c)(-b) = -cb$, nach 157; dann hat alſo das Zeug $A_n a_{n+1}$ 2a + 1 Fache mit Strichzeichen und erhält ein Strichzeichen. Habe dagegen A_n 2a + 1 Fache mit Strichzeichen, ſo hat nach der Annahme A_n ein Strichzeichen, ſei alſo in dieſem Falle $A_n = -c$, ſo ist $A_n \cdot a_{n+1} = (-c)(-b) = +cb$ nach 157; dann hat alſo das Zeug $A_n a_{n+1}$ 2a + 2 Fache mit Strichzeichen und erhält ein Pluszeichen.
3. Alſo gilt der Satz nach 23 allgemein.

160. **Geſetz der Vervielfachung. In jeder Zahlenknüpfung durch Vervielfachen kann man ohne Aenderung des Wertes die Plusklammern und die Malklammern beliebig ſetzen oder weglassen, die Ordnung der Fache (der Faktoren) beliebig ändern und die Beziehungsklammern auflöſen, indem man jedes Stück des einen Fachs (des einen Faktors) mit jedem des andern verwebt und die Zeuge zufügt. Das Zeug ist wieder eine Zahl. Jedes Zeug oder Produkt von mehren Fachen oder Faktoren erhält ein Pluszeichen, wenn 2 a Fache ein**

Strichzeichen enthalten, dagegen ein Strichzeichen, wenn 2 a + 1 Fache ein Strichzeichen enthalten.

Beweis: Da die Grundformeln des Einwebens und des Verwebens für das Vervielfachen nach 156 gelten, ſo folgt daraus unmittelbar das Geſetz des Verwebens nach 107. Da ferner für das Zufügen der Zahlen nach 125 und 122 die trennbare Einfügung gilt, ſo gilt nach 159 auch der zweite Teil des Satzes.

Satz. **Eine Ziffer n ter Stelle vervielfacht man mit einer Ziffer m ter Stelle, indem man die beiden Ziffern nach dem Einmaleins vervielfacht und dem Ergebnisse die n + m te Stelle giebt.** 161.

Beweis: $(a \cdot \overbrace{100\cdots}^{n})\,(b \cdot \overbrace{10\cdot\cdot}^{m}) = (a \cdot b)\,(\overbrace{100\cdots}^{n} \cdot \overbrace{10\cdot\cdot}^{m})$ nach 160.

Es ist aber $\overbrace{100\cdots}^{n}$ gleich 1 auf der n ten Stelle nach 117,

ebenſo ist $\overbrace{100\cdots}^{n} \cdot \overbrace{10\cdot\cdot}^{m}$ gleich 1 auf der n + m ten Stelle nach 117;

alſo ist $(a \cdot \overbrace{100\cdots}^{n})\,(b \cdot \overbrace{10\cdot\cdot}^{m}) = ab$ auf der n + m ten Stelle.

Satz. **Das Vervielfachen einer einziffrigen mit einer mehrziffrigen Zahl. Eine mehrziffrige Zahl vervielfacht man mit einer einziffrigen Zahl, indem man, mit der niedrigsten Stelle beginnend, die Ziffer jeder Stelle mit der Zahl vervielfacht, den Zeugen oder Produkten die entsprechende Stelle giebt und ſie zufügt.** 162.

Beweis: Unmittelbar nach 160 und 161.

Beispiel:
$$
\begin{array}{rrl}
327 \times 8 = & 7 \times 8 = & 56 \\
& 20 \times 8 = & 16 \\
& 300 \times 8 = & \underline{24} \\
& & 2616
\end{array}
$$

Satz. **Das Vervielfachen mehrziffriger Zahlen. Eine Zahl vervielfacht man mit einer mehrziffrigen Zahl, indem man ſie mit der Ziffer jeder Stelle einzeln vervielfacht, die Zeuge um ſoviel Stellen erhöht, als die betreffende Ziffer rechts Stellen neben ſich hat und die Zeuge zufügt.** 163.

Beweis: Unmittelbar nach 160 und 161.

Beispiel:
$$
\begin{array}{rr}
3273 \times 725 = & 3273 \\
& \underline{725} \\
& 16365 \\
& 6546 \\
& \underline{22911} \\
& 2372925
\end{array}
$$

Wenn die eine der Zahlen in zwei einziffrige Fache oder Faktoren zerlegt werden kann, fo kann man die andre Zahl erst mit dem einen, und das Ergebnis dann mit dem andern Fache vervielfachen; denn a (bc) = (ab) c, z. B. 54215 × 72 = (54215 × 8) × 9. Es ist diefer Weg bisweilen bequemer.

164. **Satz. Für das Vervielfachen der Zahlen gilt trennbare Knüpfung oder: Wenn ac = bc (Annahme), fo ist a = b (Folgerung) oder: je zwei Zahlen a und b, welche mit derfelben Zahl c vervielfacht, gleiche Zeuge oder Produkte geben, find einander gleich, fofern die Gröse c ungleich Null ist.**

Beweis: 1. Das Zeug ac = bc fei Null; dann ist, da c ungleich Null ist, nach 94 a = 0 und b = 0, d. h. a = b.

2. Das Zeug ac = bc fei ungleich Null; dann nehme an a = b + d, fo ist

$$bc = ac = (b + d)\,c \qquad \text{(nach Annahme)}$$
$$= bc + dc \qquad \text{(nach 89)},$$

d. h. dc eine Gröse, welche zugefügt den Werth von bc nicht ändert, d. h. nach 72 ist dc = 0, und, da c ungleich Null ist, nach 94 d = 0, d. h. a = b.

Beispiel: Sei 7 a = 7 b, fo ist a = b, fei 8 (2 + 3) = 8 · 5 fo ist 2 + 3 = 5.

B. Das Teilen der Zahlen.

a. Das Rechnen mit gewöhnlichen Brüchen.

165. **Erklärung. Das Teilen, das Dividiren, (gr. die parabolé, lat. die divisio) der Zahlen heist die dem Vervielfachen der Zahlen entsprechende Trennung, wo das Zeug (Produkt) a = bc oder a = cb und der eine Fach (der eine Faktor) b gegeben ist, und der andre Fach c gefucht wird. Der gegebene Fach oder Faktor muss stets ungleich Null fein.**

Das Zeug oder Produkt a, welches geteilt werden foll, heist die zu teilende Gröse, (der dividendus), die teilende Gröse b heist der Teiler (der divisor), das Ergebniss des Teilens heist der Quote (der quotiens); den Quoten nennt man auch einen Bruch, die zu teilende Gröse den Zähler, den Teiler den Nenner des Bruches.

Der Fach (der Faktor) und der Teiler (der Divisor) heisen mit gemeinfamem Namen die Vorzahlen (die Koeffizienten) eines Gliedes.

166. **Erklärung. Das Zeichen des Teilens ist ein Doppelpunkt gelefen „durch" oder auch ein wagerechter Teilstrich, über welchem die**

zu teilende Gröse und unter welchem der Teiler steht, z. B. a : b gelesen „a geteilt durch b", kurz „a durch b", oder auch $\frac{a}{b}$ gelesen „a durch b". Die Zeichen „mal" und „geteilt durch:" heisen umgekehrte Zeichen. Eine Gröse, welche ein Teilzeichen vor sich hat, heist eine Teilgröse; eine Klammer, vor welcher ein Teilzeichen steht, heist eine Teilklammer; der wagerechte Teilstrich gilt als Teilklammer für alle unter demselben stehenden Grösen. z. B. 1 : a oder $\frac{1}{a}$ ist eine Teilgröse; a : (bc) und a : (b + c) oder auch $\frac{a}{bc}$ und $\frac{a}{b+c}$ sind Teilklammern.

Bei dem Teilstriche muss man auf folgenden eigentümlichen Gebrauch achten. Es wird $\frac{ab}{c}$ = ab : c, dagegen a $\frac{b}{c}$ = a (b : c) gesetzt.

Grundformel des Teilens: 167.

$$a = a \cdot b : b = \frac{ab}{b} \qquad a = a : b \cdot b = \frac{a}{b} \cdot b.$$

Mit derselben Gröse ungleich Null weben und teilen, bez. teilen und weben ändert die Gröse nicht.

Beweis: Unmittelbar aus 49.

Satz. $a \cdot (: b) = a : (\cdot b) = a : b$ und $a : (: b) = a \cdot (\cdot b) = a \cdot b$. 168.
Mit einer Teilgröse webt man, indem man durch die entsprechende Malgröse teilt und durch eine Teilgröse teilt man, indem man mit der entsprechenden Malgröse webt und statt mit einer Malgröse zu weben bez. zu teilen, kann man mit der Gröse ohne Vorzeichen weben bez. teilen.

Beweis: Unmittelbar aus 51.

Satz. $(a_1 + a_2 + a_3 + \cdots + a_n) : b = a_1 : b + a_2 : b + a_3 : b + \cdots + a_n : b$. 169.
Einen Gliederausdruck (ein polynómos) teilt man durch eine Gröse, indem man jedes Glied durch die Gröse teilt und die entstandenen Quoten (Quotienten) einfügt.

Beweis: Es ist

$$\begin{aligned}(a_1 + a_2 + \cdots + a_n) : b &= (a_1 + a_2 + \cdots + a_n) \cdot (: b) \quad \text{(nach 168)}\\ &= a_1 \cdot (: b) + a_2 \cdot (: b) + \cdots + a_n \cdot (: b) \\ &\qquad \text{(nach 90)}\\ &= a_1 : b + a_2 : b + \cdots + a_n : b \quad \text{(nach 168)}\end{aligned}$$

Zu bemerken ist hier, dass man nie den Teiler in seine Glieder zerlegen darf, ſondern stets durch den ganzen Teiler teilen muss. Man muss auf dieſe Regel genau achten, wenn man nicht in die gröbsten Fehler verfallen will.

170. **Satz.** $\frac{a}{b} \pm \frac{c}{b} = \frac{a \pm c}{b}$

Brüche mit gleichem Nenner fügt man zu oder zieht man ab, indem man die Zähler entsprechend zufügt oder abzieht und das Ergebniss durch den Nenner teilt.

Beweis: Unmittelbar aus 169.

171. **Satz:** $\cdot(:a) = :(\cdot a) = :a \qquad :(:a) = \cdot(\cdot a) = .\,a$ wo $a \gtrless 0$.
Mit einer Teilgröse vervielfacht man, indem man durch die entsprechende Malgröse teilt und durch eine Teilgröse teilt man, indem man mit der entsprechenden Malgröse vervielfacht oder Statt „geteilt durch geteilt durch" kann man „mal" und statt „mal geteilt durch" oder statt „geteilt durch mal" kann man „geteilt durch" ſetzen.

Beweis: Nach 168 ist

$$b \cdot (:a) = b : (\cdot a) = b : a \qquad b : (:a) = b \cdot a$$

Da nun nach 168 auch

$b \cdot c = b \cdot (\cdot c) \qquad b : c = b \cdot (:c)$ ist, ſo kann man die obige Formel auch schreiben

$$b \cdot (\cdot(:a)) = b \cdot (:(\cdot a)) = b \cdot (:a) \qquad b \cdot (:(:a)) = b\,(\cdot a)$$

mithin ist nach 164, da in den gleichen Zeugen der erste Fach (Faktor) b gleich ist, auch der zweite Fach gleich, d. h. es ist $\cdot(:a) = :(\cdot a) = :a$ und $:(:a) = \cdot a$.

172. **Satz.** $a \cdot 1 = a : 1 = \frac{a}{1} = a$

Mit Eins vervielfachen oder durch Eins teilen, ändert die Zahl nicht.

Beweis: Es ist $a \cdot 1 = a$ nach 98. Ebenſo ist aber auch

$$a : 1 = a \cdot 1 : 1 \qquad \text{(nach 98)}$$
$$= a \qquad \text{(nach 167)}$$

Satz. $1 = a : a = :a \cdot a$ wo $a \gtrless 0$.

173. **Der Bruch zweier gleichen Zahlen ist Eins, und wenn der Bruch zweier Zahlen Eins ist, ſo ſind die Zahlen gleich.**

Beweis: Nach 98 ist $b \cdot 1 = b$, nach 167 ist $b \cdot a : a = b$ und auch $b : a \cdot a = b$. Da nun nach 155 beim Vervielfachen Einigung gilt, ſo ist auch
$b \cdot a : a = b \cdot (a : a) = b$ und ist $b : a \cdot a = b \cdot (:a \cdot a) = b$, alſo ist $b \cdot 1 = b \cdot (a : a) = b \cdot (:a \cdot a)$ mithin ist nach 164, da in den gleichen

Zeugen der erste Fach (Faktor) b gleich ist, auch der zweite Fach gleich, d. h. es ist $1 = a : a = : a \cdot a$.

Satz. $0 : a = 0$ 174.

Ein Bruch, in welchem die zu teilende Gröse Null ist, ist Null.

Beweis: $0 : a = 0 \cdot (1 : a) \quad = 0 \cdot (: a)$ (nach 171)

$= 0$ (nach 94)

Satz. Wenn $a : b = 0$ ist oder wenn $a \cdot b = 0$ und $b \gtrless 0$ ist (Annahme), so ist $a = 0$ (Folgerung). In jedem Bruche, der Null ist, ist der Zähler Null und in jedem Zeuge oder Produkte zweier Grösen ist der eine Fach Null. 175.

Beweis: 1. Wenn $ab = 0$ ist und $b \gtrless 0$ ist, so ist $a = 0$

(nach 94)

2. Wenn $a : b = 0$, so ist $a = a : b \cdot b$ (nach 167)

$= 0 \cdot b$ (nach Annahme)

$= 0$ (nach 94)

Erklärung. Die Brucheinheit heist Eins geteilt durch eine Gröse a, welche ungleich Null ist. Das Zeichen der Brucheinheit ist 176.

$$\frac{1}{a} \text{ oder } 1 : a.$$

Diese Form der Teilgröse ist die übliche und durfte daher nicht übergangen werden, die Beweise werden allerdings viel leichter und mit den Sätzen der andern Rechnungsarten übereinstimmender, wenn man die von mir gewählte Form vorzieht.

Satz. $\frac{1}{a} = 1 : a = : a \qquad \frac{m}{a} = m \cdot \frac{1}{a}$ 177.

Die Brucheinheit „Eins durch a" ist gleich der Teilgröse „geteilt durch a". Alle Sätze, welche für die Teilgröse gelten, gelten also auch für die Brucheinheit.

Beweis: Es ist $b \cdot (: a) = b : a$ (nach 168)

$= b \cdot 1 : a = b \cdot 1 \cdot (: a)$ (nach 98 und 171)

$= b \cdot (1 \cdot (: a)) = b \cdot (1 : a)$ (nach 171 und 160)

mithin ist nach 164, da in den gleichen Zeugen der erste Fach (Faktor) b gleich ist, auch der zweite Fach gleich, d. h. es ist

$: a = 1 : a = \frac{1}{a}$.

Satz. $\frac{1}{-a} = -\frac{1}{a}$ **oder** $1 : (-a) = -(1 : a)$. 178.

In einer Brucheinheit kann das Strichzeichen des Nenners vor die Brucheinheit selbst gesetzt werden.

Beweis: Es $1 : (-a) = [(1 : a)\cdot a] : (-a)$ (nach 165)

$= [-(1 : a)\cdot(-a)] : (-a)$ (nach 157)

$= -(1 : a)$ (nach 167)

179. **Satz.** $\frac{a}{-b} = -\frac{a}{b}$

In jedem Bruche kann das Strichzeichen des Nenners vor den Bruch gesetzt werden oder

Jeder Bruch lässt sich auf eine Form bringen, dass der Nenner eine Pluszahl ist.

Beweis: Unmittelbar nach 178.

180. **Gesetz der zweiten Ordnung der Zahlenlehre. In jeder Knüpfung von Zahlen durch Vervielfachung und Teilung (Multiplikation und Division) kann man ohne Aenderung des Wertes die Malklammer ohne Weiteres, die Teilklammer nach Umkehr aller Mal- und Teilzeichen in der Teilklammer beliebig weg lassen oder setzen und die Ordnung der Fache und Nenner beliebig ändern. Das Ergebniss der Verknüpfung ist wieder eine Zahl, und zwar hat dieselbe ein Pluszeichen, wenn 2a Fache oder Nenner ein Strichzeichen enthielten, dagegen ein Strichzeichen, wenn 2a + 1 Fache oder Nenner ein Strichzeichen enthielten.**

Beweis: Der erste Teil folgt unmittelbar aus 62. Der zweite Teil, dass das Ergebniss der Knüpfung eine Einfachgröse ist, folgt aus 109, wenn man nach 171 statt jedes Nenners mit der umgekehrten Gröse vervielfacht. Der letzte Teil des Satzes folgt ebenso aus 160 und 171.

Beispiele: $5\left(\frac{3}{8}+\frac{2}{7}\right)=\frac{5\cdot 3}{8}+\frac{5\cdot 2}{7}=\frac{15}{8}+\frac{10}{7}$.

$7\left(\frac{2}{3}-\frac{5}{9}\right)=\frac{7\cdot 2}{3}-\frac{7\cdot 5}{9}=\frac{14}{3}-\frac{35}{9}$.

$3:\frac{2}{5+3}=3\,\frac{5+3}{2}=\frac{3\cdot 5}{2}+\frac{3\cdot 3}{2}$; $\quad 3\cdot\left(\frac{1}{5+3}\right)=\frac{3}{5+3}=\frac{3}{8}$

$7:\frac{3}{7-3}=7\cdot\frac{7-3}{3}=\frac{7\cdot 7}{3}-7\cdot\frac{3}{3}$; $\quad 7\cdot\frac{3}{7-3}=\frac{7\cdot 3}{7-3}=\frac{7\cdot 3}{4}$

181. **Satz.** $a : \frac{b}{c} = a\cdot\frac{c}{b}$

Durch einen Bruch teilt man, indem man den Bruch umkehrt und vervielfacht.

Beweis: Unmittelbar aus 180.

Beispiele: $5:\frac{1}{3}\cdot 8\cdot\frac{1}{5}\cdot\frac{1}{6}=\left(5\cdot\frac{1}{5}\right)\left(8\cdot\frac{1}{6}\right):\frac{1}{3}=1\cdot\frac{4}{3}\cdot 3=4.$

$$5\cdot\frac{1}{4}:\left(\frac{7}{8}\right)=\frac{5}{4}\cdot\frac{8}{7}=\frac{8\cdot 5}{4\cdot 7}=\frac{2\cdot 5}{7}$$

$$7\cdot\frac{1}{8}\cdot 5\cdot 12:\left(4\cdot 21\cdot\frac{2}{5}\right)=5\cdot 7\cdot 12:\frac{1}{8}\cdot\frac{1}{4}\cdot\frac{1}{21}\cdot\frac{5}{2}=\frac{7\cdot 12}{21\cdot 4}\cdot\frac{5\cdot 5}{2}\cdot\frac{1}{8}$$
$$=\frac{25}{16}$$

Satz. $\frac{a}{b}=\frac{ac}{bc}$ 182.

Man kann einen Bruch ohne Aendrung ſeines Wertes erweitern und heben, d. h. Zähler und Nenner mit derſelben Zahl ungleich Null vervielfachen und teilen.

Beweis: $\frac{a}{b}=\frac{a}{b}\cdot 1$ (nach 172)

$=\frac{a}{b}\cdot\frac{c}{c}$ (nach 173)

$=\frac{ac}{bc}$ (nach 180)

Beziehungsgeſetz der zweiten Ordnung der Zahlenlehre. 183. **In jedem Zeuge von Fachen und Nennern (oder in jedem Produkte von Faktoren und Diviſoren) kann man ohne Aendrung des Wertes jedes Stück des einen Fachs mit jedem des andern vervielfachen und durch jeden ganzen Nenner teilen und die erhaltenen Zeuge zufügen.**

Beweis: Unmittelbar nach 160 und 180.

Anm. Dagegen darf man nicht durch die Stücke des Nenners teilen.

Rechenregel fürs Teilen. **Beim Teilen der Zahlen nimmt man** 184. **den Nenner ſovielmal, als er in den höchsten Stellen des Zählers enthalten ist, der Quote (Quotient) erhält die niedrigste von dieſen Stellen.**

Das Zeug zieht man von den genannten Stellen des Zählers ab, fügt zu dem Reste die nächst niedere Stelle des Zählers, teilt wieder durch den ganzen Nenner und fährt ſo fort bis zur niedrigsten Stelle des Zählers. Was dann übrig bleibt, schreibt man als Bruch.

Beweis: Unmittelbar nach 183 und 169.

Beispiel: $\frac{3527}{15} = 15\ 3527 = 235^2/_{15}$

$$\begin{array}{r} 30 \\ \hline 52 \\ 45 \\ \hline 77 \\ 75 \\ \hline 2 \end{array}$$

An diesem Punkte ist wieder eine reiche Uebung im Rechnen dringend geboten, wenn man die Zahlenlehre wirklich praktisch verwerten und für das Leben fruchtbar machen will. Das Uebungsheft zur Zahlenlehre bietet dazu reiche Gelegenheit: weitere Uebungen bietet das Rechenbuch des Verfassers.

185. **Gemeinnenner. Jede gegebene Reihe von Brüchen kann man auf einen Gemeinnenner bringen, welcher das Zeug oder Produkt der bisherigen Nenner ist, indem man jeden Bruch im Zähler wie im Nenner mit dem Zeuge der Nenner aller andern Brüche vervielfacht und teilt.**

Beweis: Fortleitend oder induktorisch:

1. Der Satz gilt für zwei Brüche $\frac{a}{b}$ und $\frac{c}{d}$, denn es ist

$$\frac{a}{b} = \frac{ad}{bd} \qquad \text{(nach 182)}$$

und ebenso $\frac{c}{d} = \frac{bc}{bd}$

2. Wenn der Satz für n Brüche gilt, so dass

$$\frac{A}{B} = \frac{b_1\, b_2 \cdot \cdot b_{a-1}\, a_a\, b_{a+1} \cdot b_n}{b_1\, b_2 \cdot \cdot b_{a-1}\, b_a\, b_{a+1} \cdot b_n}$$ ist, so gilt er auch für n + 1 Brüche;

denn es ist

$$\frac{A}{B} = \frac{A}{B} \cdot 1 = \frac{A}{B} \cdot \frac{b_{n+1}}{b_{n+1}} = \frac{b_1 \cdot b_2 \cdot \cdot b_{a-1}\, a_a\, b_{a+1} \cdot b_n \cdot b_{n+1}}{b_1 \cdot b_2 \cdot \cdot b_{a-1} \cdot b_a\, b_{a+1} \cdot b_n\, b_{n+1}} \qquad \text{(nach 182)}$$

und ebenso ist

$$\frac{a_{n+1}}{b_{n+1}} = 1 \cdot \frac{a_{n+1}}{b_{n+1}} = \frac{B}{B} \cdot \frac{a_{n+1}}{b_{n+1}} = \frac{b_1\, b_2 \cdot \cdot \cdot b_n}{b_1\, b_2 \cdot \cdot \cdot b_n} \frac{a_{n+1}}{b_{n+1}} \qquad \text{(nach 182)}$$

3. Also gilt der Satz nach 23 ganz allgemein.

Beispiel: $\frac{3}{5} = \frac{3 \cdot 7 \cdot 8 \cdot 9}{5 \cdot 7 \cdot 8 \cdot 9}$; $\frac{2}{7} = \frac{2 \cdot 5 \cdot 8 \cdot 9}{5 \cdot 7 \cdot 8 \cdot 9}$

$\frac{5}{8} = \frac{5 \cdot 5 \cdot 7 \cdot 9}{5 \cdot 7 \cdot 8 \cdot 9}$; $\frac{4}{9} = \frac{4 \cdot 5 \cdot 7 \cdot 8}{5 \cdot 7 \cdot 8 \cdot 9}$

186. **Zufügen und Abziehen der Brüche. Mehre Brüche kann man zufügen oder abziehen (addiren oder subtrahiren), indem man**

ſie auf gleichen Nenner bringt, dann die Zähler zufügt oder abzieht und das Ergebniss durch den Nenner teilt, oder.

Mehre Brüche von ungleichem Nenner kann man zufügen oder abziehen, indem man jeden Zähler mit dem Zeuge (Produkte) aus den Nennern aller andern Brüche vervielfacht, die erhaltenen Zeuge entsprechend zufügt oder abzieht und das Ergebniss durch das Zeug ſämmtlicher Nenner teilt, oder

$$\frac{a_1}{b_1} \pm \frac{a_2}{b_2} \pm \cdots \pm \frac{a_n}{b_n} = \frac{P_1 \pm P_2 \pm \cdots \pm P_n}{P}, \text{ wo}$$

$$P_a = b_1 b_2 \cdots b_{a-1} a_a b_{a+1} \cdots b_n \qquad P = b_1 b_2 \cdots b_n \text{ geſetzt ist.}$$

Beweis: Unmittelbar nach 185.

Beispiel:

$$\frac{3}{5} + \frac{4}{7} - \frac{3}{8} = \frac{3 \cdot 7 \cdot 8 + 4 \cdot 5 \cdot 8 - 3 \cdot 5 \cdot 7}{5 \cdot 7 \cdot 8} = \frac{168 + 160 - 105}{280} = \frac{223}{280}$$

Satz. Man kann jede durch Zufügen und Abziehen, Verviel- fachen und Teilen von Zahlen erzeugte Gröse, welche ungleich Null ist, als Einheit ſetzen, und gelten dann für alle aus dieſer erzeugten Zahlen alle Geſetze der ersten und zweiten Ordnung der Zahlenlehre 187.

Beweis: Unmittelbar nach 180 und 63.

b. Das Rechnen mit Zehntbrüchen (Dezimalbrüchen.)

Erklärung. Die Namen und Zeichen der Zehntbrüche (der Dezimalbrüche). Um auch die Brüche durch die Ziffern einfach bezeichnen zu können, ſetzt man rechts neben der nullten Stelle, wo die Einer stehen, ein Komma. Die Stelle rechts neben dem Komma heist die erste Bruchstelle, die ate Stelle rechts neben dem Komma heist die ate Bruchstelle. Jede Ziffer hat auf der a + 1ten Bruchstelle ein zehntel ſoviel Wert als auf der aten Bruchstelle. 188.

Die ate Bruchstelle heist auch die — ate Stelle.

Die Eins heist auf der ersten Bruchstelle ein Zehntel, (Zeichen $0_{,1}$), auf der zweiten Bruchstelle ein Hundertel (Zeichen $0_{,01}$), auf der dritten Bruchstelle ein Tauſendtel (Zeichen $0_{,001}$), auf der vierten Bruchstelle ein Zehntauſendtel (Zeichen $0_{,0001}$), auf der fünften Bruchstelle ein Hunderttauſendtel (Zeichen $0_{,00001}$), und auf der ſechsten Bruchstelle ein Milliontel (Zeichen $0_{,000001}$).

Beim Leſen der Zehntbrüche lieſ't man die Zahl rechts vom Komma als ganze Zahl und giebt ihr den Namen der letzten Bruchstelle.

Zwei Zehntbrüche heiſen gleichnamig, wenn ihre letzten Ziffern auf der gleichen Bruchstelle stehen.

Beiſpiele: $0_{,347}$ geleſen dreihundert vierzig und ſieben Tauſendtel.
$0_{,0025}$ geleſen zwanzig und fünf Zehntauſendtel.
$0_{,0508}$ geleſen fünfhundert und acht Zehntauſendtel.
$0_{,000008}$ geleſen acht Milliontel.

Es ſind $0_{,253}$ und $0_{,008}$ gleichnamig. Ebenſo ſind $0_{,80}$ und $0_{,25}$ gleichnamig.

189. **Satz. In jedem Zehntbruche (Dezimalbruche) kann man, wenn das Komma ſeine Stelle behält, rechts und links beliebig viele Nullen anhängen ohne Aendrung des Wertes.**

Beweis: Unmittelbar aus 188.

Beiſpiel: Es iſt $0_{,8} = 0_{,800} = 000_{,8} = 0_{,80000}$.

190. **Satz. Mehre Zehntbrüche (Dezimalbrüche) macht man gleichnamig, indem man allen durch Anhängen von Nullen gleich viel Stellen rechts vom Komma giebt.**

Beweis: Unmittelbar aus 189.

Beiſpiele: $3_{,23}$ $52_{,756}$ $6_{,8273}$ und $0_{,00562}$ werden gleichnamig $3_{,23000}$ $52_{,75600}$ $6_{,82730}$ und $0_{,00562}$.

191. **Satz. Zufügen der Zehntbrüche (Dezimalbrüche). Zehntbrüche (Dezimalbrüche) fügt man zu, indem man ſie gleichnamig macht, ſie wie ganze Zahlen zufügt und der Summe den gleichen Namen giebt, wie den Stücken.**

Beweis: Unmittelbar aus 153.

Beiſpiel: Es ſei zu fügen $8_{,5} + 7_{,306} + 0_{,2253}$, ſo ergiebt ſich

$8_{,5000}$	Ebenſo	$3_{,0800}$	Ebenſo	$8_{,3567}$
$7_{,3060}$		$27_{,4020}$		$0_{,2378}$
$0_{,2253}$		$8_{,0637}$		$5_{,0236}$
$16_{,0313}$		$38_{,5457}$		$13_{,6181}$

Es empfiehlt ſich hier eine reiche Uebung im Zufügen. Der geübte Rechner darf beim Zufügen nicht mehr die Stücke nennen, welche er zufügt, ſondern muss kurz rechnen, d. h. gleich die Summe nennen, welche herauskommt, alſo z. B. im letzten Beiſpiele fügt er die Zehntauſendtel alſo zu: 6, 14, 21, 1 hin; 2, 5, 12, 18, 8 hin; 1, 3. 6, 11, 1 hin; 1, 3, 6, 6 hin; 5, 13, 13 hin. Er lernt dies, indem er ganze Seiten eines Buches aufrechnet. Beim Buchführen wird jede Seite von unten nach oben aufgerechnet, dann nochmals zur Probe, ob richtig gerechnet ist, von oben nach unten durchgerechnet, und, wenn die Summe stimmt, dieſe als Uebertrag auf die folgende Seite vorgetragen und beim Zufügen mitgerechnet. Jeder Gebildete ſoll dies mit gröster Leichtigkeit ausführen können. Das Uebungsbuch zur Zahlenlehre und das Rechenheft II des Verfassers bieten zahlreiche Gelegenheit zur Uebung.

192. **Satz, Abziehen der Zehntbrüche (Dezimalbrüche). Zehntbrüche (Dezimalbrüche) zieht man ab, indem man ſie gleichnamig macht, ſie wie ganze Zahlen abzieht und dem Reste den gleichen Namen giebt, wie dem Vorrate und Abzug.**

Beweis: Unmittelbar aus 153.

Beispiel:

$$\begin{array}{r} 28_{,0250} \\ 3_{,7806} \\ \hline 24_{,2444} \end{array} \qquad \begin{array}{r} 12_{,08526} \\ 8_{,92000} \\ \hline 3_{,16526} \end{array} \qquad \begin{array}{r} 25_{,54000} \\ 8_{,59378} \\ \hline 16_{,94622} \end{array}$$

Auch hier darf der geübte Rechner beim Abziehen nicht erst den Vorrat und Abzug nennen, ſondern muss kurz rechnen, d. h. jedesmal nur den Rest nennen, der herauskommt.

Satz. Vervielfachen mit zehn, hundert, tauſend, Million. Eine Zahl vervielfacht man mit zehn, indem man das Komma eine Stelle nach rechts rückt, mit hundert, indem man es zwei Stellen, mit tauſend, indem man es drei Stellen, mit Million, indem man es ſechs Stellen nach rechts rückt. 193.

Beweis: Unmittelbar aus 188.

Beispiele: $8_{,56} \times 10 = 85_{,6}$ $\quad 3_{,56} \times 100 = 356,$
$2_{,37} \times 1000 = 2370$ $\quad 0_{,0034567} \times 1000000 = 3456_{,7}.$

Satz. Teilen durch zehn, hundert, tauſend, Million. Eine Zahl teilt man durch zehn, indem man das Komma eine Stelle nach links rückt, durch hundert, indem man es zwei Stellen, durch tauſend, indem man es drei Stellen, durch Million, indem man es ſechs Stellen nach links rückt. 194.

Beweis: Unmittelbar aus 188.

Beispiele: $7 : 10 = 0_{,7}$ $\quad 8 : 100 = 0_{,08}$ $\quad 5_{,36} : 1000 = 0_{,00536}$
$233_{,45} : 1000000 = 0_{,00023345}.$

Satz. Eine Zahl vervielfacht man mit $^1/_{10}$, $^1/_{100}$, $^1/_{1000}$ u. ſ. w., indem man das Komma um ſoviel Stellen nach links rückt, als die Eins im Nenner Nullen rechts neben ſich hat. 195.

Beweis: Unmittelbar aus 194.

Beispiele: $8 \cdot \frac{1}{10} = 0_{,8}$ $\quad 253 \times \frac{1}{100} = 2_{,53}$
$38 \times \frac{1}{1000} = 0_{,038}$ $\quad 5 \cdot \frac{1}{1000000} \times 0_{,000005}$

Satz. Eine Zahl teilt man durch $^1/_{10}$, $^1/_{100}$, $^1/_{1000}$ u. ſ. w., indem man ſie mit 10, 100, 1000 u. ſ. w. vervielfacht, oder indem man das Komma um ſoviel Stellen nach rechts rückt, als die Eins im Nenner Nullen rechts neben ſich hat. 196.

Beweis: Unmittelbar nach 181.

Beispiele: $8 : {}^1/_{10} = 80$ $\quad 25 : {}^1/_{100} = 2500$
$0_{,03} : {}^1/_{1000} = 30$ $\quad 32_{,5} : {}^1/_{1000000} = 32500000.$

Satz. Vervielfachen eines Zehntbruches (Dezimalbruches). Einen Zehntbruch (Dezimalbruch) vervielfacht man mit einer ganzen Zahl, indem man beide Zahlen als ganze Zahlen ver- 197.

vielfacht und dem Zeuge oder Produkte dann ſoviel Stellen rechts vom Komma giebt, als der Dezimalbruch hatte.

Beweis: Der Zehntbruch ist nach 188 das Zeug oder Produkt der Zahl als ganzen Zahl und der Brucheinheit des Zehntbruches (Dezimalbruches). Nach 180 kann man die Ordnung der Fache oder Faktoren beliebig ändern. Man kann alſo zunächst die beiden Zahlen als ganze Zahlen vervielfachen und dann das Zeug mit der Brucheinheit des Zehntbruches (Dezimalbruches) vervielfachen.

Beispiel: $287 \times 51{,}_{36} = 287 \times 5136 \times {}^{1}/_{100} = 1473032 \cdot {}^{1}/_{100}$.
$= 14730{,}_{32}$.

198. **Satz. Vervielfachung zweier Zehntbrüche (Dezimalbrüche.) Zwei Zehntbrüche (Dezimalbrüche) vervielfacht man, indem man ſie als ganze Zahlen vervielfacht und dem Zeuge oder Produkte ſoviel Stellen rechts vom Komma giebt, als beide Dezimalbrüche zuſammen hatten.**

Beweis: Die beiden Zehntbrüche ſchreibe man als Zeuge oder Produkte einer ganzen Zahl des Zählers mit der Brucheinheit des Nenners. Dann vervielfache man nach 180 die beiden ganzen Zahlen, da die Ordnung der Fache oder Faktoren beliebig ist. Demnächst vervielfache man das Zeug mit der ersten Brucheinheit nach 195, indem man das Komma um ſoviel Stellen nach links rückt, als die Eins im Nenner Nullen rechts neben ſich hat. Endlich vervielfache man das hierdurch erhaltene Zeug mit der zweiten Brucheinheit nach 195, indem man das Komma abermals um ſoviel Stellen nach links rückt, als nunmehr die Eins im Nenner Nullen rechts neben ſich hat; dann hat alſo das Zeug oder Produkt der beiden ganzen Zahlen ſoviel Stellen rechts vom Komma, als beide Zehntbrüche zuſammen hatten.

Beispiele: $5{,}_{27} \times 8{,}_{363} = 527 \times {}^{1}/_{100} \times 8363 \times {}^{1}/_{1000}$
$= 527 \times 8363 \times {}^{1}/_{100} \cdot {}^{1}/_{1000} = 4407301 \cdot {}^{1}/_{100} \cdot {}^{1}/_{1000}$
$= 44073{,}_{01} \times {}^{1}/_{1000} = 44{,}_{07301}$.

199. **Satz. Teilen durch Zehntbrüche (Dezimalbrüche). Eine Zahl teilt man durch einen Dezimalbruch, indem man ihr ſoviel Stellen rechts vom Komma giebt, als der Zehntbruch Stellen rechts vom Komma hat und ſie dann wie ganze Zahlen teilt.**

Beweis: Habe der Zehntbruch n Stellen rechts vom Komma, ſo giebt man der Zahl nach 189 auch n Stellen rechts vom Komma. Da nun die Ordnung der Fache oder Faktoren und der Nenner nach 180 beliebig ist, ſo kann man erst die ganzen Zahlen durch einander teilen und dann die beiden Nenner durch einander teilen, da aber die letztern beide gleich ſind, ſo geben die beiden Nenner, der eine durch den andern geteilt, nach 173 Eins.

Beispiel: $1652 : 2_{,36} = 1652_{,00} : 2_{,36}$
$= 165200 : 236$
$= \quad 700.$

Satz. Einen Zehntbruch (Dezimalbruch) teilt man durch einen 200.
Zehntbruch, indem man beiden gleichviel Stellen rechts vom Komma giebt und ſie wie ganze Zahlen teilt.

Beweis: Unmittelbar nach 199.

Beispiel: $3_{,07} : 5_{,6} = 3_{,07} : 5_{,60} = 307 : 560 = 0_{,548214}$.

Alle dieſe Rechnungen mit Zehntbrüchen (Dezimalbrüchen) ſind bis zur vollsten Geläufigkeit einzuüben. Es empfiehlt ſich dazu des Verfassers Uebungsheft zur Zahlenlehre, bezüglich ſein Rechenheft II.

C. Die Eigenschaften der ganzen Zahlen.

Satz. Eine Vergleichung ändert ſich nicht, wenn man auf beiden 201.
Seiten mit gleichen Pluszahlen vervielfacht oder teilt; ſie wird aber entgegengeſetzt, wenn man auf beiden Seiten mit gleichen Strichzahlen vervielfacht oder teilt.

Beweis: 1. Es ſei $a > b$, d. h. $a - b$ eine Pluszahl nach 142 und ſei c eine Pluszahl, ſo ist nach 180 $(a - b)\, c = ac - bc$ eine Pluszahl, mithin $ac > bc$. Ebenſo ist nach 183 und 180 $\frac{a-b}{c} = \frac{a}{c} - \frac{b}{c}$ eine Pluszahl, mithin $\frac{a}{c} > \frac{b}{c}$.

2. Es ſei $a > b$, d. h. $a - b$ eine Pluszahl, dagegen c eine Strichzahl; dann ist nach 157 $(a - b)\, c = ac - bc$ eine Strichzahl, d. h. $bc - ac$ eine Pluszahl und nach 142 $ac < bc$. Ebenſo ist dann $\frac{a-b}{c} = \frac{a}{c} - \frac{b}{c}$ nach 180 eine Strichzahl, d. h. $\frac{b}{c} - \frac{a}{c}$ eine Pluszahl und $ac < bc$.

Beispiel: Da $\frac{5}{3} > \frac{3}{4}$ ist, ſo ist auch $\frac{5 \cdot 7}{3} > \frac{3 \cdot 7}{4}$; dagegen ist
$\frac{5}{3} \cdot (-3) < \frac{3}{4} \cdot (-3)$ d. h. es ist $-5 < -\frac{9}{4}$.

Satz. Wächst in einem Zeuge oder Produkte zweier Zahlgrösen 202.
die eine der Grösen, während die andre gleich bleibt und eine Pluszahl ist, so wächst auch das Zeug, und umgekehrt

Wenn ein Zeug oder Produkt zweier Zahlgrösen wächst, während die eine der Grösen gleich bleibt und eine Plusgröse ist, ſo wächst auch die andre der Grösen.

Beweis: Unmittelbar nach 201.

Beispiele: Es ist $(7+1)\,3 > 7 \cdot 3$.

Es ist $\left(\frac{1}{3}+\frac{1}{5}\right) 7 > \frac{1}{3} \cdot 7$.

203. **Satz. Wachſen in einem Zeuge oder Produkte mehrer Plusgrösen eine oder mehre der Grösen, während keine kleiner wird, ſo wächst auch das Zeug.**

Beweis: Lässt man zunächst nur eine Gröse wachſen, während die andern gleich bleiben, ſo wächst auch nach 202 das Zeug. Lässt man jedesmal in dem ſo erhaltenen Zeuge die eine Gröse wachſen, während die andern gleich bleiben, bis alle Grösen, welche wachſen ſollen, gröser geworden ſind, ſo wächst auch jedesmal das Zeug, und man erhält eine Reihe von Zeugen, in welcher jedes nächstfolgende gröser als das vorhergehende ist, alſo ist nach 144 auch das letzte gröser als das erste.

Beispiel: $(3+2)(5+3)\,7 > 3 \cdot 5 \cdot 7$.

204. **Satz. Das Zeug oder Produkt mehrer Pluszahlen, ist, wenn die einzelnen Zahlen kleiner als Eins ſind, auch kleiner als Eins, wenn die einzelnen Zahlen gröser als Eins ſind, auch gröser als Eins.**

Beweis: Unmittelbar aus 203.

Beispiele: $3 \cdot 2 > 1$ und $\frac{1}{3} \cdot \frac{1}{2} < 1$.

205. **Erklärung. Eine echte Bruchzahl heist ein Bruch von Pluszahlen, dessen Zähler kleiner ist als der Nenner.**

206. **Satz. Jede echte Bruchzahl $\frac{a}{b}$ ist kleiner als Eins, und jede Zahl welche kleiner ist als Eins, ist eine echte Bruchzahl.**

Beweis: 1. Es ſei $\frac{a}{b}$ ein echter Bruch, d. h. a und b Pluszahlen und $b > a$, ſo ist $b - a$ eine Pluszahl, alſo auch $\frac{b-a}{b} = 1 - \frac{a}{b}$ (nach 180) eine Pluszahl d. h. $\frac{a}{b} < 1$.

2. Es ſei a kleiner als 1, ſo ist $a = \frac{a}{1}$, nach 205 ein echter Bruch.

Beispiele: $\frac{7}{8} < 1$; $\frac{3}{4} < 1$; $\frac{5}{12} < 1$.

207. **Satz. Das Zeug oder Produkt echter Bruchzahlen ist wieder eine echte Bruchzahl.**

Beweis: Unmittelbar aus 204.

Beispiel: $\frac{3}{4} \cdot \frac{5}{7} = \frac{15}{28} < 1$.

Satz. Wächst in einem Bruche von Plusgrösen, während der Zähler gleich bleibt, der Nenner, ſo nimmt der Bruch ab, und umgekehrt. 208.

Nimmt ein Bruch von Plusgrösen ab, dessen Zähler gleich bleibt, ſo wächst der Nenner.

Beweis: 1. Wenn a, b und c Plusgrösen ſind und $c > b$, d. h. $c - b$ eine Plusgröse, ſo ist $\frac{a(c-b)}{bc} = \frac{ac - ab}{bc} = \frac{a}{b} - \frac{a}{c}$ (nach 180) eine Plusgröse, alſo der Bruch $\frac{a}{c} < \frac{a}{b}$.

2. Wenn a, b und c Plusgrösen ſind und $\frac{a}{c} < \frac{a}{b}$, ſo ist $\frac{a}{b} - \frac{a}{c}$ eine Plusgröse, alſo ist auch $\frac{a}{b} - \frac{a}{c} = \frac{ac - ab}{bc} = \frac{a(c-b)}{bc}$ eine Plusgröse und, da a, b und c Plusgrösen, auch $c - b$ eine Plusgröse (nach 180) d. h. $c > b$.

Beispiele: $\frac{3}{7} < \frac{3}{5}$; $\frac{3}{9} < \frac{3}{8}$.

a. Die Eigenschaften ganzer Pluszahlen.

Erklärung. Das Aufgehen: Man ſagt, eine ganze Zahl a gehe in eine andre b auf, wenn es eine ganze Zahl c giebt, welche mit der ersten a vervielfacht die zweite b giebt, oder wenn $b = ac$, und zwar ſagt man dann, a gehe in b cmal auf. 209.

Beispiel: 8 geht in 56 ſiebenmal auf, 9 geht in 72 achtmal auf.

Satz. Eins geht in jede Zahl auf, und jede Zahl geht in ſich ſelbst auf. 210.

Beweis: Es ſei a eine beliebige Zahl, dann ist $a = 1 \cdot a$, alſo u. ſ. w.

Satz. Eine Zahl a, welche in b aufgeht, ist nicht gröser als b. 211.

Beweis: Es ſeien a, b und c ganze Pluszahlen, d. h. jede Eins oder gröser als Eins, und $b = ac$. Angenommen nun, dass $a > b$ wäre, ſo wäre auch $a - b$ eine Pluszahl, alſo auch $(a - b)c = ac - bc = b - bc$ eine Pluszahl.

Dies ist aber unmöglich, denn ist $c = 1$, ſo ist $b - bc = b - b = 0$, alſo keine Pluszahl, und ist $c > 1$, ſo ist nach 202 auch $bc > b$, mithin $b - bc$ eine Strichzahl, d. h. keine Pluszahl, alſo ist auch die Annahme unmöglich.

Satz. Zwei ganze Pluszahlen, welche gegenseitig in einander aufgehen, ſind einander gleich. 212.

Beweis: Da a in b aufgeht, ſo ist nach 211 a nicht $>$ b, und da b in a aufgeht, ſo ist nach 211 auch a nicht $<$ b, alſo ist nach 143 $a = b$.

213. **Satz. Wenn eine Zahl a in eine zweite b $\mathfrak{a}$mal aufgeht und die zweite b in eine dritte c $\mathfrak{b}$mal aufgeht, ſo geht auch die erste in die dritte, und zwar $\mathfrak{a}\mathfrak{b}$mal auf.**

Beweis: Da a in b $\mathfrak{a}$mal aufgeht, und da b in c $\mathfrak{b}$mal aufgeht, ſo ist $b = a\mathfrak{a}$ und $c = b\mathfrak{b}$, alſo ist $c = b\mathfrak{b} = a\mathfrak{a}\mathfrak{b} = a(\mathfrak{a}\mathfrak{b})$, d. h. a geht in c $\mathfrak{a}\mathfrak{b}$mal auf.

Beispiel: 5 geht in 40 achtmal, 40 geht in 280 ſiebenmal auf, alſo geht 5 in 280 auch 8×7 mal auf.

214. **Erklärung. Das Gemeinmas oder das gemeinschaftliche Mas zweier Zahlen heist eine Zahl, welche in die beiden Zahlen aufgeht.**

Einander fremd oder primär heisen zwei Zahlen, deren gröstes Gemeinmas eins ist.

Beispiele: Für 36 und 30 ist 6 das Gemeinmas; dagegen ſind 6 und 7 einander fremd.

215. **Satz. Das Gemeinmas zweier Zahlen ist auch ein Gemeinmas ihrer Summe, ihres Unterschiedes und jedes Gliederausdruckes dieſer Zahlen, in dem nur ganze Zahlen als Fache oder Faktoren vorkommen.**

Beweis: Es ſei c das Gemeinmas von a und b und gehe in a $\mathfrak{a}$mal, in b $\mathfrak{b}$mal auf, d. h. es ſei $a = \mathfrak{a}c$ und $b = \mathfrak{b}c$, ſo ist

1. $a + b = \mathfrak{a}c + \mathfrak{b}c = (\mathfrak{a} + \mathfrak{b})\,c$.
2. $a - b = \mathfrak{a}c - \mathfrak{b}c = (\mathfrak{a} - \mathfrak{b})\,c$.
3. Ein beliebiger Gliederausdruck der Zahlen a und b lässt ſich ausdrücken durch die Form $S(\pm a d_m \pm b e_n)$, wo d_m und e_n ganze Zahlen ſind; es ist aber

$$S(\pm a d_m \pm b e_n) = S(\pm (\mathfrak{a}c)\, d_m \pm (\mathfrak{b}c)\, e_n)$$
$$= S(\pm c\,(\mathfrak{a}d_m) \pm c\,(\mathfrak{b}e_n)) \qquad \text{(nach 180)}$$
$$= c\,(S(\pm \mathfrak{a}d_m \pm \mathfrak{b}e_n)) \qquad \text{(nach 183)}$$

wo $S(\pm \mathfrak{a}d_m \pm \mathfrak{b}e_n)$ eine Summe ganzer Zahlen, alſo nach 131 wieder eine ganze Zahl, mithin c das Gemeinmas des gegebenen Gliederausdruckes.

Beispiele: 9 ist Gemeinmas von 63 und 72, alſo auch von $63 + 72 = 135$, von $72 - 63 = 9$, von $5 \cdot 63 - 2 \cdot 72 = 171$.

216. **Satz. Wenn man aus einem gegebenen Pare von Pluszahlen a und b ein zweites Par dadurch ableitet, dass man die kleinere von der grösern abzieht und die kleinere und den Unterschied als zweites**

Par ſetzt; wenn man auf gleiche Weiſe aus dem zweiten Pare ein drittes Zahlenpar ableitet und hiermit ſo lange fortfährt, als die beiden Zahlen eines Pares noch verschieden ſind, ſo muss man zuletzt zu einem Pare gleicher Zahlen gelangen und jede derſelben ist das gröste Gemeinmas der gegebenen Zahlen, und jedes Gemeinmas von a und b geht auch in dies gröste Gemeinmas auf.

Beweis: Es gehe c in a und in b auf, ſo geht es nach 215 auch in a — b auf, dann auch in b — (a — b) = 2 b — a, dann auch in a — b — (2b — a) = 2a — 3b, und ſofort bis man zuletzt zu einem Pare gleicher Zahlen d gelangt. Dann geht nach 215 auch c in d auf. Es geht dann alſo jedes Gemeinmas von a und b auch in d auf. Andrerſeits ist aber auch jede Zahl eines vorhergehenden Pares eine Summe aus den Zahlen des folgenden, da die kleinere bleibt, und die grösere die Summe ist aus der kleinern und dem Unterschiede, alſo ſind auch die gegebenen Zahlen a und b Summen der beiden gleichen p und p; alſo ist auch jedes Gemeinmas von p und p ein Gemeinmas von a und b, d. h. da p Gemeinmas von p und p ist auch p das Gemeinmas von a und b, und zwar, da kein Gemeinmas von a und b gröser als p ſein kann, das gröste.

Beispiel: Es ſeien gegeben 315 und 84. Dann ist 315 — 84 = 231, 231 — 84 = 157, 157 — 84 = 63, 84 — 63 = 21, 63 — 21 = 42, 42 — 21 = 21; alſo ist 21 das gröste Gemeinmas von 315 und 84 und gehen die andern Gemeinmase 3 und 7 ſämmtlich in 21 auf.

Satz. Wenn m das gröste Gemeinmas von a und b ist, so ist mc das gröste Gemeinmas von ac und bc. 217.

Beweis: Das gröste Gemeinmas von a und b findet man, indem man jedesmal die kleinere Gröse von der grösern abzieht und aus der kleinern und dem Unterschiede ein neues Par bildet. Sei b die kleinere, ſo erhält man alſo aus a und b das neue Par a — b und b. Ganz auf gleiche Weiſe erhält man aus dem Pare ac und bc das neue Par ac — bc = (a — b) c und bc. Das entsprechende neue Par aus ac und bc ist alſo c mal ſo gros als das aus a und b. Ganz auf gleiche Weiſe verhält es ſich aber mit jedem neuen Pare, welches durch Abziehen der kleinern von der grösern Zahl gebildet wird. Auch das letzte Par gleicher Zahlen, welches aus ac und bc gewonnen wird, ist alſo c mal ſo gros, als das letzte Par gleicher Zahlen, welches aus a und b gewonnen wird, d. h. da dies m und m ist, ſo ist jenes mc und mc, und ist dies nach 216 ebenſo das gröste Gemeinmas von ac und bc, wie m das ist von a und b.

Beispiel: 9 ist das gröste Gemeinmas von 63 und 54, alſo ist auch 5 · 9 = 45 das gröste Gemeinmas von 5 · 63 = 315 und 5 · 54 = 270.

218. **Satz. Wenn eine Zahl c in ein Zeug oder Produkt zweier Zahlen ab aufgeht und dem einen Fache oder Faktor a fremd ist, so geht ſie in den andern auf.**

Beweis: Es geht c in ab auf (Vorausſetzung) und ebenſo in cb. Da aber a und c einander fremde ſind, ſo ist ihr gröstes Gemeinmas 1 (nach 214) mithin ist das gröste Gemeinmas von ab und cb nach 217 die Zahl 1 b = b. Die Zahl c geht, da ſie in ab und cb aufgeht, auch nach 217 in deren gröstes Gemeinmas, d. h. in b auf.

Beispiel: 11 geht in 1001 = 7 · 143 auf; es ist 7 fremd alſo geht es in 143 auf.

219. **Erklärung: Eine Primzahl heist eine Zahl, in welche auser Eins und der Zahl ſelbst keine andre Zahl aufgeht.**

Eine zuſammengesetzte Zahl heist eine Zahl, welche nicht Primzahl ist, d. h. in welche auser der Eins und der Zahl ſelbst mindestens noch eine Zahl aufgeht.

Primfache oder Primfaktoren heisen die Fache oder Faktoren, welche Primzahlen ungleich Eins ſind.

Beispiele: Primzahlen: 1, 2, 3, 5, 7, 11, 13, 17, 19, 23, 29.
Zuſammengeſetzte Zahlen: 4, 6, 8, 9, 10, 12, 14, 15, 16, 18, 20.
Primfache: In 6 ſind 2, 3, in 15 ſind 3, 5, in 18 ſind 2, 3, 3.

220. **Satz. Eine Primzahl a, welche in eine andre Zahl b nicht aufgeht, ist ihr fremd oder primär.**

Beweis: Da a eine Primzahl ist, ſo geht in ſie auser a und 1 keine Zahl auf nach 219, da aber a in b nicht aufgeht, ſo geht in a und b nur 1 auf, d. h. a ist der b fremd oder primär (nach 214).

221. **Satz. Eine Primzahl a, welche in 2 Zahlen b und c nicht aufgeht, geht auch nicht in das Zeug oder Produkt derſelben bc auf.**

Beweis (trennend oder indirekt): Angenommen, es ginge a in bc auf, ſo müsste, da a Primzahl ist und in b nicht aufgeht, d. h. da a dem b fremde oder primär ist (nach 220), a in c aufgehen (nach 218). Nach dem Satze darf aber a nicht in c aufgehen, alſo ist die Annahme unmöglich.

Beispiele: Da 9 in 7 und 8 nicht aufgeht, ſo geht es auch nicht in 7 · 8 = 56 auf. Da 11 in 9 und 8 nicht aufgeht, ſo geht es auch nicht in 9 · 8 = 72 auf.

222. **Satz. Wenn eine Primzahl a in mehre Zahlen nicht aufgeht, ſo geht ſie auch nicht in ihr Zeug (Produkt) auf.**

Beweis (fortleitend in Bezug auf die Anzahl der Zahlen $b_1, b_2 \cdots b_n$). Angenommen, der Satz gelte für $\mathfrak{a}$ Zahlen (dass nämlich, wenn die Primzahl a in $b_1, b_2 \cdots b_a$ nicht aufgeht, ſie auch nicht in das Zeug derſelben $b_1 b_2 \cdots b_a$ aufgeht), ſo beweiſe ich, dass er auch für $a + 1$ Zahlen $b_1, b_2 \cdots b_{a+1}$ gelte. Nach der Vorausſetzung geht nämlich die Primzahl a nicht in die Zahlen $b_1, b_2 \cdots b_a$ auf, mithin nach der Annahme auch nicht in deren Zeug $b_1 b_2 \cdots b_a$, aber nach der Vorausſetzung geht ſie auch nicht in b_{a+1} auf, mithin nach 221 auch nicht in das Zeug der beiden Zahlen, d. h. nicht in $b_1 b_2 \cdots b_{a+1}$.

Wenn alſo der Satz für eine beliebige Reihe von Zahlen gilt, ſo gilt er auch für die Reihe, welche eine Zahl mehr enthält. Nun gilt er nach 221 für zwei Zahlen, alſo auch allgemein für beliebig viele Zahlen.

Satz. Jede zuſammengeſetzte Zahl a lässt ſich in Primfache 223.
(Primfaktoren) zerlegen.

Beweis: 1. Da a eine zuſammengeſetzte Zahl, ſo muss nach 219 wenigstens eine von 1 und a verschiedene Zahl in ſie aufgehen, dies ſei b, und es gehe b in ſie c mal auf, ſo muss $c \gtrless 1$ ſein, denn ſonst wäre $a = 1 \cdot b = b$ wider die Annahme, aber auch $c \gtrless a$, denn ſonst wäre $a = a \cdot b$, d. h. $b = 1$ wider die Annahme. Es lässt ſich alſo jede zuſammengeſetzte Zahl in zwei von 1 und a verschiedene Fache oder Faktoren zerlegen, und dieſe beiden Fache können nach 211 nicht gröser als a, aber, wie eben bewieſen, auch nicht gleich a ſein, ſie müssen alſo kleiner ſein als a.

2. Ist von den beiden Fachen oder Faktoren b und c, in welche a zerlegt wurde, der eine noch eine zuſammengeſetze Zahl, ſo kann man dieſe (nach Beweis 1) wieder in zwei kleinere, von 1 verschiedene Fache zerlegen u. ſ. w. Jedes Fach wird hiebei mindestens um 1 kleiner, alſo muss das Zerlegen in kleinere Fache eine Grenze haben, d. h. die Fache können nicht zuſammengeſetzte Zahlen bleiben, ſondern werden zuletzt lauter Primzahlen.

Satz. Wenn zwei Zeuge A und B von Primfachen oder Prim- 224.
faktoren gleich ſind, ſo können ſich beide nur durch die Ordnung ihrer Fache unterscheiden.

Beweis (fortleitend in Bezug auf die Anzahl der Primfache von A).

1. Angenommen, der Satz gelte, wenn A ein Zeug von n Primfachen $a_1 a_2 \cdots a$ ist, ſo beweiſe ich, dass er auch gelte, wenn A ein Zeug von $n + 1$ Primfachen $a_1 a_2 \cdots a_{n+1}$ ist. Nach der Vorausſetzung ſind A und B gleich, alſo muss a_{n+1} in $B = A$ aufgehen, mithin muss es nach 221 auch in ein Fach von B aufgehen, dies ſei

x. Da aber die Fache von B nach der Vorausſetzung Primfache ſind, ſo geht in x nur 1 und x auf, und da a_{n+1} als Primfach $\gtrless 1$ ist nach 219, ſo muss alſo $a_{n+1} = x$ ſein. Da ferner die Ordnung der Fache nach 180 beliebig ist, ſo ſetze in B das Fach x auf die letzte Stelle, und ſei das Zeug der übrigen Fache C, ſo ist

$$Ca_{n+1} = Cx = B = A = a_1 a_2 \cdots a_n a_{n+1},$$

mithin nach 164

$$C = a_1 a_2 \cdots a_n.$$

Nach der Annahme gilt nun der Satz für n Fache; es können ſich mithin die Fache von C von den Fachen $a_1 a_2 \cdots a_n$ nur durch die Ordnung unterscheiden, alſo können ſich auch die Fache von B von den Fachen $a_1 a_2 \cdots a_n a_{n+1}$ von A nur durch die Ordnung unterscheiden, d. h. wenn der Satz für n Fache gilt, ſo gilt er auch für $n + 1$ Fache.

2. Nun gilt er aber, wenn A nur 2 Fache $a_1 a_2$ enthält; denn (nach Beweis 1) muss a_2 eins der Fache von B ſein. Es ſei $B = Ca_2$, ſo ist

$$Ca_2 = B = A = a_1 a_2, \qquad \text{alſo nach 164 } C = a_1,$$

mithin $B = a_1 a_2$, d. h. der Satz gilt für zwei Fache, mithin nach Beweis 1 fortleitend auch für beliebig viele Fache.

225. **Satz. In eine Zahl A können auser 1 keine andern Zahlen als die Primfache von A und deren Zeuge aufgehen.**

Beweis: Es ſeien $a_1, a_2 \cdots a_n$ die Primfache von A, d. h. $A = a_1 a_2 \cdots a$, und es gehe eine beliebige Zahl $B \gtrless 1$ in A und zwar C mal auf, ſo ist auch $A = BC$. Nun zerlege man BC in ſeine Primfache, ſo müssen dieſe den Primfachen $a_1 a_2 \cdots a_n$ gleich ſein (nach 224), mithin ist B entweder gleich einem dieſer Fache oder gleich einem Zeuge derſelben.

Beispiele: Es ist $420 = 2 \cdot 2 \cdot 3 \cdot 5 \cdot 7$ alſo gehen in 420 die Zahlen auf $2 \cdot 2 = 4$, $2 \cdot 3 = 6$, $4 \cdot 3 = 12$, $2 \cdot 5 = 10$, $3 \cdot 5 = 15$, $4 \cdot 5 = 20$, $2 \cdot 3 \cdot 5 = 30$, $4 \cdot 3 \cdot 5 = 60$ $2 \cdot 7 = 14$, $3 \cdot 7 = 21$, $4 \cdot 7 = 28$, $5 \cdot 7 = 35$, $6 \cdot 7 = 42$, $12 \cdot 7 = 84$, $20 \cdot 7 = 140$, $30 \cdot 7 = 210$.

226. **Satz. Das gröste Gemeinmas. Das gröste Gemeinmas von n Zahlen erhält man, wenn man jede dieſer Zahlen in ihre Primfache (Primfaktoren) zerlegt und das Zeug oder Produkt derjenigen Primfache bildet, welche allen n Zahlen gemeinſam ſind.**

Beweis: Es ſeien die gegebenen Zahlen $a_1, a_2 \cdots a_n$, und ſeien die allen n Zahlen gemeinſamen Primfache $b_1, b_2 \cdots b_m$, ſo will ich beweiſen, dass $b_1 b_2 \cdots b_m$ das gröste Gemeinmas dieſer n Zahlen ist. Es können nach 225 in jede Zahl nur die Primfache derſelben und deren Zeuge oder Produkte aufgehen; es können mithin in alle n Zahlen nur diejenigen Primfache und ihre Zeuge aufgehen, welche allen n Zahlen gemeinſam ſind, d. h. nach der Vorausſetzung nur $b_1, b_2 \cdots b_m$. Von dieſen Fachen und ihren Zeugen oder Produkten ist aber das Zeug aller dieſer Fache $b_1 b_2 \cdots b_m$ das gröste; denn alle andern Zeuge dieſer Fache, welche weniger Fache enthalten, gehen in dasſelbe auf und ſind mithin nach 211 mindestens nicht gröser.

Beispiele: Von $48 = 2 \cdot 2 \cdot 2 \cdot 2 \cdot 3$, $56 = 2 \cdot 2 \cdot 2 \cdot 7$ und $72 = 2 \cdot 2 \cdot 2 \cdot 3 \cdot 3$ ist das gröste Gemeinmas $2 \cdot 2 \cdot 2 = 8$.

Von $60 = 2 \cdot 2 \cdot 3 \cdot 5$, $72 = 2 \cdot 2 \cdot 2 \cdot 3 \cdot 3$ und $96 = 2 \cdot 2 \cdot 2 \cdot 2 \cdot 2 \cdot 3$ ist das gröste Gemeinmas $2 \cdot 2 \cdot 3 = 12$.

Erklärung. Ein kurzer oder reducirter Bruch heist ein 227.
Bruch, dessen Zähler und Nenner einander fremde oder primär ſind.

Satz. Wenn in eine Zahl a, welche kleiner ist als bb, die 228.
Primzahlen, welche kleiner als b ſind, nicht aufgehen, ſo ist ſie ſelbst eine Primzahl.

Beweis (trennend): Angenommen, a ſei keine Primzahl, ſo müssten nach 223 mindestens zwei von 1 und a verschiedene Primzahlen in ſie aufgehen, dies ſeien c und d, alſo $a = cd$. Da aber nach der Vorausſetzung die Primzahlen, welche kleiner als b ſind, nicht in a aufgehen, ſo müssen c und d gröser als b ſein, dann aber müsste nach 203 auch das Zeug $a = cd$ gröser als bb ſein. Dies ist aber gegen die Vorausſetzung, alſo kann auch nicht a eine zuſammengeſetzte Zahl ſein, ſondern ist eine Primzahl.

Beispiele: In 113 gehen weder 2, noch 3, 5 und 7 auf, da nun $113 < 121 = 11 \cdot 11$ ist, ſo ist 113 eine Primzahl.

Wir wollen nach dieſem Satze die Aufgabe löſen, alle Primzahlen von 1 bis 10000 aufzufinden. Da $100 \cdot 100 = 10000$ ist, ſo haben wir nur die Vielfachen der kleineren Primzahlen aufzuſuchen. Alle geraden Zahlen ſind Vielfache von 2; die ungeraden, deren letzte Stelle 5 ist, ſind Vielfache von 5 und können alſo auser Betracht bleiben. Die Zahlen zwischen Null und 300, in welche 3 aufgeht, ſind dieſelben, wie die zwischen 300 und 600 und zwischen $a \cdot 300$ und $a \cdot 300 + 300$ und können alſo fortgelassen werden. Wir haben nun noch die Vielfachen der 7, der 11, 13, 17, 19, 23, 29 u. ſ. w. jedesmal mit den andern Primzahlen zu berechnen; die Zahlen die dann nicht Vielfache ſind, ſind Primzahlen. Es ergiebt ſich demnach die folgende Tafel.

Tafel der Primzahlen und der durch 2, 3 und 5 nicht teilbaren Zahlen von 1 bis 1000.

z.	0	300	600	900
1	....	7.....43	....	17....53
7	....	....	....	....
11	....	....	13....47	....
13	....	....	....	11....83
17	....	....	....	7....131
19	....	11....29	....	....
23	....	17....19	7.....89	13....71
29	....	7.....47	17....37	....
31	....	....	....	7..7..19
37	....	....	7..7..13	....
41	....	11....31	....	....
43	....	7..7..7	....	23....41
47	....	....	....	....
49	7.....7	....	11....59	13....73
53	....	....	....	....
59	....	....	....	7....137
61	....	19....19	....	31....31
67	....	....	23....29	....
71	....	7.....53	11....61	....
73	....	....	....	7....139
77	7.....11	13....29	....	....
79	....	....	7.....97	11....89
83	....	....	....	....
89	....	....	13....53	23....43
91	7.....13	17....23	....	....
97	....	....	17....41	....

z.	100	400	700
1	....	....	....
3	....	13....31	19....37
7	....	11....37	7....101
9	....	....	....
13	....	7.....59	23....31
19	7.....17	....	....
21	11....11	....	7....103
27	....	7.....61	....
31	....	....	17....43
33	7.....19	....	....
37	....	19....23	11....67
39	....	....	....
43	11....13	....	....
49	....	....	7....107
51	....	11....41	....
57	....	....	....
61	7.....23	....	....
63	....	....	7....109
67	....	....	13....59
69	13....13	7.....67	....
73	....	11....43	....
79	....	....	19....41
81	....	13....37	11....71
87	11....17	....	....
91	....	....	7....113
93	....	17....29	13....61
97	....	7.....71	....
99	....	....	17....47

z.	200	500	800
3	7.....29	....	11....73
9	11....19	....	....
11	....	7.....73	....
17	7.....31	11....47	19....43
21	13....17	....	....
23	....	....	....
27	....	17....31	....
29	....	23....23	....
33	....	13....41	7..7..17
39	....	7..7..11	....
41	....	....	29....29
47	13....19	....	7..11..11
51	....	19....29	23....37
53	11....23	7.....79	....
57	....	....	....
59	7.....37	13....43	....
63	....	....	....
69	....	....	11....79
71	....	....	13....67
77	....	....	....
81	....	7.....83	....
83	....	11....53	....
87	7.....41	....	....
89	17....17	19....31	7....127
93	....	....	19....47
99	13....23	....	29....31

Tafel der Primzahlen und der durch 2, 3 und 5 nicht teilbaren Zahlen von 1000 bis 2000.

Z.	1000	1300	1600	1900	Z.	1100	1400	1700	Z.	1200	1500	1800
1	7..11..13	....	....	....	3	....	23....61	13...131	1	....	19....79	....
3	17....59	....	7....229	11...173	9	....	....	....	7	17....71	11...137	13...139
7	19....53	....	....	....	11	11...101	17....83	29....59	11	7....173	....	....
9	....	7..11..17	....	23....83	17	....	13...109	17...101	13	....	17....89	7..7..37
13	....	13...101	....	....	21	19....59	7..7..29	....	17	....	37....41	23....79
19	....	....	....	19...101	23	....	....	....	19	23....53	7..7..31	17...107
21	....	....	....	17...113	27	7..7..23	....	11...157	23	....	....	....
27	13....79	....	....	41....47	29	....	....	7..13..19	29	....	11...139	31....59
31	....	11..11.11	7....233	....	33	11...103	....	....	31	....	....	....
33	....	31....43	23....71	....	39	17....67	....	37....47	37	....	29....53	11...167
37	17....61	7....191	....	13...149	41	7....163	11...131	....	41	17....73	23....67	7....263
39	....	13...103	11...149	7....277	47	31....37	....	....	43	11...113	....	19....97
43	7....149	17....79	31....53	29....67	51	....	....	17...103	47	29....43	7..13..17	....
49	....	19....71	17....97	....	53	....	....	....	49	....	....	43....43
51	....	7....193	13...127	....								
57	7....151	23....59	....	19...103	57	13....89	31....47	7....251	53	7....179	....	17...109
61	....	....	11...151	37....53	59	19....61	....	....	59	....	....	11..13.13
63	....	29....47	....	13...151	63	....	7..11..19	41....43	61	13....97	7....223	....
67	11....97	....	....	7....281	69	7....167	13...113	29....61	67	7....181	....	....
69	....	37....37	....	11...179								
73	29....37	....	7....239	....	71	....	....	7..11..23	71	31....41	....	....
79	13....83	7....197	23....73	....	77	11...107	7....211	....	73	19....67	11..11.13	....
81	23....47	....	41....41	7....283	81	....	....	13...137	77	....	19....83	....
87	....	19....73	7....241	....	83	7..13..13	....	....	79	....	....	....
91	....	13...107	19....89	11...181	87	....	....	....	83	....	....	7....269
97	....	7....199	....	....	89	29....41	....	....	89	....	7....227	....
99	....	11...127	....	....	93	....	....	11...163	91	....	37....43	31....61
39	7....157	....	....	....	99	11...109	....	7....257	97	....	....	7....271

Tafel der Primzahlen und der durch 2, 3 und 5 nicht teilbaren Zahlen von 2000 bis 3000.

Z.	2000	2300	2600	2900
3	....	7..7..47	19...137	....
9	7..7..41	....	....	....
11	....	....	7....373	41....71
17	....	7....331	....	....
21	43....47	11...211	....	23...127
23	7..17..17	23...101	43....61	37....79
27	....	13...179	37....71	....
29	....	17...137	11...239	29...101
33	19...107	....	....	7....419
39	....	....	7..13..29	....
41	13...157	....	19...139	17...173
47	23....89	....	....	7....421
51	7....293	....	11...241	13...227
53	....	13...181	7....379	....
57	11..11.17	....	....	....
59	29....71	7....337	....	11...269
63	....	17...139	....	....
69	....	23...103	17...157	....
71	19...109	....	....	....
77	31....67	....	....	13...229
81	....	....	7....383	11...271
83	....	....	....	19...157
87	....	7..11..31	....	9...103
89	....	....	....	7..7..61
93	7..13..23	....	....	41....73
99	....	....	....	....

Z.	2100	2400	2700
1	11...191	7..7..7.7	37....73
7	7..7..43	29....83	....
11	....	....	....
13	....	19...127	....
17	29....73	....	11..13.19
19	13...163	41....59	....
23	11...193	....	7....389
29	....	7....347	....
31	....	11..13.17	....
37	....	....	7..17..23
41	....	....	....
43	....	7....349	13...211
47	19...113	....	41....67
49	7....307	31....79	....
53	....	11...223	....
59	17...127	....	31....89
61	....	23...107	11...251
67	11...197	....	....
71	13...167	7....353	17...163
73	41....53	....	47....59
77	7....311	....	....
79	....	37....67	7....397
83	37....59	13...191	11..11.23
89	11...199	19...131	....
91	7....313	47....53	....
97	13..13.13	11...227	....

Z.	2200	2500	2800
1	31....71	41....61	....
3	....	....	....
7	....	23...109	7....401
9	47....47	13...193	53....53
13	....	7....359	29....97
19	7....317	11...229	....
21	....	....	7..13..31
27	17...131	7..19..19	11...257
31	23....97	....	19...149
33	7..11..29	17...149	....
37	....	43....59	....
39	....	....	17...167
43	....	....	....
49	13...173	....	7..11.37
51	....	....	....
57	37....61	....	....
61	7..17..19	13...197	....
63	31....73	11...233	7....409
67	....	17...151	47....61
69	....	7....367	19...151
73	....	31....83	13..13.17
79	43....53	....	....
81	....	29....89	43....67
87	....	13...199	....
91	29....79	....	7..7..59
93	....	....	11...263
97	....	7..7..53	....
99	11..11.19	23...113	13...223

Tafel der Primzahlen und der durch 2, 3 und 5 nicht teilbaren Zahlen von 3000 bis 4000.

Z.	3000	3300	3600	3900
1	....	....	13....277	47.....83
7	31.....97	....	....	....
11	....	7..11..43	23....157	....
13	23....131	....	....	7..13..43
17	7.....431	31....107	....	....
19	....	....	7..11..47	....
23	....	....	....	....
29	13....233	....	19....191	....
31	7.....433	....	....	....
37	....	47.....71	....	31....127
41	....	13....257	11....331	7.....563
43	17....179	....	....	....
47	11....277	....	7.....521	....
49	....	17....197	41.....89	11....359
53	43.....71	7.....479	13....281	59.....67
59	7..19..23	....	....	37....107
61	....	....	7.....523	17....233
67	....	7..13..37	19....193	....
71	37.....83	....	....	11..19.19
73	7.....439	....	....	29....137
77	17....181	11....307	....	41.....97
79	....	31....109	13....283	23....173
83	....	17....199	29....127	7.....569
89	....	....	7..17..31	....
91	11....281	....	....	13....307
97	19....163	43.....79	....	7.....571

Z.	3100	3400	3700
1	7.....443	19....179	....
3	29....107	41.....83	7..23..23
7	13....239	....	11....337
9	....	7.....487	....
13	11....283	....	47.....79
19	....	13....263	....
21	....	11....311	61.....61
27	53.....59	23....149	....
31	31....101	47.....73	7..13..41
33	13....241	....	....
37	....	7.....491	37....101
39	43.....73	19....181	....
43	7.....449	11....313	19....197
49	47.....67	....	23....163
51	23....137	7..17..29	11..11.31
57	7..11..41	....	13..17.17
61	29....109	....	....
63	....	....	53.....71
67	....	....	....
69	....	....	....
73	19....167	23....151	7..7.7.11
79	11..17.17	7...7..71	....
81	....	59.....59	19....199
87	....	11....317	7.....541
91	....	....	17....223
93	31....103	7.....499	....
97	23....139	13....269	....
99	7.....457	....	29....131

Z.	3200	3500	3800
3	....	31....113	....
9	....	11..11.29	13....293
11	13..13.19	....	37....103
17	....	....	11....347
21	....	7.....503	....
23	11....293	13....271	....
27	7.....461	....	43.....89
29	....	....	7.....547
33	53.....61	....	....
39	41.....79	....	11....349
41	7.....463	....	23....167
47	17....191	....	....
51	....	53.....67	....
53	....	11..17.19	....
57	....	....	7..19..29
59	....	....	17....227
63	13....251	7.....509	....
69	7.....467	43.....83	53.....73
71	....	....	7..7..79
77	29....113	7..7..73	....
81	17....193	....	....
83	7..7..67	....	11....353
87	19....173	17....211	13..13.23
89	11..13.23	37.....97	....
93	37.....89	....	17....229
99	....	59.....61	7.....557

Tafel der Primzahlen und der durch 2, 3 und 5 nicht teilbaren Zahlen von 4000 bis 5000.

Z.	4000	4300	4600	4900
1		11..17.23	43...107	13..13.29
3		13...331		
7		59....73	17...271	7....701
9	19...211	31...139	11...419	
13		19...227	7....659	17..17.17
19		7....617	31...149	
21		29...149		7..19..37
27			7....661	13...379
31	29...139	61....71	11...421	
33	37...109	7....619	41...113	
37	11...367			
39	7....577			11...449
43	13...311	43...101		
49				7...7.101
51		19...229		
57				
61	31...131	7..7..89	59....79	11..11.41
63	17...239			7....709
67	7..7..83	11...397	13...359	
69	13...313	17...257	7..23..29	
73				
79		29...151		13...383
81	7..11..53	13...337	31...151	17...293
87	61....67	41...107	43...109	
91				7..23..31
93		23...191	13..19.19	
97	17...241		7..11..61	19...263
99		53....83	37...127	

Z.	4100	4400	4700
3	11....373	7..17..37	
9	7....587		17....277
11		11....401	7....673
17	23....179	7....631	53....89
21	13....317		
23	7..19..31		
27		19...233	29...163
29		43...103	
33		11..13.31	
39		23...193	7....677
41	41...101		11...431
47	11..13.29		47...101
51	7....593		
53		61....73	7..7..97
57			67....71
59		7..7.7.13	
63	23...181		11...433
69	11...379	41...109	19...251
71	43....97	17...263	13...367
77		11..11.37	17...281
81	37...113		7....683
83	47....89		
87	53....79	7....641	
89	59....71	67....67	
93	7....599		
99	13..17.19	11...409	

Z.	4200	4500	4800
1		7....643	
7	7....601		11..19.23
11		13...347	17...283
13	11...383		
17			
19			61....79
23	41...103		7..13..53
29		7....647	11...439
31		23...197	
37	19...223	13...349	7....691
41		19...239	47...103
43		7..11..59	29...167
47	31...137		37...131
49	7....607		13...373
53		29...157	23...211
59		47....97	43...113
61			
67	17...251		31...157
71		7....653	
73		17...269	11...443
77	7..13..47	23...199	
79	11...389	19...241	7..17..41
83			19...257
89		13...353	
91	7....613		67....73
97			59....83

Tafel der Primzahlen und der durch 2, 3 und 5 nicht teilbaren Zahlen von 5000 bis 6000.

Z.	5000	5300	5600	5900
3	....	....	13...431	....
9	....	....	71....79	19...311
11	....	47...113	31...181	23...257
17	29...173	13...409	41...137	61....97
21	....	17...313	7..11..73	31...191
23	....	....	....	....
27	11...457	7....761	17...331	....
29	47...107	73....73	13...433	7.7.11.11
33	7....719	....	43...131	17...349
39	....	19...281	....	....
41	71....71	7..7..109	....	13...457
47	7..7..103	....	....	19...313
51	....	....	....	11...541
53	31...163	53...101	....	....
57	13...389	11...487	....	7..23..37
59	....	23...233	....	59...101
63	61....83	31...173	7....809	67....89
69	37...137	7..13..59	....	47...127
71	11...461	41...131	53...107	7....853
77	....	19...283	7....811	43...139
81	....	....	13..19.23	....
83	13..17.23	7....769	....	31...193
87	....	....	11..11.47	....
89	7....727	17...317	....	53...113
93	11...463	....	....	13...461
99	....	....	41...139	7....857

Z.	5100	5400	5700
1	....	11...491	....
7	....	....	13...439
11	19...269	7....773	....
13	....	....	29...197
17	7..17..43	....	....
19	....	....	7..19..43
23	47...109	11..17.29	59....97
29	23...223	61....89	17...337
31	7....733	....	11...521
37	11...467	....	....
41	53....97	....	....
43	37...139	....	....
47	....	13...419	7....821
49	19...271	....	....
53	....	7..19..41	11...523
59	7..11..67	53...103	13...443
61	13...397	43...127	7....823
67	....	7..11..71	73....79
71	....	....	29...199
73	7....739	13...421	23...251
77	31...167	....	53...109
79	....	....	....
83	71....73	....	....
89	....	11...499	7....827
91	29...179	17..17.19	....
97	....	23...239	11..17.31

Z.	5200	5500	5800
1	7....743	....	....
3	11..11.43	....	7....829
7	41...127	....	....
9	....	7....787	37...157
13	13...401	37...149	....
19	17...307	....	11..23.23
21	23...227	....	....
27	....	....	....
31	....	....	7..7.7.17
33	....	11...503	19...307
37	....	7..7..113	13...449
39	13..13.31	29...191	....
43	7..7..107	23...241	....
49	29...181	31...179	....
51	59....89	7..13..61	....
57	7....751	....	....
61	....	67....83	....
63	19...277	....	11..13.41
67	23...229	19...293	....
69	11...479	....	....
73	....	....	7....839
79	....	7....797	....
81	....	....	....
87	17...311	37...151	7..29..29
91	11..13.37	....	43...137
93	67....79	7..17..47	71....83
97	....	29...193	....
99	7....757	11...509	17...347

Tafel der Primzahlen und der durch 2, 3 und 5 nicht teilbaren Zahlen von 6000 bis 7000.

Z.	6000	6300	6600	6900
1	17...353	....	7.23.41	67...103
7	....	7.17.53	....	....
11	....	....	11...601	....
13	7...859	59...107	17...389	31...223
17	11...547	....	13...509	....
19	13...463	71...89	....	11.17.37
23	19...317	....	37...179	7.23.43
29	....	....	7...947	13.13.41
31	37...163	13...487	19...349	29...239
37	....	....	....	7...991
41	7...863	17...373	29...229	11...631
43	....	....	7.13.73	53...131
47	....	11...577	17.17.23	....
49	23...263	7...907	61...109	....
53	....	....	....	17...409
59	73...83	....	....	....
61	11.19.29	....	....	....
67	....	....	59...113	....
71	13...467	23...277	7...953	....
73	....	....	....	19...367
77	59...103	7...911	11...607	....
79	....	....	....	7...997
83	7.11.79	13...491	41...163	....
89	....	....	....	29...241
91	....	7.11.83	....	....
97	7.13.67	....	37...181	....

Z.	6100	6400	6700
1	....	37...173	....
3	17...359	19...337	....
7	31...197	43...149	19...353
9	41...149	13.17.29	....
13	....	11.11.53	7.7.137
19	29...211	7.7.131	....
21	....	....	11.13.47
27	11...557	....	7.31.31
31	....	59...109	53...127
33	....	7...919	....
37	17.19.19	41...157	....
39	7...877	47...137	23...293
43	....	17...379	11...613
49	11.13.43	....	17...397
51	....	....	43...157
57	47...131	11...587	29...233
61	61...101	7.13.71	....
63	....	23...281	....
67	7...881	29...223	67...101
69	31...199	....	7...967
73	....	....	13...521
79	37...167	11.19.31	....
81	7...883	....	....
87	23...269	13...499	11...617
91	41...151	....	....
93	11...563	43...151	....
97	....	73...89	7...971
99	....	67...97	13...523

Z.	6200	6500	6800
3	....	7...929	....
9	7...887	23...283	11...619
11	....	17...383	7.7.139
17	....	7.7.7.19	17...401
21	....	....	19...359
23	7.7.127	11...593	....
27	13...479	61...107	....
29	....	....	....
33	23...271	47...139	....
39	17...367	13...503	7...977
41	79...79	31...211	....
47	....	....	41...167
51	7.19.47	....	13.17.31
53	13.13.37	....	7.11.89
57	....	79...83	....
59	11...569	7...937	19.19.19
63	....	....	....
69	....	....	....
71	....	....	....
77	....	....	13.23.23
81	11...571	....	7...983
83	61...103	29...227	....
87	....	7...941	71...97
89	19...331	11...599	83...83
93	7.29.31	19...347	61...113
99	....	....	....

Tafel der Primzahlen und der durch 2, 3 und 5 nicht teilbaren Zahlen von 7000 bis 8000.

Z.	7000	7300	7600	7900
1	....	7..7..149	11....691	....
3	47....149	67....109	....	7....1129
7	7.7.11.13	....	....	....
9	43....163	....	7....1087	11....719
13	....	71....103	23....331	41....193
19	....	13....563	19....401	....
21	7..17..59	....	....	89.....89
27	....	17....431	29....263	....
31	79.....89	....	13....587	7..11.103
33	13....541	....	17....449	....
37	31....227	11..23.29	7....1091	....
39	....	41....179	....	17....467
43	....	7....1049	....	13..13.47
49	7..19..53	....	....	....
51	11....641	....	7....1093	....
57	....	7....1051	13..19.31	73....109
61	23....307	17....433	47....163	19....419
63	7....1009	37....199	79.....97	....
67	37....191	53....139	11..17.41	31....257
69	....	....	....	13....613
73	11....643	73....101	....	7..17..67
79	....	47....157	7....1097	79....101
81	73.....97	11..11.61	....	23....347
87	19....373	83.....89	....	7..7..163
91	7...1013	19....389	....	61....131
93	41....173	....	7..7..157	....
97	47....151	13....569	43....179	11....727
99	31....229	7..7..151	....	19....421

Z.	7100	7400	7700
3	....	11....673	....
9	....	31....239	13....593
11	13....547	....	11....701
17	11....647	....	....
21	....	41....181	7....1103
23	17....419	13....571	....
27	....	7....1061	....
29	....	17..19.23	59....131
33	7....1019	....	11..19.37
39	11..11.59	43....173	71....109
41	37....193	7....1063	....
47	7....1021	11....677	61....127
51	....	....	23....337
53	23....311	29....257	....
57	17....421	....	....
59	....	....	....
63	13..19.29	17....439	7....1109
69	67....107	7..11..97	17....457
71	71....101	31....241	19....409
77	....	....	7..11.101
81	43....167	....	31....251
83	11...653	7....1069	43....181
87	....	....	13....599
89	7..13..79	....	....
93	....	59....127	....
99	23....313	....	11....709

Z.	7200	7500	7800
1	19....379	13....577	29....269
7	....	....	37....211
11	....	7..29..37	73....107
13	....	11....683	13....601
17	7....1031	....	....
19	....	73....103	7....1117
23	31....233	....	....
29	....	....	....
31	7....1033	17....443	41....191
37	....	....	17....461
41	13....557	....	....
43	....	19....397	11..23.31
47	....	....	7..19..59
49	11....659	....	47....167
53	....	7..13..83	....
59	7..17..61	....	29....271
61	53....137	....	7....1123
67	13..13.43	7..23..47	....
71	11....661	67....113	17....463
73	7....1039	....	....
77	19....383	....	....
79	29....251	11..13.53	....
83	....	....	....
89	37....197	....	7.7.7.23
91	23....317	....	13....607
97	....	71....107	53....149

Tafel der Primzahlen und der durch 2, 3 und 5 nicht teilbaren Zahlen von 8000 bis 9000.

Z.	8000	8300	8600	8900
3	53....151	19..19.23	7....1229	29....307
9	....	7....1187	....	59....151
11	....	....	79....109	7..19..67
17	....	....	7....1231	37....241
21	13....617	53....157	37....233	11....811
23	71....113	7..29..41	....	....
27	23....349	11....757	....	79....113
29	7..31..37	....	....	....
33	29....277	13....641	89....97	....
39	....	31....269	53....163	7....1277
41	11..17.43	19....439	....	....
47	13....619	17....491	....	23....389
51	83....97	7....1193	41....211	....
53	....	....	17....509	7....1279
57	7....1151	61....137	11....787	13..13.53
59	....	13....643	7....1237	17..17.31
63	11....733	....	....	....
69	....	....	....	....
71	7....1153	11....761	13..23.29	....
77	41....197	....	....	47....191
81	....	17..17.29	....	7....1283
83	59....137	83....101	19....457	13....691
87	....	....	7..17..73	11..19.43
89	....	....	....	89....101
93	....	7..11.109	....	17..23.23
99	7..13..89	37....227	....	....

Z.	8100	8400	8700
1	....	31....271	7..11.113
7	11..11.67	7....1201	....
11	....	13....647	31....281
13	7..19..61	47....179	....
17	....	19....443	23....379
19	23....353	....	....
23	....	....	11..13.61
29	11....739	....	7..29..43
31	47....173	....	....
37	79....103	11..13.59	....
41	7....1163	23....367	....
43	17....479	....	7....1249
47	....	....	....
49	29....281	7..17..71	13....673
53	31....263	79....107	....
59	41....199	11....769	19....461
61	....	....	....
67	....	....	11....797
71	....	43....197	7..7..179
73	11....743	37....229	31....283
77	13..17.37	7..7..173	67....131
79	....	61....139	....
83	7..7..167	17....499	....
89	19....431	13....653	11..17.47
91	....	7....1213	59....149
97	7....1171	29....293	19....463

Z.	8200	8500	8800
1	59....139	....	13....677
3	13....631	11....773	....
7	29....283	47....181	....
9	....	67....127	23....383
13	43....191	....	7....1259
19	....	7....1217	....
21	....	....	....
27	19....433	....	7..13..97
31	....	19....449	....
33	....	7..23..53	11..11.73
37	....	....	....
39	7..11.107	....	....
43	....	....	37....239
49	73....113	83....103	....
51	37....223	17....503	53....167
57	23....359	43....199	17....521
61	11....751	7....1223	....
63	....	....	....
67	7....1181	13....659	....
69	....	11..19.41	7..7..181
73	....	....	19....467
79	17....487	23....373	13....683
81	7.7.13.13	....	83....107
87	....	31....277	....
91	....	11..11.71	17....523
93	....	13....661	....
97	....	....	7..31..41
99	43....193	....	11....809

Tafel der Primzahlen und der durch 2, 3 und 5 nicht teilbaren Zahlen von 9000 bis 10000.

Z.	9000	9300	9600	9900
1	....	71...131	....	....
7	....	41...227	13...739	....
11	....	....	7...1373	11..17.53
13	....	67...139	....	23...431
17	71...127	7.11.11.11	59...163	47...211
19	29...311	....	....	7..13.109
23	7...1289	....	....	....
29	....	19...491	....	....
31	11...821	7..31..43	....	....
37	7...1291	....	23...419	19...523
41	....	....	31...311	....
43	....	....	....	61...163
47	83...109	13...719	11...877	7..7.7.29
49	....	....	....	....
53	11...823	47...199	7..7..197	37...269
59	....	7..7..191	13...743	23...433
61	13..17.41	11..23.37	....	7...1423
67	....	17..19.29	7...1381	....
71	47...193	....	19...509	13..13.59
73	43...211	7..13.103	17...569	....
77	29...313	....	....	11...907
79	7...1297	83...113	....	17...587
83	31...293	11...853	23...421	67...149
89	61...149	41...229	....	7...1427
91	....	....	11...881	97...103
97	11...827	....	....	13...769

Z.	9100	9400	9700
1	19...479	7..17..79	89...109
3	....	....	31...313
7	7...1301	23...409	17...571
9	....	97...97	7..19..73
13	13...701	....	11...883
19	11...829	....	....
21	7...1303	....	....
27	....	11...857	71...137
31	23...397	....	37...263
33	....	....	....
37	....	....	7..13.107
39	13..19.37	....	....
43	41...223	7..19..71	....
49	7...1307	11...859	....
51	....	13...727	7..7..199
57	....	7..7..193	11...887
61	....	....	43...227
63	7.7.11.17	....	13...751
67	89...103	....	....
69	53...173	17...557	....
73	....	....	29...337
79	67...137	....	7..11.127
81	....	19...499	....
87	....	53...179	....
91	7..31.101	....	....
93	29...317	11...863	7...1399
97	17...541	....	97...101
99	....	7..23..59	41...239

Z.	9200	9500	9800
3	....	13..17.43	....
9	....	37...257	17...577
11	61...151	....	....
17	13...709	31...307	....
21	....	....	7..23..61
23	23...401	89...107	11..19.47
27	....	7...1361	31...317
29	11...839	13...733	....
33	7...1319	....	....
39	....	....	....
41	....	7..29..47	13...757
47	7...1321	....	43...229
51	11..29.29	....	....
53	19...487	41...233	59...167
57	....	19...503	....
59	47...197	11..11.79	....
63	59...157	73...131	7...1409
69	13..23.31	7...1367	71...139
71	73...127	17...563	....
77	....	61...157	7..17..83
81	....	11..13.67	41...241
83	....	7..37..37	....
87	37...251	....	....
89	7...1327	43...223	11..29.31
93	....	53...181	13...761
99	17...547	29...331	19...521

229. **Satz. Zwei geht in eine Zahl a auf, wenn ſie in die letzte Stelle derſelben aufgeht.**

Vier geht in eine Zahl a auf, wenn ſie in die beiden letzten Stellen derſelben aufgeht.

Acht geht in eine Zahl a auf, wenn ſie in die drei letzten Stellen derſelben aufgeht.

Beweis: 1. Man zerlege die Zahl a in zwei Stücke $b \cdot 10 + d$ wo d die Einer der Zahl a darstelle und b und d ganze Zahlen. Wenn nun zwei in d aufgeht, d. h. wenn $d = c \cdot 2$, wo c eine ganze Zahl, ſo ist

$$a = b \cdot 10 + c \cdot 2 = b \cdot 5 \cdot 2 + c \cdot 2 = (b \cdot 5 + c) 2.$$

Hier ſind b, 5 und c ganze Zahlen, alſo geht 2 in a auf.

2. Für den zweiten Teil des Satzes zerlege man die Zahl a in zwei Stücke $b \cdot 100 + d$, wo d die Zehner und Einer der Zahl a umfasst und b und d ganze Zahlen ſind. Wenn nun vier in d aufgeht, d. h. wenn $d = c \cdot 4$, wo c eine ganze Zahl, ſo ist

$$a = b \cdot 100 + c \cdot 4 = b \cdot 25 \cdot 4 + c \cdot 4 = (b \cdot 25 + c) 4.$$

Hier ſind b, 25 und c ganze Zahlen, alſo geht 4 in a auf.

3. Ganz entsprechend folgt der Satz für 8.

Beispiele: 2 geht auf in 3728 , 5714,
4 " " 2536 , 8912,
8 " " 5728 , 9312.

230. **Erklärung. Gerade Zahlen heisen die Vielfachen von zwei. Ungerade Zahlen heisen die Zahlen, in welche zwei nicht aufgeht.**

231. **Satz. Fünf geht in eine Zahl auf, wenn die letzte Ziffer fünf oder null ist.**

Beispiele: 5 geht auf in 3710 , 8915 , 9335.

232. **Erklärung. Die Querſumme einer Zahl ist die Summe der Ziffern, wenn man die Ziffern ohne Rückſicht auf die Stelle als Einer zufügt.**

Beispiele: Die Querſumme von 5754 ist $5 + 7 + 5 + 4 = 21$, die Querſumme von 8259 ist $8 + 2 + 5 + 9 = 24$.

233. **Satz. Drei und neun gehen in eine Zahl a auf, wenn ſie in ihre Querſumme aufgehen.**

Beweis: Man zerlege die Zahl a in ſo viel Stücke als ſie Stellen hat und ſei

$$a = b_0 + b_1 \cdot 10 + b_2 \cdot 100 + b_3 \cdot 1000 + b_4 \cdot 10000 + \cdots$$

Nun kann man $10 = 9 + 1$, $100 = 99 + 1$, $1000 = 999 + 1$, $10000 = 9999 + 1$ u. ſ. w. jede in 2 Stücke zerlegen, dann erhält man

$$a = b_0 + b_1(9+1) + b_2(99+1) + b_3(999+1) + b_4(9999+1) + \cdots$$
$$= b_0 + b_1 + b_2 + b_3 + b_4 + \cdots + b_1 \cdot 9 + b_2 \cdot 99 + b_3 \cdot 999 + b_4 \cdot 9999 + \cdot$$
$$= b_0 + b_1 + b_2 + b_3 + b_4 + \cdots + 9(b_1 + b_2 \cdot 11 + b_3 \cdot 111 + b_4 \cdot 1111 + \cdots)$$

Hier ist $b_0 + b_1 + b_2 + b_3 + b_4 + \cdots$ die Querſumme von a. Gehen alſo 3 oder 9 in dieſe Querſumme auf, ſo gehen ſie, da ſie auch in 9 aufgehen, nach 215 auch in a auf.

Beispiele: 3 geht auf in 2715; 38103; 52725.
9 geht auf in 37521; 82575; 71856.

Erklärung. Der Neunerrest heist der Rest, welcher übrig bleibt, wenn man die Querſumme einer Zahl durch neun teilt. Gleich heisen zwei Neunerreste, wenn die Reste nur um ein Vielfaches von neun verschieden ſind. 234.

Beispiel: Bei 86572 ist der Neunerrest gleich 1; denn $8+6+5+7+2=28$ giebt durch 9 geteilt den Rest 1. Als Neunerrest ist $21=12=3$.

Satz. Probe beim Zufügen: der Neunerrest der Summe ist gleich der Summe der Neunerreste aus den Stücken. 235.

Beweis: Seien a_1, a_2 und $a_3 \cdots$ die zu fügenden Zahlen. Man kann nun nach 234 jede dieſer Zahlen gleich einem Vielfachen von neun plus einem Neunerreste ſetzen. Sei alſo

$$a_1 = 9 \cdot b_1 + c_1 \quad a_2 = 9b_2 + c_2 \;.\; a_3 = 9b_3 + c_3 \cdots$$

wo c_1, c_2 und $c_3 \cdots$ die Neunerreste der Zahlen a_1, a_2 $a_3 \cdots$ ſind, ſo ist

$$a_1 + a_2 + a_3 + \cdots = (9b_1 + c_1) + (9b_2 + c_2) + (9b_3 + c_3) + \cdots$$
$$= 9(b_1 + b_2 + b_3 + \cdots) + c_1 + c_2 + c_3 + \cdots$$

Beispiel: $879563 = 527836 + 351727$,
Neunerrest $2 = 4 + 7 = 9 + 2$.

Satz. Probe beim Abziehen. Der Neunerrest des Vorrats ist gleich der Summe aus den Neunerresten des Abzugs und des Restes. 236.

Beweis: Unmittelbar nach 235.

Beispiel: $7957 - 4268 = 3689$,
Neunerrest $1 = 2 + 8 = 9 + 1$.

Satz. Probe beim Vervielfachen. Der Neunerrest des Zeuges oder Produktes ist gleich dem Zeuge der Neunerreste aus den Fachen oder Faktoren. 237.

Beweis: 1. Für 2 Fache oder Faktoren. Seien a_1 und a_2 die Fache, ſo kann man nach 234 jede dieſer Zahlen $a_1 = 9b_1 + c_1$ und $a_2 = 9b_2 + c_2$ ſetzen, wo c_1 und c_2 die Neunerreste der Zahlen a_1 und a_2 ſind; dann ist

$$a_1 \cdot a_2 = (9b_1 + c_1)(9b_2 + c_2) = 9b_1(9b_2 + c_2) + c_1 \cdot 9b_2 + c_1 \cdot c_2$$

alſo ist $c_1 c_2$ der Neunerrest von $a_1 a_2$.

2. Wenn der Satz für n Fache gilt, fo gilt er auch für n + 1 Fache.

Denn es feien $a_\alpha = 9b_\alpha + c_\alpha$ wo c_α der Neunerrest von a_α ist, und es fei $a_1 \cdot a_2 \cdot a_3 \cdots a_n = 9A + c_1 \cdot c_2 \cdot c_3 \cdots c_n$ (Annahme), fo ist

$$a_1 \cdot a_2 \cdot a_3 \cdots a_n a_{n+1} = (9A + c_1 c_2 c_3 \cdots c_n)(9b_{n+1} + c_{n+1})$$
$$= 9A(9b_{n+1} + c_{n+1}) + (c_1 c_2 c_3 \cdots c_n) 9b_{n+1} + c_1 c_2 c_3 \cdots c_n \cdot c_{n+1}$$

alfo auch $c_1 c_2 c_3 \cdots c_n \cdot c_{n+1}$ der Neunerrest von $a_1 a_2 a_3 \cdots a_n \cdot a_{n+1}$

5. Nun gilt der Satz für 2 Fache oder Faktoren, alfo gilt er nach 23 allgemein.

Beispiel: $8367 \times 7526 = 62970042$,
Neunerrest $6 \times 2 = 9 + 3 = 3$.

238. **Satz. Probe beim Teilen ohne Rest. Der Neunerrest der zu teilenden Gröse ist gleich dem Zeuge oder Produkte aus den Neunerresten des Teilers und des Quoten (Quotienten).**

Beweis: Unmittelbar nach 237.

Beispiel: $6291984 : 752 = 8367$,
Neunerrest $3 = 5 \times 6 = 27 + 3$.

239. **Satz. Probe beim Teilen mit Rest. Der Neunerrest der zu teilenden Gröse weniger dem Neunerreste aus dem bei der Teilung verbleibenden Reste ist gleich dem Zeuge aus den Neunerresten des Teilers und des Quoten, foweit diefer eine ganze Zahl ist.**

Beweis: Sei die Aufgabe a : b und gehe b c mal in a auf und verbleibe d bei der Teilung als Rest, fo ist $a = bc + d$ oder es ist $a - d = bc$. Alfo folgt der Satz unmittelbar aus 238.

Beispiel: $14323 : 416$. Es ist $14323 = 416 \cdot 34 + 179$ oder
$14323 - 179 = 416 \cdot 34$
Neunerprobe $13 - 8 = 5 = 2 \cdot 7 = 9 + 5$.

240. **Satz. Elf geht in eine Zahl a auf, wenn die Querfumme der ungeraden Stellen abgezogen von der Querfumme der geraden Stellen (bez. umgekehrt die der geraden abgezogen von der der ungeraden Stellen) ein Vielfaches von elf ist.**

Beweis: Es fei

$$a = b_0 + b_1 \cdot 10 + b_2 \cdot 100 + b_3 \cdot 1000 + b_4 \cdot 10000 + b_5 \cdot 100000 + \cdot$$
$$= b_1 \cdot 11 + b_0 - b_1 + b_3 \cdot 1100 + (b_2 - b_3) 100$$
$$+ b_5 \cdot 110000 + (b_4 - b_5) 10000 + \cdot \cdot$$
$$= 11 \cdot (b_1 + 100 \cdot b_3 + 10000 \cdot b_5 + \cdot \cdot) + [b_0 - b_1 + (b_2 - b_3) \cdot 100$$
$$+ (b_4 - b_5) 10000 + \cdot \cdot]$$

Es geht alfo 11 in die Zahl auf, wenn es in die letzte Summe aufgeht. Nun ist aber

$b_0 - b_1 + (b_2 - b_3)\,100 + (b_4 - b_5)\,10000 + \cdot\cdot = b_0 - b_1 + b_2 - b_3$
$+ b_4 - b_5 + \cdot\cdot + (b_2 - b_3)\,99 + (b_4 - b_5)\,9999 + \cdot\cdot$
$= b_0 + b_2 + b_4 + \cdot\cdot - (b_1 + b_3 + b_5 + \cdot\cdot)$
$+ 11\,[(b_2 - b_3)\,9 + (b_4 - b_5)\,909 + \cdot\cdot]$

Hier geht 11 in die Zahl auf, wenn es in

$$b_0 + b_2 + b_4 + \cdot\cdot - (b_1 + b_3 + b_5 + \cdot\cdot)$$

aufgeht; alſo geht 11 dann auch in a auf.

Beispiele: 11 geht auf in 8547638, 9586357.

Satz. Sieben und zehndrei gehen in eine Zahl a auf, wenn die Summe aus der Zahl der Tauſende und aus der Zahl der Tauſendmillionen abgezogen von der Summe aus der Zahl der Ganzen unter Tauſend und aus der Zahl der Millionen unter Tauſendmillionen ein Vielfaches von 7 bezüglich von 13 ergiebt. 241.

Beweis: Es ſei

$a = b_0 + 1000 \cdot b_1 \cdot 1000000 \cdot b_2 + 1000'000000 \cdot b_3 + \cdot\cdot$
$= 1001\, b_1 + b_0 - b_1 + 1000000\,(1001 \cdot b_3 + b_2 - b_3) + \cdot\cdot$
$= 1001\,(b_1 + 1000000\, b_3 + \cdot\cdot) + b_0 - b_1 + 1000000\,(b_2 - b_3) + \cdot\cdot$

Hier ist $1001 = 7 \cdot 13 \cdot 11$ und
$1000000 = 1 + 999999 = 1 + 7 \cdot 9 \cdot 13 \cdot 13 \cdot 17$ alſo ist
$a = 7 \cdot 13 \cdot 11\,(b_1 + 1000000\, b_3 + \cdot\cdot) + 7 \cdot 13 \cdot 9 \cdot 13 \cdot 17\,(b_2 - b_3)$
$+ (b_0 + b_2 + \cdot\cdot) - (b_1 + b_3 + \cdot\cdot)$ d. h. 7 und 13 gehen in a auf, wenn ſie in $(b_0 + b_2 + \cdot\cdot) - (b_1 + b_3 + \cdot\cdot)$ aufgehen.

Beispiele: 7 geht auf in 586735826971; denn

735	586
971	826
1706	− 1412 = 294 = 7 · 42

13 geht auf in 828789574855; denn

789	828
855	574
1644	− 1397 = 247 = 13 · 19.

Erklärung. Der kleinste Gemeinnenner oder Dividuus für mehre gegebene Zahlen ist die kleinste Zahl, in welche dieſe Zahlen aufgehen. 242.

Beispiele: Für 48, 32 und 72 ist 288 der kleinste Gemeinnenner.

Satz. Der kleinste Gemeinnenner oder Dividuus zweier gegebener Zahlen ist das Zeug (Produkt) aus der ersten Zahl und denjenigen Primfachen der zweiten Zahl, welche der ersten Zahl fehlen, und geht dieſer Gemeinnenner in jede Zahl auf, in welche die gegebenen Zahlen aufgehen. 243.

Beweis: Es ſeien die gegebenen Zahlen a und b, und ſeien von a die Primfache $\mathfrak{a}_1 \mathfrak{a}_2 \cdot\cdot \mathfrak{a}_n$, die dem b eigentümlichen Primfache, welche dem a fehlen, aber $\mathfrak{b}_1\mathfrak{b}_2 \cdots \mathfrak{b}_m$, fo will ich beweifen, dass $\mathfrak{a}_1\mathfrak{a}_2 \cdots \mathfrak{a}_n\mathfrak{b}_1\mathfrak{b}_2 \cdots \mathfrak{b}_m$ der kleinste Gemeinnenner von a und b fei.

Da nach 225 in jede Zahl nur die Primfache derfelben und deren Zeuge aufgehen, fo muss jede Zahl c, in welche a aufgehen foll, auch fämmtliche Primfache $\mathfrak{a}_1\mathfrak{a}_2 \cdots \mathfrak{a}_n$ von a als Fache enthalten, und jede Zahl, in welche b aufgehen foll, auser den mit a gemeinfameu Fachen auch mindestens fämmtliche dem b eigentümliche Primzahlen $\mathfrak{b}_1\mathfrak{b}_2 \cdots \mathfrak{b}_m$ als Fache enthalten, mithin jede Zahl, in welche a und b zugleich aufgehen follen, fämmtliche Primfache $\mathfrak{a}_1\mathfrak{a}_2 \cdots \mathfrak{a}_n\mathfrak{b}_1\mathfrak{b}_2 \cdots \mathfrak{b}_m$ als Fache enthalten.

2. In jede beliebige Zahl c, in welche a und b aufgehen, gehen alfo die Zahlen $\mathfrak{a}_1\mathfrak{a}_2 \cdots \mathfrak{a}_n\mathfrak{b}_1\mathfrak{b}_2 \cdots \mathfrak{b}_m$ als Primfache, mithin nach 225 auch deren Zeug oder Produkt auf. Da aber eine Zahl, welche in eine andre aufgeht, nach 211 nicht gröser fein kann als letztere, fo giebt es keine Zahl, in die a und b aufgehen, welche kleiner ist als das Zeug $\mathfrak{a}_1\mathfrak{a}_2 \cdots \mathfrak{a}_n\mathfrak{b}_1\mathfrak{b}_2 \cdots \mathfrak{b}_m$, d. h. dies Zeug ist der kleinste Gemeinnenner jener Zahlen.

Beispiele: Von $42 = 2 \cdot 3 \cdot 7$ und von $770 = 2 \cdot 5 \cdot 7 \cdot 11$ ist der kleinste Gemeinnenner $2 \cdot 3 \cdot 7 \cdot 5 \cdot 11 = 2310$. Von $8 \cdot 7$ und von $4 \cdot 3$ ist der kleinste Gemeinner $8 \cdot 7 \cdot 3 = 168$.

244. **Satz. Den kleinsten Gemeinnenner mehrer Zahlen erhält man, wenn man den kleinsten Gemeinnenner b von 2 Zahlen mit denjenigen Primfachen der dritten Zahl vervielfacht, welche jenem Gemeinnenner b noch fehlen, und fofort den kleinsten Gemeinnenner c von n — 1 Zahlen mit denjenigen Primfachen der nten Zahl vervielfacht, welche jenem Gemeinnenner c noch fehlen; der kleinste Gemeinnenner geht in jede Zahl auf, in welche die gegebenen Zahlen aufgehen.**

Beweis: 1. Der Gemeinnenner d erhält durch das angegebene Verfahren von jeder Zahl p nur diejenigen Primfache, welche dem Gemeinnenner bis dahin noch fehlen, follte aber einer diefer Fache fehlen, fo würde die betreffende Zahl in die Zahl d nach 225 nicht aufgehen, die Zahl d wäre alfo kein Gemeinnenner; der Gemeinnenner muss mithin alle diefe Primfache enthalten.

2. In jede Zahl, in welche die fämmtlichen gegebenen Zahlen aufgehen, müssen alfo auch fämmtliche Primfache des erhaltenen Gemeinnenners, mithin auch das Zeug derfelben oder der Gemeinnenner felbst nach 225 aufgehen. Da aber eine Zahl, welche in eine andre aufgeht, nicht gröser fein kann als letztere (nach 211), fo ist auch

der erhaltene Gemeinnenner der kleinste Gemeinnenner der gegebenen Zahlen.

Beispiel: Von 8, 12, 15, 20, 24, 36, 48 und 72 ist der kleinste Gemeinnenner $2 \cdot 8 \cdot 3 \cdot 3 \cdot 5 = 720$.

b. Die Zahlenreihe ersten Ranges.

Erklärung. Eine Zahlenreihe ersten Ranges (eine arithmetische Reihe ersten Ranges) heist eine Reihe von Zahlen, wenn in ihr jede Zahl von der nächstfolgenden Zahl abgezogen denselben Unterschied giebt. 245.

Es bezeichnet in der Zahlenreihe ersten Ranges $\mathfrak{a}$ das erste, $\mathfrak{t}$ das nte Glied, $\mathfrak{b}$ den Unterschied zweier folgender Glieder, $\mathfrak{S}$ die Summe der n ersten Glieder.

Beispiel: Zahlenreihe ersten Ranges: 1, 4, 7, 10, 13, 16, 19, 22, 25.

Satz. Für die Zahlenreihe (arithmetische Reihe) ersten Ranges gelten folgende Formeln 246.

$$\mathfrak{t} = \mathfrak{a} + (\mathfrak{n} - 1)\mathfrak{b} \qquad \mathfrak{S} = \frac{\mathfrak{n}(\mathfrak{a} + \mathfrak{t})}{2} \qquad \mathfrak{S} = \mathfrak{n}\mathfrak{a} + \frac{\mathfrak{n}(\mathfrak{n} - 1)}{2}\mathfrak{b}.$$

Die Summe einer Zahlenreihe ersten Ranges erhält man, indem man, die halbe Summe des ersten und letzten Gliedes mit der Anzahl sämmtlicher Glieder vervielfacht.

Beweis; 1. Die erste Formel folgt unmittelbar aus der Erklärung 245.

2. Um die Summe zu finden, schreibt man die Reihe zweimal in entgegengesetzter Folge auf und fügt die unter einander stehenden Glieder einander zu, dann ist

$$\mathfrak{S} = \mathfrak{a} + (\mathfrak{a} + \mathfrak{b}) + (\mathfrak{a} + 2\mathfrak{b}) + \cdots + (\mathfrak{t} - \mathfrak{b}) + \mathfrak{t}$$
$$\mathfrak{S} = \mathfrak{t} + (\mathfrak{t} - \mathfrak{b}) + (\mathfrak{t} - 2\mathfrak{b}) + \cdots + (\mathfrak{a} + \mathfrak{b}) + \mathfrak{a}$$
$$2\mathfrak{S} = (\mathfrak{a}+\mathfrak{t}) + (\mathfrak{a}+\mathfrak{t}) + (\mathfrak{a}+\mathfrak{t}) + \cdots + (\mathfrak{a}+\mathfrak{t}) + (\mathfrak{a}+\mathfrak{t}) = \mathfrak{n}(\mathfrak{a}+\mathfrak{t}),$$

d. h. $$\mathfrak{S} = \frac{\mathfrak{n}(\mathfrak{a} + \mathfrak{t})}{2},$$

und führt man den Wert von $\mathfrak{t}$ aus der ersten Formel ein, so erhält man die dritte.

Satz. Die Summe sämmtlicher ganzen Zahlen von 1 bis 247.
$\mathfrak{n}$ ist $\frac{\mathfrak{n}(\mathfrak{n} + 1)}{2}$.

Beweis: Unmittelbar aus 246, da $\mathfrak{t} = \mathfrak{n}$ die Anzahl der Glieder ist.

Satz. Die Summe der ungeraden Zahlen von 1 bis $(2\mathfrak{n}-1)$ ist $\mathfrak{n}^2$. 248.

Beweis: $$\mathfrak{S} = \frac{\mathfrak{n}(\mathfrak{a} + \mathfrak{t})}{2} = \frac{\mathfrak{n}(1 + 2\mathfrak{n} - 1)}{2} = \mathfrak{n}^2.$$

249. **Erklärung. Das Zahlenmittel (das arithmetische Mittel) von n Zahlen heist die Summe der n Zahlen geteilt durch n.**

Beispiel: Das Zahlenmittel von 1, 5, 7, 11, 14, 17, 20 ist $75 : 7 = 10^5/_7$.

D. Die Eigenschaften der Brüche.

a. Verwandlung gewöhnlicher Brüche in Zehntbrüche

250. **Satz. Einen gewöhnlichen Bruch verwandelt man in einen Zehntbruch (Dezimalbruch), indem man dem Zähler ein Komma giebt, Nullen anhängt und dann den Zähler durch den Nenner teilt.**

Beweis: Nachdem das Komma gefetzt ist, kann man nach 189 rechts beliebig Nullen anhängen und teilt dann nach 184.

Beispiele: $^3/_8 = 3{,}000 : 8 = 0{,}375$

$^5/_9 = 5{,}000000 : 9 = 0{,}555556$.

251. **Erklärung. Endlich heist der Zehntbruch (Dezimalbruch), wenn er nur eine endliche Zahl von Stellen hat; unendlich heist der Zehntbruch, wenn er unendlich viele Stellen hat.**

Gekürzt heist der Zehntbruch (Dezimalbruch), wenn in demfelben die folgenden Stellen wegen ihrer Kleinheit weggelassen werden. Die letzte Stelle des gekürzten Zehntbruches heist die Kürzungsstelle. Die Ziffer derfelben wird um 1 erhöht, wenn die nächstfolgende Stelle 5 oder eine grösere Ziffer enthält.

Beispiel: Ein endlicher Bruch ist $^3/_{40} = 0{,}075$. Ein gekürzter Bruch ist $^5/_9 = 0{,}555556$, die letzte Stelle ist um 1 erhöht, weil die folgende Stelle 5 hat.

252. **Erklärung. Eine Wiederkehr oder Periode heist die regelmäsige Wiederkehr derfelben Ziffern in der Zahl.**

Ein rein wiederkehrender oder rein periodischer Bruch heist ein Bruch, welcher nur Ziffern der Wiederkehr enthält.

Ein gemischter oder gemischt-periodischer Bruch heist ein Bruch, welcher auser der Wiederkehr noch nicht wiederkehrende Ziffern enthält. Die gemischte Wiederkehr heisen die nicht wiederkehrenden Ziffern mit einer Wiederkehr.

Beispiel: In $0{,}135135135\cdots$ ist die Wiederkehr 135.

Ein rein wiederkehrender Bruch ist $^4/_{11} = 0{,}36363636$.

Ein gemischter Bruch ist $^7/_{36} = 0{,}19444444$. Hier find die nicht wiederkehrenden Ziffern 19, die gemischte Wiederkehr ist 194.

253. **Satz. Ein Bruch, dessen Nenner nur 2 und 5 als Fache oder Faktoren enthält, giebt einen endlichen Zehntbruch.**

Beweis: Man hänge an den Zähler foviel Nullen, als 2 bez. 5 im Nenner als Fach oder Faktor enthalten ist; dann hat der Zähler fovielmal 10 als der Zähler 2 bez. 5 als Fach enthält. Der Nenner geht dann alfo in den Zähler auf.

Beispiel: $^3/_4 = 0{,}75$ $^7/_8 = 0{,}875$ $^3/_5 = 0{,}6$.

Satz. Ein Bruch, dessen Nenner nur andre Fache oder Faktoren als 2 und 5 enthält, giebt einen rein wiederkehrenden Zehntbruch. 254.

Beweis: Die andern Primzahlen auser 2 und 5 gehen nicht in 2 und 5, alſo nach 221 auch nicht in deren Vielfaches, d. h. nicht in den Nenner auf. Sei nun die Primzahl n, ſo kann bei der jedesmaligen Teilung nur eine Zahl übrig bleiben, welche kleiner als n ist und muss demnach mindestens bei der (n—1)ten Teilung wieder dieſelbe Zahl übrig bleiben, d. h. es muss die Wiederkehr derſelben Zahlen (der Periode) eintreten.

Die Wiederkehr (die Periode) hat, wenn das Primfach im Nenner 3 ist, eine Stelle, wenn es 11 ist, zwei, wenn 37 drei, wenn 101 vier Stellen, wenn es 41 oder 271 ist, fünf, wenn es 7 oder 13 ist sechs Stellen.

Beispiel: $^5/_{21} = 0{,}_{238095238095}$ $^7/_9 = 0{,}_{777777}$

Satz. Ein Bruch dessen Nenner 2, 5 und noch andre Zahlen als Fache oder Faktoren erhält, giebt einen gemischten Zehntbruch. 255.

Beispiel: $^7/_{45} = 0{,}_{1555555}$ $^5/_{36} = 0{,}_{13888888}\cdot$
$^7/_{44} = 0{,}_{15909090}$ $^8/_{35} = 0{,}_{228571428571}\cdot$

b. Die Verwandlung der Zehntbrüche (Dezimalbrüche) in gewöhnliche Brüche.

Satz. Einen endlichen Zehntbruch (Dezimalbruch) verwandelt man in einen gewöhnlichen Bruch, indem man den Nenner unter den Zähler schreibt und hebt. 256.

Beweis: Nach 253 ist der endliche Reihenbruch einem Bruche gleich, der nur 2 oder 5 im Nenner als Fache hat, da nun im Nenner die Zahl 10 oder 2 mal 5 beliebig oft als Fach enthalten ist, ſo muss der Bruch durch Heben erhalten werden.

Beispiel: $0{,}925 = \frac{925}{1000} = \frac{37}{40}$ $0{,}4176 = \frac{4176}{10000} = \frac{261}{625}\cdot$

Satz. Einen rein wiederkehrenden Zehntbruch (einen rein periodischen Dezimalbruch) verwandelt man in einen gewöhnlichen Bruch, indem man unter jede Ziffer der ersten Wiederkehr eine Neun schreibt, und nun hebt. 257.

Beweis: Es ſei die Wiederkehr abc··n, wo jeder Buchstabe eine beliebige Ziffer der Stelle bezeichnet und habe $\overbrace{1000\cdot\cdot0}^{n}$, bez. $\overbrace{999\cdot\cdot9}^{n}$ n Nullen bezüglich Neunen, ſo ist der rein wiederkehrende Bruch gleich $0{,}a_1a_2a_3\cdot\cdot a_na_1a_2a_3\cdot\cdot a_n\cdot\cdot\cdot$ und ist demnach

$$\overbrace{1000\cdots0}^{n}\times 0{,}a_1a_2a_3\cdots a_na_1a_2a_3\cdots a_n\cdots = a_1a_2a_3\cdots a_n{,}a_1a_2a_3\cdots a_na_1a_2a_3\cdots a_n\cdot$$

davon abgezogen

$$1\times 0{,}a_1a_2a_3\cdots a_na_1a_2a_3\cdots a_n\cdots = \qquad 0{,}a_1a_2a_3\cdots a_na_1a_2a_3\cdots a_n\cdot$$

bleibt

$$\overbrace{999\cdots9}^{n}\times 0{,}a_1a_2a_3\cdots a_na_1a_2a_3\cdots a_n\cdots = a_1a_2a_3\cdots a_n$$ und auf beiden Seiten durch $\overbrace{999\cdots9}^{n}$ geteilt

giebt $$0{,}a_1a_2a_3\cdots a_na_1a_2a_3\cdots a_n\cdots = \frac{a_1a_2a_3\cdots a_n}{999\cdots9}.$$

Beispiel: $0{,}243243243 = \frac{243}{999} = \frac{9}{37}$.

Um die Brüche leicht heben zu können, ist es wünschenswert die Zahlen zu kennen, welche in die Nenner 9, 99 u. ſ. w. aufgehen. Ich füge deshalb hinzu. Es ist

$99 = 9\cdot11$
$999 = 9\cdot3\cdot37$
$9'999 = 9\cdot11\cdot101$
$99'999 = 9\cdot41\cdot271$
$999'999 = 9\cdot3\cdot7\cdot11\cdot13\cdot37$
$9'999'999 = 9\cdot1'111'111$
$99'999'999 = 9\cdot11\cdot73\cdot101\cdot137$
$999'999'999 = 9\cdot9\cdot37\cdot333\cdot667$
$9'999'999'999 = 9\cdot11\cdot41\cdot271\cdot9091$
$99'999'999'999 = 9\cdot11'111'111'111$
$999'999'999'999 = 9\cdot3\cdot7\cdot13\cdot37\cdot9901.$

258. **Satz. Einen gemischten Zehntbruch (einen gemischt-periodischen Dezimalbruch) verwandelt man in einen gewöhnlichen Bruch, indem man die nicht wiederkehrenden Ziffern von der gemischten Wiederkehr abzieht und im Nenner für jede wiederkehrende Ziffer der Wiederkehr eine Neun, für jede nicht wiederkehrende Ziffer eine Null ſetzt, und nun hebt.**

Beweis: Es ſeien $b_1b_2\cdots b_m$ die nicht wiederkehrenden Ziffern $a_1a_2a_3\cdots a_n$ die wiederkehrenden, alſo $b_1b_2\cdots b_ma_1a_2a_3\cdots a_n$ die gemischte Wiederkehr, ſo ist der gemischte Bruch gleich

$0{,}b_1b_2\cdots b_ma_1a_2a_3\cdots a_na_1a_2a_3\cdots a_n\cdots$ und ist demnach

$$\overbrace{100\cdots0000\cdots0}^{m+n}\times 0{,}b_1b_2\cdots b_ma_1a_2a_3\cdots a_na_1a_2a_3\cdots a_n\cdots$$
$$= b_1b_2\cdots b_ma_1a_2a_3\cdots a_n{,}a_1a_2a_3\cdots a_na_1a_2a_3\cdot a_n\cdots$$

minus $$\overbrace{100\cdots0}^{m}\times 0{,}b_1b_2\cdots b_ma_1a_2a_3\cdots a_na_1a_2a_3\cdots a_n\cdots$$
$$= \qquad b_1b_2\cdots b_m{,}a_1a_2a_3\cdots a_na_1a_2a_3\cdots a_n\cdots$$

$$\overbrace{999\cdots9}^{n}\,\overbrace{00\cdots0}^{m}\times 0{,}b_1b_2\cdots b_ma_1a_2a_3\cdots a_na_1a_2a_3\cdots a_n\cdots$$
$$= b_1b_2\cdots b_ma_1a_2a_3\cdots a_n - b_1b_2\cdots b_m$$

und auf beiden Seiten durch $\overbrace{999\cdot\cdot 9}^{n}\,\overbrace{00\cdot\cdot 0}^{m}$ geteilt, giebt.

$$0,b_1b_2\cdot\cdot b_m a_1a_2a_3\cdot\cdot a_n a_1a_2a_3\cdot\cdot a_n\cdots = \frac{b_1b_2\cdots b_m a_1a_2a_3\cdot\cdot a_n - b_1b_2\cdot\cdot b_m}{\overbrace{999\cdot\cdot 9}^{n}\,\overbrace{00\cdot\cdot 0}^{m}}$$

Beispiel: $0{,}68939393 = (6893-68) : 9900 = 6825 : 9900 = {}^{91}/_{132}$.

8. Das Rechnen mit benannten Zahlen oder die Rechnungen des gewöhnlichen Lebens.

Der vorliegende Abschnitt bietet uns die Anwendung der gewonnenen Sätze auf das praktische Leben, zunächst die abgekürzte Rechnung, dann das Rechnen mit benannten Zahlen und die Bruchgleichung oder die Regeldetri, dann die Gleichung ersten Grades mit einer Unbekannten und endlich die Gleichung ersten Grades mit zwei und drei Unbekannten. Für das praktische Leben ist gerade dieser Abschnitt von der grösten Bedeutung.

A. Das abgekürzte Rechnen.

Erklärung. Abgekürzt heist die Rechnung, wenn man 259.
die Rechnung nur auf die Stellen beschränkt, auf welche es dem Rechnenden ankommt. Die niedrigste dieser Stellen heist die Kürzungsstelle. Die auf die Kürzungsstelle folgende Stelle, wird nur soweit mit berechnet, als dies noch auf die Kürzungsstelle Einfluss hat; steht auf der folgenden Stelle noch eine der Zahl 5 bis 9, so wird zu der Ziffer der Kürzungsstelle noch eins hinzugefügt.

Beim praktischen Rechnen kommt es immer nur auf bestimmte Stellen an und genügen meist 5 bis 6 Stellen. So kann man die Brüche von Pfennigen stets weglassen, und ähnlich in den meisten Fällen. Die auf die Kürzungsstelle folgende Stelle berücksichtigt man soweit, dass der Fehler möglichst gering wird; so kürzt man $34625{,}_{836}$ in 34626, da dies genauer ist, als wollte man es in 34625 kürzen und beobachtet die in der Erklärung gegebene Regel.

Satz. Beim abgekürzten Zufügen und Abziehen berechnet 260.
man noch die auf die Kürzungsstelle folgende Stelle mit, und kürzt dann.

Beispiel: $25{,}_{7824'275}$	$+\,0{,}_{8725'367}$	$=26{,}_{6550}$
$81{,}_{2783'4568}$	$-\,23{,}_{53297'823}$	$=57{,}_{7453}$.

Satz. Beim abgekürzten Vervielfachen kürzt man zunächst 261.
den einen Fach bis auf die folgende Stelle nach der Kürzungsstelle und vervielfacht ihn mit den Einern des andern Faches. Bei jeder nächst höhern Stelle des zweiten Faches nimmt man noch die nächst folgende Stelle des ersten Faches für die Berechnung mit und schreibt die Ziffern gleicher Stellen und also auch die Komma senkrecht unter

einander; bei jeder nächst niedern Stelle des zweiten Faches streicht man eine Stelle des andern Faches. Alle Zeuge oder Produkte fügt man ſodann zu und kürzt die Summe um eine Stelle.

Beweis: Unmittelbar nach 160 und 161.

Beispiel: 523,783636·· × 38,3789·

$$
\begin{array}{rcr}
 & & 523,783636\cdot\cdot \\
 & & 38,3789 \\
\hline
8 \times 523,7836_3 & = & 4190,2690 \\
30 \times 523,78363_6 & = & 15713,5091 \\
0,3 \times 523,783_6 & = & 157,1351 \\
0,07 \times 523,78_3 & = & 36,6648 \\
0,008 \times 523,7_8 & = & 4,1903 \\
0,0009 \times 523,_7 & = & 0,4713 \\
\hline
 & & 20102,2896
\end{array}
$$

Anm. Man schreibt die Produkte ſenkrecht unter einander und zieht von Anfang einen ſenkrechten Strich für das Komma. Hat der Multiplikandus nicht ſoviel Stellen, als erforderlich, ſo hängt man die entsprechenden Nullen an.

262. **Satz. Beim abgekürzten Teilen kürzt man die zu teilende Gröse und den Teiler ſo, dass die niedrigsten Stellen in beiden gleich weit rechts, bez. links vom Komma stehen und rückt nun das Komma in beiden Zahlen gleich weit und zwar ſoweit nach rechts bez. links, dass die letzte Ziffer in beiden Zahlen Einer bezeichnen. Nun teilt man ſolange mit dem ganzen Teiler in die zu teilende Zahl, als es geht, ohne Nullen anzuhängen. Dann aber teilt man, indem man vor jeder folgenden Teilung eine und zwar die letzte Stelle des Teilers streicht und nur noch in Gedanken mitrechnet, um die Zehner zu berücksichtigen.**

Beweis; Unmittelbar nach 184.

Beispiel: 84,3627 : 7,9234.

$$
\begin{array}{r|r|l}
79234 & 843627 & 10,6473 \\
 & 79234 & \\
\hline
7923,_4 & 51287 & \\
 & 47540 & \\
\hline
792,_3 & 3747 & \\
 & 3169 & \\
\hline
79_2 & 578 & \\
 & 554 & \\
\hline
7,_9 & 24 & \\
 & 24 & \\
\hline
\end{array}
$$

Reiche Uebungen für das Rechnen mit gekürzten Rechnungen bieten das Uebungsheft und das Rechenheft III des Verfassers.

Die Kettenbrüche bilden das Mittel, um bei den Brüchen die Näherungswerte zu finden. Da ſie eine weitere Bedeutung nicht haben, lasse ich ſie im Texte fort und gebe hier nur eine kurze Entwicklung derſelben in den folgenden Bemerkungen.

1) Kettenbruch heist ein Bruch, dessen Nenner eine gemischte Zahl ist, z. B. $\cfrac{1}{2+\cfrac{2}{3}}$, jeder von den Brüchen $^1/_2$, $^2/_3$ heist ein Teilbruch.

Echter Kettenbruch heist ein Kettenbruch, in dem alle Zähler 1 ſind, z. B. $\cfrac{1}{3+\cfrac{1}{4+\cfrac{1}{5}}}$.

2) Einen echten Bruch verwandelt man in einen echten Kettenbruch, indem man den Nenner durch den Zähler teilt und jedesmal den vorigen Nenner oder Diviſor durch den letzten Rest teilt, z. B. $^7/_{31} = \cfrac{1}{4+\cfrac{1}{2+\cfrac{1}{3}}}$.

Beweis: $^7/_{31} = \cfrac{1}{\frac{31}{7}} = \cfrac{1}{4+\frac{3}{7}} = \cfrac{1}{4+\cfrac{1}{\frac{7}{3}}} = \cfrac{1}{4+\cfrac{1}{2+\cfrac{1}{3}}}$.

3) Einen Kettenbruch verwandelt man in einen gewöhnlichen Bruch, indem man von unten beginnend jedesmal die gemischte Zahl in einen unechten Bruch verwandelt und dieſen umkehrt, z. B. $\cfrac{1}{3+\cfrac{1}{4+\cfrac{1}{2}}} = \cfrac{1}{3+\cfrac{1}{\frac{9}{2}}} = \cfrac{1}{3+\frac{2}{9}} = {}^9/_{29}$.

Beweis: $\cfrac{1}{3+\cfrac{1}{4+\cfrac{1}{2}}} = \cfrac{1}{3+\cfrac{1}{\frac{8+1}{2}}} = \cfrac{1}{3+\cfrac{1}{\frac{9}{2}}} = \cfrac{1}{3+\frac{2}{9}} = \cfrac{1}{\frac{27+2}{9}}$
$= \cfrac{1}{\frac{29}{9}} = {}^9/_{29}$.

4) In jedem Kettenbruch bilden der erste Teilbruch den ersten Näherungswert, die beiden ersten den zweiten, die drei ersten Teilbrüche den dritten Näherungswert, z. B. in $\cfrac{1}{3+\cfrac{1}{2+\cfrac{1}{5+\cfrac{1}{2}}}}$ ist $^1/_3$ der erste, $\cfrac{1}{3+\cfrac{1}{2}} = {}^2/_7$ der zweite, $\cfrac{1}{3+\cfrac{1}{2+\cfrac{1}{5}}} = {}^{11}/_{38}$ der dritte Näherungswert.

5) Der ungerade (erste, dritte, fünfte) Näherungswert ist gröser, der gerade (zweite, vierte, ſechste) ist kleiner als der gegebene Bruch; denn im

ersten Näherungswerte wird, indem man den Rest weglässt, der Nenner kleiner. im zweiten der Zähler kleiner als im gegebenen Bruche, z. B. $^1/_3$ gröser als $\cfrac{1}{3+\cfrac{1}{2}} = {}^2/_7$; $\cfrac{1}{3+\cfrac{1}{2}} = {}^2/_7$ kleiner als $\cfrac{1}{3+\cfrac{1}{2+\cfrac{1}{5}}} = {}^{11}/_{38}$.

6) Der Unterschied zweier auf einander folgender Näherungswerte ist ein Bruch, dessen Zähler 1 und dessen Nenner das Produkt aus den Nennern der beiden Näherungswerte ist, z. B. bei $^1/_3$ und $^2/_7$ ist der Unterschied $^1/_{21}$.

7) Die Kettenbrüche ſind das Mittel, um für Brüche mit grosen Ziffern die nächsten Annäherungswerte in kleinen Zahlen zu finden.

Die Zahl Pi (π) giebt an, wievielmal der Durchmesser eines Kreiſes im Kreisumfange enthalten ist, ſie ist, 3,1415926536. Dafür erhält man durch Kettenbrüche die Näherungswerte: $3^1/_7$, $3^{15}/_{106}$, $3^{16}/_{113}$, $3^{4687}/_{33102}$. Dieſe Andeutungen über die Kettenbrüche mögen hier genügen.

B. Das Rechnen mit benannten Zahlen.

1. Auflöſen und Zurückführen.

263. **Erklärung. Die Wertzahl eines Mases heist die Zahl, welche angiebt, wieviel Einheiten des niedern Mases auf eine Einheit des höhern gehen.**

Beispiel: Die Wertzahl des Monats ist 30 Tage, die des Jahres 12 Monate bez. 360 Tage, die des Kilometers ist 1000 Meter, die der Mark 100 Pfennige.

264. **Satz. Das höhere Mas lö'ſt man in das niedere Mas auf (reſolvirt man), indem man die Anzahl des höhern Mases mit ſeiner Wertzahl vervielfacht.**

Beispiel: 7 Monate = 7 × 30 = 210 Tage, 5 Jahre = 5 × 360 = 1800 Tage, 9 Kilometer = 9 × 1000 = 9000 Meter, 25 Mark = 2500 Pfennige.

265. **Satz. Das niedere Mas führt man auf das höhere zurück (reduzirt man), indem man die Anzahl des niedern Mases durch die Wertzahl des höhern teilt.**

Beispiel: 95 Tage = 95 : 30 = 3 Monate 5 Tage. Bei dieſen Rechnungen mit der Wertzahl muss man ſich gewöhnen kurz zu rechnen, d. h. blos das Ergebniss hinzuschreiben. Dazu ist allerdings Uebung erforderlich, für welche die Uebungshefte reichlich Gelegenheit bieten.

266. **Satz. Einnamig macht man eine mehrfach benannte Zahl indem man das höchste Mas ins nächst niedere auflöſ't und ſo fort bis zum niedrigsten.**

Beispiel: 3 Monate 27 Tage 5 Stunden = (3·30 + 27) Tage 5 Stunden = 117 Tage 5 Stunden = (117 × 24 + 5) Stunden = 2813 Stunden.

267. **Satz. Mehrfach benannt macht man eine einnamige Zahl, indem man das niedrigste Mas aufs nächst höhere zurückführt und ſo fort bis zum höchsten.**

Beispiel: 70328 Stunden = 70328 : 24 Tage = 2930 Tage 8 Stunden = 2930 : 30 Monate 8 Stunden = 97 Monate 20 Tage 8 Stunden.

2. Das Zufügen und Abziehen mehrfach benannter Zahlen.

Satz. Mehrfach benannte Zahlen fügt man zu, indem man die 268.
Zahlen deſſelben Maſes ſenkrecht unter einander schreibt, dann zunächst die Zahlen des niedrigsten Maſes für ſich zufügt, die Summe aufs höhere Mas zurückführt und dies Ergebniss zu den Zahlen dieſes Maſes zufügt, und entsprechend der Reihe nach mit den höhern Maſen fortfährt.

Beweis: Unmittelbar nach 124 und 265.

Beispiel:

83 ℳ	75 ₰
42 ℳ	88 ₰
¹	
126 ℳ	63 ₰

Satz. Mehrfach benannte Zahlen der zehnteiligen Masteilung 269.
fügt man auch zu, indem man ſie einnamig macht und dann zufügt.

Beweis: Unmittelbar nach 264.

Beispiel:	37 Kilometer 315 Meter		$37315_{,000}$
	213 Meter	715 Millimeter	$213_{,715}$
			$37528_{,715}$

Der geübte Rechner darf beim Zufügen nicht mehr die Stücke nennen. ſondern muss kurz rechnen, d. h. darf jedesmal nur die Summe aussprechen, die heraus kommt, ſo fügt er z. B. $9 + 7 + 8 + 3 + 5$ ſo zu, dass er nur die Summen ausspricht 9, 16, 24, 27, 32.

Das Aufrechnen ganzer Seiten in den Büchern bildet eine ausgezeichnete Uebung fürs Kurzrechnen.

Beim Buchführen wird jede Seite von unten nach oben aufgerechnet, dann nochmals zur Probe, ob richtig gerechnet ist, von oben nach unten durchgerechnet, und wenn die Summe stimmt, dieſe als Uebertrag auf die folgende Seite vorgetragen und beim Zufügen mitgerechnet.

Beim Rechnungsabschlusse schreibt man auf die linke Seite die Einnahmen, auf die rechte die Ausgaben und macht beide gleich, indem man auf der kleinern Seite den Uebertrag zufügt, und nach dem Abschlusse auf der andern Seite der neuen Rechnung vorträgt.

Beispiel:

Einnahme.	ℳ	₰	Ausgabe.	ℳ	₰
Bestand................	1013	13	Wochenlohn............	297	54
196 Scheffel Weizen......	1764	—	50 Scheffel Saatkorn......	600	—
83 Scheffel Roggen......	622	50	300 Ctr. Heu............	750	—
2055 Liter Milch........	205	50	90 Ctr. Düngstoffe.......	270	—
			Uebertrag.......	1687	59
Summa.....	3605	13	Summa.....	3605	13
Vortrag.................	1687	59			

270. **Satz. Mehrfach benannte Zahlen zieht man ab, indem man die Zahlen desſelben Mases ſenkrecht unter einander schreibt, dann zunächst die Zahlen des niedrigsten Mases abzieht, und ſofern dies nötig ist, eine Einheit des nächst höhern Mases borgt und entsprechend der Reihe nach mit den höhern Masen fortfährt.**

Beweis: Unmittelbar nach 260 und 264.

Beispiel:			
	25 Ries	12 Buch	7 Bogen
—	12 „	13 „	3 „
Rest	12 Ries	19 Buch	4 Bogen.

271. **Satz. Mehrfach benannte Zahlen der zehnteiligen Masteilung zieht man auch ab, indem man ſie gleichnamig macht und dann abzieht.**

Beweis: Unmittelbar nach 264' und 260.

Beispiel: Aufgabe: 53 Kgr. 350 gr.
— 17 „ 725 „

Rechnung: 53350 gr.
— 17725 gr.
Rest 35625 gr.

Der geübte Rechner darf beim Abziehen nicht erst den Vorrat und Abzug nennen, ſondern muss kurz rechnen, d. h. jedesmal nur den Rest nennen, der herauskommt.

3. Das Vervielfachen einer benannten Zahl.

272. **Erklärung. Das Vervielfachen einer benannten Zahl heist die Rechnung, wenn eine benannte Zahl mit einer oder mehren reinen Zahlen verwebt oder vervielfacht wird.**

Das Zeug oder Produkt zweier benannter Zahlen darf in der Zahlenlehre nie vorkommen.

Es ist dies eine Beschränkung, welche ſich alle Lehrer der Zahlenlehre auferlegt haben und welche man daher stets beobachten muss.

273. **Satz. Alle Geſetze der Vervielfachung reiner Zahlen gelten auch für die Vervielfachung benannter Zahlen; das Zeug oder Produkt der letztern hat den Namen der benannten Zahl.**

Beweis: Sei b eine reine, ae die benannte Zahl, ſo ist nach 105 $b \cdot (ae) = (ba)e$, wo ba ein Zeug oder Produkt reiner Zahlen ist. Alle Geſetze der Vervielfachung, welche alſo für die reinen Zahlen b und a gelten, gelten auch für die benannte Zahl ae.

Beispiel: 7 mal 8 Ellen ist gleich $7 \cdot 8 = 56$ Ellen.

274. **Satz. Eine einfach benannte Zahl vervielfacht man mit einer reinen Zahl, indem man die beiden reinen Zahlen mit einander vervielfacht und dem Zeuge oder Produkte den Namen der benannten Zahl giebt.**

Beweis: Unmittelbar nach 273.

Satz. **Eine mehrfach benannte Zahl vervielfacht man mit einer Zahl, indem man sie einnamig macht und dann vervielfacht.** 275.

Beweis: Unmittelbar nach 264 und 274.

Beispiel: (52 Tonnen 716 Kgr. 315 gr.) × 12 = 52'716315 gr. × 12 = 632'595780 gr. = 632 Tonnen 595 Kgr. 780 gr.

Satz, **Eine mehrfach benannte Zahl kann man auch mit einer Zahl vervielfachen, indem man die Zahl jedes Mases für sich vervielfacht, die Zeuge aufs höhere Mas zurückführt und dann zufügt.** 276.

Beweis: Unmittelbar nach 93, 274 und 265.

4. Das Teilen benannter Zahlen.

Erklärung. **Das Teilen benannter Zahlen heist die dem Vervielfachen benannter Zahlen entsprechende Trennung, wo zu dem Zeuge oder Produkte einer benannten und einer reinen Zahl bae der eine Fach oder Faktor gegeben ist und der andere gesucht wird** 277.

Beim Teilen benannter Zahlen unterscheidet man zwei Fälle. Ist der benannte Fach oder Faktor ae gegeben, so heist das Teilen ein Messen (gr. metrein), ist der unbenannte Fach oder Faktor b gegeben, so heist das Teilen ein Schneiden oder reines Teilen (gr. metrizein).

Beispiel: 3 Meter geteilt durch 100 ist ein Schneiden oder reines Teilen und giebt 3 Centimeter. 56 Meter geteilt durch 8 Meter ist ein Messen und giebt 7.

Satz des reinen Teilens. **Alle Gesetze der Teilung reiner Zahlen gelten auch für die Teilung der benannten Zahl durch ein reine Zahl. Der Quote oder Quotient hat den Namen der benannten Zahl.** 278.

Beweis: Unmittelbar nach 62; denn nach 62 ist ae : b = (a : b)e wo a : b eine Teilung reiner Zahlen ist. Alle Gesetze der Teilung, welche also für die reinen Zahlen a und b gelten, gelten auch für die Teilung der benannten Zahl ae durch b, und der Quote (a : b)e hat den Namen der benannten Zahl ae.

Satz. **Eine einfach benannte Zahl ae teilt man durch eine reine Zahl b, indem man die Anzahl a der benannten Zahl durch die reine Zahl teilt und dem Quoten den Namen der benannten Zahl giebt** 279.

Beweis: Unmittelbar nach 278.

Beispiel: (423 Mark) : 9 = (423 : 9) Mark = 47 Mark.

Satz. **Eine mehrfach benannte Zahl teilt man durch eine Zahl, indem man sie einnamig macht und teilt.** 280.

Beweis: Unmittelbar nach 266 und 279.

Beispiel: (713 Km. 320 m 720 mm) : 28 = 713'320720 mm : 28 = 25'975740 mm = 25 Km. 475 m 740 mm.

281. **Satz: Eine mehrfach benannte Zahl kann man auch durch eine Zahl teilen, indem man zuerst die Zahl des höchsten Mases teilt, den Rest ins nächste Mas auflöſ't und dazu die Zahl dieſes Mases fügt, dann dieſe teilt und ſo fort.**

Beweis: Unmittelbar nach 278, nach 184 und nach 264.

Beispiel: (37 Ries 12 Buch) : 8 = 37 Ries : 8 + 12 Buch : 8
= 4 Ries + 5 Ries : 8 + 12 Buch : 8 = 4 Ries + (5 Ries + 12 Buch) : 8
= 4 Ries + (5.20 + 12) Buch : 8 = 4 Ries 14 Buch.

282. **Satz des Messens. Alle Geſetze der Teilung reiner Zahlen gelten auch für die Teilung einer benannten Zahl durch eine gleich benannte Zahl. Der Quote oder Quotient ist eine reine Zahl.**

Beweis: Unmittelbar nach 62; denn nach 62 ist ae : be und dies nach 180 = (a : b) (e : e) = (a : b) 1 = a : b nach 173 und 172.

283. **Satz. Eine einfach benannte Zahl teilt man durch eine gleichbenannte Zahl, indem man ſie wie reine Zahlen teilt.**

Beweis: Unmittelbar nach 282.

284. **Satz. Eine mehrfach benannte Zahl teilt man durch eine mehrfach benannte Zahl, indem man beide gleichnamig macht und dann wie reine Zahlen teilt.**

Beweis: Unmittelbar nach 264 und 283.

Beispiel: (101 ℳ 40 ₰) : (1 ℳ 30 ₰) = 10140 ₰ : 130 ₰
= 10140 : 130 = 78.

Bemerkt möge hier noch ausdrücklich werden, dass man nie zwei benannte Zahlen durch einander teilen kann, wenn man ſie nicht gleichnamig machen kann.

Es ist notwendig, dass ſich jeder Gebildete reiche Uebung im Rechnen mit benannten Zahlen schaffe. Das Uebungsheft und das Rechenheft II des Verfassers bieten dazu reiche Gelegenheit.

C. Die Bruchgleichung oder Proportion und der Dreiſatz oder die Regeldetri.

1. Die Bruchgleichung oder die Proportion.

285. **Erklärung. Eine Bruchgleichung oder eine Proportion, heist eine Gleichung, in welcher jede Seite ein Bruch ist, dessen Zähler und Nenner ungleich Null ist. Jeder ſolcher Bruch heist ein Verhältniss, der erste Zähler und der zweite Nenner heisen die äusern Grösen, der erste Nenner und der zweite Zähler heisen die innern Grösen.**

Beispiel: $\frac{a}{b} = \frac{c}{d}$, oder a : b = c : d hier ſind a und d die äusern, b und c die innern Grösen, $\frac{a}{b}$ und $\frac{c}{d}$, ſind die beiden Verhältnisse.

Satz. In der Bruchgleichung ist das Zeug (das Produkt) der äusern Grösen gleich dem der innern Grösen oder 286.

Wenn $\frac{a}{b} = \frac{c}{d}$ **(Annahme), ſo ist ad = bc (Folgerung).**

Beweis: Man vervielfache die gegebene Gleichung $\frac{a}{b} = \frac{c}{d}$ mit db, ſo ist (nach 180) $\frac{adb}{b} = \frac{dbc}{d}$, d. h. (nach 182) ad = bc.

Beispiele: $^{12}/_{16} = {}^{15}/_{20}$ alſo $16 \cdot 15 = 12 \cdot 20$.

Satz. Wenn zwei Zeuge oder Produkte einander gleich, aber ungleich Null ſind, ſo erhält man eine richtige Bruchgleichung, wenn man die beiden Fache oder Faktoren des einen Zeuges als äusere, die des andern als innere Grösen ſetzt, oder 287.

Wenn ad = bc (Annahme), ſo ist $\frac{a}{b} = \frac{c}{d}$ **(Folgerung).**

Beweis: Da ad und bc ungleich Null ſind, ſo ist (nach 175) auch b und d, alſo (nach 175) auch bd ungleich Null. Man teile die gegebene Gleichung durch bd, ſo ist (nach 180)

$$\frac{ad}{bd} = \frac{bc}{bd} \text{ und (nach 182) gehoben } \frac{a}{b} = \frac{c}{d}.$$

Beispiel: Es ist $12 \cdot 15 = 10 \cdot 18$, alſo ist auch $12 : 18 = 10 : 15$.

Satz. In einer Bruchgleichung kann man zwei äusere Grösen gegenſeitig vertauschen, und ebenſo zwei innere Grösen. 288.

Beweis: Es ſei gegeben $\frac{a}{b} = \frac{c}{d}$, alſo ist (nach 286) ad = bc, mithin ist (nach 287) $\frac{a}{c} = \frac{b}{d}$ und $\frac{d}{b} = \frac{c}{a}$ und $\frac{d}{c} = \frac{b}{a}$.

Beispiel: Da $6 : 15 = 8 : 20$ ſo ist auch $6 : 8 = 15 : 20$, ferner $15 : 6 = 20 : 8$ und $15 : 20 = 6 : 8$.

Satz. Wenn in einer Bruchgleichung eine innere und eine äusere Gröse einander gleich ſind, ſo ſind auch die beiden andern Grösen einander gleich. 289.

Beweis: Es ſei gegeben $\frac{a}{b} = \frac{c}{d}$, alſo (nach 286) ad = bc und es ſei a = c (Vorausſetzung), ſo ist auch ad = bc = ba, mithin (nach 46) auch b = d.

Satz. Eine äusere Gröse einer Bruchgleichung erhält man, indem man das Zeug oder Produkt der innern Grösen durch die andre äusere Gröse teilt, und entsprechend erhält man eine innere Gröse u. ſ. w. 290.

Beweis: Es ſei gegeben $\frac{a}{b} = \frac{c}{d}$, ſo ist (nach 286) $ad = bc$, alſo (nach 287 und 167)

$$a = \frac{bc}{d} \text{ und } d = \frac{bc}{a}; \text{ auch } b = \frac{ad}{c} \text{ und } c = \frac{ad}{b}.$$

Beispiele: $\frac{x}{3} = \frac{8}{5}$, alſo $x = \frac{3 \cdot 8}{5}$; $\frac{3}{x} = \frac{7}{5}$ alſo $x = \frac{3 \cdot 5}{7}$.

291. **Satz. Eine Bruchgleichung bleibt richtig, wenn man in dem einen Bruche statt des Zählers eine beliebige Vielfachenſumme der beiden Zähler, welche ungleich Null ist, und statt des Nenners die entsprechende Vielfachenſumme der beiden Nenner ſetzt.**

Beweis: Es ſei die gegebene Gleichung $\frac{a}{b} = \frac{c}{d}$, ſo ist (nach 290) $a = \frac{b}{d} c$. Sei nun $\mathfrak{a}a + \mathfrak{c}c$ eine beliebige Vielfachenſumme $\gtrless$ Null von den Zählern a und c, ſo ist

$$\mathfrak{a}a + \mathfrak{c}c = \mathfrak{a}\frac{b}{d}c + \mathfrak{c}c = \left(\mathfrak{a}\frac{b}{d} + \mathfrak{c}\right)c$$

und (nach 175) $\mathfrak{a}\frac{b}{d} + \mathfrak{c} \gtrless 0$, alſo ist auch die entsprechende Vielfachenſumme der Nenner b und d

$$\mathfrak{a}b + \mathfrak{c}d = \mathfrak{a}\frac{b}{d}d + \mathfrak{c}d = \left(\mathfrak{a}\frac{b}{d} + \mathfrak{c}\right)d,$$

d. h. da $\mathfrak{a}\frac{b}{d} + \mathfrak{c} \gtrless 0$ und $d \gtrless 0$, auch dieſer Ausdruck $\gtrless 0$ (nach 175). Mithin ist

$$\frac{\mathfrak{a}a + \mathfrak{c}c}{\mathfrak{a}b + \mathfrak{c}d} = \frac{(\mathfrak{a}\frac{b}{d} + \mathfrak{c})\,c}{(\mathfrak{a}\frac{b}{d} + \mathfrak{c})\,d} = \frac{c}{d} \qquad \text{(nach 182).}$$

Beispiel: $\frac{5}{7} = \frac{15}{21} = \frac{5(3 \cdot 8 + 4)}{7(3 \cdot 8 + 4)} = \frac{140}{196} = \frac{5(3 \cdot 5 - 2 \cdot 4)}{7(3 \cdot 5 - 2 \cdot 4)} = \frac{35}{49}.$

292. **Satz. Wenn mehre Brüche einander gleich ſind, ſo bleibt die Gleichung richtig, wenn man in dem einen Bruche statt des Zählers eine beliebige Vielfachenſumme $\gtrless 0$ der ſämmtlichen Zähler und statt des Nenners die entsprechende Vielfachenſumme der Nenner ſetzt.**

Beweis: Seien die gegebenen Brüche $\frac{a}{a_1} = \frac{b}{b_1} = \frac{c}{c_1} = \dots$ und ſei $\mathfrak{a}a + \mathfrak{b}b + \mathfrak{c}c + \cdots \gtrless 0$, ſo ist, da $a_1 = a\frac{a_1}{a}$, $b_1 = b\frac{a_1}{a}$, $c_1 = c\frac{a_1}{a} \cdots$ ist, auch

$$\mathfrak{a}a_1 + \mathfrak{b}b_1 + \mathfrak{c}c_1 + \cdots = \mathfrak{a}a\frac{a_1}{a} + \mathfrak{b}b\frac{a_1}{a} + \mathfrak{c}c\frac{a_1}{a} + \cdots$$
$$= (\mathfrak{a}a + \mathfrak{b}b + \mathfrak{c}c + \cdots)\frac{a_1}{a},$$

mithin (nach 175) $\gtrless 0$, da $\mathfrak{a}a + \mathfrak{b}b + \mathfrak{c}c + \cdots \gtrless 0$ ist und auch a_1 und $a \gtrless 0$ ſind. Es ist alſo

$$\frac{\mathfrak{a}a + \mathfrak{b}b + \mathfrak{c}c + \cdots}{\mathfrak{a}a_1 + \mathfrak{b}b_1 + \mathfrak{c}c_1 + \cdots} = \frac{\mathfrak{a}a + \mathfrak{b}b + \mathfrak{c}c + \cdots}{(\mathfrak{a}a + \mathfrak{b}b + \mathfrak{c}c + \cdots)\frac{a_1}{a}}$$
$$= \frac{1}{\frac{a_1}{a}} = \frac{a}{a_1} \quad \text{(nach 182 und 181).}$$

Beiſpiele: $\frac{9}{12} = \frac{15}{20} = \frac{21}{28} = \frac{9 \cdot 8 + 15 \cdot 2 + 21 \cdot 7}{12 \cdot 8 + 20 \cdot 2 + 28 \cdot 7} = \frac{204}{272}$
$$= \frac{9 \cdot {}^1\!/_2 - 15 \cdot {}^1\!/_3 + 21 \cdot 2}{12 \cdot {}^1\!/_2 - 20 \cdot {}^1\!/_3 + 28 \cdot 2} = \frac{41^1\!/_2}{55^1\!/_3}.$$

Satz. Eine beliebige Vielfachenſumme ungleich Null aus dem Zähler und Nenner des einen Bruches verhält ſich zur entſprechenden Vielfachenſumme aus dem Zähler und Nenner jedes gleichen Bruches, wie der Zähler oder Nenner des erſten Bruches zu dem des zweiten. 293.

Beweis: Man vertauſche in $\frac{a}{b} = \frac{c}{d}$ nach 288 die innern Grösen, ſo erhält man $\frac{a}{c} = \frac{b}{d}$ und hat man für jede beliebige Vielfachenſumme $\mathfrak{a}a + \mathfrak{b}b$ die Gleichung

$$\frac{\mathfrak{a}a + \mathfrak{b}b}{\mathfrak{a}c + \mathfrak{b}d} = \frac{a}{c} = \frac{b}{d} \quad \text{(nach 291).}$$

Satz. Wenn in zwei Bruchgleichungen drei entſprechende Grösen gleich ſind, ſo ſind auch die vierten gleich. 294.

Beweis: Es ſei gegeben $\frac{a}{b} = \frac{c}{d}$ und $\frac{e}{b} = \frac{c}{d}$, ſo ist $\frac{a}{b} = \frac{e}{b}$ mithin (nach 289) $a = e$.

Satz. Zwei und mehre Bruchgleichungen geben zuſammengeſetzt, (d. h. wenn man die entſprechenden Grösen mit einander vervielfacht) wieder eine richtige Bruchgleichung. 295.

Beweis: Es ſei gegeben $\frac{a_1}{b_1} = \frac{c_1}{d_1}$, $\frac{a_2}{b_2} = \frac{c_2}{d_2} \cdots \frac{a_n}{b^n} = \frac{c_n}{d_n}$, ſo ist auch (nach 17)

$$\frac{a_1}{b_1} \cdot \frac{a_2}{b_2} \cdots \frac{a_n}{b_n} = \frac{c_1}{d_1} \cdot \frac{c_2}{d_2} \cdots \frac{c_n}{d_n}, \text{ mithin (nach 180)}$$
$$\frac{a_1 a_2 \cdots a_n}{b_1 b_2 \cdots b_n} = \frac{c_1 c_2 \cdots c_n}{d_1 d_2 \cdots d_n}.$$

Beispiele: $\frac{9}{12}=\frac{12}{16}$ und $\frac{8}{10}=\frac{12}{15}$; alſo ist auch $\frac{9\cdot 8}{12\cdot 10}=\frac{12\cdot 12}{16\cdot 15}$.

2. Der Dreiſatz oder die Regeldetri.

Es bildet der Satz 290 das Geſetz der Regeldetri (der regula de tribus) wo drei Grösen gegeben ſind und die vierte geſucht wird. Es ist dies Geſetz das wichtigste fürs praktische Rechnen und bedarf daher noch einer Besprechung. Das Geſetz macht den Kindern bei der verschiedenen Stellung welche das x einnehmen kann, Schwierigkeiten. Um dieſe zu beſeitigen, giebt man der Bruchgleichung für das praktische Rechnen die Form des Bruchkreuzes.

296. **Erklärung. Das Bruchkreuz $\frac{a}{b}\Big|\frac{c}{d}$ geleſen a durch b, wie c durch d ist die Form der Bruchgleichung fürs praktische Rechnen. Die Zeuge der Scheitel ad und bc heisen die Scheitelzeuge.**

297. **Satz. In jedem Bruchkreuze ſind die Scheitelzeuge gleich und kann man die beiden Grösen desſelben Scheitelzeuges mit einander vertauschen.**

Beweis: Unmittelbar nach 286 und 288.

Beispiele: In $\frac{8}{14}\Big|\frac{12}{21}$ ist $8\cdot 21 = 14\cdot 12$ und ist alſo auch $\frac{8}{12}\Big|\frac{14}{21}$.

298. **Erklärung. Der Dreiſatz, die Regeldetri ist eine Bruchgleichung, in welcher drei Grösen gegeben ſind und die vierte x geſucht wird.**

Beispiele: $\frac{3}{x}\Big|\frac{7}{9}$ alſo $7\,x = 3\cdot 9$; $\frac{8}{5}\Big|\frac{x}{12}$ alſo $5\,x = 8\cdot 12$.

299. **Satz. Im Dreiſatze, in der Regeldetri findet man die Unbekannte x, indem man das vollständige Scheitelzeug durch das unvollständige teilt.**

Beweis: Unmittelbar nach 290.

Beispiel: $\frac{7}{12}\Big|\frac{8}{x}$ $x=\frac{12\cdot 8}{7}$ $\frac{9}{x}\Big|\frac{10}{11}$ $x=\frac{9\cdot 11}{10}$.

Bemerkt möge hier noch werden, dass man ſenkrecht, wie wagerecht heben darf, dagegen nicht über Kreuz.

Beispiel: $\frac{10\cdot 8\cdot 12}{4\cdot 5\cdot 27}\Big|\frac{18\cdot 20}{x\cdot 9}$. Hier kann man ſenkrecht heben 10 und 5, 8 und 4, 12 und 27, 18 und 9 oder wagerecht 10 und 20, 12 und 18, 27 und 9; aber nicht über Kreuz 4 und 20, 5 und 20, 27 und 18 oder 12 und 9.

300. **Satz. Bei benannten Zahlen muss man die mehrfach benannten in einnamige verwandeln, beim Anſatze die gleich benannten unter einander schreiben und die gleichen Namen im Zähler und Nenner heben. Demnächst findet man die Unbekannte nach 299.**

Beweis. Da man nach 297 die Grösen desſelben Scheitelzeuges mit einander vertauschen kann, ſo kann man stets die gleichbenannten unter einander schreiben, dann kann man die gleichen Namen im Zähler und Nenner nach 182 heben und nun die Unbekannte nach 299 finden.

Beispiel: Wenn 8 ℔. 7 Mark koſten, was koſten 9 ℔.

Anſatz $\frac{8\ \text{℔.}}{9\ \text{℔.}} \Big| \frac{7\ ℳ}{x}$ oder $\frac{8}{9} \Big| \frac{7\ ℳ}{x}$ alſo $x = \frac{9 \cdot 7\ ℳ}{8}$.

Wenn die entsprechenden Zahlen verschieden benannt ſind, ſo muss man ſie erst gleichnamig machen, z. B. Ein Zentner kostet 115 ℳ, wie viel kosten 27 kgr.? der Zentner hat 50 kgr., alſo Anſatz

$$\frac{50\ \text{kgr.}}{27\ \text{kgr.}} \Big| \frac{115\ ℳ}{x} \text{ oder } \frac{50}{27} \Big| \frac{115\ ℳ}{x} \text{ alſo } x = \frac{27 \cdot 115\ ℳ}{50}$$

Satz. des erweiterten Dreiſatzes. Wenn mehr als drei Grösen gegeben ſind, ſo muss man ſie stets auf drei Grösen zurückführen, indem man die Zeuge oder Produkte der Grösen einführt. 301.

Beispiel: 20 Arbeiter arbeiten 30 Tage an einem Graben von 250 m Länge, 6 m Breite und 2 m Tiefe. Wieviel Arbeiter ſind zu einem Graben von 300 m Länge, 8 m Breite und $1_{,5}$ m Tiefe erforderlich, wenn der Graben in 78 Tagen fertig ſein ſoll?

Anſatz: $\frac{20 \cdot 30\ \text{Tage}}{x \cdot 78\ \text{Tage}} \Big| \frac{250 \cdot 6 \cdot 2\ \text{m}}{300 \cdot 8 \cdot 1_{,5}\ \text{m}}$ oder $\frac{20 \cdot 30}{x \cdot 78} \Big| \frac{250 \cdot 6 \cdot 2}{300 \cdot 8 \cdot 1_{,5}}$

$$x = \frac{20 \cdot 30 \cdot 300 \cdot 8 \cdot 1_{,5}}{78 \cdot 250 \cdot 6 \cdot 2} = \frac{120}{13} = 9^3/_{13}.$$

Der Dreiſatz bietet hiernach keinerlei Schwierigkeiten mehr und findet die reichste Anwendung im praktischen Leben. Das dritte und das vierte Heft des Verfassers bieten die zahlreichsten Beispiele aus dem praktischen Leben und ſollte ſich jeder darin die gröste Gewandtheit aneignen.

D. Die Gleichungen ersten Grades.

Erklärung. Die Unbekannte x einer Gleichung heist die Gröse, deren Wert geſucht werden ſoll. 302.

Eine Wurzel der Gleichung heist jeder bestimmte Wert, welcher statt der Unbekannten eingeführt der Gleichung genügt.

Aufgelöſ't heist die Gleichung, wenn man die Wurzel der Gleichung gefunden hat.

Satz. Eine Gleichung bleibt richtig, wenn man beide Seiten der Gleichung mit gleichen Grösen auf gleiche Weiſe knüpft, namentlich, wenn man auf beiden Seiten Gleiches zufügt, Gleiches abzieht, mit Gleichem vervielfacht, durch Gleiches (ungleich Null) teilt. 303.

Beweis: Unmittelbar nach 17.

Satz. Statt auf einer Seite der Gleichung ein Stück zuzufügen oder einen Abzug abzuziehen, kann man auf der andern Seite das Stück abziehen, oder den Abzug zufügen, und 304.

Statt eine Seite mit einem Fache zu vervielfachen oder durch einen Nenner zu teilen, kann man die andere Seite durch den Fach teilen, oder mit dem Nenner vervielfachen, d. h.

$$\text{wenn } a + c = b, \text{ fo ist } a = b - c,$$
$$\text{wenn } a - c = b, \text{ fo ist } a = b + c,$$
$$\text{wenn } ac = b, \text{ fo ist } a = \frac{b}{c},$$
$$\text{wenn } \frac{a}{b} = c, \text{ fo ist } a = bc.$$

Beweis: Unmittelbar aus 303.

Beispiele:

Wenn $x + c = b$, fo ist $x = b - c$. Wenn $x - c = b$, fo ist $x = b + c$.

Wenn $ax = b$, fo ist $x = \frac{b}{a}$. Wenn $\frac{x}{a} = b$, fo ist $x = ab$.

Wenn $ax + b = c$, fo ist $ax = c - b$ und $x = \frac{c-b}{a}$ u. f. w. Und in Zahlen Wenn $x + 12 = 27$, fo ist $x = 27 - 12$. Wenn $x - 5 = 12$, fo ist $x = 12 + 5$.

Wenn $7 \cdot x = 15$, fo ist $x = \frac{15}{7}$. Wenn $\frac{1}{7} x = 15$, fo ist $x = 15 \cdot 7$.

Wenn $7x + 5 = 12$ fo ist $7 \cdot x = 12 - 5$ und $x = \frac{12-5}{7}$ u. f. w.

305. **Satz. Ein Glied schafft man von einer Seite weg, indem man es mit dem entgegengefetzten Zeichen auf die andere Seite der Gleichung stellt.**

Einen Fach oder einen Nenner eines Gliedes schafft man weg, indem man alle andern Glieder durch den Fach teilt, oder mit dem Nenner vervielfacht.

Beweis: Unmittelbar aus 304.

Beispiele: $x + c = m$	$,x = m - c$	$x\,\frac{a}{c} = m$	$,x = \frac{mc}{a}$
$x + (c - b) = m$	$,x = m - c + b$	$x : \frac{a}{c} = m$	$,x = \frac{ma}{c}$

306. **Satz. Man kann die Vorzeichen aller Glieder einer Gleichung entgegengefetzt nehmen.**

Beweis: Man kann beide Seiten der Gleichung mit -1 vervielfachen, dann aber werden alle Zeichen entgegengefetzt (nach 158).

Beispiele: $a - x = b - c$, $x - a = c - b$.

307. **Satz. Wenn beide Seiten der Gleichung Brüche find, deren Zähler ungleich Null, fo kann man beide Brüche umkehren.**

Beweis: Es fei $\frac{a}{b} = \frac{c}{d}$, fo ist $1 : \frac{a}{b} = 1 : \frac{c}{d}$ (nach 303)

d. h. $\frac{b}{a} = \frac{d}{c}$ (nach 181), was zu beweifen war.

Beispiele: $\frac{a}{x} = c$; $\frac{x}{a} = \frac{1}{c}$; $\frac{a+b}{x} = \frac{m-c}{l}$; $\frac{x}{a+b} = \frac{1}{m-c}$

Erklärung. Eingerichtet heist eine Gleichung, wenn alle Nenner in denen x vorkommt, fortgeschafft, alle Klammern, welche x enthalten, aufgelöſ't, die Glieder, welche x enthalten, auf die linke, die ohne x auf die rechte Seite gebracht ſind, die Glieder, welche x gleich oft als Fache enthalten, in ein Glied vereinigt, und die Glieder ſo geordnet ſind, dass das vorangehende Glied x öfter als Fach enthält, als die folgenden Glieder, endlich das erste Glied auser x nur den Fach 1 enthält. 308.

1, Die Gleichung ersten Grades mit einer Unbekannten.

Satz. Eine Gleichung ersten Grades mit einer Unbekannten ist aufgelöſ't, wenn ſie eingerichtet ist. 309.

Satz. Löſung der Gleichung ersten Grades mit einer Unbekannten. Die Gleichung ersten Grades mit einer Unbekannten löſ't man in folgender Weiſe: 310.

1. Man schafft alle Nenner weg und zwar schafft man den Nenner eines Gliedes weg, indem man jedes andere Glied der Gleichung mit der Gröse, welche im Nenner steht, vervielfacht.

2. Man löſ't alle Klammern auf, welche x enthalten nach 131, 130 und 133.

3. Man schafft die Glieder, welche x enthalten, auf die linke, die andern auf die rechte Seite, indem man jedes Glied der rechten Seite, welches x enthält, mit entgegengeſetztem Zeichen auf die linke Seite stellt, und jedes Glied der linken Seite, welches kein x enthält, mit entgegengeſetztem Zeichen auf die rechte Seite stellt.

4. Man schliest alle Glieder der linken Seite in eine Klammer, welche mit x vervielfacht ist nach 133.

5. Man schafft den Fach oder Faktor von x fort, indem man die andere Seite durch dieſen Fach teilt.

6. Man führt nunmehr die Rechung aus.

Beweis: Unmittelbar aus den Sätzen 303 bis 309.

Beispiel a.

$$105 = \frac{(7x-9)3}{3x-8}$$

1. $105(3x-8) = (7x-9)3$
2. $315x - 840 = 21x - 27$
3. $315x - 21x = 840 - 27$
4. $(315-21)x = 840 - 27$
5. $x = \frac{840-27}{315-21}$
6. $x = \frac{813}{294} = \frac{271}{98}$

Beispiel b.

$$\frac{12}{x} + 13 = \frac{98}{3x} - 18$$

1. $12 \cdot 3 + 13 \cdot 3x = 98 - 18 \cdot 3x$
2.
3. $13 \cdot 3x + 18 \cdot 3x = 98 - 12 \cdot 3$
4. $(13 \cdot 3 + 18 \cdot 3)x = 98 - 12 \cdot 3$
5. $x = \frac{98 - 12 \cdot 3}{13 \cdot 3 + 18 \cdot 3}$
6. $x = {}^{62}/_{93} = {}^{2}/_{3}$

Es ist notwendig, dass ſich jeder Gebildete eine reiche Uebung in der Löſung dieſer Gleichungen und in der Ausführung dieſer ſechs Umformungen schaffe. Das Uebungsheft des Verfassers für die Gleichungen ersten Grades bietet dazu reiche Gelegenheit.

Bei der Auflöſung der Klammern muss man die Strichklammer z. B. $-(a-b)$, die Malklammer z. B. $a\frac{b}{c}$ und die Beziehungsklammer $a\,(b-c)$ unterscheiden. Nicht ſelten ist die Klammer eine mehrfache z. B. in $a - b\,(c+d)\frac{e}{n}$ ist im zweiten Gliede eine dreifache Klammer: eine zwiefache Beziehungsklammer $b\,(c+d)$ und $(bc+bd)\,\frac{e}{n} = bc\frac{e}{n} + \frac{bde}{n}$ und eine Strichklammer $-(b\,(c+d)\,\frac{e}{n})$. Bei der mehrfachen Klammer muss stets erst die höhere Klammer (hier die Beziehungsklammer) und dann erst die niedere Klammer (hier die Strichklammer) gelöſ't werden. Wenn der Teiler oder Nenner zwei oder mehre Glieder enthält, ſo darf man dieſe Teilklammer nie auflöſen, ſondern muss stets mit dem ganzen Nenner teilen, oder muss jedes Glied der Gleichung mit dem Nenner vervielfachen und dadurch den Nenner fortschaffen, z. B. In $\frac{a}{b+c} = d + e$ darf man nicht durch b und durch c einzeln teilen. Will man den Nenner fortschaffen, ſo vervielfacht man jedes Glied mit $b+c$ und erhält dann $a = (d+e)\,(b+c)$. Reiche Uebungen bietet das Uebungsheft.

Der gewandte Rechner führt einen grosen Teil dieſer Umformungen im Kopfe aus und schreibt nur die Umformungen 1 oder 2, 3 oder 6 nieder, z. B.

$(x+5) : (x-5) = 7 : 4 \qquad (x+5)\,4 = (x-5)\,7$

$4x + 20 = 7x - 35 \qquad 3x = 55\ ;\ x = 18^1/_3.$

311. **Satz: Wenn die Aufgabe in einem Satze gegeben ist, ſo müssen zunächst die Worte in Formeln überſetzt werden; die erhaltene Gleichung heist der Anſatz. Die Gleichung wird dann gelöſ't, die Löſung und die Formel wieder in einen vollständigen Satz zurücküberſetzt, die Antwort.**

Beispiel. Ein Weg ſoll mit Bäumen bepflanzt werden, ſo dass dieſe 3 m aus einander stehen; hätte man 100 Bäume weniger, ſo könnte man ſie nur 4 m aus einander stellen; wieviel Bäume hatte man?

Anſatz: $(x - 100)\,4\,m = x \cdot 3\,m$

Löſung: $x \cdot 4 - 400 = x \cdot 3 \qquad x = 400,$

Antwort: Man hatte 400 Bäume.

Die Anwendung dieſer Gleichungen ist für das praktische Leben und für jeden Fortschritt in der Mathematik von gröster Wichtigkeit. Hier ist eine reiche Uebung geboten. Des Verfassers Uebungsheft bietet hierfür durch 262 Aufgaben die reichste Gelegenheit. Im Auflöſungshefte findet man jederzeit den Anſatz und die Antwort.

3. Die Gleichungen ersten Grades mit zwei Unbekannten.

312. **Satz. Löſung der Gleichungen ersten Grades mit zwei Unbekannten.**

Die Gleichungen mit mehren Unbekannten löſ't man durch Einführung, durch Gleichſetzung oder Vervielfachung.

1. Löſung durch Einführung (Substitutionsmethode). Man löſ't die eine Gleichung in Bezug auf eine Unbekannte und führt den erhaltenen Wert in die andern Gleichungen ein.

2. Löſung durch Gleichſetzung (Gleichſetzungsmethode). Man löſ't zwei Gleichungen in Bezug auf dieſelbe Unbekannte und ſetzt die erhaltenen Werte einander gleich.

3. Löſung durch Vervielfachung (Multiplikationsmethode). Man vervielfacht jede der beiden Gleichungen mit dem Fache (dem Faktor), den die eine Unbekannte in der andern Gleichung hat, und zieht nun die eine Gleichung von der andern ab.

Die erste Löſungsart ist die allgemeinste, aber häufig auch wegen der Nenner ſehr unbequem; die dritte Lösungsart ist, wo ſie anwendbar ist, am bequemsten und daher vorzuziehen.

Beispiel a: Einführung $3^3/_4\,x = 36 - {}^3/_4\,y$ $\quad 4^2/_3\,x = 2^2/_3\,y + 34$

$15\,x = 144 - 3\,y \qquad 14\,x = 8\,y + 102 \qquad x = 144 - 102 - 11\,y$

$x = 42 - 11\,y$ alſo $15\,(42 - 11\,y) = 144 - 3\,y\,;\ (165 - 3)\,y = 630 - 144$

$$y = \frac{486}{162} = 3 \qquad x = 42 - 11\,y = 9$$

Beispiel b: Gleichſetzung $\dfrac{4\,x + 81}{10\,y - 17} = 6 \qquad \dfrac{12\,x + 97}{15\,y - 17} = 4$

$4\,x + 81 = 6\,(10\,y - 17) = 60\,y - 102\,;\ 12\,x + 97 = 4\,(15\,y - 17) = 60\,y - 68$

$4\,x + 81 + 102 = 12\,x + 97 + 68\,; \qquad 8\,x = 18\,;\ x = 2^1/_4$

$60\,y = 4\,x + 81 + 102 = 192 \qquad y = 3^1/_5.$

Beispiel c: Vervielfachung $2\,x - 3\,y = 35\,; \quad x + 2\,y = 9$

$$2\,x + 4\,y = 18\,;\ 4\,y + 3\,y = 18 - 35\,;\ y = -\frac{17}{7} = -2^3/_7$$

$x = 9 - 2\,y = 9 + 4^6/_7 = 13^6/_7.$

Es wird auch hier ſehr zweckmäsig ſein, wenn ſich die Gebildeten einige Uebung in der Löſung dieſer Aufgaben schaffen. Das Uebungsheft des Verfassers bietet hiezu reiche Gelegenheit.

4. Die Gleichungen ersten Grades mit drei Unbekannten.

Satz: Löſung der Gleichung ersten Grades mit drei Unbekannten. Man entfernt zunächst eine Unbekannte aus 2 Gleichungsparen und entfernt dann aus den erhaltenen beiden Gleichungen die zweite Unbekannte. 313.

Beispiel: $x + y + z = 15\,; \quad x + y - z = 5\,; \quad x - y + z = 1$

$2\,x + 2\,y = 20 \ ;\ 2\,x = 6 \ ;\ x = 3 \ ;\ y = 7 \ ;\ z = 5.$

Auch hier ist es ſehr zweckmäsig, wenn die Gebildeten ſich Uebung in der Löſung dieſer Aufgaben verschaffen. Das Uebungsheft des Verfassers bietet wieder zahlreiche Uebungen, ſowie zahlreiche (132) Aufgaben zur Anwendung dieſer Gleichungen auf das praktische Leben dar und kann zur Uebung im

Selbstunterrichte wie in Schulen empfohlen werden, da die Aufgaben so geordnet sind, dass jeder sie lösen kann.

314. **Aufgabe. n Gleichungen ersten Grades mit n Unbekannten aufzulösen.**

Auflösung. Aus n Gleichungen, welche n Unbekannte enthalten, kann man nach 312 eine Unbekannte entfernen und erhält n — 1 Gleichungen ohne diese Unbekannte. Ebenso erhält man aus n — m Gleichungen mit n — m Unbekannten (d. h. aus denen bereits m Unbekannte entfernt sind) andere n — m — 1 Gleichungen mit n — m — 1 Unbekannten (d. h. aus denen m + 1 Unbekannte entfernt sind), und zuletzt n — (n — 1), d. h. 1 Gleichung mit einer Unbekannten, d. h. die Gleichung ist nach dieser Unbekannten gelöst. Tauscht man dann die entsprechenden Vorzahlen dieser Unbekannten x_1 mit einer andern Unbekannten x_2, so erhält man die Lösung nach dieser andern Unbekannten und so fort.

Die bequemste Art und Weise der Lösung von Gleichungen ersten Grades mit n Unbekannten werden wir in der Ausdehnungslehre kennen lernen, auf welche hier verwiesen werden kann.

Zweiter Abschnitt der Zahlenlehre: Die höhere Zahlenlehre oder die Lehre von den Höhen, den Tiefen und den Logen oder Logarithmen.

9. Höhen, Tiefen und Logen der Zahlen und Eigenschaften der Höhen, Tiefen und Loge.

A. Das Höhen der Zahlen.

Erklärung. Das Höhen (das Potenziren) heist die dritte oder höchste Ordnung der Grösenknüpfung, für welche das Gefetz der Doppelbeziehung zum Zufügen und zum Vervielfachen gilt, d. h. statt eine Gröse zur Summe von einer zweiten Gröse und einer Eins zu höhen, kann man die Gröse zur zweiten Gröse höhen und das Ergebniss mit der ersten Gröse vervielfachen. 315.

Eine Gröse zur Eins gehöht, wird der Gröse felbst gleich gefetzt.

Beispiele:

$$3^1 = 3 \; ; \; 3^2 = 3^{1+1} = 3 \cdot 3 = 9 \; ; \; 3^3 = 3^{2+1} = 3^2 \cdot 3 = 9 \cdot 3 = 27.$$

Für das Höhen empfiehlt es fich, diefe Erklärung zunächst an einigen Beispielen klar zu machen, z, B.

$$8^{3+1} = 8^3 \cdot 8^1 = 8^3 \cdot 8 \qquad 2^{5+1} = 2^5 \cdot 2^1 = 2^5 \cdot 2$$

$$8^{1+1+1+1} = 8^1 \cdot 8^1 \cdot 8^1 \cdot 8^1 = 4096 \quad 2^{1+1+1+1+1+1} = 2^1 \cdot 2^1 \cdot 2^1 \cdot 2^1 \cdot 2^1 \cdot 2^1 = 64$$

$$a^{m+1} = a^m \cdot a^1.$$

Es wird zweckmäsig fein dies bis zur vollsten Anschaulichkeit der Erklärung an dem „Eins hoch Eins“ einzuüben z. B.

$2^{1+1} = 2 \cdot 2 = 4$; $2^{2+1} = 2^2 \cdot 2 = 8$; $2^{3+1} = 2^3 \cdot 2 = 16$; $2^{4+1} = 2^4 \cdot 2 = 32$
$3^{1+1} = 3 \cdot 3 = 9$; $3^{2+1} = 3^2 \cdot 3 = 27$; $3^{3+1} = 3^3 \cdot 3 = 81$; $3^{4+1} = 3^4 \cdot 3 = 243$
$4^{1+1} = 4 \cdot 4 = 16$; $4^{2+1} = 4^2 \cdot 4 = 64$; $4^{3+1} = 4^3 \cdot 4 = 256$; $4^{4+1} = 4^4 \cdot 4 = 1024$

Die Erklärung bietet dann keine Schwierigkeiten mehr.

Die ſo eben gegebene Erklärung ist die allein scharfe und streng wissenschaftliche und zugleich die einfachste (die elementarste). Aus ihr lässt ſich das ganze Geſetz der Doppelbeziehung ableiten. Andrerſeits enthält dieſe Erklärung aber auch nicht mehr, als unumgänglich nötig ist, um das Geſetz der Doppelbeziehung daraus ableiten zu können.

Endlich ist dieſe Erklärung auch allein einfach (elementar). Wollen wir z. B. 9^5 ableiten, ſo müssen wir zunächst $9^2 = 9^{1+1} = 9 \cdot 9 = 81$ ableiten, daraus $9^3 = 9^{2+1} = 81 \cdot 9 = 729$; dann $9^4 = 9^{3+1} = 729 \cdot 9 = 6561$ endlich $9^5 = 9^{4+1} = 6561 \cdot 9 = 59049$. Die Erklärung ist alſo ganz einfach oder elementar.

Der Name „das Höhen" entspricht ganz der Bezeichnung dieſer Grösenknüpfung a^n geleſen a hoch n, und bezeichnet höchst passend die Art dieſer Knüpfung, der höchsten in der Zahlenlehre, wie unter den möglichen Arten der Denk-Knüpfungen überhaupt.

316. **Erklärung. Das Zeichen des Höhens ist das Hochschreiben der Gröse, welche die andere höht, z. B. a^m geleſen a hoch m.**

Die niedrig stehende Gröse, welche gehöht werden ſoll, heist die Baſe, die hochstehende, welche höht, heist die Stufe oder der Exponent, das Ergebniss der Beziehung heist die Höhe oder die Potenz.

Wenn keine Klammer steht, ſo wird die geſammte Stufe nur auf die nächst vorher stehende Gröse der Baſe bezogen.

Beispiele: Ohne Klammer:

$$a + b^c = a + (b^c) \qquad ab^m = a(b^m) \qquad b^m \cdot a = (b^m)a$$

$$a^{m+n} = a^{(m+n)} \qquad a^{mn} = a^{(mn)} \qquad a^{b^c} = \left(a^b\right)^c$$

Die Namen „die Baſe," „die Stufe" und die „Höhe" ſind bereits allgemein eingeführt und entsprechen der Sache. Da jedoch dieſe deutschen Ausdrücke noch einigen Gelehrten weniger geläufig ſind, ſo führe ich neben den deutschen Ausdrücken auch jeden Satz in den üblichen Fremdwörtern auf.

Auch beim Höhen oder Potenziren ist es wieder höchst wichtig, ſich darüber klar zu werden, welche Klammern ohne Aenderung des Wertes weggelassen werden können. In jeder einfachen Knüpfungsart können die Klammern fortgelassen werden, wenn fortschreitend geknüpft werden ſoll: ſo ist

$$a^{(b+c)+d} = a^{b+c+d}, \text{ ſo ist } \left(a^b\right)^c = a^{b^c}. \cdots \text{ cf. } 324$$

Wenn dagegen zwei oder mehr Knüpfungsarten gemengt ſind, ſo muss jedesmal zunächst die höhere Knüpfung ausgeführt werden, ehe die niedere Knüpfung ausgeführt wird, doch gilt dabei die Knüpfung in der Stufe oder im Exponenten höher als in der Baſe. So ist $a + bc + cd^e = a + (bc) + [c(d^e)]$, ſo ist $bc^e = b(c^e)$ und $b\,^e c = (b^e)c$, ſo ist $a^{b+c} = a^{(b+c)}$ und $a^{bc} = a^{(bc)}$. Es ist wichtig, dass man ſich hierin übe.

317. **Erklärung. Die Klammer heist eine Baſenklammer, wenn ſie in der Baſe steht; ſie heist eine Stufenklammer, wenn ſie in der Stufe steht.**

Beispiele: Bafenklammer: $(3.5)^2$; $(3+5)^3$; $(a \cdot b)^n$; $(a+b)^m$.

Stufenklammer: $a^{(m+n)c}$; $a^{(b^2d)}$; $a^{(c^d)}$.

Grundformeln des Höhens (des Potenzirens). 318.

$$a^{b+1} = a^b \cdot a \qquad a^1 = a \qquad 1^1 = 1$$

Statt zu der Stufe eine Eins zu fügen, kann man die Höhe der Bafe zur Stufe mit der Bafe vervielfachen.	**Statt zu dem Exponenten eine Eins zu addiren, kann man die Potenz der Bafe zum Exponenten mit der Bafe multipliziren.**

Eine Zahl mit Eins höhen (potenziren) ändert die Gröse nicht. Eins ist diejenige Gröse, welche mit fich felbst gehöht (potenzirt) fich nicht ändert.

Man kann aus diefer Grundformel das Eins hoch Eins ableiten. Die umstehende Tafel ist hienach berechnet, fie giebt die neun ersten Höhender Zahlen 1 bis 50.

Satz. $a^0 = 1$, **wenn** $a \gtrless 0$ **ist.** 319.

Jede Zahl ungleich Null giebt mit Null gehöht eins.

Beweis: Es ist $a = a^1 = a^{0+1}$ (nach 318 und 134)

$= a^0 \cdot a$ (nach 318)

Alfo ist a^0 eine Gröse, welche mit jeder beliebigen Zahl vervielfacht diefelbe nicht ändert, d. h. es ist $a^0 = 1$ nach 98.

Satz. $a^{b+c} = a^b \cdot a^c$, **wo c eine ganze Zahl.** 320.

Statt in der Stufe zu einer Zahl eine ganze Zahl zu fügen, kann man die Bafe zu den einzelnen Zahlen der Stufe höhen und die beiden Höhen mit einander vervielfachen und Zwei Höhen gleicher Bafe vervielfacht man, indem man bei derfelben Bafe die Stufen fügt.	**Statt in dem Exponenten zu einer Zahl eine ganze Zahl zu addiren, kann man die Bafe zu den einzelnen Zahlen des Exponenten höhen und die beiden Potenzen mit einander multipliziren und Zwei Potenzen gleicher Bafe multiplizirt man, indem man bei derfelben Bafe die Exponenten addirt.**

Beweis: Einfach oder elementar in Bezug auf c.

1. Der Satz gilt, wenn $c = 1$ ist nach 318.

2. Wenn der Satz für eine beliebige ganze Zahl c gilt (Annahme), fo gilt er auch für die Zahl $c + 1$; denn es ist

$a^{b+(c+1)} = a^{(b+c+1)}$ (nach 131)

$= a^{b+c} \cdot a$ (nach 318)

$= a^b \cdot a^c \cdot a$ (nach Annahme)

Zu No. 318: Die ersten 9 Potenzen aller Zahlen von 1 bis 50.

1	2	3	4	5	6
1	1	1	1	1	1
2	4	8	16	32	64
3	9	27	81	243	729
4	16	64	256	1024	4096
5	25	125	625	3125	15625
6	36	216	1296	7776	46656
7	49	343	2401	16807	117649
8	64	512	4096	32768	262144
9	81	729	6561	59049	531441
10	100	1000	10000	100000	1000000
11	121	1331	14641	161051	1771561
12	144	1728	20736	248832	2985984
13	169	2197	28561	371293	4826809
14	196	2744	38416	537824	7529536
15	225	3375	50625	759375	11390625
16	256	4096	65536	1048576	16777216
17	289	4913	83521	1419857	24137569
18	324	5832	104976	1889568	34012224
19	361	6859	130321	2476099	47045881
20	400	8000	160000	3200000	64000000
21	441	9261	194481	4084101	85766121
22	484	10648	234256	5153632	113379904
23	529	12167	279841	6436343	148035889
24	576	13824	331776	7962624	191102976
25	625	15625	390625	9765625	244140625
26	676	17576	456976	11881376	308915776
27	729	19683	531441	14348907	387420489
28	784	21952	614656	17210368	481890304
29	841	24389	707281	20511149	594823321
30	900	27000	810000	24300000	729000000
31	961	29791	923521	28629151	887503681
32	1024	32768	1048576	33554432	1073741824
33	1089	35937	1185921	39135393	1291467969
34	1156	39304	1336336	45435424	1544804416
35	1225	42875	1500625	52521875	1838265625
36	1296	46656	1679616	60466176	2176782336
37	1369	50653	1874161	69343957	2565726409
38	1444	54872	2085136	79235168	3010936384
39	1521	59319	2313441	90224199	3518743761
40	1600	64000	2560000	102400000	4096000000
41	1681	68921	2825761	115856201	4750104241
42	1764	74088	3111696	130691232	5489031744
43	1849	79507	3418801	147008443	6321363049
44	1936	85184	3748096	164916224	7256313856
45	2025	91125	4100625	184528125	8303765625
46	2116	97336	4477456	205962976	9474296896
47	2209	103823	4879681	229345007	10779215329
48	2304	110592	5308416	254803968	12230590464
49	2401	117649	5764801	282475249	13841287201
50	2500	125000	6250000	312500000	15625000000

Die ersten 9 Potenzen aller Zahlen von 1 bis 50.

1	7	8	9
1	1	1	1
2	128	256	512
3	2187	6561	19683
4	16384	65536	262144
5	78125	390625	1953125
6	279936	1679616	10077696
7	823543	5764801	40353607
8	2097152	16777216	134217728
9	4782969	43046721	387420489
10	10000000	100000000	1000000000
11	19487171	214358881	2357947691
12	35831808	429981696	5159780352
13	62748517	815730721	10604499373
14	105413504	1475789056	20661046784
15	170859375	2562890625	38443359375
16	268435456	4294967296	68719476736
17	410338673	6975757441	118587876497
18	612220032	11019960576	198359290368
19	893871739	16983563041	322687697779
20	1280000000	25600000000	512000000000
21	1801088541	37822859361	794280046581
22	2494357888	54875873536	1207269217792
23	3404825447	78310985281	1801152661463
24	4586471424	110075314176	2641807540224
25	6103515625	152587890625	3814697265625
26	8031810176	208827064576	5429503678976
27	10460353203	282429536481	7625597484987
28	13492928512	377801998336	10578455953408
29	17249876309	500246412961	14507145975869
30	21870000000	656100000000	19683000000000
31	27512614111	852891037441	26439622160671
32	34359738368	1099511627776	35184372088832
33	42618442977	1406408618241	46411484401953
34	52523350144	1785793904896	60716992766464
35	64339296875	2251875390625	78815638671875
36	78364164096	2821109907456	101559956668416
37	94931877133	3512479453921	129961739795077
38	114415582592	4347792138496	165216101262848
39	137231006679	5352009260481	208728361158759
40	163840000000	6553600000000	262144000000000
41	194754273881	7984925229121	327381934393961
42	230539333248	9682651996416	406671383849472
43	271818611107	11688200277601	502592611936843
44	319277809664	14048223625216	618121839509504
45	373669453125	16815125390625	756680642578125
46	435817657216	20047612231936	922190162669056
47	506623120463	23811286661761	1119130473102767
48	587068342272	28179280429056	1352605460594688
49	678223072849	33232930569601	1628413597910449
50	781250000000	39062500000000	1953125000000000

$$= a^b \cdot (a^c \cdot a) \qquad \text{(nach 180)}$$
$$= a^b \cdot a^{c+1} \qquad \text{(nach 318).}$$

321. 3. Alſo gilt der Satz nach 24 allgemein.

Beziehungsgeſetz des Höhens (des Potenzirens)

$$a^{\underset{1,n}{S} b_\mathfrak{b}} = \underset{1,n}{P} a^{b_\mathfrak{b}} \qquad \text{oder } a^{b_1+b_2+\cdots+b_n} = a^{b_1} \cdot a^{b_2} \cdot \ldots \cdot a^{b_n}$$

In jeder Zahlenknüpfung durch Höhen kann man in der Stufe (im Exponenten) die Summe von ganzen Zahlen auflöſen

indem man die Baſe zu den einzelnen Stücken der Stufe höht und die Höhen vervielfacht.	**indem man die Baſe mit den Stücken des Exponenten einzeln potenzirt und die Potenzen multiplizirt.**

Die Höhe oder Potenz ist wieder eine Zahl.

Beweis: 1. Der Satz gilt für $n = 2$ nach 320.

2. Wenn der Satz für n gilt, ſo gilt er auch für $n + 1$; denn

$$a^{\underset{1,n+1}{S} b_\mathfrak{b}} = a^{\left(\underset{1,n}{S} b_\mathfrak{b}\right) + b_{n+1}} \qquad \text{(nach 14)}$$
$$= a^{\underset{1,n}{S} b_\mathfrak{b}} \cdot a^{b_{n+1}} \qquad \text{(nach 320)}$$
$$= \underset{1,n}{P} a^{b_\mathfrak{b}} \cdot a^{b_{n+1}} \qquad \text{(nach Annahme).}$$
$$= \underset{1,n+1}{P} a^{b_\mathfrak{b}} \qquad \text{(nach 14)}$$

3. Alſo gilt der Satz nach 23 allgemein.

322. **Satz.** $a^1 = a \qquad 1^a = 1$

Die Eins in der Stufe (im Exponenten) ist die nicht ändernde Gröse des Höhens und die Eins in der Baſe ist die unveränderliche Gröse des Höhens.

Beweis: Es ist $a^1 = a$ nach 318; es ist aber auch nach 321 $1^a = 1^1 \cdot 1^1 \cdot 1^1 \cdot 1^1 \cdot 1^1 \cdots 1^1 = 1 \cdot 1 \cdot 1 \cdot 1 \cdot 1 \cdot \cdots 1 = 1 \cdot$ (nach 97).

323. **Satz.** $(ab)^c = a^c \cdot b^c$, **wo c eine ganze Zahl.**

Das Zeug zweier Zahlen erhöht man mit einer ganzen Zahl, indem man die beiden Zahlen einzeln zu der Stufe erhöht und die Höhen vervielfacht.	**das Produkt zweier Zahlen potenzirt man mit einer ganzen Zahl, indem man die Faktoren einzeln mit dem Exponenten potenzirt und die Potenzen multiplizirt.**

Beweis: Einfach oder elementar in Bezug auf c.

1. Der Satz gilt, wenn $c = 1$ ist; denn

$(ab)^1 = ab = a^1 \cdot b^1$ (nach 318)

2. Wenn der Satz für eine beliebige ganze Zahl c gilt (Annahme), ſo gilt er auch für die Zahl $c + 1$ (Folgerung); denn

$$\begin{aligned}(ab)^{c+1} &= (ab)^c \cdot ab && \text{(nach 318)}\\ &= a^c \cdot b^c \cdot ab && \text{(nach Annahme)}\\ &= (a^c \cdot a)(b^c \cdot b) && \text{(nach 180)}\\ &= a^{c+1} \cdot b^{c+1} && \text{(nach 318).}\end{aligned}$$

3. Alſo gilt der Satz nach 24 allgemein.

Satz. $a^{bc} = (a^b)^c$ **324.**

Eine Zahl höht man zu dem Zeuge zweier ganzen Zahlen, indem man die Baſe zu den Zahlen der Stufe fortschreitend höht.

Eine Zahl potenzirt man mit dem Produkte zweier ganzen Zahlen, indem man die Baſe mit den Zahlen des Exponenten fortschreitend potenzirt.

Beweis: Einfach oder elementar in Bezug auf c.

1. Der Satz gilt, wenn $c = 1$ ist; denn $a^{b \cdot 1} = a^b = (a^b)^1$ (nach 318).

2. Wenn der Satz für eine beliebige ganze Zahl c gilt (Annahme), ſo gilt er auch für die Zahl $c + 1$ (Folgerung); denn

$$\begin{aligned}(a^b)^{c+1} &= (a^b)^c \cdot a^b && \text{(nach 318)}\\ &= a^{bc} \cdot a^b && \text{(nach Annahme)}\\ &= a^{bc+b} && \text{(nach 320)}\\ &= a^{b(c+1)} && \text{(nach 156)}\end{aligned}$$

3. Alſo gilt der Satz nach 24 allgemein.

Satz. $(a^b)^c = (a^c)^b$. **325.**

Die Ordnung in welcher man fortschreitend erhöht oder potenzirt, kann man ohne Aenderung des Wertes beliebig ändern.

Beweis:
$$\begin{aligned}(a^b)^c &= a^{bc} && \text{(nach 324)}\\ &= a^{cb} && \text{(nach 180)}\\ &= (a^c)^b && \text{(nach 324).}\end{aligned}$$

Geſetz der Zahlenhöhung (der Potenzirung von Zahlen.) **326.**
Wenn in der Stufe (im Exponenten) nur ganze Zahlen vorkommen, ſo kann man in jeder Zahlenknüpfung durch Höhen

erstens jedes Baſenzeug auflöſen, indem man die Fache der Baſe zu der Stufe höht und die Höhen vervielfacht,

erstens das Baſenprodukt auflöſen, indem man die Faktoren mit dem Exponenten potenzirt und die Potenzen multiplizirt.

zweitens jede **Stufenſumme** auflöſen, indem man die Baſe zu jedem Stücke der Stufe höht und die Höhen vervielfacht und

drittens jedes **Stufenzeug** auflöſen, indem man die Baſe fortschreitend zu den Fachen der Stufe höht.

Die **Ordnung**, in welcher man fortschreitend höht, ist beliebig. Die Höhe ist wieder eine Zahl.

zweitens die **Exponentenſumme** auflöſen, indem man die Baſe mit den Stücken potenzirt und die Potenzen multiplizirt, und

drittens das **Exponentenprodukt** auflöſen, indem man die Baſe fortschreitend mit den Faktoren potenzirt.

Die **Ordnung**, in welcher man fortschreitend potenzirt, ist beliebig. Die Potenz ist wieder eine Zahl.

Beweis: Unmittelbar aus 323, 320, 324 und 325.

327. **Satz.** $a^n \overset{*}{=} \underset{1,n}{P} a$ * n eine ganze Pluszahl

Wenn die Stufe eine ganze Pluszahl n ist, ſo ist die Höhe ein Zeug, dessen n Fache der Baſe gleich ſind.

Wenn der Exponent eine ganze poſitive Zahl n ist, ſo ist die Potenz ein Produkt, dessen n Faktoren der Baſe gleich ſind.

Beweis: Unmittelbar aus 326.

328. **Satz.** $0^n = 0$ * n eine ganze Pluszahl.

Null, zu jeder ganzen Pluszahl erhöht, giebt wieder Null.

Null, mit jeder ganzen poſitiven Zahl potenzirt, giebt wieder Null.

Beweis: Unmittelbar aus 327 und 174.

329. **Satz.** $1^n \overset{*}{=} 1 \; ; \; (-1)^{2n} = 1 \; ; \; (-1)^{2n+1} \overset{*}{=} -1$

* n eine ganze Pluszahl.

Jede Höhe von Pluseins zur ganzen Stufe ist wieder Pluseins; jede Höhe von Stricheins zur geraden Stufe ist Pluseins, zur ungeraden Stufe ist Stricheins.

Jede Potenz von + 1 mit ganzem Exponenten ist wieder + 1; jede Potenz von − 1 mit geradem Exponenten ist + 1, mit ungeradem Exponenten ist − 1.

Beweis: Unmittelbar aus 322 und 180.

330. **Satz.** $(+a)^n \overset{*}{=} +(a^n) \; ; \; (-a)^{2n} \overset{*}{=} +(a^{2n}) \; ; \; (-a)^{2n+1} \overset{*}{=} -(a^{2n+1})$

* n eine ganze Pluszahl.

Jede Höhe einer Pluszahl zur ganzen Stufe ist wieder eine Pluszahl.

Jede Potenz einer poſitiven Zahl mit ganzem Exponenten ist eine poſitive Zahl.

Jede Höhe einer Strichzahl zur geraden Stufe ist eine Pluszahl, zur ungeraden Stufe eine Strichzahl.

Jede Potenz einer negativen Zahl mit geradem Exponenten ist eine poſitive Zahl, mit ungeradem Exponenten eine negative Zahl.

Beweis: Unmittelbar aus 158, 326, und 329.

Beispiele: $3^2 = 3\cdot 3 = 9$; $3^3 = 27$; $3^5 = 243$

$$(-3)^2 = (-3)\cdot(-3) = 9 \; ; \; (-3)^3 = (-3)^2\cdot(-3) = 9\cdot(-3) = -27$$

$$(-3)^5 = (-3)^{4+1} = (-3)^4\cdot(-3)^1 = 81\cdot(-3) = -243.$$

Satz. Höhen (Potenzen) von entgegengeſetzter Baſe zu gleicher Stufe ſind einander gleich, wenn die Stufe gerade, entgegengeſetzt wenn ſie ungerade ist. 331.

Beweis: Unmittelbar aus 330.

Beispiele: $3^4 = (-3)^4$; $3^5 = -(-3)^5$.

Satz. $a^{-n} \stackrel{*}{=} \dfrac{1}{a^n}$; $a^n \stackrel{*}{=} \dfrac{1}{a^{-n}}$, * $a \gtrless 0$, **n eine ganze Zahl.** 332.

Wenn die Baſe ungleich Null und die Stufe eine ganze Zahl ist, ſo ſind die Höhen oder Potenzen zur entgegengeſetzten Stufe die umgekehrten Werte von einander.

Beweis: $a^{-n} = \dfrac{a^{-n}\cdot a^n}{a^n}$ (nach 167)

$= \dfrac{a^{-n+n}}{a^n}$ (nach 320)

$= \dfrac{a^0}{a^n} = \dfrac{1}{a^n}$ (nach 319)

2. Ebenſo folgt $a^n = \dfrac{1}{a^{-n}}$.

Beispiele: $9^{-3} = 1/9^3 = 1/729$; $10^{-4} = 1/10^4 = 1/10000$.

Satz. Eine Zahl vervielfacht man bez. teilt man durch 10^n, wo n eine ganze Pluszahl ist, indem man das Komma um n Stellen nach rechts, bez. nach links rückt, und 333.

Statt das Komma um n Stellen nach rechts bez. nach links zu rücken, kann man die Zahl mit 10^n vervielfachen bez. durch 10^n teilen.

Beweis: Unmittelbar aus 193 und 194.

Satz. $a^{b-c} \stackrel{*}{=} \dfrac{a^b}{a^c}$ * $a \gtrless 0$, **b und c ganze Zahlen.**

Wenn die Baſe ungleich Null und die Zahlen in der Stufe ganze Zahlen ſind, ſo kann man, statt mit einem Unterschiede zu erhöhen, auch mit den Gliedern einzeln erhöhen und die Höhen entsprechend teilen und

kann man, statt Höhen von gleicher Base zu teilen, auch die Stufen entsprechend abziehen.

Beweis: $a^{b-c} = a^{b-c} \cdot a^c : a^c$ (nach 167)

$= a^{b-c+c} : a^c$ (nach 320)

$= a^b : a^c$ (nach 129).

Beispiele: $7^{5-3} = 7^2 = 49 = 7^5 : 7^3 = 16807 : 343$.

335. **Satz.** $\left(\frac{a}{b}\right)^c \overset{*}{=} \frac{a^c}{b^c}$ * $b \gtrless 0$, c eine ganze Pluszahl.

Einen Bruch erhöht man zu einer Zahl, indem man Zähler und Nenner einzeln erhöht, und

Statt Zähler und Nenner eines Bruches einzeln zu erhöhen, kann man den ganzen Bruch erhöhen.

Beweis: $\left(\frac{a}{b}\right)^c = \left(\frac{a}{b}\right)^c \cdot b^c : b^c$ (nach 167)

$= \left(\frac{a}{b} \cdot b\right)^c : b^c$ (nach 323)

$= a^c : b^c$ (nach 167).

Beispiel: $(^3/_4)^3 = 3^3 : 4^3$.

336. **Satz.** $\left(\frac{a}{b}\right)^{-c} \overset{*}{=} \left(\frac{b}{a}\right)^c$ * a und $b \gtrless 0$, c eine ganze Zahl.

Einen Bruch erhöht man zu einer Strichzahl, indem man den Bruch umkehrt und zu der entsprechenden Pluszahl erhöht.

Beweis: $\left(\frac{a}{b}\right)^{-c} = 1 : \left(\frac{a}{b}\right)^c$ (nach 332)

$= 1 : \frac{a^c}{b^c}$ (nach 335)

$= \frac{b^c}{a^c}$ (nach 181)

$= \left(\frac{b}{a}\right)^c$ (nach 335)

Beispiel: $(^3/_4)^{-3} = (^4/_3)^3$.

337. **Satz. Jeder echte Plusbruch giebt, zu einer ganzen Pluszahl erhöht, einen echten Bruch, zu einer ganzen Strichzahl erhöht, eine Höhe gröser als Eins, und**

Jede Zahl gröser als Eins giebt, zu einer ganzen Pluszahl erhöht

Jeder positive echte Bruch giebt, mit einer ganzen positiven Zahl potenzirt, einen echten Bruch, mit einer ganzen negativen potenzirt, eine Potenz gröser als 1, und

Jede Zahl gröser als 1 giebt, mit einer ganzen positiven Zahl

eine Höhe gröser als Eins, zu einer ganzen Strichzahl erhöht, einen echten Bruch.

potenzirt, eine Potenz gröser als 1, mit einer ganzen negativen potenzirt, einen echten Bruch.

Beweis: 1. Wenn die Stufe eine Pluszahl ist, ſo folgt der Satz unmittelbar aus 207.

2. Wenn dagegen die Stufe eine Strichzahl ist, ſo ſei $b > a$ und beide Zahlen Pluszahlen, dann ist $\frac{a}{b}$ ein echter Bruch, nach 205, dagegen $\frac{b}{a}$ gröser als eins; denn ist $\frac{b}{a} - 1 = \frac{b-a}{a}$ eine Pluszahl, da $b - a$ eine Pluszahl, nach 142 und a desgleichen, alſo $b : a$ gröser als 1 nach 142. Nun ist aber $\left(\frac{a}{b}\right)^{-n} = \left(\frac{b}{a}\right)^{n}$ nach 336, mithin giebt ein echter Plusbruch, mit einer Strichzahl erhöht, dasſelbe, was eine Zahl gröser als 1, mit einer Pluszahl erhöht, d. h. nach 337,1 eine Zahl gröser als 1. Ebenſo ist nach 336 $\left(\frac{b}{a}\right)^{-n} = \left(\frac{a}{b}\right)^{n}$, mithin giebt eine Zahl gröser als 1, mit einer Strichzahl erhöht, dasſelbe was ein echter Bruch giebt, mit einer Pluszahl erhöht, d. h. nach 337,1 einen echten Bruch.

Satz. Wenn eine Pluszahl a zu einer beliebigen ganzen Zahl ungleich Null erhöht, Eins geben ſoll, ſo muss ſie Eins ſein. 338.

Beweis: Trennend (indirekt). Jede Pluszahl ist nach 143 entweder gleich Eins oder gröser oder kleiner als 1.

Angenommen nun, a ſei gröser als Eins, oder es ſei kleiner als Eins, d. h. ein echter Bruch nach 196, ſo ist, da die Stufe ungleich Null ist, die Stufe nach 139 entweder eine Pluszahl oder eine Strichzahl, d. h. die Höhe nach 330 entweder gröser als 1 oder kleiner als 1, d. h. jedenfalls nicht gleich Eins. Die Pluszahl darf alſo weder gröser noch kleiner als 1 ſein, d. h. ſie ist gleich Eins (nach 143).

Satz. Wenn eine Pluszahl ungleich eins, zu einer ganzen Zahl b erhöht, Eins giebt, ſo ist die letztere Null. 339.

Beweis: Trennend (indirekt). Jede Zahl b ist nach 140 entweder Null oder eine Plus- oder eine Strichzahl. Angenommen nun, die Stufe b ſei eine Pluszahl, oder ſei eine Strichzahl, ſo ist, da die Baſe ungleich 1 ist, die Baſe nach 143 entweder gröser als 1, oder kleiner als 1, mithin auch nach 337 die Höhe, welche man erhält, wenn man die Baſe mit einer Pluszahl oder mit einer Strichzahl erhöht, entweder gröser oder kleiner als 1, d. h. jedenfalls nicht gleich Eins. Die Stufe oder der Exponent darf alſo weder eine Pluszahl, noch eine Strichzahl ſein, ſie muss alſo (nach 140) Null ſein. Ist aber $b = 0$, ſo ist, was auch a für eine Gröse ſei, $a^b = a^0 = 1$ (nach 319).

340. **Satz. Zwei Pluszahlen a und b, welche, zu derſelben ganzen Zahl c ungleich Null erhöht, dieſelbe Höhe oder Potenz geben, ſind einander gleich, und**

Zwei ganze Zahlen c und d, zu welchen dieſelbe Pluszahl a ungleich Eins erhöht, dieſelbe Höhe geben, ſind auch einander gleich.

Beweis: 1. Es ſei $a^c = b^c$ und a und b Pluszahlen und $c \gtrless 0$,

ſo ist $1 = \frac{b^c}{b^c} = \frac{a^c}{b^c}$ (nach 173)

$= \left(\frac{a}{b}\right)^c$ (nach 335)

mithin ist, da $c \gtrless 0$ ist, $\frac{a}{b} = 1$, nach 338, d. h. $a = b$, nach 173.

2. Es ſei $a^c = a^d$ und a eine Pluszahl ungleich Eins, ſo ist

$1 = \frac{a^c}{a^c} = \frac{a^c}{a^d}$ (nach 173)

$= a^{c-d}$ (nach 334)

mithin, da $a \gtrless 1$ ist, ſo ist nach 339 $c - d = 0$, d. h. $c = d$ (nach 135).

B. Das Tiefen oder das Radiziren der Zahlen.

341. **Erklärung. Das Tiefen, das Radiziren der Zahlen heist die dem Höhen der Zahlen entsprechende Trennung, wo die Höhe (die Potenz) $b = a^c$ und die Stufe (der Exponent) c gegeben ist und die Baſe a geſucht wird. Die Stufe c muss beim Tiefen stets eine ganze Zahl ungleich Null ſein.**

Die Höhe oder Potenz b, welche getieft werden ſoll, heist die zu tiefende Gröse (der radicandus), die tiefende Gröse c heist die Senke (der radicator), das Ergebniss des Tiefens heist die Tiefe (die radix) a.

342. **Erklärung. Das Zeichen des Tiefens ist eine Brucheinheit in der Stufe, z. B. $a^{\frac{1}{n}}$ geleſen „a zur ein ntel" oder „a tief n". Die Zeichen „hoch" und „tief" heisen gemeinſam steigende Zeichen.**

In den mathematischen Werken wird die Tiefe gewöhnlich die Wurzel genannt, aber mit dieſen Wurzeln ganz unwissenschaftlich verfahren. Es wird nämlich in den mathematischen Werken $\sqrt{a^2} = \sqrt{a^2}$ gefetzt, und dabei gleichzeitig gewöhnlich gelehrt, dass es von a^2 zwei Wurzeln gebe, $+a$ und $-a$; darnach fetzen diefe Werke alfo, da fie die beiden Wurzeln nicht unterscheiden $+a = -a$; denn $+a = \sqrt{a^2}$ und $-a = \sqrt{a^2}$, alfo $+a = \sqrt{a^2} = -a$, das aber ist jedenfalls unwissenschaftlich. Da es nun für $\sqrt[n]{a}$ n verschiedene Werte giebt, fo ist $\sqrt[n]{a}$ eine n wertige Gröse, mit welcher man nicht rechnen darf. Ich unterscheide alfo die Tiefe $a^{\frac{1}{n}}$ als einwertige Gröse von $\sqrt[n]{a}$ als n wertiger Gröse.

Sollen zwei mehrwertige Grösen einander gleich gefetzt werden, fo muss man dafür ein befonderes Zeichen einführen. Ich wähle dafür das Zeichen $\cong$, gelefen „entsprechend gleich" und fetze alfo $\sqrt[n]{a} \cong \sqrt[n]{a}$, d. h. die nte Wurzel aus a ist der nten Wurzel aus a gleich, wenn man auf beiden Seiten die entsprechenden Werte einführt.

Grundformel des Tiefens (des Radizirens). 343.

$$\left(a^{\frac{1}{n}}\right)^n = a.$$

Mit einer ganzen Zahl fortschreitend tiefen und höhen (radiziren und potenziren) ändert nichts.

Beispiel: $(27^{1/3})^3 = 3^3 = 27$.

Satz. $(a^n)^{\frac{1}{n}} = a.$ 344.

Mit einer ganzen Zahl fortschreitend höhen und tiefen (potenziren und radiziren) ändert nichts.

Beweis: $\left[(a^n)^{\frac{1}{n}}\right]^n = a^n$ (nach 343)

mithin, da a und $(a^n)^{\frac{1}{n}}$ Pluszahlen und n eine ganze Zahl ist, fo ist

$(a^n)^{\frac{1}{n}} = a$ (nach 340).

Satz. $1^{\frac{1}{n}} = 1.$ 345.

Die nte Tiefe aus Eins ist wieder 1.

Beweis: $1^{\frac{1}{n}} = (1^n)^{\frac{1}{n}}$ (nach 329)

$= 1$ (nach 344).

Gefetz des Tiefens. Für die Tiefe oder Radix gelten alle Gefetze der Erhöhung. 346.

Beweis: Da die Tiefe $a^{\frac{1}{n}}$ nur einen Wert hat (wenn a nur einen Wert hat) und alſo eine Zahlgröse ist, ſo folgt es unmittelbar aus 326 für die Tiefe, wie für jede andere Zahlgröse.

347. **Satz.** $\left(\frac{a}{b}\right)^{\frac{1}{n}} = \frac{a^{\frac{1}{n}}}{b^{\frac{1}{n}}}$

Einen Bruch tieft (radizirt) man, indem man Zähler und Nenner tieft.

Beweis: Es ist $\left(\frac{a}{b}\right)^{\frac{1}{n}} = \left(\frac{\left(a^{\frac{1}{n}}\right)^{n}}{\left(b^{\frac{1}{n}}\right)^{n}}\right)^{\frac{1}{n}}$ (nach 343)

$= \left(\left(\frac{a^{\frac{1}{n}}}{b^{\frac{1}{n}}}\right)^{n}\right)^{\frac{1}{n}}$ (nach 346 und 335)

$= \frac{a^{\frac{1}{n}}}{b^{\frac{1}{n}}}$ (nach 344)

Beispiele: $\left(\frac{27}{64}\right)^{1/3} = \frac{27^{\frac{1}{3}}}{64^{\frac{1}{3}}} = \frac{3}{4}$.

348. **Satz.** $a^{\frac{m}{n}} = (a^{m})^{\frac{1}{n}} = \left(a^{\frac{1}{n}}\right)^{m}$.

Zu einem Bruche erhöht man, indem man die Baſe fortschreitend zu dem Zähler und Nenner oder fortschreitend zu dem Nenner und Zähler erhöht.

Beweis: 1. $a^{\frac{m}{n}} = a^{\left(\frac{m}{n}\right)} = \left(\left(a^{\left(\frac{m}{n}\right)}\right)^{n}\right)^{\frac{1}{n}}$ (nach 344)

$= a^{\left(\frac{m}{n}\cdot n\right)^{\frac{1}{n}}}$ (nach 324)

$= (a^{m})^{\frac{1}{n}}$ (nach 167)

2. $a^{\frac{m}{n}} = a^{\left(\frac{m}{n}\right)} = a^{\left(\frac{1}{n}\cdot m\right)}$ (nach 177)

$= \left(\left(a^{\left(\frac{1}{n}\cdot m\right)}\right)^{\frac{1}{m}}\right)^{m}$ (nach 343)

$= \left(a^{\left(\frac{1}{n}\cdot m\cdot\frac{1}{m}\right)}\right)^{m}$ (nach $348_{,1}$)

$= \left(a^{\frac{1}{n}}\right)^{m}$ (nach 177, 167).

Beispiele: $8^{\frac{5}{3}} = \left(8^{\frac{1}{3}}\right)^5 = 2^5 = 32.$

Satz. $a^{\frac{1}{mn}} = \left(a^{\frac{1}{m}}\right)^{\frac{1}{n}} = \left(a^{\frac{1}{n}}\right)^{\frac{1}{m}}$; $a^{\frac{1}{m:n}} = a^{\frac{n}{m}}$. 349.
Zu dem Zeuge oder Produkte zweier Zahlen tieft (radizirt) man, indem man die Base erst zu dem einen Fache und dann zum andern Fache tieft und zu einem Bruche tieft (radizirt) man, indem man die Base zu dem umgekehrten Bruche erhöht.

Beweis: 1. $a^{\frac{1}{mn}} = \left(\left(a^{\frac{1}{mn}}\right)^n\right)^{\frac{1}{n}}$ (nach 344)

$= \left(a^{\frac{1}{mn} \cdot n}\right)^{\frac{1}{n}}$ (nach 324)

$= \left(a^{\frac{1}{m}}\right)^{\frac{1}{n}}$ (nach 167)

2. $a^{\frac{1}{mn}} = a^{\frac{1}{nm}} = \left(a^{\frac{1}{n}}\right)^{\frac{1}{m}}$ (nach $349_{,1}$)

3. $a^{\frac{1}{m:n}} = a^{\left(\frac{1}{m:n}\right)} = a^{\left(\frac{n}{m}\right)}$ (nach 181)

$= a^{\frac{n}{m}}$

C. Das Logen oder das Logarithmiren der Zahlen.

Erklärung. Das Logen, das Logarithmiren der Zahlen heist 350.
die dem Höhen der Zahlen entsprechende Trennung, wo die Höhe (die Potenz) b = a^c und die Base a gegeben ist und die Stufe c gesucht wird.

Die Base a muss beim Logen stets ungleich Eins sein.

Die Höhe oder Potenz b, welche gelogt werden soll, heist die zu logende Gröse oder die Loghöhe (die potentia logarithmi), die logende Gröse a heist die Logbase (die basis logarithmi), das Ergebniss des Logens c heist der Log (der Logarithmus).

Erklärung. Das Zeichen des Logens ist $\frac{b}{=a}$ **(gelesen b ge-** 351.
logt nach a, kurz b nach a) oder $\log_a b$ **(gelesen log b nach a). Die Zeichen „hoch" und „log nach" heisen gemeinsame Logzeichen.**

Das Zeichen log bezieht sich auf alle folgenden Grösen desselben Gliedes.

352. **Grundformel des Logens (des Logarithmirens).**

Satz. $c = \frac{a^c}{a}$

Der Log einer Höhe der Base ist gleich der Stufe dieser Höhe.

Der Logarithmus einer Potenz der Logarithmen-Base ist gleich dem Exponenten dieser Potenz.

Beweis: Unmittelbar nach 350.

Beispiel: $\frac{10^3}{10} = 3$, $\frac{10^6}{10}$ 6.

353. **Satz.** $\frac{1}{a} = 0.$

Der Log (der Logarithmus) von Eins ist Null.

Beweis: Es ist $1 = a^0$ (nach 319)

mithin ist $\frac{1}{a} = \frac{a^0}{a} = 0$ (nach 352)

Beispiel: $\frac{1}{10} = \frac{10^0}{10} = 0.$

354. **Satz.** $\frac{a}{a} = 1.$

Der Log (der Logarithmus) der Base ist Eins.

Beweis: Nach 322 ist $a = a^1$, mithin $\frac{a}{a} = \frac{a^1}{a} = 1$ (nach 352)

Beispiel: $\frac{10}{10} = 1$, $\frac{10^1}{10} = 1.$

355. **Satz.** $\frac{ab}{c} = \frac{a}{c} + \frac{b}{c}$ oder $\log ab = \log a + \log b$.

Der Log eines Zeuges ist die Summe aus den Logen der Fache, und die Summe zweier Loge ist gleich dem Loge des Zeuges ihrer Zahlen.

Der Logarithmus eines Produktes ist die Summe aus den Logarithmen der Fache, und die Summe zweier Logarithmen ist gleich dem Logarithmus des Produkts ihrer Numeri.

Beweis: Es sei $a = c^a$ und $b = c^b$, so ist

$$\frac{ab}{c} = \frac{c^a\ c^b}{c} = \frac{c^{a+b}}{c} \quad \text{(nach 320)}$$

$$= a + b \quad \text{(nach 352)}$$

$$= \frac{c^a}{c} + \frac{c^b}{c} \quad \text{(nach 352)}$$

$$= \frac{a}{c} + \frac{b}{c}.$$

Beispiele: $\frac{10^3 \cdot 10^2}{10} = \frac{10^{3+2}}{10} = 3 + 2 = \frac{10^3}{10} + \frac{10^2}{10}$.

Satz. $\frac{a:b}{c} = \frac{a}{c} - \frac{b}{c}$ **oder** $\log \frac{a}{b} = \log a - \log b$. 356.

Den Log (den Logarithmus) eines Bruches erhält man, indem man den Log des Nenners von dem des Zählers abzieht, oder Der Unterschied zweier Loge (Logarithmen) ist gleich dem Loge eines Bruches, dessen Zähler die erste, und dessen Nenner die zweite Loghöhe (die potentia logarithmi) ist.

Beweis: Es ist $\frac{a:b}{c} = \frac{a:b}{c} + \frac{b}{c} - \frac{b}{c}$ (nach 129)

$= \frac{(a:b) \cdot b}{c} - \frac{b}{c}$ (nach 355)

$= \frac{a}{c} - \frac{b}{c}$ (nach 167)

Beispiele: $\frac{10^5 : 10^3}{10} = \frac{10^{5-2}}{10} = 5 - 2 = \frac{10^5}{10} - \frac{10^2}{10}$.

Satz. $\frac{a^b}{c} = b \cdot \frac{a}{c}$ **oder** $\log a^b = b \cdot \log a$. 357.

Der Log einer Höhe oder Potenz ist gleich der Stufe der Höhe mal dem Loge der Base.

Beweis: Es sei $a = c^\alpha$, so ist $\alpha = \frac{c^\alpha}{c}$; (nach 352)

mithin $\frac{a^b}{c} = \frac{(c^\alpha)^b}{c} = \frac{c^{(b\alpha)}}{c}$ (nach 324)

$= b\alpha$ (nach 352)

$= b \cdot \frac{c^\alpha}{c} = b \cdot \frac{a}{c}$.

Beispiel: $\frac{(10^5)^3}{10} = \frac{10^{5 \cdot 3}}{10} = 5 \cdot 3 = 3 \cdot \frac{10^5}{10}$.

Satz. $\frac{a^{\frac{1}{b}}}{c} = \frac{1}{b} \cdot \frac{a}{c}$. **oder** $\log a^{\frac{1}{b}} = \frac{1}{b} \log a$. 358.

Der Log einer Tiefe (Radix) ist gleich dem Loge der Tiefzahl (des Radicand), geteilt durch die Senke (den Radicator).

Beweis: Unmtttelbar aus 357.

Beispiel: $\frac{(10^6)^{1/3}}{10} = \frac{10^{6 \cdot 1/3}}{10} = 6 \cdot 1/3 = 1/3 \, \frac{10^6}{10}$.

359. **Gesetz des Logens.** Statt eine Zahl mit mehren Zahlen zu vervielfachen, kann man die Loge derselben nach derselben Base zufügen und statt eine Zahl durch mehre Zahlen zu teilen, kann man die Loge der Nenner von dem Loge des Zählers abziehen, und schliesslich zu dem Loge die Loghöhe suchen und

Statt eine Zahl zur c ten Höhe zu erhöhen, kann man den Log der Zahl mit c vervielfachen und statt eine Gröse zur c ten Tiefe zu vertiefen, kann man den Log der Tiefe durch c teilen und schliesslich zu dem Loge die Gröse suchen oder

$$\log abc = \log a + \log b + \log c$$

$$\log \frac{a}{bc} = \log a - \log b - c$$

$$\log a^{c} = c \cdot \log a \quad ; \quad \log a^{\frac{1}{c}} = \frac{1}{c} \log a.$$

Beweis: Unmittelbar aus 355, 356, 357 und 358.

Beispiele: $\log 1001 = \log 7 \cdot 11 \cdot 13 = \log 7 + \log 11 + \log 13$

$$\log \frac{999}{27} = \log 999 - \log 27$$

$$\log 73^{5} = 5 \cdot \log 73 \quad ; \quad \log 30^{1/3} = 1/3 \cdot \log 30.$$

360. **Satz.** $\frac{a}{c} = \frac{a}{b} \cdot \frac{b}{c}$.

Der Log einer Zahl a nach der Base c ist gleich dem Loge jener Zahl nach der zweiten Base b mal dem Loge dieser Zahl b nach der ersten Base c.

Beweis: Es sei $a = b^{a}$ und $b = c^{b}$, so ist

$$\frac{a}{c} = \frac{b^{a}}{c} = \frac{(c^{b})^{a}}{c} = a \cdot \frac{c^{b}}{c} \qquad \text{(nach 357)}$$

$$= \frac{b^{a}}{b} \cdot \frac{c^{b}}{c} \qquad \text{(nach 352)}$$

$$= \frac{a}{b} \cdot \frac{b}{c}.$$

Beispiele: $\frac{10^{5}}{10} \cdot \frac{10}{e} = \frac{10^{5}}{e}$.

361. **Satz.** $\frac{a}{b} = \frac{a}{b} : \frac{c}{b}$.

Der Log einer Zahl a nach der Base c ist gleich einem Bruche, dessen Zähler der Log jener Zahl a, und dessen Nenner der Log jener Base c ist, beide nach einer neuen Base b genommen.

Beweis: Es ist $\frac{a}{c} = \frac{a}{c} \frac{c}{b} : \frac{c}{b}$ (nach 167)

$= \frac{a}{b} : \frac{c}{b}$ (nach 360).

Erklärung. Der Zehnlog oder der gemeine oder briggische Logarithmus einer Zahl heist der Log (der Logarithmus) dieſer Zahl nach der Baſe 10. 362.

Das Zeichen des Zehnloges oder des gemeinen Logarithmus der Zahl a ist $\log_{10}$ a, gewöhnlich nur log a.

Satz. $\log a = \log_{10} a = \frac{a}{10}$; $\log abc^n = \log (abc^n)$ 363.

Das Zeichen des Zehnloges $\log_{10}$ oder log bezieht ſich auf alle folgenden Grösen desſelben Gliedes.

Es erschien zweckmäsig hier nochmals hervorzuheben, dass das Zeichen des Zehnloges ein Formelzeichen ist, welches ſich auf die folgenden Grösen, alſo nach 85 auf alle folgenden Grösen desſelben Gliedes bezieht. Es folgt daraus, dass $\log \log x = \log (\log x)$ den Log des Loges von x bezeichnet, dass $\log a^n c = \log (a^n c)$ ist, dass dagegen $\log a + c = (\log a) + c$ ist. Soll ſich das Logzeichen nicht auf alle folgenden Grösen desſelben Gliedes beziehen, ſo muss es mit den Grösen, auf welche es ſich beziehen ſoll, in eine Klammer geschlossen werden.

Satz. $\log_{10} a \cdot 10^n = \log_{10} a + n$; $\log_{10} a : 10^n = \log_{10} a - n$. 364.

Statt eine Zahl a mit 10^n zu vervielfachen oder durch 10^n zu teilen, kann man zu dem Zehnloge der Zahl n zufügen, bez. n abziehen.

Beweis: 1. Es ist $\log_{10} a \cdot 10^n = \log_{10} a + \log_{10} 10^n$ (nach 355)

$= \log_{10} a + n$ (nach 352)

2. Es ist $\log_{10} a : 10^n = \log_{10} a - \log_{10} 10^n$ (nach 356)

$= \log_{10} a - n$ (nach 352)

Satz. Statt in einer Zahl das Komma um n Stellen nach rechts bez. nach links zu rücken, kann man zu dem Zehnloge der Zahl n zufügen, bez. n vom Zehnloge abziehen. 365.

Beweis: Nach 333 kann man, statt das Komma um n Stellen nach rechts bez. nach links zu rücken, die Zahl mit 10^n vervielfachen, bez. durch 10^n teilen; dies aber tut man, indem man nach 364 beim Zehnloge der Zahl n zufügt, bez. n abzieht.

Erklärung. Der Zehnlog, der gemeine Logarithmus, wird durch das Komma in zwei Stücke zerlegt: eine ganze Zahl oder die Ziffern links vom Komma und einen echten Zehntbruch oder die Ziffern rechts vom Komma. Die ganze Zahl im Zehnloge heist der Stellen- 366.

log (die characteristica), der echte Zehntbruch im Zehnloge heist der Ziffernlog (die mantissa.).

Beispiel: Im Zehnloge 9,37276 ist 9 der Stellenlog, 376276 der Ziffernlog.

367. **Satz. Alle Zahlen a, b, c · · · welche dieſelben Ziffern $a_1 a_2 a_3 \cdots a_n$ in derſelben Reihenfolge enthalten, haben denſelben Ziffernlog und unterscheiden ſich nur im Stellenloge.**

Der Stellenlog ist n, wenn die Zahl n + 1 geltende Ziffern links vom Komma hat, er ist c — 10 = — n, wenn die erste geltende Ziffer der Zahl auf der nten Stelle rechts vom Komma steht.

Beweis: Da alle die Zahlen a, b, c, · · · ganz dieſelben Ziffern in ganz derſelben Reihenfolge enthalten ſollen, ſo können ſie ſich nur noch in der Stelle unterscheiden, welche das Komma in der Zahl einnimmt. Man verwandelt alſo die eine Zahl a in jede andere b, c · · der gegebenen, indem man das Komma in der Zahl um 𝔟, 𝔠 · · Stellen nach rechts bez. nach links rückt, oder indem man nach 365 bei dem Zehnloge der Zahl a die Zahl 𝔟, 𝔠 · · zufügt bez. abzieht. Da dieſe Zahlen 𝔟, 𝔠 · · aber ganze Pluszahlen ſind, ſo verändert dies Zufügen bez. Abziehen nur den Stellenlog, nie den Ziffernlog.

Beispiele:	Zahl	Stellenlog	Zahl	Stellenlog
	7826	3	$0_{,778}$	$-1 = 9 - 10$
	$32_{,67}$	1	$0_{,000786}$	$-4 = 6 - 10$
	$5_{,789}$	0	$0_{,0000025}$	$-6 = 4 - 10$

368. **Satz. Die Logtafel oder die Logarithmentafel der gemeinen oder briggischen Logarithmen giebt zu jeder Reihenfolge beliebiger Ziffern einer Zahl den zugehörigen Ziffernlog die Mantisse.**
Es giebt Logtafeln mit 5 Ziffern, mit 7 Ziffern und mit zehn Ziffern. Die bequemsten und für das praktische Leben ausreichenden ſind die fünfziffrigen, welche wir daher der Betrachtung zu Grunde legen; die Benutzung der ſiebenziffrigen und der zehnziffrigen Logtafeln bietet dann keine Schwierigkeiten mehr.

Die Berechnung eines Zehnloges werden wir im nächsten Zweige in der Folgelehre oder Funktionenlehre kennen lernen; die Art und Weiſe, wie eine ganze Logtafel berechnet wird, ist in der Folgelehre des Verfassers ausführlich dargestellt und kann hier darauf verwieſen werden. Jeder der ſie kennen lernen will; kann ſie dort nachſehen. Wir nehmen die Logtafel hier als richtig an, zumal die Richtigkeit von jedem leicht geprüft werden kann, und wiederholt ſehr streng geprüft ist.

Jeder Gebildete muss die Logtafel leicht gebrauchen können und im Gebrauche derſelben die gröste Gewandtheit haben; dagegen ist es nicht erforderlich, dass er die Logtafel ſelbst berechnet und geprüft habe; dies kann er den Mathematikern vom Fache überlassen.

Satz. Der Stellenlog. Wenn die höchste Ziffer der Zahl auf der nullten Stelle (auf der Stelle der Einer links vom Komma) steht, fo ist der entsprechende Stellenlog 0. 369.

Wenn die höchste Ziffer der Zahl auf der nten Stelle (der nten Stelle links neben den nullten) steht, fo ist der entsprechende Stellenlog n.

Wenn die höchste Ziffer der Zahl auf der — nten Stelle (der nten Bruchstelle) steht, fo ist der entsprechende Stellenlog — n. Bei dem Zehnloge fetzt man aber statt des — n im Stellenloge eine Pluszahl a vor das Komma, und lässt hinter dem Zehnloge eine Strichzahl — b folgen, fo dass a — b = — n ist. Am liebsten wählt man die beiden Zahlen a und b fo, dass b ein Vielfaches von 10 ist.

Beweis: Unmittelbar aus 366.

Es ist notwendig, dass man fich hier die Regel über die Stellen nach 117 und die über die Bruchstellen nach 188 vergegenwärtige und an zahlreichen Beispielen einübe.

Die Stelle links vom Komma mit den Einern bildet die nullte Stelle (Stellenlog 0,); die ate Stelle links neben der nullten Stelle bildet die ate Stelle (Stellenlog a,); die ate Stelle rechts neben den Komma bildet die ate Bruchstelle oder die — ate Stelle (Stellenlog — a).

Beispiele:

Zahl	Stellenlog	Zahl	Stellenlog
3405	3	$3_{,0005}$	0
$0_{,0235}$	$-2 = 8 - 10$	$0_{,0003}$	$-4 = 6 - 10$
$73_{,276}$	1	8876392	6

Das Uebungsheft vom Verfasser: Logen und Gleichungen höherer Grade bietet reiche Uebungen dar.

Die Sitte für die Bruchstelle vor den Log eine Pluszahl und hinter den Log — 10 oder — m·10 zufetzen, rechtfertigt fich dadurch, das man für die Loge stets Plusziffern verwendet.

Satz. Das Auffuchen des Logs (des Logarithmus) zur gegebenen Zahl. In der Logtafel (der Logarithmentafel) schlägt man zu den gegebenen Ziffern der Zahl den entsprechenden Ziffernlog auf. 370.

In der ersten Spalte der Tafel findet man unter Z. bez. N. in einer Reihe die ersten drei Ziffern der Zahl und in der folgenden Spalte in derfelben Reihe ausgerückt die ersten beiden Ziffern des Logs. Im Kopfe der folgenden 10 Spalten findet man die vierte Ziffer der Zahl und in der entsprechenden Reihe derfelben Spalte die dritte bis fünfte Ziffer des entsprechenden Logs. Ein Stern vor den Ziffern des Logs bezeichnet, dass man für die ersten beiden Stellen des Logs die Ziffern der nächst folgenden Reihe nehmen muss.

Hat die Zahl noch eine fünfte Ziffer, ſo zieht man den Log der betreffenden Spalte von dem entsprechenden Loge der folgenden Spalte ab; den Unterschied findet man in der letzten Spalte der Tafel abgedruckt, er entspricht 10 Einheiten der fünften Ziffer, die kleinen Hülfstafeln der letzten Spalte geben an, wieviel für jede fünfte Ziffer der Zahl dem Loge zugefügt werden muss.

Nachdem der Ziffernlog festgestellt ist, ſetzt man links von demſelben das Komma und bestimmt den Stellenlog nach 369.

Es ist notwendig, dass ſich jeder Gebildete reiche Uebung im Aufſuchen der Loge verschaffe. Das Uebungsheft des Verfassers bietet dazu reiche Gelegenheit.

Auf der letzten Stelle des Logs bezeichnet die grose Ziffer, dass der genaue Log gröser, die kleine Ziffer, dass er kleiner ist als der auf fünf Stellen abgekürzte Log. So z. B. giebt der Log 0,9584444 abgekürzt 0,95844, dagegen giebt der Log 0,9581576 abgekürzt 0,9581$_{\bar{6}}$.

Beispiele:

	Zahl	Log	Zahl	Log
a.	$3_{,26}$	0,5132$_{\bar{2}}$	$7_{,28}$	0,86213
	$53_{,7}$	1,72997	$93_{,9}$	1,97267
b.	$283_{,5}$	2,45255	6739	3,8286$_{\bar{0}}$
	$42_{,46}$	1,62789	524900	5,72008
c.	$1_{,2789}$	0,10084	$0_{,0038273}$	7,58289 — 10
	37625	4,57547	$0_{,56782}$	9,75421 — 10

In der 7stelligen Logarithmentafel findet man unter N oder Z die ersten 4 Ziffern der Zahl und in den zehn folgenden Spalten für die folgende 5te Ziffer der Zahl den betreffenden Log. Hat die Zahl noch eine 6te und 7te Ziffer, ſo zieht man den Log der Zahl vom nächst höheren Loge ab, ſo hat man den Unterschied der Loge für die Einheit der 5ten Stelle. Man nimmt dann für jede Einheit der nächst folgenden Ziffer $^1/_{10}$, für jede der zweitfolgenden Ziffer $^1/_{100}$ dieſes Unterschiedes und fügt dieſe zum Loge hinzu. In den Tafeln ſind dieſe Teile der Unterschiede bereits hinten berechnet.

371. **Satz. Das Aufſuchen der Zahl zum gegebenen Loge (zum Logarithmus). In der Logtafel (in der Logarithmentafel) ſucht man den Log auf, welcher der nächst niedere ist zu dem gegebenen Loge und findet in derſelben Zeile die drei ersten Ziffern, und im Kopfe derſelben Spalte die vierte Ziffer der entsprechenden Zahl.**

Nun zieht man den Log der Tafel von dem entsprechenden Loge der folgenden Spalte ab; den Unterschied findet man in der letzten Spalte der Tafel abgedruckt, er entspricht 10 Einheiten der fünften Ziffer der Zahl. Zieht man nun den Log der Tafel vom gegebenen Loge ab und nimmt in der Hülfstafel den Wert, der dieſem

Reste am nächsten steht, ſo findet man daneben die fünfte Ziffer der Zahl.

Die erste oder höchste Ziffer der Zahl erhält die Stelle, welche der Stellenlog angiebt und wird das Komma dem entsprechend nach 369 geſetzt.

Wieder ist eine reiche Uebung im Auffuchen der Zahl erforderlich; das Uebungsheft vom Verfasser bietet dazu reiche Gelegenheit.

Beispiele:

	Log	Zahl	Log	Zahl
a.	0,29003	$1_{,95}$	2,40381	$253_{,4}$
	0,57576	$3_{,765}$	5,94265	876300
b.	2,47094	$295_{,76}$	8,77645 — 10	$0_{,059766}$
	6,28051	1907700,	7,43704 — 10	$0_{,0027355}$

Bei den 7stelligen Logen erhält man in der Tafel 5 Ziffern der Zahl. Nun zieht man den Log der Tafel vom demnächst höhern Loge der Tafel ab und findet daraus den Unterschied der Loge für die Einheit der 5ten Stelle, für den an der Seite in der letzten Spalte der Tafel eine kleine Hülfstafel steht. Nun nimmt man den Unterschied der gegebenen Mantisse und des nächst niedern Logs der Tafel und ermittelt, welche Zahl in der Hülfstafel dieſem Unterschiede entspricht und setzt darnach die nächstfolgende oder die beiden nächstfolgenden Stellen fest.

Satz. Das Rechnen mit Logen (Logarithmen). 372.

$$\log abc = \log a + \log b + \log c$$

$$\log \frac{a}{bc} = \log a - \log b - \log c.$$

Statt eine Zahl mit mehren Zahlen zu vervielfachen, kann man die Loge derſelben zufügen und statt eine Zahl durch mehre Zahlen zu teilen, kann man die Loge der Nenner von dem Loge des Zählers abziehen, und schlieslich zu dem Loge die Zahl ſuchen.

Beweis: Unmittelbar aus 355 und 356.

Beispiele: $\log 87265 \times 57366 = 4{,}9408\bar{4} + 4{,}75865 = 9{,}69949$

alſo $87265 \times 57366 = 5006000000$

$\log 92_{,763} : 582_{,67} = 1{,}9673\bar{8} - 2{,}7654\bar{3} = 9{,}20195 - 10$

alſo $92_{,763} : 582_{,67} = 0{,}159204.$

Satz. $\log \cdot a^n = n \cdot \log a \qquad \log \cdot a^{\frac{1}{n}} = \frac{1}{n} \cdot \log a.$ 373.

Statt eine Zahl zur nten Stufe zu erhöhen, kann man den Log der Zahl mit n vervielfachen und statt aus einer Zahl die nte Tiefe zu nehmen, kann man den Log der Zahl durch n teilen und schlieslich zu dem Loge die Zahl ſuchen.

Beweis: Unmittelbar aus 357 und 358.

Beispiele: $\log 72_{,682}{}^7 = 7 \cdot 1{,}86142 = 13{,}02994$

alſo $72_{,682}{}^7 = 10'713'750'000'000$

log $85363^{1/3} = {}^1/_3 \cdot 4{,}93127 = 1{,}64376$

alſo $85363^{1/3} = 44_{,031}$.

Es ist dringend wünschenswert, dass jeder Gebildete zahlreiche Uebungen im Rechnen mit Logen mache; das Uebungsheft vom Verfasser bietet dazu reiche Gelegenheit.

374. **Erklärung: Der Log nach e heist der Elog oder der natürliche, der nepersche Logarithmus, und zwar ist $e = 2{,}718281828459$ und $\log e = 0{,}4342944819$.**

Das Zeichen des Elogs ist $\log_e$ oder log·nat.

375. **Satz.** $\overline{\overline{\frac{a}{e}}} = \frac{\overline{\overline{a}}}{10} : \frac{\overline{\overline{e}}}{10}$ **oder $\log_e a = 2{,}3025851 \cdot \log_{10} a$.**

Der Elog (der natürliche Logarithmus) einer Zahl ist gleich dem Zehnlog (dem gemeinen Logarithmus) der Zahl geteilt durch den Zehnlog von e, d. h. geteilt durch 0,4342945 oder vervielfacht mit 2,3025851.

Beweis: Unmittelbar aus 361 und 374.

376. **Satz.** $\frac{\overline{\overline{a}}}{10} = \overline{\overline{\frac{a}{e}}} \cdot \frac{\overline{\overline{e}}}{10}$ **oder $\log_{10} a = 0{,}4342945 \cdot \log_e a$.**

Der Zehnlog (der gemeine Logarithmus) einer Zahl ist gleich dem Elog (dem natürlichen Logarithmus) der Zahl mal dem Zehnlog von e d. h. mal 0,4342945.

Beweis: Unmittelbar aus 360 und 374.

D. Die Eigenschaften von Höhen, Tiefen und Logen.

377. **Satz. Eine Vergleichung zweier Pluszahlen ändert ſich nicht, wenn man ſie mit gleichen Pluszahlen erhöht oder tieft.**

Beweis: Es ſei gegeben $a > b$, wo a und b Pluszahlen. Sei nun c eine ganze Pluszahl, ſo ist

1. $a^c > b^c$ (nach 203).

2. ſo ist auch $a^{\frac{1}{c}} > b^{\frac{1}{c}}$; denn wäre $a^{\frac{1}{c}} < b^{\frac{1}{c}}$, ſo wäre auch $\left(a^{\frac{1}{c}}\right)^c < \left(b^{\frac{1}{c}}\right)^c$ (nach Fall 1), d. h. es wäre $a < b$ gegen die Annahme, wäre ferner $a^{\frac{1}{c}} = b^{\frac{1}{c}}$, ſo wäre auch $a = b$ (nach Fall 1). dies aber ist gleichfalls gegen die Annahme, alſo ist auch $a^{\frac{1}{c}} > b^{\frac{1}{c}}$,

3. ſo ist auch $a^{\frac{d}{c}} > b^{\frac{d}{c}}$, ſofern d und c ganze Pluszahlen ſind (nach Fall 1 und 2).

Beispiele: $9 > 4$ alſo auch $9^2 > 4^2$ und $9^{1/2} > 4^{1/2}$

Satz. Eine Vergleichung zweier Pluszahlen ändert ſich nicht, wenn man gleiche Zahlen, welche gröser als Eins ſind, zu ihnen erhöht und wenn man ſie nach gleichen Zahlen gröser als Eins logt. 378.

Beweis. Es ſei gegeben $a > b$, wo a und b Pluszahlen, und ſei $c > 1$, ſo ist

1. $c^a > c^b$, denn nach 142 ist $a - b$ eine Pluszahl, alſo nach 337 ist $c^{a-b} > 1$, und da c^b eine Pluszahl, ſo ist auch $c^a > c^b$ nach 203.

2. $\frac{a}{=c} > \frac{b}{=c}$; denn es ſei $a = c^{\mathfrak{a}}$ und $b = c^{\mathfrak{b}}$, ſo würde, wenn $\mathfrak{a} = \mathfrak{b}$ wäre, auch $c^{\mathfrak{a}} = c^{\mathfrak{b}}$ ſein (nach 377), ſollte aber $\mathfrak{a} < \mathfrak{b}$ ſein, ſo wäre nach $378,_1$ auch $c^{\mathfrak{a}} < c^{\mathfrak{b}}$, d. h. $a < b$. Da nun $a > b$ ſein ſoll, ſo muss alſo auch $\mathfrak{a} > \mathfrak{b}$ ſein, und da $\frac{a}{=c} = \mathfrak{a}$ und $\frac{b}{=c} = \mathfrak{b}$, ſo ist alſo auch $\frac{a}{=c} > \frac{b}{=c}$.

Beispiele: $3^5 > 3^3$; $4^4 > 4^2$.

Satz. Die Loge (die Logarithmen) aller Zahlen, welche gröser als Eins ſind, ſind Pluszahlen; die Loge aller Pluszahlen, welche kleiner als Eins ſind, d. h. aller echten Brüche, ſind Strichzahlen. 379.

Beweis: Die Loge von 1 ſind Null (nach 353). Alle Zahlen, welche gröser als Eins ſind, haben aber nach 378 Loge, welche gröser als der Log von 1, d. h. gröser als Null ſind, oder ſie ſind Pluszahlen; alle Pluszahlen, welche kleiner als 1 ſind, haben Loge, welche kleiner als der Log von 1, d. h. kleiner als 0 ſind, oder ſie ſind Strichzahlen.

Beispiel: $\frac{10^3}{=10} = 3$; $\frac{10^{-3}}{=10} = -3$.

Satz. Wenn eine Primzahl p in eine Höhe a^b, deren Baſe und Stufe ganze Pluszahlen ſind, aufgeht, ſo geht ſie auch in die Baſe auf. 380.

Beweis. Angenommen, p gehe nicht in a auf, ſo geht es (nach 222) auch nicht in das Zeug von b Fachen oder Faktoren a auf, d. h. (nach 321) nicht in a^b, was gegen die Vorausſetzung des Satzes ist. Alſo ist die Annahme, dass p nicht in a aufgeht, unmöglich, d. h. p geht in a auf.

Beispiele: Wenn 3 in 9^5 aufgeht, ſo auch in 9.

Satz. Wenn zwei Zahlen (a und b) einander fremde oder primär ſind, 381.

ſo ſind auch ihre Höhen zu ganzer Stufe n einander fremde oder primär.

Beweis: Angenommen, es ſeien a^n und b^n nicht einander fremde, ſo müssten beide ein gemeinſames Mas c haben (nach 214) das gröser als Eins ist. Sei d ein Primfach dieſes c und gröser als 1, ſo müsste auch d in a^n und b^n aufgehen (nach 213), mithin (nach 380) auch in a und b aufgehen, d. h. a und b wären einander nicht fremde, was gegen die Vorausſetzung des Satzes ist. Alſo ist die Annahme, dass a^n und b^n einander nicht fremde ſeien, unmöglich, d. h. a^n und b^n ſind einander fremde oder primär.

382. **Erklärung. Endzahlen oder Rationalzahlen nennt man die ganzen Zahlen und die Bruchzahlen.**
Unzahlen oder Irrationalzahlen heisen ſolche Grösen, welche nicht Endzahlen ſind, für welche aber alle Vergleichungsſätze in demſelben Umfange gelten wie für Endzahlen.

383. **Satz. Alle Sätze der Zahlenlehre, welche für beliebige ganze und Bruchzahlen gelten, gelten auch für die Unzahlen oder Irrationalzahlen.**

384. **Satz. Die nte Tiefe einer ganzen Pluszahl a ist entweder eine ganze Zahl oder eine Unzahl (Irrationalzahl); aber kein Bruch.**

Beweis. Angenommen, $a^{\frac{1}{n}}$ ſei ein Bruch, und ſei derſelbe kurz oder reduzirt $\frac{b}{c}$, ſo wäre $a^{\frac{1}{n}} = \frac{b}{c}$, mithin $a = \left(a^{\frac{1}{n}}\right)^n = \left(\frac{b}{c}\right)^n = \frac{b^n}{c^n}$ oder $ac^n = b^n$. Da nun b und c einander fremde ſind (nach 227) ſo ſind auch b^n und c^n einander fremde (nach 381), mithin (nach 218) $b^n = a$, d. h. $c^n = 1$, alſo auch $c = (c^n)^{\frac{1}{n}} = 1^{\frac{1}{n}} = 1$ (nach 338). Alſo ist $a^{\frac{1}{n}} = \frac{b}{c} = \frac{b}{1} = b$, was gegen die Annahme ist, alſo ist die Annahme unmöglich, und $a^{\frac{1}{n}}$ ist kein Bruch, ſondern entweder eine ganze Zahl oder eine Unzahl (Irrationalzahl).

385. **Satz. Der Zehnlog von allen Zahlen, welche weder Höhen noch Tiefen von zehn ſind, ist eine Unzahl (Irrationalzahl.).**

Beweis: Sollte der Zehnlog einer Zahl a eine ganze Zahl n ſein, ſo müsste $\log a = \frac{a}{10} = n$ ſein, d. h. nach 352 müsste $a = 10^n$ d. h. eine Höhe von 10 ſein.

Sollte der Zehnlog einer Zahl a ein Bruch $\frac{m}{n}$ ſein, ſo müsste $\log a = \frac{a}{10}$ $= \frac{m}{n}$ ſein, d. h. nach 357 und 358 müsste $a = 10^{\frac{m}{n}}$ d. h. eine Tiefe von 10 ſein. Da beides gegen die Annahme ist, ſo kann der Zehnlog einer Zahl, welche weder eine Tiefe, noch eine Höhe von 10 ist, weder eine ganze Zahl noch ein Bruch ſein, alſo ist er nach 382 eine Unzahl (Irrationalszahl).

Satz. Die (4a)ten Höhen der Primzahlen auser 2 und 5 haben in der letzten Stelle eine Eins, oder die vierte Höhe derſelben weniger 1 ist durch zehn teilbar. 386.

Die (4 a + 2)ten Höhen der Primzahlen auser 2 und 5 haben in der letzten Stelle entweder eine Eins oder eine Neun.

Beweis: Sei a + 10 b, wo a < 10 eine Primzahl, ſei c + 10 d die n te Höhe derſelben, ſo ist die n + 1 te Höhe derſelben (a + 10 b) (c + 10 d) = ac + 10 (ad + bc) + 100 bd. Für die letzte Stelle, die Einer der höhern Höhen kommt es demnach nur auf das Zeug oder Produkt der Ziffern in der letzten Stelle an.

Für alle Zahlen ist nun der erste Teil des Satzes gültig für a = 0; denn $a^0 = 1$ nach 319. Bewieſen ſoll werden, dass wenn der Satz für die 4a te Höhe gilt, dass er dann auch für die (4 a + 2) te und für die (4a + 4)te oder für die 4 (a + 1) te Höhe gilt. Alle Primzahlen auser 2 und 5 haben in der letzten Stelle eine der Ziffern 1, 3, 7, 9.

Die Primzahlen mit 1 in der letzten Stelle haben alſo in der letzten Stelle in der 4a ten Höhe 1 (Annahme), in der (4a + 1) ten Stelle 1 · 1 = 1 und ebenſo in den letzten Stellen ſämmtlicher folgenden Höhen eins.

Die Primzahlen, welche 9 in der letzten Stelle haben, haben in der letzten Stelle in der 4a ten Höhe 1 (nach Annahme), in der (4a + 1) ten Höhe 1 · 9 = 9, in der (4a + 2) ten Höhe 9 · 9 = 81 d. h. in der letzten Stelle 1, in der (4a + 3) ten Höhe 1 · 9 = 9 und in der (4a + 4)ten Höhe 9 · 9 = 81, d. h. in der letzten Stelle 1.

Die Primzahlen, welche 3 in der letzten Stelle haben, haben in der letzten Stelle in der 4a ten Höhe 1 (nach Annahme), in der (4a + 1) ten Höhe 1 · 3 = 3, in der (4a + 2) ten Höhe 3 · 3 = 9, mithin in der (4a + 4)ten Höhe 9 · 9 = 81, d. h. in der letzten Stelle 1.

Die Primzahlen, welche 7 in der letzten Stelle haben, haben in der letzten Stelle in der $4a$ten Höhe 1 (nach Annahme), in der $(4a+1)$ten Höhe $1 \cdot 7 = 7$, in der $(4a+2)$ten Höhe $7 \cdot 7 = 49$, d. h. in der letzten Stelle 9, in der $(4a+4)$ten Höhe mithin $9 \cdot 9 = 81$, d. h. in der letzten Stelle 1.

Wenn der Satz für die $4a$te Höhe gilt, so gilt er mithin auch für die $(4a+2)$te und für die $4a+4$ oder $4(a+1)$te Höhe, nun gilt er für $4a = 0$, mithin gilt er allgemein.

10. Die Höhen von Summen und die Summen von Höhen.

A. Die Höhen und die Loge von Summen.

387. **Erklärung. Die Geschiedszahl von n zur mten Stufe heist die Zahl** $$\frac{n(n-1)(n-2)\cdots(n-m+1)}{1\cdot\ 2\cdot\ 3\cdots\ m},$$ **wo n eine ganze Pluszahl ist.**

Die Zahl $n(n-1)(n-2)\cdots(n-m+1)$ heist die Geänderzahl von n zur mten Stufe; die Zahl $1\cdot2\cdot3\cdots m$ heist die Tauschzahl von m. Die Geschiedszahl von n zur nullten Stufe setzt man 1. Die Zahl n heist hier die Base, die Zahl m die Stufe.

388. **Erklärung. Das Zeichen der Geschiedszahl von n zur mten Stufe ist $n^{\cdot m}$ (gelesen n Punkt m), das der Geänderzahl von n zur mten Stufe ist n'^{m} (gelesen n Schlag m), das der Tauschzahl von m ist m! (gelesen m Tausche).**

Beispiele: $10^{\cdot 0} = 1$, $10^{\cdot 1} = 10$, $10^{\cdot 2} = 45$, $10^{\cdot 3} = 120$, $10^{\cdot 4} = 210$, $10^{\cdot 5} = 252$, $10^{\cdot 6} = 210$, $10^{\cdot 7} = 120$, $10^{\cdot 8} = 45$, $10^{\cdot 9} = 10$, $10^{\cdot 10} = 1$, $10^{\cdot 11} = 0$. Es ist $0! = 1$, $1! = 1$, $2! = 2$, $3! = 6$, $4! = 24$, $5! = 120$, $6! = 720$ $8! = 5760$, $9! = 51840$, $10! = 518400$.

389. **Satz.** $$n^{\cdot m} = \frac{n'^{m}}{m!}\ ;\quad n'^{m} = m!\cdot n^{\cdot m}.$$

Die Geschiedszahl von n zur mten Stufe ist gleich der Geänderzahl von n zur mten Stufe geteilt durch die Tauschzahl von m und die Geänderzahl von n zur mten Stufe ist gleich der Geschiedszahl von n zur mten Stufe mal der Tauschzahl von m.

Beweis: Unmittelbar aus 387.

Beispiel: Es ist $10'^{2} = 10^{\cdot 2}\cdot 2! = 90$; $10'^{4} = 10^{\cdot 4}\cdot 4! = 5040$.

390. **Satz.** $$n^{\cdot m} = \frac{n!}{m!\,(n-m)!}$$

Die Geschiedszahl von n zur mten Stufe ist gleich der Tauschzahl von n geteilt durch das Zeug oder Produkt der beiden Tauschzahlen von m und von n—m.

Beweis: Die Geschiedszahl von n zur mten Stufe ist nach 387 und nach 182

$$\frac{n\,(n-1)\,(n-2)\cdots(n-m+1)}{1\cdot\;2\cdot\;3\cdots\;m} =$$

$$\frac{n\,(n-1)\,(n-2)\cdots(n-m+1)\,(n-m)\cdots3\cdot2\cdot1}{1\cdot\;2\cdot\;3\cdots\;m\;(n-m)\cdots3\cdot2\cdot1} = \frac{n!}{m!\,(n-m)!}$$

Satz. $(n+1)^{\cdot m} = n^{\cdot m} + n^{\cdot m-1}$. 391.

Jede Geschiedszahl ist gleich der Summe zweier Geschiedszahlen, deren Basen um eins kleiner sind als die Base der gegebenen Geschiedszahl und von deren Stufen die eine ebenso gros, die andere um eins kleiner ist als die Stufe der gegebenen Geschiedszahl.

Beweis: Nach 387 ist

$$n^{\cdot m}+n^{\cdot m-1} = \frac{n\,(n-1)\,(n-2)\cdots(n-m+2)\,(n-m+1)}{1\cdot\;2\cdot\;3\cdots\;(m-1)\cdot\;m}$$

$$+\frac{n\,(n-1)\,(n-2)\cdots(n-m+2)}{1\cdot\;2\cdot\;3\cdots\;(m-1)}$$

$$=\frac{n\cdot(n-1)\,(n-2)\cdots(n-m+2)\,(n-m+1)}{1\cdot\;2\cdot\;3\cdots\;(m-1)\cdot\;m}$$

$$+\frac{n\,(n-1)\,(n-2)\cdots(n-m+2)\cdot m}{1\cdot\;2\cdot\;3\cdots\;(m-1)\;\cdot m}$$

$$=\frac{n\cdot(n-1)\,(n-2)\cdots(n-m+2}{1\cdot\;2\cdot\;3\cdots\;(m-1)m}(n-m+1+m)$$

$$=\frac{(n+1)n\,(n-1)\,(n-2)\cdots(n-m+2)}{1\cdot\;2\cdot\;3\cdot\;4\cdots\;m} = (n+1)^{\cdot m}$$

Satz. Die zweite Höhe oder das Quader der Summe. 392.

$$(a+b)^2 = a^2 + 2ab + b^2.$$

Die zweite Höhe einer Summe ist gleich der Summe aus den zweiten Höhen der beiden Stücke plus dem doppelten Zeuge oder Produkte der beiden Stücke.

Beweis: Man führe die Vervielfachung nach 315 aus, so ist $(a+b)^2 = (a+b)\,(a+b) = aa + ab + ba + bb = a^2 + 2ab + b^2$.

Beispiel: $(5+6)^2 = 5^2 + 2\cdot5\cdot6 + 6^2 = 25 + 60 + 36 = 121$.

Binomischer Lehrsatz oder die nte Höhe der Summe, 393.

$$(a+b)^n = a^n + n\cdot a^{n-1}b + \frac{n(n-1)}{1\cdot\;2}a^{n-2}b^2 + \frac{n(n-1)\,(n-2)}{1\cdot\;2\cdot\;3}a^{n-3}b^3$$

$$+\cdots+nab^{n-1}+b^n$$

$$= a^n + n^{\cdot1}a^{n-1}b + n^{\cdot2}a^{n-2}b^2 + n^{\cdot3}a^{n-3}b^3 + \cdots$$

$$+ n^{\cdot n-1}ab^{n-1} + n^{\cdot n}b^n$$

$= S n^{\cdot a} a^{n-a} b^a$, wo n eine ganze Pluszahl.

Beweis: 1. Der Satz gilt für $n = 2$, d. h. für $(a + b)^2$ nach 392.

2. Wenn der Satz für $(a + b)^n$ gilt (Annahme,) ſo gilt er auch für $(a + b)^{n+1}$ Folgerung; denn

$$(a+b)^{n+1} = (a+b)(a+b)^n = a(a+b)^n + b(a+b)^n =$$

$$a^{n+1} + n^{\cdot 1}a^n b + n^{\cdot 2}a^{n-1}b^2 + n^{\cdot 3}a^{n-2}b^3 + \cdots + n^{\cdot n-1}a^2b^{n-1} + n^{\cdot n}ab^n$$

$$+ a^n b + n^{\cdot 1}a^{n-1}b^2 + n^{\cdot 2}a^{n-2}b^3 + \cdots + n^{\cdot n-2}a^2b^{n-1} + n^{\cdot n-1}ab^n + b^{n+1}$$

$$= a^{n+1} + (n+1)^{\cdot 1}a^n b + (n+1)^{\cdot 2}a^{n-1}b^2 + (n+1)^{\cdot 3}a^{n-2}b^3$$

$$+ \cdots + (n+1)^{\cdot n-1}a^2b^{n-1} + (n+1)^{\cdot n}ab^n + b^{n+1}$$

da stets $(n+1)^{\cdot a} = n^{\cdot a} + n^{\cdot a-1}$ nach 391, alſo gilt der Satz auch für $(a + b)^{n+1}$.

3. Mithin gilt der Satz nach 23 ganz allgemein.

Den Binomischen Lehrſatz wendet man gewöhnlich an, um die zweite Tiefe (Wurzel) zu berechnen, die beiden folgenden Sätze 394 und 395 enthalten dieſe Anwendung. Es ist dieſe Anwendung aber ſo gänzlich unpraktisch weitläuftig und unbequem, dass ich jedem raten möchte, dieſelbe zu überschlagen. Einerſeits liefern die Loge oder Logarithmen einen höchst bequemen Weg zur Berechnung für die Wurzel bis auf 5 bis 7 Stellen; andrerſeits werden wir in der Folgelehre oder Funktionslehre noch einen zweiten bequemen Weg für die Berechnung der Tiefen für beliebig viele Stellen kennen lernen. Die beiden Sätze 394 und 395 habe ich hier nur aufgeführt, damit die Herren, welche an dieſelben gewöhnt ſind, ſie nicht vermissen.

394. **Satz für das stellenweiſe Berechnen der zweite Tiefe (Wurzel): Man teilt die Zahl links vom Komma in m Gruppen von je 2 Stellen, zieht von der ersten linken Gruppe das gröste Quader einer einziffrigen Zahl a_1 ab, welches ſich davon abziehen lässt. Fügt zu dem Reste r_1 die nächste Stelle und zieht davon den doppelten Wert der Zahl a_1 ſoviel mal ($b_1$mal) ab, als er aufgeht. Der Rest ſei r'_1. Zu dem Reste r'_1 fügt man die Ziffer der nächsten Stelle, und zieht davon das Quader b_1^2 ab, und ſei r_2 der Rest, der übrig bleibt, dann ist $a \cdot 10 + b$ der zweite genäherte Wert a_2 der Tiefe. So fährt man fort. Sei a_n der nte genäherte Wert und r_n der Rest der übrig geblieben ist, nachdem b^2_{n-1} abgezogen ist, ſo fügt man zu r_n die Ziffer der nächsten Stelle und zieht davon den doppelten Wert der Zahl a_n ſoviel mal (b_n mal) ab, als er aufgeht, der Rest ſei r'_n. Zu dem Reste r'_n fügt man die Ziffer der nächsten Stelle und zieht davon das Quader b_n^2 ab, ſei r_{n+1} der Rest, der übrig bleibt, dann ist $a_n \cdot 10 + b_n$ der n+1te genäherte Wert der Wurzel a_{n+1}.**

Beweis: Nach 392 ist $(a + b)^2 = a^2 + 2ab + b^2$, gestaltet man dieſe Formel ſo um, dass a und b einziffrige Zahlen ſind und a eine Stelle höher ist als b, ſo wird daraus $(a \cdot 10 + b)^2 = a^2\,100 + 2a \cdot 10 \cdot b$

$+b^2$. Sei alſo R die gegebene Zahl und teilt man dieſelbe in m Gruppen zu 2 Stellen. Sei nun a_n die nte Wurzel und r_n der Rest für eine Stelle, wenn man bis zu dieſer Stelle a_n^2 abgezogen hat und ſei c die Ziffer der nächsten Stelle und d die der zweiten Stelle, und R_{n+1} der Rest der folgenden Stellen, ſo ist alſo $R = a_n^2 \cdot 100 + r_n \cdot 100 + c \cdot 10 + d + R_{n+1}$ will man nun davon $(a_n \cdot 10 + b_n)^2 = a_n^2 \cdot 100 + 2a_n \cdot 10 \cdot b_n + b_n^2$ abziehen, ſo muss man von $r_{n+1} \cdot 100 + c \cdot 10$ die Zahl $(2a_n \cdot 10)b$ mal abziehen, und bleibe $r'_n \cdot 10$, ſo muss man von $r'_n \cdot 10 + d$ die Zahl b^2 abziehen, ſei der Rest r^{n+1} ſo ist alſo $R = (a_n 10 + b_n)^2 + r_{n+1} + R_{n+1}$ und ist alſo $a_n \cdot 10 + b$ der $n + 1$te Näherungswert der Wurzel.

Beispiele: $\sqrt{2\,17\,53\,30\,01} = 14749$

|2|17|53|30|01

$a_1 = 1$	1		
$r_1 \cdot 10 + c$	11	$r_3 \cdot 10 + d$	1443
$2a_1 b_1 = 2 \cdot 4 =$	8	$2a_3 b_3 = 294 \cdot 4 =$	1176
	37		2670
$b_1^2 =$	16	$b_3^2 =$	16
	215		26540
$2a_2 b_2 = 28 \cdot 7 =$	196	$2a_4 b_4 = 2948 \cdot 9 =$	26532
	193		81
$b_2^2 =$	49	$b_4^2 =$	81

Satz für das abgekürzte Berechnen der zweiten Wurzel. 395.

Wenn a_{n+1} ein $n+1$ ziffriger Näherungswert von $R^{\frac{1}{2}}$ ist und $r_{n+1} \cdot 10^p + R_{n+1}$ der zugehörige Rest, ſo findet man die p folgenden Ziffern der zweiten Wurzel b_{n+1}, indem man $r_{n+1}\, 10^p + R_{n+1}$ durch $2a_{n+1}$ teilt und zwar b_{n+1} mal, doch kann in dieſem Ausdrucke die Ziffer der letzten Stelle um eine Einheit zu gros ſein. Sei dann $r'_{n+1} \cdot 10^p + R'_{n+1}$ der Rest, ſo zieht man b_n^2 von dieſem Reste ab und erhält dann den Rest $r_{n+2}\, 10^{p'} + R_{n+2}$ für die weitern Näherungswerte.

Beweis: Der Beweis ist ſehr leicht ganz entsprechend dem Beweiſe von 394 zu führen.

Beispiele:	$\sqrt{2} = 1,\vert 41\vert 42\vert 1356\vert 23730950$
	2
$a_1^2 =$	1
$r_1 \cdot 10 + c$	10
$2a_1 b_1 = 2 \cdot 4$	8
$r'_1 \cdot 10 + d$	20
$b_1^2 = 4^2$	16
$r_2 \cdot 10 + c$	40
$2a_2 b_2 = 28 \cdot 1$	28
$r'_2 \cdot 10 + d$	120
$b_2^2 = 1^2$	1
$r_3 \cdot 100 + c$	11900
$2a_3 b_3 = 282 \cdot 42$	11844
$r'_3 \cdot 100 + d$	5600
$b^2_3 = 42^2$	1764
$r_4 \cdot 1000 + c$	38360000
$2a_4 b_4 = 28284 \cdot 1536$	38653104
$r'_4 \cdot 10000 + d$	68960000
$b_4^2 = (1356)^2$	1838736
$r_5 \cdot 10_8 + c$	6712126400000000
$2a_5 b_5 = 282842712 \cdot 23730950$	6712126256336400
$r'_5 \cdot 10_8 + d$	14366360000000000
$b_5^2 = (23730950)^2$	363157987902500
$r_6 =$	14003202012097500

Auch die folgenden beiden Sätze 396 und 397, welche Gauss 1812 erfunden hat, werden überaus ſelten gebraucht. Ich rate daher dieſelben zunächst zu überschlagen und ſie dann nachzuholen, wenn ſie praktisch gebraucht werden.

396. **Satz. Der Log der Summe.**

Es ist bei den log. Berechnungen höchst unbequem, wenn mitten in der Rechnung die Summe oder der Unterschied zweier Zahlen vorkommt, deren Loge man hat. Man muss dann erst zu den beiden Logen die beiden entsprechenden Zahlen aufſuchen, von dieſen die Summe oder den Unterschied nehmen, und dann erst wieder den Log der gefundenen Zahl aufschlagen. Um dieſe Weitläuftigkeiten zu vermeiden, hat man eine Hülfstafel entworfen.*) Man hat für $A = \log x$, das $B = \log (x + 1)$ aus der Logarithmentafel berechnet. Seien nun a und b die Zahlen, deren Loge gegeben und ſei $a > b$; so wird der $\log (a + b)$ geſucht.

1. Wir ſetzen $x = \frac{b}{a}$, dann ist $x + 1 = \frac{b}{a} + 1 = \frac{b + a}{a}$ und

$a + b = a (x + 1)$ mithin ist $\log b - \log a = \log x = A$,

$\log (a + b) = \log a (x + 1) = \log a + \log (x + 1) = \log a + B$.

---

*) Bemerkt möge hier nochmals werden, dass jedes Formelzeichen, alſo auch das Zeichen log ſich stets auf das ganze folgende Glied bezieht. Es ist demnach $\log a (x + 1) = \log [a(x + 1)]$ und $\log \log y = \log (\log y)$ u. ſ. w.

2. Wir ſetzen $x = \frac{a}{b}$, dann ist $x + 1 = \frac{a}{b} + 1 = \frac{a+b}{b}$ und $a + b = b(x + 1)$ mithin ist $\log a - \log b = \log x = A$.
$\log (a + b) = \log b\ (x + 1) = \log b + \log (x + 1) = \log b + B$

$$= \log \frac{a\ (x + 1)\ b}{a} = \log a + \log (x+1) - \log \frac{a}{b} = \log a + (B - A)$$

Dies ſind dann die Formeln der Hülfstafel.
Es wird bemerkt, dass der erstere Weg ſchneller zum Ziele führt.

Beiſpiele: 1. $a > b$; $\log b - \log a = A$; $\log (a + b) = \log a + B$.

$$\begin{array}{rl} \log b &= 2{,}13782 \\ \log a &= 2{,}95678 \\ \hline A &= 9{,}18104-10 \\ B &= 0{,}06134 \\ \hline \log a + B = \\ \log (a + b) = \end{array}\Big\} \; 3{,}01812 \qquad \begin{array}{rl} \log b &= 3{,}17653 \\ \log a &= 3{,}35216 \\ \hline A &= 9{,}82437-10 \\ B &= 0{,}22204 \\ \hline \log a + B = \\ \log (a + b) = \end{array}\Big\} \; 3{,}57420$$

2. $a > b$; $\log a - \log b = A$; $\log (a + b) = \log b + B = \log a + (B - A)$.

$$\begin{array}{rl} \log a &= 2{,}95678 \\ \log b &= 2{,}13782 \\ \hline A &= 0{,}81896 \\ B &= 0.88030 \\ \hline \log b + B \\ \log (a + b) \end{array}\Big\} = 3{,}01812 \qquad \begin{array}{rl} \log a &= 3{,}35216 \\ \log b &= 3{,}17653 \\ \hline A &= 0{,}17563 \\ B &= 0{,}39767 \\ \hline \log a + (B - A) \\ \log (a + b) \end{array}\Big\} = 3{,}57420$$

Satz. Der Log des Unterschieds. 397.

1. Für den Log des Unterschieds gilt dieſelbe Hülfstafel, wie für den Log der Summe. Man hat alſo für $A = \log x$ das $B = \log (x + 1)$ aus der Logarithmentafel berechnet. Dann ist, wenn man $B = \log y$ ſetzt, $A = \log (y - 1)$.

Seien nun a und b die Zahlen, deren Loge gegeben und ſei $a > b$; es wird der $\log (a - b)$ geſucht.

1. Wir ſetzen $y = \frac{a}{b}$, dann ist $y - 1 = \frac{a}{b} - 1 = \frac{a - b}{b}$ und $a - b = b\ (y - 1)$ mithin ist $\log a - \log b = \log y = B$ und
$\log (a - b) = \log b\ (y - 1) = \log b + \log (y - 1) = \log b + A$

$$= \log \frac{b(y-1)\ a}{a} = \log a + \log (y - 1) - \log \frac{a}{b} = \log a + A - B$$

$$= \log a - (B - A).$$

2. Wenn $B = \log a - \log b$ kleiner als $0_{,30900}$, ſo wird in der Tafel A zu ungenau und muss man dann A dadurch finden, dass man den Log B nimmt und dieſen zu P zufügt, ſo dass $A = P + \log B$; dann ist alſo $\log B = A - P$, d. h. $\log \log y = \log (y - 1) - P$ und P eine Hülfsgröse aus den logarithmischen Tafeln berechnet. Eine eigene kleine Hülfstafel ist für dieſe Fälle berechnet. Es ist dann $\log (a - b) = \log b + A = \log b + P + \log B$.

Beiſpiele: $a > b$; $\log a - \log b = B$;
$\log (a - b) = \log b + A = \log a + A - B$.

log a = 3,78210	log a = 9,53426—10
log b = 9,86354	log b = 8,78354—10
B = 3,91856	B = 0,75072
A = 3,91861	A = 0,66584
log b + A } log (a — b) } = 3,78215	log a + A — B } log (a — b) } = 9,34938

a > b; log a — log b = B; A = P + log B; log (a — b) = log b + A.

log a = 9,57362—10	log a = 3,42378
log b = 9,52738—10	log b = 3,28737
B = 0,04624	B = 0,13641
P = 0,33554	P = 0,43220
log b + A } log (a—b) } = 9,95916—10	log b + A } log (a —b) } = 3,85598

3. Uebrigens muss hiebei noch besonders bemerkt werden, dass diese Rechnung mit Logen stets sehr ungenaue Ergebnisse liefert, wenn sehr kleine Unterschiede gesucht werden und dass man diese Fälle mithin vermeiden muss.

4. Es geben diese beiden Sätze 396 und 397 zugleich ein bequemes Mittel um die Wurzel aus Summen und Unterschieden zu berechnen. Sei z. B. $a = (1 - b^2)^{1/2}$, eine Formel, welche in der Trigonometrie häufig vorkommt, wo $\sin x = (1 - (\cos x)^2)^{1/2}$ und $\cos x = (1 - (\sin x)^2)^{1/2}$, so hat man $B = \log \frac{1}{b^2} = -2 \log b$, mithin $A = \log\left(\frac{1}{b^2} - 1\right) = \log \frac{1 - b_2}{b^2}$, also $\log (1 - b^2) = 2 \log b + A$, und $\log a = \log (1 - b^2)^{1/2} = \log b + {}^1/_2 A$.

Die Rechnung ist dann also einfach: Man setze, da log b gegeben ist, $B = -2 \log b$, suche dazu A und findet dann $\log (1 - b^2)^{1/2} = \log b + {}^1/_2 A$

Beispiele: $\sin x = (1 - (\cos x)^2)^{1/2}$; $B = -2 \log \cos x$,

$\log \sin x = \log \cos x + {}^1/_2 A$

log cosx = 9,99761	log cosx = 9,88425
B = 0,00478	B = 0,23150
A = 8,04404	A = 9,84764
log cosx + ¹/₂ A } log sinx } = 9,01963	log cosx + ¹/₂ A } log sinx } = 9,80807

$\cos x = (1 - (\sin x)^2)^{1/2}$; $B = -2 \log \cos x$

$\log \cos x = \log \sin x + {}^1/_2 A$

log sinx = 9,65054	log sinx = 9,53578
B = 0,69892	B = 0,92844
A = 0,60200	= 0,87396
log sinx + ¹/₂ A } log cosx } = 9,95154	log sinx + ¹/₂ A } log cosx } = 9,97276

B. Die Zahlenreihen höhern Ranges und die Stufenreihen.

1. Die Zahlenreihen (die arithmetischen Reihen) höhern Ranges.

Erklärung. Wenn man in einer Reihe von Zahlen jede vorhergehende von der nächstfolgenden abzieht, so heisen die dadurch erhaltenen Unterschiede die ersten Unterschiede. 398.

Wenn man in der Reihe der $\mathfrak{a}$ten Unterschiede wieder jedes Glied von dem nächstfolgenden abzieht, so erhält man die $\mathfrak{a}+1$ten Unterschiede.

Erklärung. Eine Zahlenreihe (arithmetische Reihe) pten Ranges heist eine Reihe von Zahlen, deren pte Unterschiede alle einander gleich sind. 399.

Wir bezeichnen das $\mathfrak{a}$te Glied der Zahlenreihe mit ${}^{0}a_{\mathfrak{a}}$, das $\mathfrak{a}$te Glied der cten Unterschiede mit ${}^{c}a_{\mathfrak{a}}$.

Die allgemeine Bezeichnung der Zahlenreihe pten Ranges ist also

$$\begin{array}{ccccccccccccccc}
{}^{0}a_1 & & {}^{0}a_2 & & {}^{0}a_3 & & {}^{0}a_4 & & {}^{0}a_5 & & {}^{0}a_6 & & {}^{0}a_7 & & {}^{0}a_8 \\
& {}^{1}a_1 & & {}^{1}a_2 & & {}^{1}a_3 & & {}^{1}a_4 & & {}^{1}a_5 & & {}^{1}a_6 & & {}^{1}a_7 & \\
& & {}^{2}a_1 & & {}^{2}a_2 & & {}^{2}a_3 & & {}^{2}a_4 & & {}^{2}a_5 & & {}^{2}a_6 & & \\
& & & {}^{3}a_1 & & {}^{3}a_2 & & {}^{3}a_3 & & {}^{3}a_4 & & {}^{3}a_5 & & & \\
& & & & {}^{4}a_1 & & {}^{4}a_2 & & {}^{4}a_3 & & {}^{4}a_4 & & & & \\
& & & & & {}^{5}a_1 & & {}^{5}a_2 & & {}^{5}a_3 & & & & & \\
& & & & & & {}^{6}a_1 & & {}^{6}a_2 & & & & & & \\
& & & & & & & {}^{7}a_1 & & & & & & &
\end{array}$$

Satz. $\mathbf{{}^{c}a_{n+1} = {}^{c}a_n + {}^{c+1}a_n}$ ${}^{c}a_{n+1} = {}^{c}a_n + {}^{c+1}a_n$ 400.

Bei den Zahlenreihen höhern Ranges ist das $n+1$te Glied der cten Unterschiede gleich der Summe aus den beiden nten Gliedern der cten und der $c+1$ten Unterschiede.

Beweis: Nach 398 ist in der Reihe der cten Unterschiede das $n+1$te Glied weniger dem nten Gliede gleich dem $n+1$ten Unterschiede und zwar gleich dem nten Gliede der $c+1$ten Unterschiede, d. h.

$${}^{c}a_{n+1} - {}^{c}a_n = {}^{c+n}a_n \qquad \text{also auch} \qquad {}^{c}a^{n+1} = {}^{c}a_n + {}^{c+1}a_n$$

Beispiele: Es ist ${}^{0}a_7 = {}^{0}a_6 + {}^{1}a_6$, es ist ${}^{4}a_3 = {}^{4}a_2 + {}^{5}a_2$.

Satz. In einer Zahlenreihe pten Ranges sind alle $p+\mathfrak{a}$ten Unterschiede gleich Null, wo $\mathfrak{a}$ eine Pluszahl. 401.

Beweis: Unmittelbar aus 399.

Satz. Das allgemeine nte Glied der cten Unterschiede einer Zahlenreihe pten Ranges. 402.

$${}^{c}a_{n+1} = {}^{c}a_1 + n^{\cdot 1}\,{}^{c+1}a_1 + n^{\cdot 2}\,{}^{c+2}a_1 + n^{\cdot 3}\,{}^{c+3}a_1 + \cdots + n^{\cdot n-1}\,{}^{c+n-1}a_1 + {}^{c+n}a_1$$
$$= S n^{\cdot a}\,{}^{c+a}a_1$$

hier ſind alle Glieder der $p+a$ten Unterschiede ${}^{p+a}a$ Null.

Beweis: 1. Der Satz gilt für $n=1$, denn ${}^{c}a_2 = {}^{c}a_1 + {}^{c+1}a_1$ nach 400.

2. Wenn der Satz für ${}^{c}a_{n+1}$ gilt, (Annahme) ſo gilt er auch für ${}^{c}a_{n+2}$ (Folgerung); denn nach 400 ist

$${}^{c}a_{n+2} = {}^{c}a_{n+1} + {}^{c+1}a_{n+1}$$
$$= {}^{c}a_1 + n^{\cdot 1}\,{}^{c+1}a_1 + n^{\cdot 2}\,{}^{c+2}a_1 + \cdots + n^{\cdot n-1}\,{}^{c+n-1}a_1 + {}^{c+n}a_1$$
$$+ \quad {}^{c+1}a_1 + n^{\cdot 1}\,{}^{c+2}a_1 + \cdots + n^{\cdot n-2}\,{}^{c+n-1}a_1 + n^{\cdot n-1}\,{}^{c+n}a_1 + {}^{c+n+1}a_1$$
$$= {}^{c}a_1 + (n+1)^{\cdot 1}\,{}^{c+1}a_1 + (n+1)^{\cdot 2}\,{}^{c+2}a_1 + \cdots$$
$$+ (n+1)^{\cdot n-1}\,{}^{c+n-1}a_1 + (n+1)^{\cdot n}\,{}^{c+n}a_1 + {}^{c+n+1}a_1$$

da $(n+1)^{\cdot a} = n^{\cdot a} + n^{\cdot a-1}$ (nach 391).

3. Alſo gilt der Satz nach 23 allgemein.

403. **Satz.** ${}^{c-1}a_{n+1} - {}^{c-1}a_1 = {}^{c}a_1 + {}^{c}a_2 + {}^{c}a_3 + \cdots + {}^{c}a_n = \underset{1,n}{S}\,{}^{c}a_a$

Die Summe der n ersten Glieder der c ten Unterschiede ist gleich dem $n+1$ten Gliede weniger dem ersten Gliede der $c-1$ten Unterschiede.

Beweis: Nach 400 ist ${}^{c-1}a_a = {}^{c-1}a_{a-1} + {}^{c}a_{a-1}$, mithin ist, wenn wir stets für ${}^{c-1}a_a$ den Wert einſetzen,

$${}^{c-1}a_{n+1} = {}^{c-1}a_n + {}^{c}a_n = {}^{c-1}a_{n-1} + {}^{c}a_{n-1} + {}^{c}a_n$$
$$= {}^{c-1}a_{n-2} + {}^{c}a_{n-2} + {}^{c}a_{n-1} + {}^{c}a_n \quad \text{u. ſ. w.}$$
$$= {}^{c-1}a_1 + {}^{c}a_1 + {}^{c}a_2 + \cdots + {}^{c}a_n$$

alſo wenn wir ${}^{c-1}a_1$ auf die linke Seite schaffen

$${}^{c-1}a_{n+1} - {}^{c-1}a_1 = {}^{c}a_1 + {}^{c}a_2 + \cdots + {}^{c}a_n.$$

404. **Satz. Die Summe der n ersten Glieder der c ten Unterschiede einer Zahlenreihe p ten Ranges.**

$$\underset{1,n}{S}\,{}^{c}a_a = n^{\cdot 1}\,{}^{c}a_1 + n^{\cdot 2}\,{}^{c+1}a_1 + n^{\cdot 3}\,{}^{c+2}a_1 + \cdots$$
$$+ n^{\cdot n-1}\,{}^{c+n-2}a_1 + {}^{c+n-1}a_1 = \underset{1,n}{S}\, n^{\cdot a}\,{}^{c+a-1}a_1$$

hier ſind alle Glieder der $p+a$ten Unterschiede ${}^{p+a}a$ Null.

Beweis: Nach 400 ist ${}^{c-1}a_{n+1} = {}^{c-1}a_1 + n^{\cdot 1}\,{}^{c}a_1 + n^{\cdot 2}\,{}^{c+1}a_1 + n^{\cdot 3}\,{}^{c+2}a_1$
$$+ \cdots + n^{\cdot n-1}\,{}^{c+n-2}a_1 + {}^{c+n-1}a_1$$

mithin ist $\underset{1,n}{S}\,{}^{c}a_a = {}^{c-1}a_{n+1} - {}^{c-1}a_1 = n^{\cdot 1}\,{}^{c}a_1 + n^{\cdot 2}\,{}^{c+1}a_1 + n^{\cdot 3}\,{}^{c+2}a_1 + \cdots$
$$+ n^{\cdot n-1}\,{}^{c+n-2}a_1 + {}^{c+n-1}a_1$$
$$= \underset{1,n}{S}\, n^{\cdot a}\,{}^{c+a-1}a_1.$$

Die Zahlenreihe zweiten Ranges heist eine Reihe von Vieleckszahlen (Polygonalzahlen), wenn ${}^{0}a = 1$ und ${}^{1}a = 1$ ist. Für das n eck ist ${}^{2}a = n - 2$.

Die Zahlenreihe dritten Ranges heist eine Reihe von Turmzahlen (Pyramidalzahlen), wenn ${}^0a$, ${}^1a$ und ${}^2a$ alle gleich Eins, für die n eckige Base des Turmes ist ${}^3a = n - 2$.

Die Zahlenreihe p ten Ranges heist eine Reihe figurirter Zahlen (series numerorum figuratorum) wenn ${}^0a$, ${}^1a$, ${}^2a \cdot\cdot {}^{p-1}a$ alle gleich Eins sind, und ${}^pa$ eine ganze Pluszahl ist.

B. Die Stufenreihe ersten Ranges nebst Zins- und Renten-Rechnung.

Erklärung. Eine Stufenreihe ersten Ranges, (eine geometrische Reihe ersten Ranges) heist eine Reihe von Zahlen, wenn in ihr jede Zahl geteilt durch die nächstvorhergehende denselben Bruch giebt. 405.

Es bezeichnen in der Stufenreihe ersten Ranges a das erste, t das n te Glied, b den Folgebruch d. h. ein Glied geteilt durch das nächstvorhergehende, S die Summe der n ersten Glieder.

Gesetz der Stufenreihe (geometrischen Reihe) ersten Ranges. 406.
Für die Stufenreihe (geometrische Reihe) ersten Ranges hat man folgende Formeln

$$t = ab^{n-1} \qquad S = \frac{tb - a}{b - 1} \qquad S = a\frac{b^n - 1}{b - 1} = a\frac{1 - b^n}{1 - b}.$$

Die Summe einer Stufenreihe ersten Grades erhält man, indem man das erste Glied mit dem Unterschiede aus der Eins und der n ten Höhe des Folgebruches vervielfacht und durch den Unterschied aus der Eins und dem Folgebruche teilt.

Beweis: 1. Die erste Formel folgt unmittelbar aus der Erklärung 405.

2. Um die Summe zu finden, schreibt man die Reihe zweimal in gleicher Folge, aber das zweite mal mit b vervielfacht und zieht die erste von der zweiten ab, dann hat man

$$\begin{array}{l} S = a + ab + ab^2 + \cdots + t \\ \underline{Sb = \phantom{a +{}} ab + ab^2 + \cdots + t + tb} \\ Sb - S = tb - a, \text{ mithin} \end{array}$$

$$S = \frac{tb - a}{b - 1}.$$

Die dritte Formel erhält man, wenn man den Wert von t aus der ersten Formel einführt und die letzte Formel, wenn man Zähler und Nenner mit -1 vervielfacht.

Beispiele: 3, 9, 27, 81, 243, 729 $S = \frac{729 \cdot 3 - 3}{3 - 1} = 3 \cdot \frac{3^6 - 1}{3 - 1} = 1092.$
Bruch 3 3 3 3 3 3.

407. **Erklärung. Zinsen und Renten. Wenn das Vermögen (Kapital) 1 durch Zinsen nach einem Jahre $1 + \frac{p}{100}$ wird, so nennt man p den Zinsfus, $z = 1 + \frac{p}{100}$ den Zinsfach (den Zinsfaktor) und bezeichnet $\frac{p}{100}$ durch p % gelesen p Prozente.**

Wenn am Anfange jedes Jahres eine gleiche Summe eingezahlt wird, so heist diese ein jährlicher Beitrag b, wenn am Anfange jedes Jahres eine gleiche Summe ausgezahlt wird, so heist diese eine Jahresrente r.

Beispiel: Sei der Zinsfus 5, so ist das Zinsfach $z = 1 + \frac{5}{100} = 1{,}_{05}$. Sei der Zinsfus $4^1/_2$, so ist das Zinsfach $z = 1 + \frac{4{,}_5}{100} = 1{,}_{045}$.

Bemerkt wird, dass hier stets mit Zinseszins gerechnet wird. d. h. dass auch die Zinsen von den Zinsen mit berechnet werden, wie dies für Rentenrechnung und Sammlung eines Vermögens notwendig ist.

408. **Satz. Das Vermögen (Kapital) k hat nach n Jahren bei dem Zinsfache z den Wert x, wo**

$$x = kz^n.$$

Beweis: Unmittelbar aus der Erklärung 407.

Beispiele: Das Kapital 1000 ℳ hat nach 20 Jahren beim Zinsfuse 5 den Wert von $1000 \cdot (1{,}_{05})^{20} = 2653{,}_{30}$ ℳ

409. **Satz. Ein Vermögen k hatte vor n Jahren bei dem Zinsfache z den Wert x, wo**

$$x = kz^{-n}.$$

Beweis: Nach 408 ist $k = xz^n$, mithin $x = \frac{k}{z^n} = kz^{-n}$.

410. **Satz. Der jährliche Beitrag b giebt nach n Jahren ein Vermögen (Kapital) x, wo** $x = bz\frac{z^n - 1}{z - 1}$.

Beweis: Der erste Beitrag steht n Jahre und verwandelt sich also in bz^n (nach 408), der letzte steht ein Jahr und wird bz, die Summe aller dieser Werte ist mithin

$$x = bz^n + bz^{n-1} + \cdots + bz^2 + bz = bz\frac{z^n - 1}{z - 1} \text{(nach 406)}$$

Beispiele: Sei der jährliche Beitrag b = 100 ℳ und sei er n = 20 Jahre zu zahlen, so ist nach 20 Jahren das Vermögen x beim Zinsfuse 5

$$x = 100 \cdot 1{,}_{05}\frac{(1{,}_{05})^{20} - 1}{1{,}_{05} - 1} = 105 \cdot \frac{(1{,}_{05})^{20} - 1}{0{,}_{05}} = \frac{105}{0{,}_{05}} \cdot 1{,}_{65330} = 3471{,}_{93} \text{ ℳ}.$$

Satz. Wie gros muss gegenwärtig ein Vermögen (Kapital) x fein, wenn daraus n Jahre die Jahresrente r gezahlt werden foll? Antwort: 411.

$$x = r\frac{z^n - 1}{(z - 1)\,z^{n-1}}.$$

Beweis: Die erste Rente r wird fofort gezahlt, die zweite r nach einem Jahre, fie hat alfo gegenwärtig den Wert rz^{-1} (nach 409), die nte r nach n — 1 Jahren, fie hat alfo gegenwärtig den Wert $rz^{-(n-1)}$, mithin ist

$$\begin{aligned} x &= r + rz^{-1} + rz^{-2} + \cdots + rz^{-(n-1)} \\ &= (rz^n + rz^{n-1} + rz^{n-2} + \cdots - rz) : z^n \\ &= \frac{rz}{z^n}\cdot\frac{z^n - 1}{z - 1} = r\frac{z^n - 1}{(z - 1)z^{n-1}}. \end{aligned}$$

Beispiele: Sei die Jahresrente $r = 100$ ℳ und fei fie $n = 20$ Jahre zu zahlen, fo muss das gegenwärtige Vermögen x fein.

$$x = 100\,\frac{(1{,}05)^{20} - 1}{(1{,}05 - 1)(1{,}05)^{19}} = 1308{,}53 \text{ ℳ}$$

Satz. Wie gros muss der jährliche Beitrag x fein der n Jahre gezahlt wird, wenn man dafür q Jahre die Jahresrente r erhalten will und die erste Jahresrente ein Jahr nach dem letzten Beitrage gezahlt wird? Antwort. 412.

$$x = \frac{r}{z^q}\cdot\frac{z^q - 1}{z^n - 1}.$$

Beweis: Der jährliche Beitrag x ist (nach 410) nach n Jahren $xz\frac{z^n - 1}{z - 1}$, und dies muss (nach 411) gleich $r\frac{z^q - 1}{(z - 1)z^{q-1}}$ fein, alfo ist

$$xz\frac{z^n - 1}{z - 1} = r\frac{z^q - 1}{(z - 1)z^{q-1}}, \text{ d. h.}$$

$$x = \frac{r}{z^q}\cdot\frac{z^q - 1}{z^n - 1}.$$

Beispiele: Sei $n = 15$ Jahre, $q = 25$ Jahre, die Jahresrente 100 ℳ, Zinsfus 5, fo ist $x = \frac{100}{(1{,}05)^{25}}\,\frac{(1{,}05)^{25} - 1}{(1{,}05)^{15} - 1} = 65{,}32$ ℳ

C. Die Höhenreihen oder Potenzreihen.

Erklärung. Eine Höhenreihe oder Potenzreihe von x heist eine Reihe, in welcher jedes Glied ein Zeug einer Vorzahl (eines Koeffizienten) mit einer Höhe der Bafe x ist, und bei welcher alle Glieder, welche diefelbe Höhe von x enthalten, in ein Glied zufammengefasst, die Glieder aber nach der Stufe von x geordnet find. 413.

Die Form einer Höhenreihe von x ist $ax^n + bx^{n-1} + cx^{n-2} + \cdots$

Kommt eine Höhe von x in der Höhenreihe nicht vor, so sagt man, ihre **Vorzahl** sei **Null**.

In zwei Höhenreihen gleicher Base nennt man die zu gleicher Stufe gehörigen Vorzahlen einander **entsprechend**.

414. **Satz.** Zwei Höhenreihen (Potenzreihen) gleicher Base fügt man zu, indem man die entsprechenden Vorzahlen (Koeffizienten) zufügt, und die zugehörigen Höhen unverändert lässt, d. h. es ist

$$(ax^n + bx^{n-1} + \cdots) + (\mathfrak{a}x^n + \mathfrak{b}x^{n-1} + \cdots)$$
$$= (a + \mathfrak{a})\,x^n + (b + \mathfrak{b})\,x^{n-1} + \cdots$$

Beweis: Unmittelbar aus 122.

415. **Satz:** Von einer Höhenreihe (Potenzreihe) zieht man eine Höhenreihe gleicher Base ab, indem man von jeder Vorzahl (Koeffizienten) der erstern die entsprechende der letztern abzieht und die zugehörigen Höhen unverändert lässt, d. h. es ist

$$(ax^n + bx^{n-1} + \cdots) - (\mathfrak{a}x^n + \mathfrak{b}x^{n-1} + \cdots)$$
$$= (a - \mathfrak{a})\,x^n + (b - \mathfrak{b})\,x^{n-1} + \cdots$$

Beweis: Unmittelbar aus 131.

416. **Satz.** Eine Höhenreihe (Potenzreihe) der Base x vervielfacht man mit $\mathfrak{a}x^m$, indem man jede Vorzahl derselben mit $\mathfrak{a}$ vervielfacht und zu jeder Stufe m zufügt, d. h. es ist

$$(ax^n + bx^{n-1} + \cdots)\,\mathfrak{a}x^m = a\mathfrak{a}x^{m+n} + b\mathfrak{a}x^{m+n-1} + \cdots$$

Beweis: Unmittelbar aus 180.

417. **Satz.** Eine Höhenreihe (Potenzreihe) der Base x teilt man durch $\mathfrak{a}x^m$, indem man jede Vorzahl derselben durch $\mathfrak{a}$ teilt und von der Stufe m abzieht, d. h. es ist

$$(ax^n + bx^{n-1} + \cdots) : (\mathfrak{a}x^m) = \frac{a}{\mathfrak{a}}\,x^{n-m} + \frac{b}{\mathfrak{a}}\,x^{n-m-1} + \cdots$$

Beweis: Unmittelbar aus 180.

418. **Satz.** Zwei Höhenreihen (Potenzreihen) gleicher Base vervielfacht man mit einander, indem man die eine derselben mit jedem Gliede der andern vervielfacht und die erhaltenen Höhenreihen zufügt, d. h. es ist

$$(ax^n + bx^{n-1} + cx^{n-2} + \cdots)(\mathfrak{a}x^m + \mathfrak{b}x^{m-1} + \mathfrak{c}x^{m-2} + \cdots)$$
$$= a\mathfrak{a}x^{n+m} + b\mathfrak{a}x^{n+m-1} + c\mathfrak{a}x^{n+m-2} + \cdots$$
$$+ a\mathfrak{b}x^{n+m-1} + b\mathfrak{b}x^{n+m-2} + \cdots$$
$$+ a\mathfrak{c}x^{n+m-2} + \cdots$$
$$= a\mathfrak{a}x^{n+m} + (b\mathfrak{a} + a\mathfrak{b})\,x^{n+m-1} + (c\mathfrak{a} + b\mathfrak{b} + a\mathfrak{c})x^{n+m-2} + \cdots$$

Beweis: Unmittelbar aus 180.

Satz. Wenn man zwei Höhenreihen gleicher Base mit einander vervielfacht, so erhält man die zu einer Stufe p gehörige Vorzahl, indem man je zwei Vorzahlen, deren Stufen p zur Summe haben, mit einander vervielfach, und die erhaltenen Zeuge zufügt. 419.

Satz. Eine Höhenreihe A teilt man durch eine zweite B, indem man das erste Glied der erstern durch das erste Glied der zweiten teilt und das Ergebniss C als erstes Glied des Bruches setzt. Indem man dann mit diesem Gliede C den ganzen Nenner B vervielfacht, das erhaltene Zeug von dem Zähler A abzieht, den Rest demnächst aufs Neue durch den Nenner B teilt und den auf gleiche Weise gefundenen Bruch zu dem zuerst gefundenen zufügt, d. h. es ist 420.

$$\frac{A}{B} = C + \frac{A - BC}{B}.$$

Beweis:
$$\frac{A}{B} = \frac{A + BC - BC}{B} \qquad \text{(nach 129)}$$
$$= \frac{BC + A - BC}{B} \qquad \text{(nach 131)}$$
$$= \frac{BC}{B} + \frac{A - BC}{B} \qquad \text{(nach 170)}$$
$$= C + \frac{A - BC}{B} \qquad \text{(nach 167).}$$

D. Die Reihenzahlen oder Systemzahlen.

Die Lehre von den Reihenzahlen behandelt die Zahlen des gewöhnlichen zehnteiligen Systemes von einem neuen Gesichtspunkte aus, indem sie jede Zahl als eine Summe von Höhen betrachtet. Neue Gesetze lehrt dieselbe nicht; dagegen ist es lehrreich und für die Anwendung auf die Reihen von Bedeutung auch diese Betrachtungsweise kennen zu lernen.

Erklärung. Eine Reihenzahl heist eine Höhenreihe (eine Systemzahl), wenn die Base x eine ganze Zahl gröser als Eins, die Vorzahlen (Koeffizienten) aber ganze Zahlen von 0 bis x—1 sind. Die Base heist dann die Grundzahl. Man schreibt die Reihenzahl, indem man nach der Reihe die Vorzahlen von der höchsten bis zur 0ten Höhe hinschreibt. Hinter die Vorzahl von x^0 setzt man ein Komma, wenn noch Höhen mit Strichstufen oder mit negativen Exponenten folgen, und nennt dann die Reihe rechts vom Komma einen Reihenbruch. 421.

Ist die Grundzahl 10, so heist die Reihenzahl eine Zehnzahl (dekadische Systemzahl), der Reihenbruch ein Zehntbruch (Dezimalbruch).

Beispiel: $5003 = 5 \cdot 10^3 + 3 \cdot 10^0$; $5{,}003 = 5 \cdot 10^0 + 3 \cdot 10^{-3}$.

Man hat verschiedene Zahlen, gewöhnlich 10 zur Grundzahl der Reihenzahlen genommen. Jetzt haben alle Völker die 10 als Grundzahl angenommen, indem sie sich an die 10 Finger der Hände angeschlossen haben, welche zum Abzählen benutzt wurden und von Kindern auch jetzt noch benutzt werden. Die Deutschen haben schlieslich noch den Versuch gemacht, über das zehnteilige System hinaus in das zwöfteilige überzugehen, welches zahlreiche Vorzüge besitzt, da in 12 die Zahlen 2, 3, 4, 6 aufgehen, während in 10 nur 2 und 5 aufgehen; aber der Versuch ist nicht durchgeführt und muss daher aufgegeben werden.

Jetzt sind allgemein die indischen (die sogenannten arabischen) Ziffern im Gebrauche, und werden nur die Vorzahlen oder Koeffizienten als Ziffern geschrieben, die Stufen oder Exponenten von Zehn aber durch die Stelle der Ziffer bezeichnet.

422. **Erklärung. In der Reihenzahl der Zehnzahlen bezeichnet die Stelle der Ziffer die Stufe oder den Exponenten der Grundzahl, und zwar bezeichnet die Ziffer a auf der Stelle links neben dem Komma $a \cdot 10^0$ oder die Einer. Die auf der mten Stelle links von den Einern (oder die, welche bis zum Komma m Stellen rechts neben sich hat) ist $a \cdot 10^m$, die auf der mten Stelle rechts vom Komma ist $a \cdot 10^{-m}$. Die Stellen, wo keine Wertziffer steht, erhalten eine 0. So bezeichnet 0,05 die $5 \cdot 10^{-2}$.**

Nach den Stellen teilt man die ganzen Zahlen ein in Einer (erste Stelle, 10^0), in Zehner (zweite Stelle, 10^1), in Hunderte (dritte Stelle, 10^2), in Tausende (vierte Stelle, 10^3), in Zehntausende (fünfte Stelle, 10^4) und in Hunderttausende (sechste Stelle, 10^5).

Ist die Reihenzahl noch gröser, so teilt man die Zahlen in je 6 Stellen und bezeichnet je 6 Stellen durch einen Strich oben. Es heist dann die siebente Stelle oder 10^6 eine Million, die dreizehnte Stelle oder 10^{12} eine Billion, 10^{18} eine Trillion, 10^{24} eine Quadrillion, 10^{30} eine Quinquillion, 10^{36} eine Sexillion u. s. w.

Nach den Stellen teilt man die Zehntbrüche (Dezimalbrüche), in Zehntel (— erste Stelle, 10^{-1}), in Hundertel (— zweite Stelle, 10^{-2}), in Tausendtel (— dritte Stelle, 10^{-3}), in Milliontel 10^{-6}, in Billiontel 10^{-12} u. s. w.

Dritter Abschnitt der Zahlenlehre: Die dehnende Zahlenlehre: Die Richtgröse, die Winkelfolgen und die Winkeltafeln.

11. Die Richtgröse, die Winkelfolge und die Winkeltafeln.

Wir haben durch das Logen und Tiefen bereits eine neue Gröse, die Unzahl oder Irrationalzahl, kennen gelernt, indessen lies sich dieselbe doch noch durch einen Zehntbruch darstellen und gehörte demnach in die Reihe der Zahlen.

Durch das Tiefen lernen wir aber noch eine andre Art von Grösen kennen, das ist die zweite Tiefe aus -1, nämlich $(-1)^{1/2}$, welche ganz aus der Reihe der Zahlen heraustritt und eine ganz eigentümliche Bedeutung gewinnt. Bereits 1545 hat Cardano auf diese Gröse aufmerksam gemacht; John Wallis nannte 1673 die Gröse $(-a)^{1/2}$ eine magnitudo imaginaria und diesen Namen hat sie behalten, aber erst in diesem Jahrhundert ist die Gröse $(-1)^{1/2}$, namentlich durch Gauss und Cauchy einer eingehenden Betrachtung und wissenschaftlichen Behandlung unterworfen worden. Gauss führte 1801 für diese Gröse das Zeichen i ein, welches jetzt allgemein angenommen ist. Die Gröse $a + ib$ nannte er eine magnitudo complexa und wies die Bedeutung dieser Gröse in der Anschauung und im Raume nach; er gelangte dadurch zu den Folgen oder Funktionen der Winkel, welche in der Formenlehre eine so überaus grose Bedeutung besitzen und deren Kenntniss für jeden Gebildeten unentbehrlich ist.

1. Die Richtgröse.

Erklärung. Das J oder die imaginäre Eins heist die zweite Tiefe aus Stricheins. Die Jgröse (die imaginäre Gröse) heist das Zeug oder Produkt aus i und einer Zahl. 423.

Das Zeichen des J ist i, das Zeichen der Jgröse ist ia, wo a eine beliebige Zahl ist.

Der Name imaginäre Gröse bezeichnet dieſe Gröse als nur dem Scheine nach, nur in der Einbildung bestehend, während dieſe Gröse in der Wirklichkeit eine nahe ebenſo grose Bedeutung hat, wie die Zahl oder die reelle Gröse. Es kommt nur darauf an, dass man ſie gleich von vorne herein in ihrer Bedeutung richtig erkennt, und ſie ſich anschaulich macht, ſo dass man ſich wirklich bei jeder derſelben etwas denkt und vorstellt. Das Eigentümliche bei der Jgröse ist nun, dass z. B. in dem Raume, während $+a$ die Linie AB und $-a$ die entgegengeſetzte Linie AC bezeichnet, ia oder $(-1)^{1/2}a$ die Mitte zwischen $+a$ und $-a$, d. h. die ſenkrechte Linie AD auf a bezeichnet. In $a+ib$ bezeichnen alſo a und b zwei Katheten im rechtwinkligen Dreiecke (und zwar bezeichnet i die ſenkrechte Lage der Linie b zu a). Die Hypotenuſe r ist hier die Linie, für welche $r^2 = a^2 + b^2$ ist; die Gröse $\frac{a}{r} + i\frac{b}{r}$ bezeichnet, die Verhältnisse $\frac{a}{r}$ und $\frac{b}{r}$, d. h. die der beiden Katheten zur Hypotenuſe Es ist einleuchtend, dass hier $\frac{a}{r} = \cos\beta$ und dass $\frac{b}{r} = \sin\beta$ ist, dass alſo $\frac{a}{r} + i\frac{b}{r} = \cos\beta + i\sin\beta$ ist und dass wir alſo durch Einführung der Gröse i und der Gröse $a+ib$ ſofort zu den Sätzen über die Winkel und zu den Sätzen über die Funktionen der Winkel, d. h. über den Sinus und Cosinus, die Tangente und Cotangente eines Winkels gelangen.

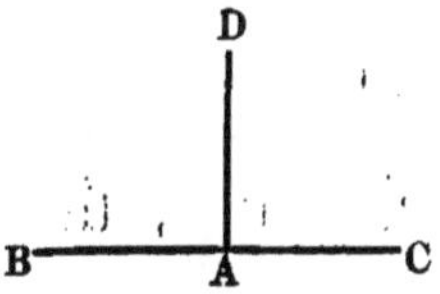

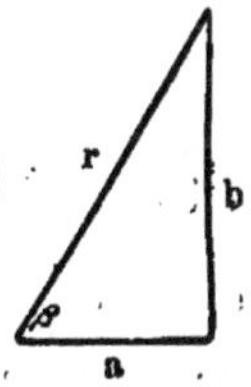

Die ganzen Sätze der Trigonometrie ergeben ſich demnach aus dieſer dehnenden Zahlenlehre.

424. **Satz.** $i = (-1)^{1/2}$ $i^2 = -1$

Das J (die imaginäre Eins) ist gleich der zweiten Tiefe aus Stricheins und das Quader des J ist Stricheins.

425. **Satz.** $(-a)^{1/2} = i \cdot a^{1/2}$

Die zweite Tiefe einer Strichzahl ist gleich dem Zeuge oder Produkte von i und der zweiten Tiefe der entsprechenden Pluszahl.

Beweis: Es ist $(-a)^{1/2} = ((-1) \cdot a)^{1/2}$ (nach 158)

$= (-1)^{1/2} \cdot a^{1/2}$ (nach 346)

$= i \cdot a^{1/2}$ (nach 424)

426. **Erklärung. Die Richtgröse oder die komplexe Gröse heist die Summe einer Zahl und einer Jgröse $a + ib$. Die Zahl a heist die erste Zahl, die Zahl b die zweite Zahl.**

Der Richtwert (der positive Wert der komplexen Gröse) r heist die zweite Tiefe aus der Summe der Quader der beiden Zahlen der Richtgröse, d. h. $r = (a^2 + b^2)^{1/2}$.

Die Richteinheit (die komplexe Einheit) heist die Richtgröse, deren Richtwert eins ist, d. h. wo $(a^2 + b^2)^{1/2} = 1$ ist.

Gleich heisen zwei Richtgrösen oder komplexe Grösen $a + ib$ und $\alpha + i\beta$ dann und nur dann, wenn die entsprechenden Zahlen gleich sind, d. h. wenn $a = \alpha$ und zugleich $b = \beta$ ist. Die Richtgrösen und die Zahlen heisen gemeinsam Zahlengrösen.

Es ist dringend notwendig, dass man sich sogleich bei dieser Erklärung eine Anschauung verschaffe, was man sich unter der Richtgröse zu denken habe, damit die Gedanken eine klare Unterlage haben und man sieht, wohin die Betrachtung führen soll. Die Betrachtung im Raume wird uns diese Anschauung gewähren.

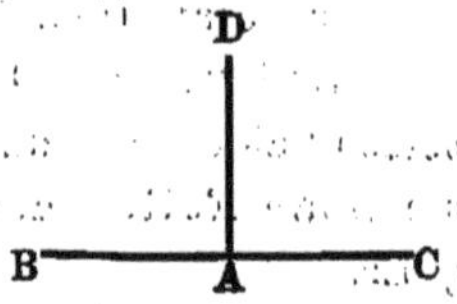

Sei also $AB = 1$, so wird $AC = -1$ sein, es wird also $i = (-1)^{1/2}$ die Mitte zwischen beiden halten müssen, d. h. das Lot AD auf CB und zwar gleicher Gröse sein müssen.

In der Tat betrachten wir den Richtwert $r = (a^2 + b^2)^{1/2}$, so ist $r^2 = a^2 + b^2$. Hier ist also a die Grundseite, b die senkrechte oder die lotrecht auf der Grundseite errichtete Seite, welche mit der Grundseite einen rechten Winkel bildet, r die Hypotenuse oder Spannseite des rechtwinkligen Dreiecks. Das J bezeichnet also im Raume eine Seite, welche nicht in der Linie der Grundseite liegt, welche man also nicht zu ihr zufügen, auch nicht von ihr abziehen kann, welche vielmehr einen bestimmten feststehenden Winkel mit ihr bildet, und man hat in der Mathematik festgestellt, dass dieser Winkel stets ein rechter sein solle, der weder nach der einen, noch nach der andern Seite neige, sondern senkrecht auf der Grundseite aufgerichtet ist.

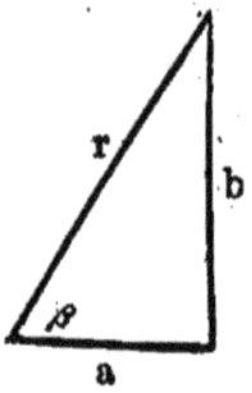

Hieraus rechtfertigt sich denn auch der Name Richtgröse und Richtwert, welchen ich für dieselbe in die Wissenschaft einführe. Der Name magnitudo complexa, welchen Gauss in seinem latein geschriebenen Werke dafür hat, und welchen man dann ins Deutsche übernommen hat, bezeichnet eigentlich die umfassende, umschliesende Gröse, ist demnach wenig passend und ist bereits lange vor Einführung der Richtgröse $a + ib$ für Geschiede verwandt. Leibniz hat den Ausdruck Complexio zuerst am 7. März 1666 in der Disputatio arithmetica de complexionibus (Opera omnia ed Dutens III S. 1—10) für die Geschiede der Kombinationslehre verwandt und für diese Geschiede ist der Ausdruck denn auch in Gebrauch geblieben. Es ist unwissenschaftlich und verwirrend, wenn man denselben Ausdruck für so gänzlich verschiedene Grösen verwenden will. Es empfiehlt sich demnach der Name Richtgröse.

Dies vorausgeschickt, so ergiebt sich sehr klar aus der Anschauung, dass man zwei Richtgröſen (komplexe Gröſen) $a + ib$ und $\alpha + i\beta$ dann und nur dann gleich ſetzen kann, wenn $a = \alpha$ und $b = \beta$ ist; denn a und b bezeichnen hier die Katheten eines rechtwinkligen Dreiecks, der Richtwert $r = (a^2 + b^2)^{1/2}$ bezeichnet die Hypotenuſe desſelben. Alle dieſe Verhältnisse ſind aber nur gleich, wenn die rechtwinkligen Dreiecke deckend oder kongruent ſind, d. h. wenn zwei Seiten in den Dreiecken gleich ſind.

Dasſelbe folgt aber auch ohne Anschauung aus dem Begriffe der Richtgröse; denn in derſelben ſind a und b ganz unabhängig von einander und kann demnach $a + ib$ nur dann gleich $\alpha + i\beta$ ſein, wenn ſowohl $a = \alpha$, als auch $b = \beta$ ist.

427. **Satz.** $r^2 \overset{*}{=} a^2 + b^2$ *** wenn $a + ib$ gegeben. Bei jeder Richtgröse ist die Summe der beiden Quader der Zahlen gleich dem Quader des Richtwertes der Gröse.**

Beweis: Unmittelbar aus 426.

428. **Erklärung. Die Lotſeiten oder die Katheten heisen die beiden Zahlen und zwar heist die erste Zahl die anliegende Lotſeite; die Spannſeite oder die Hypotenuſe heist der Wert der Richtgröse.**

Es führt dieſe Benennung die Richtgrösen dem Verständnisse näher. Cauchy nennt den Richtwert der Richtgröse den module oder Modulus, die Richteinheit nennt er den terme reduit, den reduzirten Ausdruck. Beide Namen ſind aber weder bezeichnend, noch schön. Der Richtwert der Richtgröse ist im Kreiſe der Halbmesser, im rechtwinkligen Dreiecke die Hypotenuſe.

429. **Satz. Für die Richtgrösen (die komplexen Grösen) gelten alle Geſetze des Zufügens und Abziehens, des Vervielfachens und Teilens oder**

die Geſetze der ersten und zweiten Ordnung ſind für die Richtgrösen dieſelben wie für die Zahlen, ſofern man beachtet, dass $ii = -1$ ist.

Beweis. Es ist ſowohl i als auch ib eine einwertige Gröse, und zwar ist i eine Einheit, ib eine benannte Zahl; ebenſo giebt es nur eine Gröse, welche zu $a + ib$ gefügt die gleiche Summe giebt, es gilt alſo auch trennbares Zufügen; ebenſo giebt es nur eine Gröse, welche mit $a + ib$ vervielfacht oder verwebt das gleiche Zeug giebt, es gilt alſo auch trennbares Verweben; alſo gelten auch die Geſetze des Abziehens und des Verteilens.

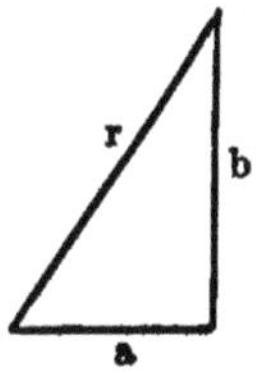

430. **Satz.**

$$(a + ib) + (\alpha + i\beta) = (a + \alpha) + i\,(b + \beta)$$
$$(a + ib) - (\alpha + i\beta) = (a - \alpha) + i\,(b - \beta).$$

Statt Richtgrösen (komplexe Grösen) zuzufügen oder abzuziehen, kann man ihre entsprechenden Zahlen zufügen oder abziehen.

Beweis: Unmittelbar aus 426.

Beispiele: $(5 + i3) + (8 + i6) = (5 + 8) + i\,(3 + 6) = 13 + i9$
$(9 + i6) - (5 + i4) = (9 - 5) + i\,(6 - 4) = 4 + i2.$

Satz. $(a + ib)(\alpha + i\beta) = (a\alpha - b\beta) + i\,(a\beta + b\alpha).$ 431.

Das Zeug oder Produkt zweier Richtgrösen (zweier komplexer Grösen) ist gleich einer Richtgröse, deren erste Zahl das Zeug der ersten beiden Zahlen weniger dem Zeuge der zweiten beiden Zahlen ist und deren zweite Zahl die Summe der beiden Zeuge aus der ersten Zahl der einen und der zweiten Zahl der andern Richtgröse ist. Der Richtwert des Zeuges ist das Zeug der Richtwerte der Fache oder Faktoren.

Beweis: $(a + ib)(\alpha + i\beta) = a\alpha + ia\beta + ib\alpha + iib\beta$ (nach 180)

$= (a\alpha - b\beta) + i\,(a\beta + b\alpha)$ (nach 426)

der Richtwert des Zeuges ist $(a\alpha - b\beta)^2 + (a\beta + b\alpha)^2$

$= (a\alpha)^2 - 2a\alpha b\beta + (b\beta)^2 + (a\beta)^2 + 2a\alpha b\beta + (b\alpha)^2$

$= (a\alpha)^2 + (b\beta)^2 + (a\beta)^2 + (b\alpha)^2$

$= (a^2 + b^2)(\alpha^2 + \beta^2).$

Beispiele: $(5+i6)(8+i3) = (5\cdot8 - 6\cdot3) + i\,(5\cdot3 + 6\cdot8) = 22 + i\cdot63$
$(8+i4)(6+i3) = (8\cdot6 - 4\cdot3) + i\,(8\cdot3 + 4\cdot6) = 36 + i\cdot48$

Satz. $(a + ib)(a - ib) = a^2 + b^2 = r^2.$ 432.

Das Zeug zweier Richtgrösen (zweier komplexer Grösen), deren entsprechende Zahlen gleichwertig ſind, während die zweiten Zahlen entgegengeſetztes Zeichen haben, ist gleich dem Quader des Richtwertes (des poſitiven Wertes der komplexen Gröse).

Beweis: $(a+ib)(a-ib) = a^2 + b^2 + i\,(ab - ab)$ (nach 431)
$= a^2 + b^2 = r^2$ (nach 135 und 427).

Beispiel: $(9+i\cdot5)(9-i\cdot5) = 81 + 25 = 106$
$(6+i\cdot7)(6-i\cdot7) = 36 + 49 = 85.$

Cauchy und Gauss nennen die Richtgrösen $a + ib$ und $a - ib$ reciproke oder geparte Werte; dieſe Benennung ist passend und daher beizubehalten.

Satz. $\dfrac{a + ib}{\alpha + i\beta} = \dfrac{(a + ib)(\alpha - i\beta)}{\alpha^2 + \beta^2}$ 433.

Beweis: Man vervielfache Zähler und Nenner mit $\alpha - i\beta$, ſo ergiebt ſich die Formel aus 431.

Satz. $\dfrac{a + ib}{r} = \dfrac{a}{r} + i\,\dfrac{b}{r}$ **ist eine Richteinheit oder** 434.

Jede Richtgröse (komplexe Gröse), geteilt durch ihren Richtwert ist eine Richteinheit (eine (komplexe Einheit).

Beweis: Es ist in der Richtgröse $a + ib$ (nach 426) der Richtwert $r = (a^2 + b^2)^{1/2}$, teilt man nun die Richtgröse durch diesen Richtwert, so ist in der neuen Gröse $\frac{a}{r} + i\,\frac{b}{r}$ der Richtwert $\left(\left(\frac{a}{r}\right)^2 + \left(\frac{b}{r}\right)^2\right)^{1/2} = \frac{(a^2+b^2)^{1/2}}{r} = \frac{r}{r} = 1$, also ist die neue Richtgröse eine Richteinheit, deren Richtwert 1 ist, nach 426.

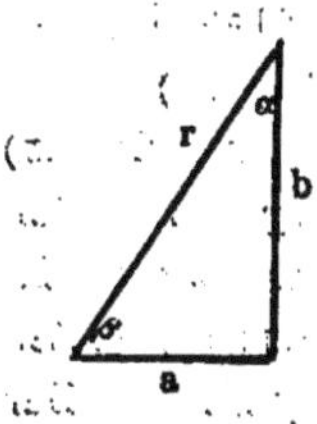

Jeder sieht hier mit dem ersten Blicke auf das nebenstehende rechtwinklige Dreieck, dass hier $\frac{a}{r}$ der Cosinus, $\frac{b}{r}$ der Sinus des Winkels β ist, und dass wir hier unmittelbar in der Richteinheit die Folgen oder Funktionen der Winkel erhalten. Das i vor dem Sinus zeigt dabei an, dass die Kathete des Sinus senkrecht auf der des Cosinus steht.

Die folgende Erklärung ist der einfache Ausdruck dieses Verhältnisses; selbstredend muss, wenn die Erklärung für alle Winkel auch für die mehrfacher Umschwenkung gelten soll, den Verhältnissen des Kreises und der Folgen des Winkels Rechnung getragen werden. Der Halbmesser oder Radius des Kreises ist hierbei stets der Richtwert r.

2. Der Winkel, der Sinus und der Cosinus.

435. **Erklärung. Der Winkel der Richteinheit heist der Winkel β zwischen der Grundseite und dem Richtwerte. Derselbe wird gleich Eins gesetzt, wenn sein Kreisbogen dem Richtwerte oder dem Halbmesser des Kreises gleich ist.**

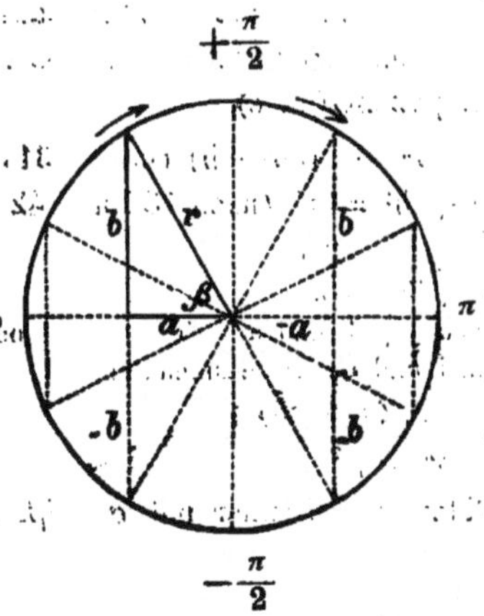

Der Kreisumfang ist dann 2π oder $2 \times 3{,}14159265359$; er wird in 24 Stunden oder in 360 Grade, jeder Grad in 60 Minuten, jede Minute in 60 Sekunden geteilt. Der rechte Winkel ist gleich 90 Grade oder gleich $\frac{1}{2}\pi$.

Der echte Winkel ist der Winkel innerhalb des einfachen Umkreises oder zwischen $+\pi$ und $-\pi$ oder zwischen $+180^0$ und -180^0 und zwar wird dieser einfache Umkreis in 4 Rechte geteilt. Der erste Plusrechte von 0 bis $\frac{\pi}{2}$, der zweite Plus-

rechte von $\frac{\pi}{2}$ bis π; der erste Strichrechte von 0 bis $-\frac{\pi}{2}$, und der zweite Strichrechte von $-\frac{\pi}{2}$ bis $-\pi$.

Die Gröse des Kreisumfanges oder $2 \times \pi$ ist in der Formenlehre genau berechnet, wir werden diese Berechnung im folgenden Zweige kennen lernen, hier nehmen wir einfach den berechneten Wert auf.

Die Gröse eines Grades 1^0, einer Minute $1'$ und einer Sekunde $1''$ in Teilen des Halbmessers ist

$$1^0 = 0{,}01745329252 \qquad 1' = 0{,}00029088820866 \qquad 1'' = 0{,}0000048481368$$

Es wäre viel richtiger den Kreis in 24 Stunden (h), diese aber zehnteilig weiter zu teilen. Es wäre dann $1^h = \frac{1}{12}\pi = 0{,}261799387799$, und alle folgenden Teile, also $\frac{1}{10^n}$ Stunde $=: 10^n$.

Erklärung. Der Ergänzungswinkel (das complementum) zum Winkel β heist der Winkel $(90^0 - \beta)$ oder $\left(\frac{\pi}{2} - \beta\right)$. Der Nebenwinkel des Winkels β heist der Winkel $(180^0 - \beta)$ oder $(\pi - \beta)$. 436.

Die Erklärung ist einfach aus der Raumlehre aufgenommen, um den Sätzen im Folgenden eine bequemere Form geben zu können.

Erklärung. Der Cos oder der Cosinus β heist die erste Zahl der Richteinheit, der Sin oder der Sinus β heist die zweite Zahl der Richteinheit oder der komplexen Einheit. 437.

Die Zeichen cos und sin beziehen sich, wenn keine Klammer steht, stets auf alle folgenden Grösen desselben Gliedes bis zum nächsten Plus- oder Strichzeichen.

Man bezeichnet den sinus allgemein mit sin, den cosinus mit cos; es empfiehlt sich diese beiden Funktionen im Deutschen daher kurz den Sin und den Cos zu nennen und die lateinische Endung us bez. inus fortzulassen. Jeder kann dann den Sin und den Cos lesen, wie es ihm beliebt.

Die Zeichen sin und cos sind Zeichen von Folgen oder Funktionen. Wie jedes Zeichen einer Folge, beziehen sich auch die Zeichen des sin und des cos stets auf die folgenden Grösen und zwar, wenn keine Klammer steht, stets auf alle dem Zeichen folgenden Grösen desselben Gliedes bis zum nächsten Plus- oder Strichzeichen. Es folgt diese Regel aus dem allgemeinen Gesetze für alle Formelzeichen, welche sich auf die folgenden Grösen beziehen.

Es ist demnach $\sin 2\pi = \sin(2\pi)$, $\sin(2n+1)\pi = \sin[(2n+1)\pi]$, dagegen ist $\sin a + b = (\sin a) + b$ also verschieden von $\sin(a+b)$. Eine besondere Aufmerksamkeit erfordern die Ausdrücke $\sin x^2$, $\sin^2 x$ und $(\sin x)^2$, zumal hier die Deutschen eine fehlerhafte Schreibweise beobachten. Zunächst ist $\sin x^2 = \sin(x^2)$, hierüber kann ein Zweifel nicht obwalten. Dagegen wird das Zeichen $\sin^2 x$ von den Deutschen fehlerhaft so gebraucht, dass sie $\sin^2 x = (\sin x)^2$

ſetzen, während die Franzoſen $\sin^2 x = \sin \cdot \sin x = \sin(\sin x)$ ſetzen. Hier haben die Franzoſen offenbar die richtige Bezeichnung gewählt, denn $\sin^2$ kann keinen andern Sinn haben als sin·sin, während es ganz fehlerhaft ist bei $\sin^2 x$, das Stufenzeichen auf den ganzen Ausdruck beziehen zu wollen. Beispielsweiſe kann $a^2 b$ nie gleich $(ab)^2$ geſetzt werden, alſo auch nicht $\sin^2 x = (\sin x)^2$. Die deutsche Schreibweiſe muss demnach aufgegeben, die franzöſische aber eingeführt werden. Auch $\log^2 x$ ist dann gleich $\log \log x = \log(\log x)$.

Zu bemerken ist noch, dass man $(\sin x)^2$ am besten lieſ't „sin x ganz hoch 2“, wo das ganz bezeichnet, dass der ganze Ausdruck hoch 2 genommen werden ſoll.

438. **Satz.** $\cos\beta = \frac{a}{r}$; $\sin\beta = \frac{b}{r}$; $\frac{a}{r} + i\frac{b}{r} = \cos\beta + i\sin\beta$.

Der Cos des Winkels der Richteinheit ist die erste Zahl, der Sin des Winkels der Richteinheit ist die zweite Zahl der Richteinheit oder der komplexen Einheit.

Beweis: Unmittelbar aus 437.

439. **Satz.** $(\cos\beta + i\sin\beta)(\cos\beta - i\sin\beta) = 1$

$$\cos\beta - i\sin\beta = \frac{1}{\cos\beta + i\sin\beta}.$$

Das Zeug zweier Richteinheiten (komplexer Einheiten), deren Cosinus gleich, deren Sinus entgegengeſetzt ſind, ist eins.

Beweis, Unmittelbar aus 432.

440. **Satz.** $a + ib = r(\cos\beta + i\sin\beta)$ wo $r = (a^2 + b^2)^{1/2}$.

Jede Richtgröse (komplexe Gröse) ist gleich dem Richtwerte mal der Richteinheit, wo cos β die erste Zahl und sin β die zweite Zahl ist.

Beweis: Es ist $a + ib = \frac{r}{r}(a + ib)$ (nach 167)

$$= r\left(\frac{a}{r} + i\frac{b}{r}\right) \quad \text{(nach 180)}$$

$$= r(\cos\beta + i\sin\beta) \quad \text{(nach 437).}$$

441. **Satz.** $(\cos\beta)^2 + (\sin\beta)^2 = 1$; $\cos\beta = (1 - (\sin\beta)^2)^{1/2}$;

$$\sin\beta = (1 - (\cos\beta^2))^{1/2}$$

Die Summe der beiden Quader des Cos und des Sin eines Winkels ist Eins.

Beweis: Unmittelbar aus 434.

442. **Satz.** $\cos\beta = \text{Mitt.}\,[-1, +1]$ $\sin\beta = \text{Mitt.}\,[-1, +1]$

Die Gröse des Cos und des Sin aller Winkel ist ein Mittel zwischen Stricheins und Pluseins, dieſe Gröse eingeschlossen.

Beweis: Nach 438 ist $\cos\beta = \frac{a}{r}$, $\sin\beta = \frac{b}{r}$ und nach 427 ist $r^2 = a^2 + b^2$, alſo ist $r^2 - b^2 = a^2$ und hier ist b entweder gleich Null oder ungleich Null.

Wenn $b = 0$ ist, ſo ist $r^2 = a^2$, alſo $\cos\beta = \frac{a}{r} = +1$, wenn beide Zahlen gleiche, dagegen $= -1$, wenn beide entgegengeſetzte Vorzeichen haben.

Wenn $b \gtrless 0$ ist, ſo ist $r^2 > a^2$ nach 142. Hier ist r eine Plusgröse. Sei nun auch a eine Plusgröse, ſo ist nach 377 auch $r > a$, mithin ist $\frac{a}{r}$ nach 205 eine echte Bruchzahl, d. h. $\frac{a}{r}$ nach 206 kleiner als Eins oder ein Mittel zwischen 0 und $+1$.

Sei a eine Strichgröse, ſo ist der Zahlenwert von $\frac{a}{r}$ eine echte Bruchzahl kleiner als Eins, alſo die Gröse $\frac{a}{r}$ ſelbst ein Mittel zwischen 0 und -1. Was alſo auch $\frac{a}{r}$ für ein Vorzeichen habe, ſo ist stets $\cos\beta = \frac{a}{r}$ zwischen den Grenzen -1 und $+1$. Ganz ebenſo folgt, dass $\sin\beta = \frac{b}{r}$ stets zwischen den Grenzen -1 und $+1$ ist.

Der Satz folgt ſehr leicht aus der Anschauung im Kreiſe. Jede Sehne im Kreiſe ist kleiner als der Durchmesser oder gleich dem Durchmesser; die auf dem Durchmesser ſenkrechte halbe Sehne ist ebenſo kleiner bis gleich mit dem Halbmesser. Ebenſo folgt der Satz leicht aus dem rechtwinkligen Dreiecke, jede Kathete ist kleiner als die Hypotenuſe.

Um die Werte von $\cos\beta$ und $\sin\beta$ zu bestimmen, müssen noch die Festſetzungen getroffen werden, wann eine dieſer Formeln etwa der Sin den Wert gleich Null haben ſoll. Wie jeder leicht aus der Anschauung im Kreiſe, d. h. hier aus der nebenstehenden Zeichnung erſieht, ist für die Winkel 0 und π der Sin gleich Null. Da der einfache Umkreis 2π beträgt, ſo hat der Winkel $2\pi + \beta$ wieder denſelben Wert wie β und ſind auch der Sin und der Cos wieder dieſelben.

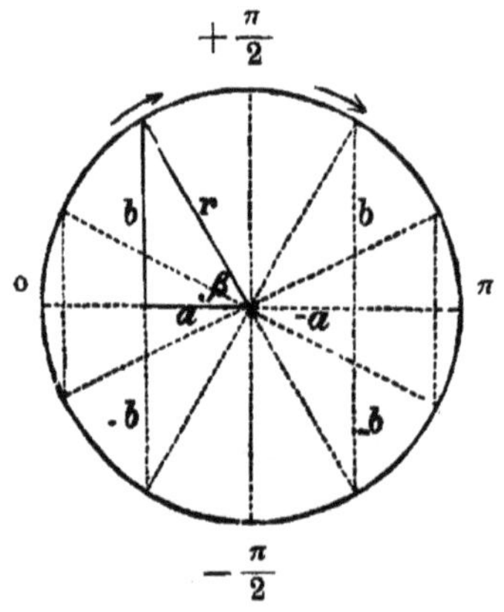

Ebenſo muss festgesetzt werden, welches Vorzeichen der Sin und der Cos haben ſollen. Wie eine leichte Betrachtung der nebenstehenden Zeichnung zeigt, hat der Sin in den Plusrechten Pluszeichen, in den Strichrechten Strichzeichen; dagegen hat der Cos in den beiden ersten Rechten (dem ersten Plusrechten und dem ersten Strichrechten) Pluszeichen, in den beiden zweiten Rechten Strichzeichen. Hieraus ergiebt ſich, dass wir für den entgegengeſetzten Winkel den Sin entgegengeſetzt, den Cos dagegen gleich ſetzen müssen und dass wir für den Nebenwinkel den Sin gleich, den Cos aber entgegengeſetzt ſetzen müssen, wenn wir mit den Geſetzen der Winkelfunktionen oder Winkelfolgen übereinstimmen wollen. Hiernach ergiebt ſich folgende Erklärung.

443. **Erklärung. Wenn n eine ganze Zahl ist, ſo ſetzen wir den Sin oder den Sinus des Winkels $n\pi$ gleich Null.**

Der Sin und der Cos haben im ersten Plusrechten einen Pluswert.

Der Sin des entgegengeſetzten Winkels ist der entgegengeſetzte Wert; die Cose der entgegengeſetzten Winkel ſind gleich.

Die Sine der Nebenwinkel ſind gleich; der Cos des Nebenwinkels ist der entgegengeſetzte Wert.

444. **Satz.** $\sin(-\beta) = -\sin\beta \qquad \cos(-\beta) = \cos\beta$
Der Sin des entgegengeſetzten Winkels hat den entgegengeſetzten Wert. Die Cose entgegengeſetzter Winkel ſind gleich.

Beweis: Unmittelbar aus 443.

445. **Satz.** $\sin(180^\circ - \beta) = \sin\beta \qquad \cos(180^\circ - \beta) = -\cos\beta.$
Die Sine der Nebenwinkel ſind einander gleich. Der Cos des Nebenwinkels hat den entgegengeſetzten Wert.

Beweis: Unmittelbar aus 443.

446. **Satz. Der Sin hat einen Pluswert in den beiden Plusrechten, einen Strichwert in den beiden Strichrechten.**

Der Cos hat einen Pluswert in den ersten beiden Rechten (dem ersten Plusrechten und dem ersten Strichrechten), einen Strichwert in den zweiten beiden Rechten.

Beweis: Der Sin hat nach 443 einen Pluswert im ersten Plusrechten und da die Nebenwinkel nach 445 gleichen Sin haben, auch im zweiten Plusrechten, d. h. in den beiden Plusrechten. Dagegen hat der Sin einen Strichwert in den beiden Strichrechten, da entgegengeſetzte Winkel nach 444 entgegengeſetzten Sin haben.

Der Cos hat nach 443 einen Pluswert im ersten Plusrechten und da die entgegengeſetzten Winkel nach 444 gleichen Cos haben, auch im ersten Strichrechten, mithin in den ersten beiden Rechten. Dagegen hat der Cos einen Strichwert in den zweiten beiden Rechten, da nach 445 Nebenwinkel entgegengeſetzten Cos haben.

447. **Satz.** $\cos(-\beta) + i\sin(-\beta) = \cos\beta - i\sin\beta = \dfrac{1}{\cos\beta + i\sin\beta}$

Die Richteinheiten (die komplexen Einheiten) entgegengefetzter Winkel haben den umgekehrten Wert.

Beweis: $\cos(-\beta) + i\sin(-\beta) = \cos\beta - i\sin\beta$ (nach 444)

$$= \frac{1}{\cos\beta - i\sin\beta} \text{ (nach 439).}$$

Satz. 448.

$$\cos(180^0-\beta) + i\sin(180^0-\beta) = -\cos\beta + i\sin\beta = -\frac{1}{\cos\beta + i\sin\beta}$$

$$\cos(180^0+\beta) + i\sin(180^0+\beta) = -\cos\beta - i\sin\beta = -(\cos\beta + i\sin\beta)$$

Die Richteinheiten (die komplexen Einheiten) der Nebenwinkel haben den entgegengefetzten und zugleich den umgekehrten Wert.

Satz. $\sin n\pi = 0$; $\cos 2n\pi = 1$; $\cos(2n+1)\pi = -1$ 449.
wo n eine ganze Zahl.
Der Sinus des Winkels von $n\pi$ ist Null, der Cosinus des Winkels von $2n\pi$ ist $+1$, der von $(2n+1)\pi$ ist -1, fofern n eine ganze Zahl ist.

Beweis: Der erste Teil des Satzes folgt unmittelbar aus 442, danach ist $\sin n\pi = 0$. Nun ist aber nach 441 auch $(\cos n\pi)^2 + (\sin n\pi)^2 = 1$, mithin, da $\sin n\pi = 0$, fo ist $(\cos n\pi)^2 = 1$, alfo $\cos n\pi = \pm 1$ nach 157. Nun haben wir in 446 bewiefen, dass der Cos in den ersten beiden Rechten (im ersten Plusrechten und im ersten Strichrechten) eine Pluszahl, in den zweiten beiden Rechten eine Strichzahl ist; demnach ist $\cos 2n\pi = +1$ und $\cos(2n+1)\pi = -1$.

Satz. Wenn zwei Richtgrösen (zwei komplexe Grösen) gleich find, fo find auch ihre Richtwerte und ihre echten Winkel gleich und dürfen fich die unechten Winkel nur um $2n\pi$ Winkelraum unterscheiden, wo n eine ganze Zahl. Oder Annahme 450.

$a(\cos\alpha + i\sin\alpha) = b(\cos\beta + i\sin\beta)$, **wo a und b** $\gtrless 0$,

α **und** $\beta =$ **Mitt.** $[+\pi, -\pi]$ **Folgerung** $a = b$, $\alpha = \beta$

Beweis: 1. Da die Richtgrösen gleich find, fo find nach 426 auch ihre entsprechenden Zahlen gleich, alfo auch die Pluswerte, d. h. nach 427 auch $a = b$.

2. Die Gleichung der Annahme wird demnach

$a(\cos\alpha + i\sin\alpha) = a(\cos\beta + i\sin\beta)$, mithin da $a \gtrless 0$ ist auch
$\cos\alpha + i\sin\alpha = \cos\beta + i\sin\beta$, alfo nach 426 b auch
$\cos\alpha = \cos\beta$ und $\sin\alpha = \sin\beta$.

Wenn nun die Winkel α und β echt find, d. h. zwischen π und $-\pi$ liegen, und die Cosinus gleich find, fo müssen die Winkel entweder gleich oder einander entgegengefetzt fein. Letzteres ist, wenn die Winkel nicht gleich 0 oder

π ſind, nicht möglich, da entgegengeſetzte Winkel entgegengeſetzten Sinus haben, und alſo dann sin α und sin β einander entgegengeſetzt ſein würden, was gegen die Annahme ist; alſo ist nur das erstere möglich, d. h. $\alpha = \beta$.

Wenn aber einer der Winkel, z. B. α gleich 0 oder π ist, ſo ist ſein Cosinus im ersteren Falle 1, im letzteren — 1, alſo auch cos β im ersteren Falle + 1, im letzteren — 1, alſo auch β im ersteren Falle null, im letzteren π. Alſo auch in dieſen Fällen $\alpha = \beta$. — Wenn α und β auch unechte Winkel ſein dürfen, ſo können ſie ſich, da ſowohl ihr Sinus als ihre Coſinus gleich ſind, nur um eine ganze Anzahl von Winkelräumen, d. h. um $2n\pi$ unterscheiden.

451. **Satz.** $(\cos\alpha + i\sin\alpha)(\cos\beta + i\sin\beta) = \cos(\alpha + \beta) + i\sin(\alpha + \beta)$. **Statt zwei Richteinheiten (komplexe Einheiten) mit einander zu vervielfachen, kann man ihre Winkel zufügen. Das Zeug oder Produkt ist wieder eine Richteinheit.**

Beweis: Nach 431 ist das Zeug oder Produkt der Richteinheiten

$$(\cos\alpha + i\sin\alpha)(\cos\beta + i\sin\beta) =$$
$$= [(\cos\alpha)\cos\beta - (\sin\alpha)\sin\beta] + i\,[(\sin\alpha)\cos\beta + (\cos\alpha)\sin\beta].$$

Und hier ist nach 431 der Richtwert des Zeuges das Zeug der Richtwerte der Fache oder Faktoren. Da nun die Fache Richteinheiten ſind, ſo ist der Richtwert jedes Faches nach 426 gleich Eins, alſo der Richtwert des Zeuges gleich $1 \cdot 1 = 1$ nach 97, mithin das Zeug oder Produkt eine Richteinheit, alſo von der Form $\cos\gamma + i\sin\gamma$, wo γ eine Folge von α und β alſo $\gamma = \alpha \circ \beta$, wo noch die Bedeutung der Knüpfung zu bestimmen bleibt. Es ist alſo

$$(\cos\alpha + i\sin\alpha)(\cos\beta + i\sin\beta) = \cos(\alpha \circ \beta) + i\sin(\alpha \circ \beta)$$

und zwar ſind nach 426 die ersten Zahlen gleich und ebenſo die zweiten, alſo:

$$\cos(\alpha\circ\beta) = (\cos\alpha)\cos\beta - (\sin\alpha)\sin\beta$$
$$\sin(\alpha\circ\beta) = (\sin\alpha)\cos\beta + (\cos\alpha)\sin\beta.$$

Um nun die Bedeutung der Knüpfung zu bestimmen, ſetzen wir erstens $\alpha = 0$; dann ist nach 449 $\sin\alpha = 0$, $\cos\alpha = 1$, alſo

$$\cos(0\circ\beta) = \cos\beta \qquad \sin(0\circ\beta) = \sin\beta.$$

Wir ſetzen zweitens $\beta = 0$; dann ist $\sin\beta = 0$, $\cos\beta = 1$, alſo

$$\cos(\alpha\circ 0) = \cos\alpha \qquad \sin(\alpha\circ 0) = \sin\alpha.$$

Die Knüpfung $\alpha\circ\beta$ ist alſo die Knüpfung, für welche Null die nicht ändernde Gröse ist, d. h. die Knüpfung ist die Zufügung oder Addition nach 71. Es ist demnach

$$(\cos\alpha + i\sin\alpha)(\cos\beta + i\sin\beta) = \cos(\alpha + \beta) + i\sin(\alpha + \beta).$$

Man hätte den Satz auch leicht aus den Formeln der Trigonometrie für den Cos und den Sin der Summe der Winkel ableiten können; aber unſer Weg ist einfacher und kürzer und daher vorzuziehen, zumal dabei keine Hülfsſätze aus andern Wissenschaften vorausgeſetzt werden.

Für diejenigen, welchen die Sätze der Trigenometrie geläufiger ſind, lasse ich hier noch die Ableitung aus der Trigonometrie folgen: Es ist nach der Trigonometrie

$$\cos(\alpha+\beta) = (\cos\alpha)\cos\beta - (\sin\alpha)\sin\beta$$

$$\sin(\alpha+\beta) = (\sin\alpha)\cos\beta + (\cos\alpha)\sin\beta \text{ ; mithin ist}$$

$$\cos(\alpha+\beta) + i\sin(\alpha+\beta) =$$

$$= [(\cos\alpha)\cos\beta - (\sin\alpha)\sin\beta] + i\,[(\sin\alpha)\cos\beta + (\cos\alpha)\sin\beta]$$

$$= (\cos\alpha + i\sin\alpha)(\cos\beta + i\sin\beta).$$

Will man den echten Winkel des Zeuges (Produktes) finden, ſo muss man falls nicht schon die Summe der Winkel zwischen π und $-\pi$ liegt, ſo oft 2π hinzufügen oder abziehen, bis der Rest jener Bedingung genügt. Das Zufügen oder das Abziehen von $2\pi = 360^0$ ändert bekanntlich in dem Werte der Sinus und Cosinus nichts, alſo auch nichts in dem Werte der Richtgröse.

Satz. $\cos(\alpha+\beta) = (\cos\alpha)\cos\beta - (\sin\alpha)\sin\beta$ 452.

$\sin(\alpha+\beta) = (\sin\alpha)\cos\beta + (\cos\alpha)\sin\beta.$

Der Cos der Summe zweier Winkel ist gleich dem Zeuge der Cose weniger dem Zeuge der Sine.

Der Sin der Summe zweier Winkel ist gleich der Summe der beiden Zeuge aus dem Sin des einen und dem Cos des andern Winkels

Beweis: Nach 451 ist

$$\cos(\alpha+\beta) + i\sin(\alpha+\beta) = (\cos\alpha + i\sin\alpha)(\cos\beta + i\sin\beta)$$

$$= [(\cos\alpha)\cos\beta - (\sin\alpha)\sin\beta] + i\,[(\sin\alpha)\cos\beta + (\cos\alpha)\sin\beta].$$

Nach 426 müssen hier die ersten Zahlen einander gleich und ebenſo die zweiten Zahlen einander gleich ſein; alſo ist

$$\cos(\alpha+\beta) = (\cos\alpha)\cos\beta - (\sin\alpha)\sin\beta$$

$$\sin(\alpha+\beta) = (\sin\alpha)\cos\beta + (\cos\alpha)\sin\beta.$$

Satz. $\cos(\alpha-\beta) = (\cos\alpha)\cos\beta + (\sin\alpha)\sin\beta$ 453.

$\sin(\alpha-\beta) = (\sin\alpha)\cos\beta - (\cos\alpha)\sin\beta.$

Der Cos des Unterschieds zweier Winkel ist gleich der Summe von dem Zeuge der Cos und dem Zeuge der Sin.

Der Sin des Unterschieds zweier Winkel ist gleich dem Zeuge aus dem Sin des ersten mit dem Cos des zweiten Winkels weniger dem Zeuge aus dem Cos des ersten mit dem Sin des zweiten Winkels.

Beweis: Man ſetze in den Formeln des Satzes 452 $+\beta = -\gamma$ und ſetze nach 444 $\sin(-\gamma) = -\sin\gamma$ $\cos(-\gamma) = \cos\gamma$, ſo folgt

$$\cos(\alpha-\gamma) = (\cos\alpha)\cdot\cos(-\gamma) - (\sin\alpha)\cdot\sin(-\gamma) \quad \text{(nach 533)}$$

$$= (\cos\alpha)\cdot\cos\gamma + (\sin\alpha)\sin\gamma \quad \text{(nach 525)}$$

$$\sin(-\gamma) = (\sin\alpha)\cdot\cos(-\gamma) + (\text{con}\,\alpha)\sin(-\gamma) \quad \text{(nach 533)}$$

$$= (\sin\alpha)\cdot\cos\gamma - (\cos\alpha)\sin\gamma \quad \text{(nach 525).}$$

Satz. $\sin 2\alpha = 2(\sin\alpha)\cos\alpha$ 454.

$\cos 2\alpha = (\cos\alpha)^2 - (\sin\alpha)^2 = 1 - 2(\sin\alpha)^2 = 2(\cos\alpha)^2 - 1.$

Der Sin des doppelten Winkels ist gleich dem doppelten Zeuge aus dem Sin und Cos des einfachen Winkels.

Der Cos des doppelten Winkels ist gleich dem doppelten Quader vom Cos des einfachen Winkels weniger Eins.

Beweis: Die ersten beiden Formeln folgen unmittelbar aus 452, wenn man α statt β ſetzt. Die letzten beiden Formeln folgen aus der zweiten Formel, wenn man nach 442 $(\cos\alpha)^2 = 1 - (\sin\alpha)^2$, bez. $(\sin\alpha)^2 = 1 - (\cos\alpha)^2$ einführt.

455. **Satz. Der Sin und der Cos des halben Winkels**

$$\sin\frac{\alpha}{2} = \pm\left(\frac{1-\cos\alpha}{2}\right)^{1/2} \quad ; \quad \cos\frac{\alpha}{2} = \pm\left(\frac{1+\cos\alpha}{2}\right)^{1/2}$$

Beweis: Unmittelbar aus 454. Es ist

$$\cos 2\alpha = 1 - 2(\sin\alpha)^2 = 2(\cos\alpha)^2 - 1;$$

wenn man $\alpha = \frac{\gamma}{2}$ ſetzt, dann ist

$$\cos\gamma = 1 - 2\left(\sin\frac{\gamma}{2}\right)^2; \text{ alſo } \left(\sin\frac{\gamma}{2}\right)^2 = \frac{1-\cos\gamma}{2} \text{ und}$$

$$\sin\frac{\gamma}{2} = \pm\left(\frac{1-\cos\gamma}{2}\right)^{1/2} \text{ und ebenſo folgt}$$

$$\cos\frac{\gamma}{2} = \pm\left(\frac{1+\cos\gamma}{2}\right)^{1/2}.$$

456. **Satz.** $\cos(n + 1/2)\pi = 0 \quad ; \quad \sin(2n + 1/2)\pi = 1 \quad ;$
$\sin(2n - 1/2)\pi = -1$

wo n eine ganze Zahl.

Der Cos des Winkels von $(n + 1/2)\pi$ ist Null, der Sin des Winkels von $(2n + 1/2)\pi$ ist $+1$, der von $(2n - 1/2)\pi$ ist -1, ſofern n eine ganze Zahl ist.

Beweis: Nach 455 ist $\cos\frac{\pi}{2} = \pm\left(\frac{1+\cos\pi}{2}\right)^{1/2}$

$$= \pm\left(\frac{1-1}{2}\right)^{1/2} = 0 \qquad \text{(nach 449).}$$

Ebenſo ist $\cos\left(-\frac{\pi}{2}\right) = \cos\frac{\pi}{2} = 0$ (nach 444).

Nach 536 ist $\sin\frac{\pi}{2} = \pm\left(\frac{1-\cos\pi}{2}\right)^{1/2} = \pm\left(\frac{1+1}{2}\right)^{1/2} = \pm 1$

(nach 449).

Aber nach 527 hat der $\sin\frac{\pi}{2}$ einen Pluswert, alſo ist $\sin\frac{\pi}{2} = +1$

dagegen ist $\sin\left(-\frac{\pi}{2}\right) = -\sin\frac{\pi}{2} = -1$ (nach 450).
Die Vergröserung der Winkel um $2n\pi$ ändert nach 450 die Sin und Cos nicht; mithin gilt der Satz ganz allgemein.

Satz. $\cos 90^0 = 0$ $\sin 90^0 = 1$. 457.
Der Cos 90° ist Null, der Sin 90° ist Eins.

Beweis: Unmittelbar aus 456.

Satz. $\cos 45^0 = \sin 45^0 = \frac{1}{2^{1/2}} = 1/2\,(2)^{1/2}$. 458.
Der Cos 45° und der Sin 45° find einander gleich und zwar ein jeder gleich der Hälfte von zwei in der ein halbten.

Beweis: Unmittelbar nach 455, wenn man $\alpha = 90^0$ fetzt und beachtet, dass $\cos 90^0 = 0$ nach 457 ist.

Satz. Der Cos x wächst von -1 bis $+1$ für den Winkel x von $(2n-1)\pi$ bis $2n\pi$ und er nimmt ab von $+1$ bis -1 für den Winkel x von $2n\pi$ bis $(2n+1)\pi$. 459.

Der Sin x wächst von -1 bis $+1$ für den Winkel x von $(2n - 1/2)\pi$ bis $(2n + 1/2)\pi$ und er nimmt ab von $+1$ bis -1 für den Winkel x von $(2n + 1/2)\pi$ bis $(2n + 1^1/_2)\pi$.

Beweis: Nach 442 find $\cos x$ und $\sin x$ in den Grenzen zwischen -1 und $+1$; ihr kleinster Wert ist alfo -1, ihr gröster ist $+1$. Nach 449 ist $\cos(2n+1)\pi = -1$ der kleinste, $\cos 2n\pi = +1$ der gröste Wert des Cos. Nach 457 ist $\sin(2n - 1/2)\pi = -1$ der kleinste, $\sin(2n + 1/2)\pi = +1$ der gröste Wert des Sin. Hieraus wie aus 452 bez. 453 ergiebt fich der Satz.

Satz. $\cos(90^0 - \alpha) = \cos\left(\frac{\pi}{2} - \alpha\right) = \sin\alpha$ 460.

$\sin(90^0 - \alpha) = \sin\left(\frac{\pi}{2} - \alpha\right) = \cos\alpha.$

Der Sin eines Winkels ist gleich dem Cos feines Ergänzungswinkels und der Cos eines Winkels ist gleich dem Sin feines Ergänzungswinkels.

Beweis: $\cos\left(\frac{\pi}{2} - \alpha\right) = \left(\cos\frac{\pi}{2}\right)\cos\alpha + \left(\sin\frac{\pi}{2}\right)\cdot\sin\alpha$ (nach 453)

$= \sin\alpha$ (nach 456)

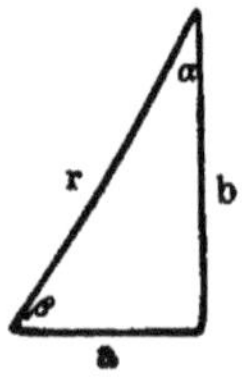

$\sin\left(\frac{\pi}{2} - \alpha\right) = \left(\sin\frac{\pi}{2}\right)\cdot\cos\alpha - \left(\cos\frac{\pi}{2}\right)\sin\alpha$ (nach 453)

$= \cos\alpha$ (nach 456).

Der Satz ist an der nebenstehenden Zeichnung im rechtwinkligen Dreiecke ungemein anschaulich.

461. **Satz.** $\cos\alpha + i\sin\alpha = \sin(90^0 - \alpha) + i\cos(90^0 - \alpha)$.
Die Richteinheiten (die komplexen Einheiten) der Ergänzungswinkel, vertauschen die erste Zahl mit der zweiten Zahl.

462. **Satz.** $\cos(\alpha_1 + \alpha_2 + \cdots + \alpha_n) + i\sin(\alpha_1 + \alpha_2 + \cdots + \alpha_n) = (\cos\alpha_1 + i\sin\alpha_1)(\cos\alpha_2 + i\sin\alpha_2)\cdots\cdots(\cos\alpha_n + i\sin\alpha_n)$.
Statt mehre Richteinheiten (komplexe Einheiten) mit einander zu vervielfachen, kann man ihre Winkel zufügen. Das Zeug oder Produkt ist wieder eine Richteinheit.

Beweis: Angenommen der Satz gelte für α_m, alſo Annahme

$$(\cos\alpha_1 + i\sin\alpha_1)(\cos\alpha_2 + i\sin\alpha_2)\cdots(\cos\alpha_m + i\sin\alpha_m)$$
$$= \cos(\alpha_1 + \alpha_2 + \cdots + \alpha_m) + i\sin(\alpha_1 + \alpha_2 + \cdots + \alpha_m)$$

ſo ſoll bewieſen werden, dass er auch für α_{m+1} gelte. Man ſetze $\alpha_1 + \alpha_2 + \cdots + \alpha_m = \beta$, ſo ist nach 451

$$(\cos\beta + i\sin\beta)(\cos\alpha_{m+1} + i\sin\alpha_{m+1}) = \cos(\beta + \alpha_{m+1}) + i\sin(\beta + \alpha_{m+1}).$$

Führt man nun statt $\cos\beta + i\sin\beta$ auf der linken Seite den Wert nach der Annahme, auf der rechten Seite für β den Wert $\alpha_1 + \alpha_2 + \cdots + \alpha_m$ ein, ſo folgt der zu beweiſende Satz für α_{m+1} unmittelbar. Nun gilt der Satz für $m = 2$, mithin auch für jede folgende Zahl, alſo auch fortschreitend für $m = n$.

Auch hier muss bemerkt werden, dass, wenn man den echten Winkel des Zeuges (Produktes) finden will, dass man dann, falls nicht schon die Summe der Winkel zwischen π und $-\pi$ liegt, ſo oft 2π hinzufügen oder abziehen muss, bis der Rest jener Bedingung genügt. Das Zufügen oder das Abziehen von $2\pi = 360^0$ ändert bekanntlich in dem Werte der Sinus und Cosinus Nichts, alſo auch Nichts in dem Werte der Richtgröse.

463. **Satz.** $\cos n\alpha + i\sin n\alpha = (\cos\alpha + i\sin\alpha)^n$ **wo n eine ganze Zahl. Statt eine Richteinheit (komplexe Einheit) zu einer ganzen Zahl zu erhöhen (zu potenziren) kann man ihren Winkel mit dieſer Zahl vervielfachen.**

Beweis: 1. Für $n = 0$ folgt der Satz einerſeits aus 319, dass $(\cos\alpha + i\sin\alpha)^0 = 1$ und andrerſeits aus 449, dass $\cos 0 = 1$ und $\sin 0 = 0$, alſo $\cos 0\alpha + i\sin 0\alpha = 1$.

2. Für n gleich einer Pluszahl folgt der Satz aus 462.

3. Für n gleich einer Strichzahl ſetze $n = -m$, ſo ist

$$\cos n\alpha + i\sin n\alpha = \cos(-m\alpha) + i\sin(-m\alpha) = \cos m\alpha - i\sin m\alpha$$

(nach 444)

$$= (\cos\alpha - i\sin\alpha)^m \qquad \text{(nach } 463,_2)$$

$$= \left(\frac{1}{\cos\alpha + i\sin\alpha}\right)^m \qquad \text{(nach 440)}$$

$$= (\cos\alpha + i\sin\alpha)^{-m} = (\cos\alpha + i\sin\alpha)^n$$

(nach 332).

Satz. $\cos nx \stackrel{*}{=} (\cos x)^{n-1} - \frac{n(n-1)}{1\cdot 2}(\cos x)^{n-2}(\sin x)^2$ 464.

$$+ \frac{n(n-1)(n-2)(n-3)}{1\cdot 2\cdot 3\cdot 4}(\cos x)^{n-4}(\sin x)^4 - \cdots$$

$$\stackrel{*}{=} S\,(-1)^a\, n^{\cdot 2a}(\cos x)^{n-2a} \cdot (\sin x)^{2a}$$

$$\sin nx \stackrel{*}{=} n(\cos x)^{n-1}\sin x - \frac{n(n-1)(n-2)}{1\cdot 2\cdot 3}(\cos x^{n-3})(\sin x)^3$$

$$+ \frac{n(n-1)(n-2)(n-3)(n-4)}{1\cdot 2\cdot 3\cdot 4\cdot 5}(\cos x)^{n-5}(\sin x)^5 - \cdots$$

$$\stackrel{*}{=} S\,(-1)^a\, n^{\cdot 2a+1}(\cos x)^{n-(2a+1)}(\sin x)^{2a+1}$$

wo n eine ganze Zahl und $n^{\cdot m} = \frac{n(n-1)(n-2)\cdots(n-m+1)}{1\cdot 2\cdot 3\cdots m}$.

Beweis: $\cos nx + i\sin nx = (\cos x + i\sin x)^n$ (nach 463)

$$= (\cos x)^n + i\cdot n(\cos x)^{n-1}\sin x - n^{\cdot 2}(\cos x)^{n-2}(\sin x)^2$$

$$- i n^{\cdot 3}(\cos x)^{n-3}(\sin x)^3 + \cdots \qquad \text{(nach 393)}$$

$$= (\cos x)^n - n^{\cdot 2}(\cos x)^{n-2}(\sin x)^2 + n^{\cdot 4}(\cos x)^{n-4}(\sin x)^4 - \cdots$$

$$+ i\,[n(\cos x)^{n-1}\sin x - n^{\cdot 3}(\cos x)^{n-3}(\sin x)^3 + n^{\cdot 5}(\cos x)^{n-5}(\sin x)^5 - \cdots]$$

Da nun nach 426 in den beiden Richteinheiten die ersten Zahlen einander gleich ſein müssen und ebenſo auch die zweiten Zahlen einander gleich ſein müssen, ſo folgt

$$\cos nx = (\cos x)^n - n^{\cdot 2}(\cos x)^{n-2}(\sin x)^2 + n^{\cdot 4}(\cos x)^{n-4}(\sin x)^4 - \cdots$$

$$\sin nx = n(\cos x)^{n-1}\sin x - n^{\cdot 3}(\cos x)^{n-3}(\sin x)^3 + n^{\cdot 5}(\cos x)^{n-5}(\sin x)^5 - \cdots$$

Beispiele: $\sin 2x = 2(\cos x)\sin x$

$\sin 3x = 3(\cos x)^2\sin x - (\sin x)^3 = 3\sin x - 4(\sin x)^3$.

Satz. $[a(\cos\alpha + i\sin\alpha)]^n \stackrel{*}{=} a^n(\cos n\alpha + i\sin n\alpha)$, **wo n eine ganze Zahl.** 465.

Statt eine Richtgröse (komplexe Gröse) zu einer ganzen Zahl zu erhöhen (zu potenziren) kann man ihren Richtwert zu dieſer Zahl erhöhen und ihren Winkel mit dieſer Zahl vervielfachen.

Beweis: $[a(\cos\alpha + i\sin\alpha)]^n = a^n(\cos\alpha + i\sin\alpha)^n$ (nach 326)

$= a^n(\cos n\alpha + i\sin n\alpha)$ (nach 463).

3. Die Tangente, die Cotangente und die Winkeltafeln.

Erklärung. Die Tan oder die Tangente eines Winkels heist der Sin geteilt durch den Cos des Winkels. Die Cot oder die 466.

Cotange eines Winkels heist der Cos geteilt durch den Sin des Winkels.
Die Zeichen tan und cot ſind Folgen oder Funktionszeichen, ſie beziehen ſich daher, wenn keine Klammer steht, stets auf alle folgenden Grösen desſelben Gliedes bis zum nächsten Plus- oder Strichzeichen.

Auch hier gilt die Bemerkung zu 437.

467. **Satz.** $\tan\beta = \frac{\sin\beta}{\cos\beta}$; $\cot\beta = \frac{\cos\beta}{\sin\beta}$; $\cot\beta = \frac{1}{\tan\beta}$ auch

$$1 + (\tan\beta)^2 = \frac{1}{(\cos\beta)^2}$$

$$1 = (\cot\beta)^2 = \frac{1}{(\sin\beta)^2}.$$

Die Tan eines Winkels ist gleich dem Sin geteilt durch den Cos des Winkels; die Cot eines Winkels ist gleich dem Cos geteilt durch den Sin des Winkels. Die Cot ist der umgekehrte Wert der Tan.

Beweis: Unmittelbar aus 466.

Ferner ist $1 + (\tan\beta)^2 = 1 + \frac{(\sin\beta)^2}{(\cos\beta)^2} = \frac{(\cos\beta)^2 + (\sin\beta)^2}{(\cos\beta)^2} = \frac{1}{(\cos\beta)^2}$

Und ebenſo ist $1 + (\cot\beta)^2 = \frac{1}{(\sin\beta)^2}$.

468. **Satz.** $\tan(-\beta) = \tan(180^\circ - \beta) = -\tan\beta$

$\cot(-\beta) = \cot(180^\circ - \beta) = -\cot\beta.$

Die Tan und die Cot des entgegengeſetzten Winkels und ebenſo die Tan und die Cot des Nebenwinkels haben den entgegengeſetzen Wert.

Beweis: Unmittelbar aus 444 und 445.

469. **Satz. Die Tan und die Cot haben einen Pluswert im ersten Plusrechten und im zweiten Strichrechten, dagegen einen Strichwert im zweiten Plusrechten und im ersten Strichrechten.**

Beweis: Unmittelbar aus 446.

470. **Satz.** $\tan(\alpha + \beta) = \frac{\tan\alpha + \tan\beta}{1 - (\tan\alpha)\tan\beta}$; $\tan(\alpha - \beta) = \frac{\tan\alpha - \tan\beta}{1 + (\tan\alpha)\tan\beta}$

Die Tan der Summe zweier Winkel ist gleich der Summe der Tane beider Winkel geteilt durch den Unterschied von 1 weniger dem Zeuge der beiden Tane. Die Tan des Unterschieds zweier Winkel ist gleich dem Unterschiede der beiden Tane geteilt durch die Summe von 1 und dem Zeuge der beiden Tane.

Beweis: Man teile Zähler und Nenner durch $(\cos\alpha)\cos\beta$ dann wird $\tan(\alpha \pm \beta) = \sin(\alpha \pm \beta) : \cos(\alpha \pm \beta)$ (nach 467)

$$= [(\sin\alpha)\cos\beta \pm (\cos\alpha)\cdot\sin\beta] : [(\cos\alpha)\cos\beta \mp (\sin\alpha)\sin\beta]$$ (nach 452, 453)

$$= \left[\frac{(\sin\alpha)\cos\beta}{(\cos\alpha)\cos\beta} \pm \frac{(\cos\alpha)\sin\beta}{(\cos\alpha)\cos\beta}\right] : \left[\frac{(\cos\alpha)\cos\beta}{(\cos\alpha)\cos\beta} \mp \frac{(\sin\alpha)\sin\beta}{(\cos\alpha)\cos\beta}\right]$$ (nach 167)

$$= [\tan\alpha \pm \tan\beta] : [1 \mp (\tan\alpha)\tan\beta]$$ (nach 167)

Satz. $\tan 2\alpha = \frac{2\tan\alpha}{1-(\tan\alpha)^2}$. 471.

Die Tan des doppelten Winkels ist gleich der doppelten Tan des einfachen Winkels geteilt durch den Unterschied von 1 weniger dem Quader der Tan.

Beweis: Unmittelbar aus 470.

Satz. Die Tan des halben Winkels $\tan\frac{\alpha}{2} = \frac{\sin\alpha}{1+\cos\alpha} = \frac{1-\cos\alpha}{\sin\alpha}$ 472.

Beweis: $\left(\tan\frac{\alpha}{2}\right)^2 = \left(\frac{\sin\frac{\alpha}{2}}{\cos\frac{\alpha}{2}}\right)^2 = \frac{1-\cos\alpha}{1+\cos\alpha}$ (nach 455)

Dies nach 182 mit $1+\cos\alpha$ erweitert giebt

$$\left(\tan\frac{\alpha}{2}\right)^2 = \frac{(1-\cos\alpha)(1+\cos\alpha)}{(1+\cos\alpha)(1+\cos\alpha)} = \frac{1-(\cos\alpha)^2}{(1+\cos\alpha)^2} = \frac{(\sin\alpha)^2}{(1+\cos\alpha)^2}$$ (nach 441)

Dagegen nach 182 mit $1-\cos\alpha$ erweitert giebt

$$\left(\tan\frac{\alpha}{2}\right)^2 = \frac{(1-\cos\alpha)(1-\cos\alpha)}{(1+\cos\alpha)(1-\cos\alpha)} = \frac{(1-\cos\alpha)^2}{1-(\cos\alpha)^2} = \frac{(1-\cos\alpha)^2}{(\sin\alpha)^2}$$ (nach 441).

Satz. 473.

$\tan n\pi = 0 = \cot(n+{}^1/_2)\pi$; $\tan(n+{}^1/_2)\pi = \infty = \cot n\pi$

Die Tan des Winkels $n\pi$ und die Cot des Winkels $(n+{}^1/_2)\pi$ sind Null; dagegen sind die Tan des Winkels $(n+{}^1/_2)\pi$ und die Cot des Winkels $n\pi$ unendlich.

Beweis: Unmittelbar aus 449 und 456.

Satz. Die Tan wächst in allen Winkelräumen von $-\infty$ bis $+\infty$ und zwar für den Winkel von $(\pi-{}^1/_2)\pi$ bis $(n+{}^1/_2)\pi$. 474.

Die Cot nimmt in allen Winkelräumen ab und zwar von $+\infty$ bis $-\infty$ und zwar für den Winkel von $n\pi$ bis $(n+1)\pi$.

Beweis: Das Vorzeichen der Tan und Cot ergiebt sich aus 469, die Winkel, wo die Tan und Cot unendlich sind aus 473; daraus folgt der ganze Satz.

475. **Satz.** $\cot(90^0 - \alpha) = \cot\left(\frac{\pi}{2} - \alpha\right) = \tan\alpha$

$$\tan(90^0 - \alpha) = \tan\left(\frac{\pi}{2} - \alpha\right) = \cot\alpha.$$

Die Tan eines Winkels ist gleich der Cot ſeines Ergänzungswinkels und die Cot eines Winkels ist gleich der Tan ſeines Ergänzungswinkels.

Beweis: Unmittelbar aus 460.

Zum Schluss der Lehre von den Winkelfolgen lasse ich noch eine Ueberſicht über das Wachſen und die Vorzeichen dieſer Winkelfolgen in den verschiedenen Winkelräumen folgen.

Ueberſicht des Wachſens und der Vorzeichen der Winkelfolgen.

476. **Satz. Es wachſen**

für x von $(2n - {}^1/_2)\pi$ bis $(2n + {}^1/_2)\pi$ die sinx von -1 bis $+1$
für x von $(2n - 1)\pi$ bis $2n\pi$ die cosx von -1 bis $+1$
für x von $(n - {}^1/_2)\pi$ bis $(n + {}^1/_2)\pi$ die tanx von $-\infty$ bis $+\infty$

Es nehmen ab

für x von $(2n + {}^1/_2)\pi$ bis $(2n + 1{}^1/_2)\pi$ die sinx von $+1$ bis -1
für x von $2n\pi$ bis $(2n + 1)\pi$ die cosx von $+1$ bis -1
für x von $(n - {}^1/_2)\pi$ bis $(n + {}^1/_2)\pi$ die cotx von $+\infty$ bis $-\infty$.

Es ſind allgemein

$\sin(n\pi + (-1)^n x) = \sin x$	$\sin(n\pi - (-1)^n x) = -\sin x$
$\cos(2n\pi \pm x) = \cos x$	$\cos((2n + 1)\pi \pm x) = -\cos x$
$\tan(n\pi + x) = \tan x$	$\tan(n\pi - x) = -\tan x$
$\cot(n\pi + x) = \cot x$	$\cot(n\pi - x) = -\cot x.$

Beweis: Zunächst ist ganz allgemein der Winkel von $2n\pi + x$, wo n eine ganze Zahl, gleich dem Winkel x, da $2n\pi$ der ganze Kreisumfang ist; ebenſo folgt dies unmittelbar aus den Formeln für die Summe $\sin(\alpha + \beta)$ u. ſ. w. Was nun die einzelnen Winkelfolgen betrifft, ſo ist

1. $\sin(\pi - x) = \sin(180^0 - x) = \sin x$ (nach 445)

Mithin da $\sin(2n\pi + x) = \sin x$ ist, ſo ist auch

$$\sin(2n\pi + \pi - x) \sin x$$

alſo beides zuſammengefasst

$$\sin(n\pi + (-1)^n x) = \sin x.$$

Ferner ist nach 444

$\sin(-x) = -\sin x$; mithin ist $\sin(n\pi - (-1)^n x) = -\sin x$.

2. Nach 444 ist $\cos(-x) = \cos x$; mithin $\cos(2n\pi \pm x) = \cos x$.
Dagegen ist nach 444 $\cos(\pi - x) = -\cos x$; mithin ist

$$\cos((2n+1)\pi \pm x) = -\cos x.$$

3. Nach 468 ist $\tan(-x) = \tan(\pi - x) = -\tan x$

$$\cot(-x) = \cot(\pi - x) = -\cot x$$

alſo allgemein

$$\tan(n\pi - x) = -\tan x$$

$$\cot(n\pi - x) = -\cot x.$$

4. Nach 469 ist ebenſo $\tan(n\pi + x) = \tan x$

$$\cot(n\pi + x) = \cot x.$$

Satz. Die Winkeltafel oder die trigonometrische Logarithmentafel giebt zu jedem in Graden, Minuten und Sekunden gegebenen Winkel den Log (den Logarithmus) der Winkelfolgen: des Sinus, des Cosinus, der Tangente und der Cotangente. 477.

Es giebt Winkeltafeln mit 5 Ziffern, mit 7 Ziffern und mit 10 Ziffern. Die bequemsten und für das praktische Leben ausreichenden ſind die fünfziffrigen, welche wir daher der Betrachtung zu Grunde legen; die Benutzung der ſiebenziffrigen und der zehnziffrigen Winkeltafeln bietet dann keine Schwierigkeit mehr.

Die Berechnung der Zahlen und der Loge oder Logarithmen für die Sinus und Tangenten werden wir im folgenden Zweige, in der Folgelehre oder Funktionenlehre kennen lernen; die Art und Weiſe, wie eine ſolche Tafel berechnet wird, ist in der Folgelehre des Verfassers ausführlich dargestellt und kann hier darauf verwieſen werden. Jeder, der ſie kennen lernen will, kann ſie dort nachſehen. Wir nehmen die Winkeltafel hier als richtig an, zumal die Richtigkeit von jedem leicht geprüft werden kann, und wiederholt ſehr streng geprüft ist.

Jeder Gebildete muss die Winkeltafel leicht gebrauchen können und im Gebrauche derſelben die gröste Gewandtheit haben; dagegen ist es nicht erforderlich, dass er die Winkeltafeln ſelbst berechnet und geprüft habe; dies kann er den Mathematikern vom Fache überlassen.

Satz. Die praktischste Einrichtung der Winkeltafel oder der trigonometrischen Logarithmentafel. In der Winkeltafel oder der trigonometrischen Logarithmentafel dürfen nur zwei Winkelfolgen oder Funktionen: Sinus und Tangente aufgeführt werden, die Cosinus und die Cotangenten ſind gleich den Sinus und den Tangenten ihrer Ergänzungswinkel; dieſelben Zahlen können alſo für Sinus und für Cosinus und ebenſo für Tangenten und für Cotangenten dienen. Wenn die Sinus und Tangenten von links oben geleſen werden, ſo werden die Cosinus und Cotangenten von rechts unten geleſen. Die Sinus und Tangenten wachſen mit den Winkeln, die Cosinus und Cotangenten nehmen ab, wenn die Winkel wachſen. Bei 478.

dem Stellenloge (der characteristica) ist in den Tafeln stets Strichzehn (— 10) zu ergänzen, sonst gelten auch für diese Tafeln dieselben Regeln wie für die Loge oder Logarithmen.

Beweis: Unmittelbar aus den vorhergehenden Sätzen.

Beispiele: $\log \sin 27^0\ 32'\ 35'' = 9{,}66583$
$\log \operatorname{tg} 52^0\ 15'\ 24'' = 10{,}12694$
$\log \cos 42^0\ 28'\ 16'' = 9{,}87521$
$\log \cot 57^0\ 45'\ 12'' = 9{,}79994.$

In den gewöhnlichen trigonometrischen Logarithmentafeln werden die 4 Funktionen Sinus, Cosinus, Tangente und Cotangente neben einander gedruckt, dafür aber nur von 0 bis 45⁰ geführt; dies ist fehlerhaft. Viel besser ist es nur Sinus und Tangente in die Tafel aufzunehmen und zwar auf der linken Seite den Sinus, auf der rechten die Tangente und sie von 0⁰ bis 90⁰ hinter einander zu führen auf jeder Seite aber 11 Säulen für 0′ 1′ 2′ bis 10′ neben einander aufzuführen. Der Raum der Tafel nimmt dann nur 40 Hundertel der andern Tafel ein, jede Seite enthält dann 10⁰ statt eines Grades, das Aufsuchen geht daher viel schneller und sicherer von Statten und entspricht genau dem Ver fahren bei der Logtafel, bedarf daher keiner besondern Uebung. Die beiden Funktionen Sinus und Tangente wachsen mit den Winkeln; die kleinen Hülfstafeln für die Sekunden lassen sich am Rande leicht zufügen. Die Funktionen, welche von unten aufgehen, Cosinus und Cotangente erscheinen dann schon durch ihre Stellung unten als abnehmende Funktionen, bei denen die kleinen Beträge für die Sekunden abgezogen werden müssen. Der Gebrauch der trigonometrischen Tafel ist dann ganz entsprechend dem der gewöhnlichen Logarithmentafel, ist nicht verwirrend und bedarf keiner besonderen Uebung. R. Grassmann, Fünfstellige vollständige logarithmische und trigonometrische Tafeln, Stettin 1890 sind in dieser Weise aufgestellt, bei der letzten Stelle ist durch den Druck markirt, ob die folgende Stelle über 5 oder unter 5 war. Wegen etwaiger Uebung verweise ich auf R. Grassmanns Uebungsheft.

Der Gebrauch der Tafel macht keine Schwierigkeiten und bedarf einer Anleitung nicht. Reiche Uebung ist auch hier jedem Gebildeten warm zu empfehlen.

Für den Gebrauch der Winkeltafeln bedürfen die Formeln für die Winkelfolgen noch einer Umgestaltung; denn da in den Winkeltafeln die Loge (die Logarithmen) der Winkelfolgen aufgeführt sind, so muss man möglichst alle die Formeln zu vermeiden suchen, wo die Summen oder Unterschiede dieser Winkelfolgen vorkommen. Für diesen Zweck hat man die folgenden Umgestaltungen der Formeln.

479. **Satz.** $\sin(\alpha+\beta) + \sin(\alpha-\beta) = 2(\sin\alpha)\cos\beta;$
$\cos(\alpha+\beta) + \cos(\alpha-\beta) = 2(\cos\alpha)\cos\beta;$
$\sin(\alpha+\beta) - \sin(\alpha-\beta) = 2(\cos\alpha)\sin\beta;$
$\cos(\alpha+\beta) - \cos(\alpha-\beta) = 2(\sin\alpha)\sin\beta.$

Beweis: Unmittelbar aus 452 und 453 durch Zufügen bez. Abziehen.

Satz. $\sin\alpha + \sin\beta = 2(\sin {}^1/_2(\alpha+\beta))\cos {}^1/_2(\alpha-\beta)$; 480.
$\cos\alpha + \cos\beta = 2(\cos {}^1/_2(\alpha+\beta))\cos {}^1/_2(\alpha-\beta)$;
$\sin\alpha - \sin\beta = 2(\cos {}^1/_2(\alpha+\beta))\sin {}^1/_2(\alpha-\beta)$;
$\cos\beta - \cos\alpha = 2(\sin {}^1/_2(\alpha+\beta))\sin {}^1/_2(\alpha-\beta)$.

Beweis: Unmittelbar aus 479 wenn man $\alpha+\beta=\gamma$ und $\alpha-\beta=\delta$ ſetzt, ſo dass $\alpha = {}^1/_2(\gamma+\delta)$ und $\beta = {}^1/_2(\gamma-\delta)$ wird und dann für γ wieder α und für δ wieder β einführt.

Satz. 481.

$$\frac{\sin\alpha+\sin\beta}{\cos\alpha+\cos\beta} = \tan {}^1/_2(\alpha+\beta)\ ;\quad \frac{\sin\alpha-\sin\beta}{\cos\alpha+\cos\beta} = \tan {}^1/_2(\alpha-\beta)$$

$$\frac{\sin\alpha+\sin\beta}{\cos\beta-\cos\alpha} = \cot {}^1/_2(\alpha-\beta)\ ;\quad \frac{\sin\alpha-\sin\beta}{\cos\beta-\cos\alpha}\cot {}^1/_2(\alpha+\beta).$$

Beweis: Unmittelbar aus 480, wenn man die Formeln für $\sin\alpha \pm \sin\beta$ durch die Formeln für $\cos\beta \pm \cos\alpha$ teilt.

Satz. $\dfrac{\sin\alpha-\sin\beta}{\sin\alpha+\sin\beta} = (\cot {}^1/_2(\alpha+\beta))\tan {}^1/_2(\alpha-\beta)$; 482.

$\dfrac{\cos\beta-\cos\alpha}{\cos\alpha+\cos\beta} = (\tan {}^1/_2(\alpha+\beta))\tan {}^1/_2(\alpha-\beta)$.

Beweis: Unmittelbar aus 480, wenn man die Sinusformeln, bez. die Cosinusformeln durch einander teilt.

Satz. $(\sin\alpha)^2 - (\sin\beta)^2 = (\sin(\alpha+\beta))\sin(\alpha-\beta)$; 483.
$(\cos\beta)^2 - (\cos\alpha)^2 = (\sin(\alpha+\beta))\sin(\alpha-\beta)$.

Beweis: Man vervielfache die Formel in 480 mit einander, dann hat man

$$(\sin\alpha+\sin\beta)(\sin\alpha-\sin\beta)$$
$$= 2(\sin {}^1/_2(\alpha+\beta))\cos {}^1/_2(\alpha+\beta)\cdot 2(\sin {}^1/_2(\alpha+\beta))\cos {}^1/_2(\alpha-\beta)$$
$$(\sin\alpha)^2 - (\sin\beta)^2 = (\sin(\alpha+\beta))\sin(\alpha-\beta) \qquad \text{(nach 454)}$$

Und ebenſo

$$(\cos\beta+\cos\alpha)(\cos\beta-\cos\alpha)$$
$$= 2(\sin {}^1/_2(\alpha+\beta))\cos {}^1/_2(\alpha+\beta)\cdot 2(\sin {}^1/_2(\alpha-\beta))\cos {}^1/_2(\alpha-\beta)$$
$$(\cos\beta)^2 - (\cos\alpha)^2 = (\sin(\alpha+\beta))\sin(\alpha-\beta) \qquad \text{(nach 454)}$$

Satz. 484.

$$\sin\alpha \pm \cos\alpha = 2^{1/2}\sin(\alpha \pm 45^0) = 2^{1/2}\cos(\alpha \mp 45^0)$$
$$\cos\alpha \pm \sin\alpha = 2^{1/2}\sin(45^0 \pm \alpha) = 2^{1/2}\cos(45^0 \mp \alpha).$$

Beweis: Aus 452 und 453 folgt unmittelbar, wenn man $\beta = 45^0$ ſetzt und beachtet, dass

$$\sin 45^0 = \cos 45^0 = \frac{1}{2^{1/2}} \text{ ist nach 458}$$

$$\sin(\alpha \pm 45^\circ) = \frac{1}{2^{1/2}} \cdot \sin\alpha \pm \frac{1}{2^{1/2}} \cos\alpha, \text{ d. h.}$$

$$\sin\alpha \pm \cos\alpha = 2^{1/2} \sin(\alpha \pm 45^\circ).$$

Und ebenſo die andern Formeln.

485. **Satz.** $\left(\frac{1 \pm \sin 2\alpha}{2}\right)^{1/2} = \sin(45^\circ \pm \alpha) = \cos(45^\circ \mp \alpha).$

Beweis: Man ſetze $\alpha = 90^\circ - 2\gamma$, alſo $\frac{\alpha}{2} = 45^\circ - \gamma$, dann ist

$\cos\alpha = \cos(90^\circ - 2\gamma) = \sin 2\gamma$ (nach 460)

$\sin\frac{\alpha}{2} = \sin(45^\circ - \gamma) = \cos(45^\circ + \gamma)$
$\cos\frac{\alpha}{2} = \cos(45^\circ - \gamma) = \sin(45^\circ + \gamma)$
} da $45^\circ + \gamma + 45^\circ - \gamma = 90^\circ$ ſind und alſo der eine die Ergänzung des andern ist (nach 436)

dann ist nach 455

$$\sin\frac{\alpha}{2} = \pm\left(\frac{1 - \cos\alpha}{2}\right)^{1/2}, \text{ alſo } \sin(45^\circ - \gamma) = \cos(45^\circ + \gamma)$$

$$= \pm\left(\frac{1 - \sin 2\gamma}{2}\right)^{1/2}$$

$$\cos\frac{\alpha}{2} = \pm\left(\frac{1 + \cos\alpha}{2}\right)^{1/2}, \text{ alſo } \cos(45^\circ - \gamma) = \sin(45^\circ + \gamma)$$

$$= \pm\left(\frac{1 + \sin 2\gamma}{2}\right)^{1/2}$$

Und wenn man hier wieder α für γ ſetzt, folgt unmittelbar der Satz.

486. **Satz.** $\tan\alpha \pm \tan\beta = \frac{\sin(\alpha \pm \beta)}{(\cos\alpha)\cos\beta}$; $\cot\beta \pm \cot\alpha = \frac{\sin(\alpha \pm \beta)}{(\sin\alpha)\sin\beta}$

Beweis: Unmittelbar aus 452 und 453, wenn man die Formeln durch $(\cos\alpha)\cos\beta$ bezüglich durch $(\sin\alpha)\sin\beta$ teilt.

487. **Satz.** $1 \pm \tan\alpha = 2^{1/2} \cdot \frac{\sin(45^\circ \pm \alpha)}{\cos\alpha} = 2^{1/2} \cdot \frac{\cos(45^\circ \mp \alpha)}{\cos\alpha}$

$$\cot\alpha \pm 1 = 2^{1/2} \frac{\sin(45^\circ \pm \alpha}{\sin\alpha} = 2^{1/2} \frac{\cos(45 \mp \alpha)}{\sin\alpha}$$

Beweis: Unmittelbar aus 484, wenn man die Formeln durch $\cos\alpha$ bez. durch $\sin\alpha$ teilt.

488. **Satz.** $\frac{1 \pm \tan\alpha}{1 \mp \tan\alpha} = \tan(45^\circ \pm \alpha) = \cot(45^\circ \mp \alpha).$

Beweis: Unmittelbar aus 487, wenn man eine Formel durch die andere teilt.

Satz. $\frac{1+\tan\alpha}{1+\cot\alpha} = \frac{1-\tan\alpha}{\cot\alpha - 1} = \tan\alpha.$ 489.

Beweis. Unmittelbar aus 487, wenn man eine Formel durch die andere teilt.

4. Der Bogen.

Erklärung. Der Bogen (der arcus) β heist der dem Winkel β entsprechende Teil des Kreisumfanges, der zwischen $-\frac{\pi}{2}$ und $+\frac{\pi}{2}$ liegt, gemessen durch den Halbmesser des Kreifes. 490.

Erklärung. Das Zeichen des Bogens β ist, wenn $\sin\beta = x$, $\cos\beta = y$, $\tan\beta = z$ und $\cot\beta = v$ ist, $\beta = \mathrm{arc}(\sin = x) = \mathrm{arc}(\cos = y) = \mathrm{arc}(\tan = z) = \mathrm{arc}(\cot = v)$. 491.

In den mathematischen Schriften ist es Sitte, den arc (sin = x) als arc sin x zu bezeichnen; dies ist aber ein Fehler. Unter dem arcsin x muss und kann man nur den Bogen x verstehen; denn arcsin x bezeichnet notwendig den Bogen des sin x; der sin·x ist aber der sin des Winkels oder Bogens x*. Die Bezeichnung arc·sin x bezeichnet alfo den Bogen x, nicht aber den Bogen, dessen Sinus = x ist, diefer darf nur als arc(sin = x) bezeichnet werdea, wie es in diefem Buche geschehen ist.

Satz. $\mathrm{arc}(\sin = x) = \mathrm{arc}\left(\cos = (1-x^2)^{1/2}\right) = \mathrm{arc}\left(\tan = \frac{x}{(1-x^2)^{1/2}}\right)$ 492.

$= \mathrm{arc}\left(\cot = \frac{(1-x^2)^{1/2}}{x}\right)$ und $\mathrm{arc}(\tan = z) = \mathrm{arc}\left(\cot = \frac{1}{z}\right)$

$= \mathrm{arc}\left(\sin = \frac{z}{(1+z^2)^{1/2}}\right) = \mathrm{arc}\left(\cos = \frac{1}{(1+z^2)^{1/2}}\right).$

Beweis. Setzen wir $\sin\beta = x$, fo ist nach 441 $\cos\beta = (1-(\sin\beta)^2)^{1/2} = (1-x^2)^{1/2}$; $\tan\beta = \frac{\sin\beta}{\cos\beta} = \frac{x}{(1-x^2)^{1/2}}$; $\cot\beta = \frac{\cos\beta}{\sin\beta} = \frac{(1-x^2)^{1/2}}{x}$, mithin ist $\mathrm{arc}(\sin = x) = \mathrm{arc}\left(\cos = (1-x^2)^{1/2}\right)$

$= \mathrm{arc}\left(\tan = \frac{x}{(1-x^2)^{1/2}}\right) = \mathrm{arc}\left(\cot = \frac{(1-x^2)^{1/2}}{x}\right).$

Setzen wir $\tan\beta = z$, fo ist $\cot\beta = \frac{1}{\tan\beta} = \frac{1}{z}$ und ist nach 467

$\cos\beta = \frac{1}{(1+(\tan\beta)^2)^{1/2}}$; $\sin\beta = \tan\beta\cdot\cos\beta = \frac{\tan\beta}{(1+(\tan\beta)^2)^{1/2}}$, mithin

*So bezeichnet logsin x den log des sinus x, fo diff·sin x das Differential des sinus x u. f. w.

ist $\operatorname{arc}(\tan = z) = \operatorname{arc}\left(\cot = \frac{1}{z}\right) = \operatorname{arc}\left(\cos = \frac{1}{(1+z^2)^{1/2}}\right)$

$= \operatorname{arc}\left(\sin = \frac{z}{(1+z^2)^{1/2}}\right).$

493. **Satz.** $\operatorname{arc}(\sin = x) + \operatorname{arc}(\cos = x) = \frac{\pi}{2} = 90^0$

$\operatorname{arc}(\tan = z) + \operatorname{arc}(\cot = z) = \frac{\pi}{2} = 90^0.$

Beweis. a. Es ſei $\sin\alpha = x$, ſo ist auch $\cos(90^0 - \alpha) = x$; und ist alſo $\frac{\pi}{2} = 90^0 = \alpha + (90^0 - \alpha) = \operatorname{arc}(\sin = x) + \operatorname{arc}(\cos = x)$

b. Es ſei $\tan\beta = z$, ſo ist auch $\cot(90^0 - \beta) = z$, und ist alſo $\frac{\pi}{2} = 90^0 = \beta + (90^0 - \beta) = \operatorname{arc}(\tan = z) + \operatorname{arc}(\cot = z)$.

494. **Satz.**

$\operatorname{arc}(\sin = x) + \operatorname{arc}(\sin = y) = \operatorname{arc}\left(\sin = (x(1-y)^{2^{1/2}} + y(1-x^2)^{1/2}\right)$,
wenn $x^2 + y^2 \leqq 1$

$\operatorname{arc}(\sin = x) + \operatorname{arc}(\sin = y) = \pi - \operatorname{arc}\left(\sin = (x(1-y^2)^{1/2} + y(1-x^2)^{1/2}\right)$,
wenn $x^2 + y^2 > 1$

$\operatorname{arc}(\sin = x) - \operatorname{arc}(\sin = y) = \operatorname{arc}\left(\sin = (x(1-y^2)^{1/2} - y(1-x^2)^{1/2}\right)$.

Beweis. Es ſei $\sin\alpha = x$, und $\sin\beta = y$, dann ist $\cos\alpha = (1-x^2)^{1/2}$ und $\cos\beta = (1-y^2)^{1/2}$ und ist $\alpha \pm \beta = \operatorname{arc}(\sin = x) \pm \operatorname{arc}(\sin = y)$. Nun ist nach 452, 453 $\sin(\alpha \pm \beta) = \sin\alpha \cdot \cos\beta \pm \cos\alpha \cdot \sin\beta$, mithin ist

$\operatorname{arc}(\sin = x) \pm \operatorname{arc}(\sin = y) = \operatorname{arc}\left(\sin = x(1-y^2)^{1/2} \pm y(1-x^2)^{1/2}\right)$.

Dieſe Formel gilt allgemein, wenn $\alpha \pm \beta \leqq 90^0$ ist, wird dagegen $\alpha + \beta > 90^0$, ſo muss man statt des sin vom $\alpha + \beta$ vielmehr den sin von $180^0 - (\alpha + \beta)$ oder $\pi - (\alpha + \beta)$ nehmen, d. h. es ist dann

$\operatorname{arc}(\sin = x) + \operatorname{arc}(\sin = y) = \pi - \operatorname{arc}\left(\sin = x(1-y^2)^{1/2} + y(1-x^2)^{1/2}\right)$.

Nun wird der $\cos(\alpha + \beta)$ eine Strichgröſe, d. h. negativ, wenn $\alpha + \beta > 90^0$ wird. Es ist aber

$\cos(\alpha + \beta) = (\cos\alpha) \cdot \cos\beta - (\sin\alpha) \cdot \sin\beta = (1-x^2)^{1/2}(1-y^2)^{1/2} - xy$

$= \frac{(1-x^2)(1-y^2) - x^2y^2}{((1-x^2)(1-y^2))^{1/2} + xy}$

$= \frac{1 - (x^2 + y^2)}{((1-x^2)(1-y^2))^{1/2} + xy}.$

Der $\cos(\alpha + \beta)$ ist alſo eine Strichgröse, oder $\alpha + \beta > 90^0$, wenn $x^2 + y^2 > 1$ ist. Daraus ergiebt ſich die Bedingungsgleichung im Satze, dass die erste Formel gilt, wenn $x^2 + y^2 \leqq 1$, dagegen die zweite, wenn $x^2 + y^2 > 1$ ist.

Satz. 495.

$$\text{arc}(\tan = x) + \text{arc}(\tan = y) = \text{arc}\left(\tan = \frac{x+y}{1-xy}\right), \text{ wenn } xy \leqq 1$$

$$\text{arc}(\tan = x) + \text{arc}(\tan = y) = \pi - \text{arc}\left(\tan = \frac{x+y}{1-xy}\right), \text{ wenn } xy > 1$$

$$\text{arc}(\tan = x) - \text{arc}(\tan = y) = \text{arc}\left(\tan = \frac{x-y}{1-xy}\right).$$

Beweis. Es ſei $\tan\alpha = x$ und $\tan\beta = y$, dann ist nach 470 $\tan(\alpha \pm \beta) = \frac{\tan\alpha \pm \tan\beta}{1 - (\tan\alpha)\tan\beta}$, mithin ist

$$\text{arc}(\tan = x) \pm \text{arc}(\tan = y) = \text{arc}\left(\tan = \frac{x \pm y}{1 + xy}\right).$$

Dieſe Formel gilt wieder allgemein, wenn $\alpha \pm \beta \leqq 90^0$, dagegen muss man, wenn $\alpha + \beta > 90^0$ wird, statt der tan von $\alpha + \beta$ vielmehr die tan von $180^0 - (\alpha + \beta)$ oder $\pi - (\alpha + \beta)$ nehmen, d. h. es ist dann $\text{arc}(\tan = x) + \text{arc}(\tan = y) = \pi - \text{arc}\left(\tan = \frac{x+y}{1-xy}\right)$.

Nun wird aber, wenn $\alpha + \beta > 90^0$ wird, der $\cos)\alpha + \beta$ eine Strichgröse. Es ist aber

$$\frac{\cos(\alpha+\beta)}{(\cos\alpha)\cos\beta} = \frac{(\cos\alpha)\cos\beta - (\sin\alpha)\sin\beta}{(\cos\alpha)\cos\beta} = 1 - \frac{(\sin\alpha)\sin\beta}{(\cos\alpha)\cos\beta}.$$

Der $\cos(\alpha + \beta)$ ist alſo eine Strichgröse oder $\alpha + \beta > 90^0$, wenn $xy > 1$ ist. Daraus ergiebt ſich die Bedingungsgleichung im Satze, dass die erste Formel gilt, wenn $xy \leqq 1$, dagegen die zweite, wenn $xy > 1$ ist.

Erklärung. Unter dem Allgemeinen Bogen (Zeichen Aarc) versteht man einen Bogen, der jenſeit der Grenzen $-\,{}^1/_2\pi$ und $+\,{}^1/_2\pi$ liegt. 496.

Satz. $\text{Aarc}(\sin = x) \cong a\pi + (-1)^a\text{arc}(\sin = x)$ 497.

$\text{Aarc}(\cos = x) \cong 2a\pi \pm \text{arc}(\cos = x)$

$\text{Aarc}(\tan = x) \cong a\pi + \text{arc}(\tan = x)$

$\text{Aarc}(\cot = x) \cong a\pi + \text{arc}(\cot = x.)$

Beweis. Der Satz folgt unmittelbar aus 476, wenn man $\text{arc}(\sin = x) = \alpha$, alſo $x = \sin\alpha$ ſetzt. So ist z. B. $\sin(a\pi + (-1)^a\alpha) = \sin\alpha = x$, mithin ist $\text{Aarc}(\sin = x) \cong a\pi + (-1)^a\text{arc}(\sin = x)$.

12. Die Richtgrösen in Base, Stufe, Log und Winkel.

Wir versetzen in dieser Nummer die Richtgrösen (die komplexen Grösen) auch in die höhern Gebiete in die Base, in die Stufe, in den Log und in den Winkel und untersuchen die Gesetze, welche in diesen Gebieten für sie Platz greifen.

1. Die Richtgröse in der Base.

Um die Richtgröse in der Base behandeln zu können, betrachten wir zunächst die Richteinheit in der Base.

498. **Satz. Wenn $x^n = 1$, wo n eine ganze Zahl, so ist**

$$x = \cos\frac{2\mathfrak{a}\pi}{n} + i\sin\frac{2\mathfrak{a}\pi}{n}$$

wo $\mathfrak{a}$ alle Werte von 0 bis n — 1 haben kann, d. h. die Wurzel ist eine Richteinheit (komplexe Einheit), deren Winkel einer derjenigen Winkel ist, welche n Strahlen mit einander bilden, die von einem Punkte ausgehen und den ganzen Winkelraum in n gleiche Teile teilen.

Beweis. Es sei x zunächst eine beliebige Richtgröse $= a(\cos\alpha + i\sin\alpha)$, wo a eine Plusgröse und der Winkel α echt ist, so folgt aus der Gleichung $1 = x^n$ $1 = (a\cdot\cos\alpha + i\sin\alpha)^n = a^n(\cos n\alpha + i\sin n\alpha)$, nach 465, hier ist nach 426 $a^n = 1$, also auch $\cos n\alpha + i\sin n\alpha = 1$, d. h. $\cos n\alpha = 1$ und $\sin n\alpha = 0$, d. h. nach 449 $n\alpha = 2\mathfrak{a}\pi$, mithin $\alpha = \frac{2\mathfrak{a}\pi}{n}$, d. h. es ist $x = \cos\frac{2\mathfrak{a}\pi}{n} + i\sin\frac{2\mathfrak{a}\pi}{n}$.

Es erfüllt also jeder dieser Werte die Gleichung, auch kann es nicht mehr als n solche Werte geben; denn sei $\mathfrak{a} > n$, also $\mathfrak{a} = n + \mathfrak{b}$, wo $\mathfrak{b}$ einer der Werte von 0 bis n — 1, so wird $\frac{2\mathfrak{a}\pi}{n} = \frac{2(n + \mathfrak{b})\pi}{n}$ $= 2\pi + \frac{2\mathfrak{b}n}{n} = \frac{2\mathfrak{b}\pi}{n}$; die Werte von $\mathfrak{a} = 0$ bis $\mathfrak{a} = n - 1$ liefern also sämmtliche Wurzeln.

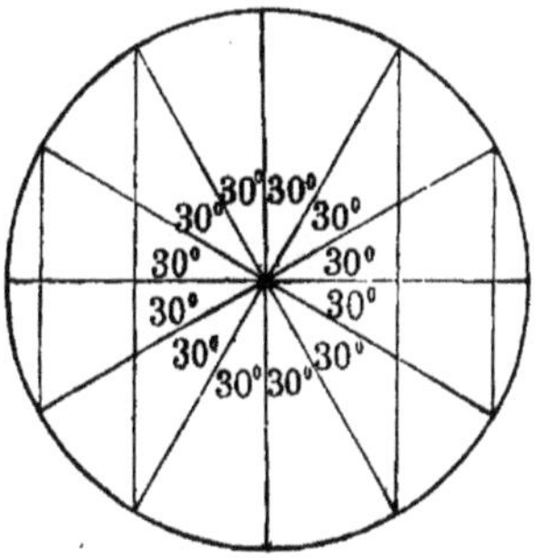

Nachdem wir auf diese Weise die n Werte der Wurzel aus 1 festgestellt haben, so können wir nun auch zu der Betrachtung der Wurzeln aus Winkelgrösen übergehen.

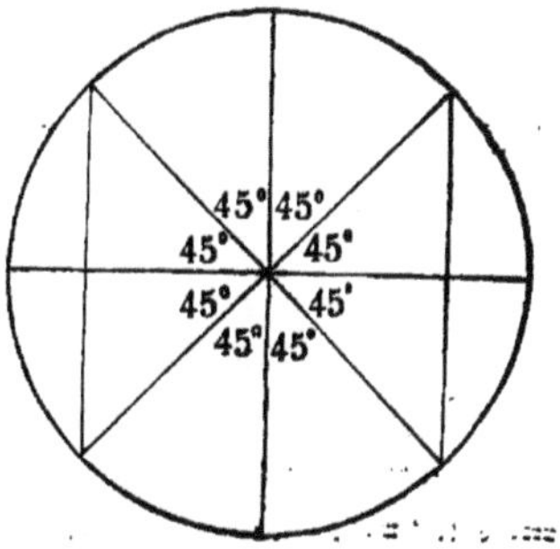

Beispiele. Es sei $x^{12} = 1$, so ist

$$x = \cos\frac{2a\pi}{12} + i\sin\frac{2a\pi}{12} \text{ und } \frac{2a\pi}{12} = \begin{cases} 0^0, 30^0, 60^0, 90^0, 120^0, 150^0, \\ 180^0, 210^0, 240^0, 270^0, 300^0, 330^0 \end{cases}.$$

Es sei $x^8 = 1$, so ist $x = \cos\frac{2a\pi}{8} + i\sin\frac{2a\pi}{8}$,

also $\frac{2a\pi}{8} = 0^0, 45^0, 90^0, 135^0, 180^0, 225^0, 270^0, 315^0$.

Die vorstehenden Zeichnungen veranschaulichen diese Winkel, sowie die cosinus und sinus dieser Winkel.

Erklärung. Eine Richtgröse zu einer Zahl c höhen (eine komplexe Gröse zu einer reellen Zahl potenziren) heist den Richtwert jener Gröse zu c erhöhen und ihren Winkel mit c vervielfachen auch dann, wenn die Zahl c keine ganze Zahl ist, sofern dann der Winkel der Gröse echt ist, 499. **oder**

Es ist $[a(\cos\alpha + i\sin\alpha)]^c = a^c(\cos c\alpha + i\sin c\alpha)$ **wo a eine Plusgröse,** α **ein Winkel zwischen** $-\pi$ **und** $+\pi$ **und n eine (reelle) Zahl.**

Die Richteinheit, deren Winkel $\alpha = 1$ **ist, wird gleich** ε **gesetzt, oder**

Es ist $\varepsilon = \cos 1 + i\sin 1$.

Satz. Wenn a der Richtwert und c der Winkel einer Richtgröse (einer komplexen Gröse) $a(\cos c + i\sin c)$ **ist, so ist** 500.

$$a(\cos c + i\sin c) = a\varepsilon^c.$$

Beweis. Es ist $a\varepsilon^c = a(\cos 1 + i\sin 1)^c$ (nach 499)

$= a(\cos c + i\sin c)$ (nach 499)

Satz. Wenn entweder n eine ganze Zahl oder c ein echter Winkel ist, so ist $(a\varepsilon^c)^n = a^n \cdot \varepsilon^{cn}$. 501.

Beweis. Unmittelbar aus 464 bez. 499.

Satz. Wenn a eine beliebige Zahlgröse (d. h, eine reine Zahl oder eine Richtgröse) ist und b und c Zahlen (reell) sind, so ist 502.

$$a^{b+c} = a^b \cdot a^c.$$

Beweis. 1. Es sei $a = \varepsilon$, so ist

$\varepsilon^b\varepsilon^c = (\cos b + i\sin b)(\cos c + i\sin c)$ (nach 500)

$= \cos(b + c) + i\sin(b + c)$ (nach 451)

$= \varepsilon^{b+c}$ (nach 500).

2. Es sei p der Richtwert von a und α der echte Winkel von a also $a = p \cdot \varepsilon^\alpha$, so ist

$a^b \cdot a^c = (p\varepsilon^\alpha)^b \cdot (p\varepsilon^\alpha)^c = p^b\varepsilon^{\alpha b}p^c\varepsilon^{\alpha c}$ (nach 501)

$= p^{b+c}\varepsilon^{\alpha b}\varepsilon^{\alpha c} = p^{b+c}\varepsilon^{\alpha b+\alpha c}$ (nach $502_{,1}$)

$= p^{b+c} \cdot \varepsilon^{\alpha(b+c)} = (p\varepsilon^\alpha)^{b+c}$ (nach 501)

$= a^{b+c}$

503. **Satz. Wenn a eine beliebige Zahlgröse ungleich Null, b und c Zahlen (reell) ſind, ſo ist** $a^{b-c} = a^b : a^c$.

Beweis. $a^{b-c} = a^{b-c} \cdot a^c : a^c = a^{b-c+c} : a^c = a^b : a^c$ (nach 502).

Es muss hier bemerkt werden, dass die weiteren Geſetze des Höhens für Richtgrösen in der Baſe und für gebrochne Stufen (Exponenten) nur dann gelten, wenn $(ab)^c$ die Summe der Winkel $\alpha + \beta$, und bei a^b der Winkel a^b ein echter Winkel ist; nur in dieſem Falle ist $(ab)^c = a^c \cdot b^c$ und $(a^b)^c = a^{bc}$ auch für gebrochne Stufen (Exponenten).

504. **Satz.** $\varepsilon^\alpha = \cos\alpha + i\sin\alpha$; $\varepsilon^{-\alpha} = \cos\alpha - i\sin\alpha$.

Beweis. Unmittelbar aus 500, wenn $a = 1$ geſetzt wird und aus 440.

505. **Satz.** $\cos\alpha = \frac{\varepsilon^\alpha + \varepsilon^{-\alpha}}{2}$; $\sin\alpha = \frac{\varepsilon^\alpha - \varepsilon^{-\alpha}}{2i}$.

Beweis. Es ist $\varepsilon^\alpha = \cos\alpha + i\sin\alpha$
$\varepsilon^{-\alpha} = \cos\alpha - i\sin\alpha$ (nach 504)

daraus folgt durch Zufügen beider der erste, durch Abziehen des zweiten der zweite Teil des Satzes.

Es ist $\varepsilon^{\alpha+\beta} = \varepsilon^{\alpha}\cdot\varepsilon^{\beta}$ nach 502, mithin ist nach 504

$$\cos(\alpha+\beta) + i\sin(\alpha+\beta) = (\cos\alpha + i\sin\alpha)(\cos\beta + i\sin\beta)$$
$$= \cos\alpha\cdot\cos\beta - \sin\alpha\cdot\sin\beta + i(\sin\alpha\cos\beta + \cos\alpha\sin\beta)$$

d. h. es ist $\cos(\alpha+\beta) = \cos\alpha\cdot\cos\beta - \sin\alpha\cdot\sin\beta$
$\sin(\alpha+\beta) = \sin\alpha\cdot\cos\beta + \cos\alpha\cdot\sin\beta$.

Es folgt alſo hieraus der bekannte Satz der Trigonometrie.

506. **Satz. Es ist** $\varepsilon^\alpha = \varepsilon^{2a\pi + \alpha}$.

Beweis. $\varepsilon^\alpha = \cos\alpha + i\sin\alpha = \cos(2a\pi + \alpha) + i\sin(2a\pi + \alpha)$ (nach 504)
$= (\cos\alpha + i\sin\alpha)(\cos 2a\pi + i\sin 2a\pi)$ (nach 451)
$= \varepsilon^\alpha \cdot \varepsilon^{2a\pi}$ (nach 504)
$= \varepsilon^{2a\pi + \alpha}$ (nach 502)

507. **Satz. Wenn a, b, c ·· beliebige Zahlgrösen (auch Richtgrösen) und q eine Zahl (reell) ist, ſo ist** $a^q \cdot b^q \cdot c^q \cdots = (abc\cdots)^q \cdot \varepsilon^{2n\pi q}$, **wo** α, β, γ **die echten Winkel der Grösen a, b, c ··, und** $\alpha + \beta + \gamma + \cdots = 2n\pi + p$, **auch p echt ist.**

Beweis. Es ſei $a = a_1 \cdot \varepsilon^\alpha$, $b = b_1\varepsilon^\beta$, $c = c_1\varepsilon^\gamma \cdots$, wo $a_1 b_1 c_1 \cdots$ Plusgrösen und $\alpha, \beta, \gamma \cdots$ echte Winkel, und ſei $\alpha + \beta + \gamma + \cdots = 2n\pi + p$, wo p ein echter Winkel, ſo ist

$$a^q \cdot b^q \cdot c^q \ldots = (a_1\varepsilon^\alpha)^q \cdot (b_1\varepsilon^\beta)^q \cdot (c_1\varepsilon^\gamma)^q \ldots$$
$$= a_1{}^q\varepsilon^{\alpha q} \cdot b_1\varepsilon^{\beta q} \cdot c_1\varepsilon^{\gamma q} \ldots \qquad \text{(nach 501)}$$
$$= (a_1b_1c_1 \cdots)^q \cdot \varepsilon^{\alpha q + \beta q + \gamma q + \cdots} \qquad \text{(nach 502)}$$
$$= (a_1b_1c_1 \cdots)^q \cdot \varepsilon^{(\alpha + \beta + \gamma + \cdots)q} \qquad \text{(nach 90)}$$
$$= (a_1b_1c_1 \cdots)^q \cdot \varepsilon^{(2n\pi + p)q} \qquad \text{(nach Annahme)}$$
$$= (a_1b_1c_1 \cdots)^q \cdot \varepsilon^{pq} \cdot \varepsilon^{2n\pi q} \qquad \text{(nach 500)}$$
$$= (a_1b_1c_1 \cdots)^q \cdot (\varepsilon^p)^q \cdot \varepsilon^{2n\pi q} \qquad \text{(nach 501)}$$
$$= (a_1b_1c_1 \cdots)^q \cdot (\varepsilon^{2n\pi + p})^q \cdot \varepsilon^{2n\pi q} \qquad \text{(nach 506)}$$
$$= (a_1b_1c_1 \cdots)^q \varepsilon^{(\alpha + \beta + \gamma \cdots)q} \cdot \varepsilon^{2n\pi q}$$
$$= [(a_1b_1c_1 \cdots)\varepsilon^{(\alpha + \beta + \gamma \cdots)}]^q \cdot \varepsilon^{2n\pi q} \qquad \text{(nach 501)}$$
$$= (a_1\varepsilon^\alpha \cdot b_1\varepsilon^\beta \cdot c_1\varepsilon^\gamma \ldots)^q \varepsilon^{2n\pi q} \qquad \text{(nach 502)}$$
$$= (a \cdot b \cdot c \cdots)^q \cdot \varepsilon^{2n\pi q}$$

Satz. Wenn a eine beliebige Zahlgröse (auch Richtgröse $= a_1\varepsilon^\alpha$), wo α ein echter Winkel, und b und c Zahlen (reell) sind, so ist $a^{bc} = (a^b)^c \varepsilon^{2n\pi c}$, wo $\alpha b = 2n\pi + p$ und p ein echter Winkel ist. 508.

Beweis. Es ist $a^{bc} = (a_1\varepsilon^\alpha)^{bc} = a_1{}^{bc} \cdot \varepsilon^{\alpha bc}$ (nach 501)

$$= a_1{}^{bc}\varepsilon^{(2n\pi + p)c} \qquad \text{(nach Annahme)}$$
$$= a_1{}^{bc}\varepsilon^{pc} \cdot \varepsilon^{2n\pi c} \qquad \text{(nach 502)}$$
$$= a_1{}^{bc}(\varepsilon^p)^c \cdot \varepsilon^{2n\pi c} \qquad \text{(nach 501)}$$
$$= a_1{}^{bc}(\varepsilon^{2n\pi + p})^c \cdot \varepsilon^{2n\pi c} \qquad \text{(nach 506)}$$
$$= a_1{}^{bc}(\varepsilon^{\alpha b})^c \cdot \varepsilon^{2n\pi c} \qquad \text{(nach Annahme)}$$
$$= (a_1{}^b)^c \cdot ((\varepsilon^\alpha)^b)^c \cdot \varepsilon^{2n\pi c} \qquad \text{(nach 501)}$$
$$= ((a_1 \cdot \varepsilon^\alpha)^b)^c \cdot \varepsilon^{2n\pi c} \qquad \text{(nach 499)}$$
$$= (a^b)^c \cdot \varepsilon^{2n\pi c}$$

Satz. Wenn a eine beliebige Zahlgröse (reine Zahl oder Richtgröse) $= a_1\varepsilon^\alpha$ (wo a_1 ein Pluswert und α ein echter Winkel) und $\beta, \gamma, \delta, \zeta$ Zahlen (reell) sind, so ist 509.

$$a^{\beta\gamma\delta\zeta} = \left(\left(\left((a^\beta)^\gamma\right)^\delta\right)^\zeta \varepsilon^{2\pi(m\gamma\delta + n\delta + o)\zeta}\right.,$$

wo $\alpha\beta = 2m\pi + r_1$, $r_1\gamma = 2n\pi + r_2$ und $r_2\delta = 2o\pi + r_3$ und die Winkel r_1, r_2 und r_3 echt sind.

Beweis.

Es ist $a^{\beta\gamma\delta\zeta} = (a^{\beta\gamma\delta\zeta}) = (a^\beta)^{\gamma\delta\zeta}\varepsilon \cdot {}^{2m\pi\gamma\delta\zeta}$ wo $\alpha\beta = 2m\pi + r_1$

$$= \left((a^\beta)^\gamma\right)^{\delta\zeta} {}_{2m\pi\gamma\delta\zeta} \cdot \varepsilon^{2n\pi\delta\zeta} \qquad \text{wo } r_1\gamma = 2n\pi + r_2$$

$$=\left(\left(\left(\left((a)^{\beta}\right)^{\gamma}\right)^{\delta}\right)^{\zeta}\cdot\varepsilon^{2m\pi\gamma\delta\zeta}\cdot\varepsilon^{2n\pi\delta\zeta}\cdot\varepsilon^{2o\pi\zeta} \quad \text{wo } r_2\delta = 2o\pi + r_3$$

$$=\left(\left(\left(a^{\beta}\right)^{\gamma}\right)^{\delta}\right)^{\zeta}\cdot\varepsilon^{2\pi\zeta(m\gamma\delta+n\delta+o)}.$$

2. Die Richtgröse in der Stufe (im Exponenten).

Um die Richtgröse in der Stufe zu erklären, hat man $\iota = e^{i}$ gesetzt. Man ist zu dieser Setzung durch die folgende Betrachtung gekommen. In der Folgelehre oder Funktionenlehre werden wir sehen, dass

$$e^{x} = 1 + x + \frac{x^2}{2!} + \frac{x^3}{3!} + \frac{x^4}{4!} + \frac{x^5}{5!} + \frac{x^6}{6!} + \frac{x^7}{7!} + \cdots \text{ ist, und dass}$$

$$\cos x = 1 - \frac{x^2}{2!} + \frac{x^4}{4!} + \frac{x^6}{6!} + \cdots, \text{ dass}$$

$$\sin x = x - \frac{x^3}{3!} + \frac{x^5}{5!} - \frac{x^7}{7!} + \cdots \text{ ist.}$$

Es ist einleuchtend, dass beide Formeln sich auf einander zurückführen lassen, wenn wir entweder 1, in e^{x} die Gröse ix für x einführen oder 2, in cos x und sin x die Gröse ix für x einführen.

Im ersten Falle wird dann

$$e^{ix} = 1 + ix - \frac{x^2}{2!} - i\cdot\frac{x^3}{3!} + \frac{x^4}{4!} + i\cdot\frac{x^5}{5!} - \frac{x^6}{6!} - i\cdot\frac{x^7}{7!} + \cdots$$

$$= \cos x + i \sin x.$$

Setzen wir hier $x = 1$, so erhalten wir nach 499

$$e^{i} = \cos 1 + i \sin 1 = \varepsilon, \text{ d. h. } e^{i} = \varepsilon.$$

Im zweiten Falle wird dann

$$\cos ix = 1 + \frac{x^2}{2!} + \frac{x^4}{4!} + \frac{x^6}{6!} + \cdots$$

$$-i \sin ix = x + \frac{x^3}{3!} + \frac{x^5}{5!} + \frac{x^7}{7!} + \cdots$$

d. h. $e^{x} = \cos ix - i \sin ix$.

Nach diesen Vorbemerkungen gehen wir auf die Sätze über.

510. **Erklärung. Um die Höhe (Potenz) mit einer Richtgröse (komplexen Gröse) in der Stufe zu erklären, setzen wir**

1, $\varepsilon = e^{i} \qquad \varepsilon^{\alpha} = (e^{\alpha})^{i}$

2, $(a\varepsilon^{\alpha})^{i\beta} = a^{i\beta}(\varepsilon^{\alpha})^{i\beta}$ **und** $a^{i\beta} = (a^{\beta})^{i} \qquad (\varepsilon^{\alpha})^{i\beta} = \left(\frac{1}{e}\right)^{\alpha\beta}$,

wo a eine Plusgröse, β eine Zahl (reell) und α eine echte Zahl ist.

3, $a^{\alpha+i\beta} = a^{\alpha}\cdot a^{i\beta}$, **wo a eine Richtgröse, α und β Zahlen (reell) sind.**

511. **Satz.** $(e^{\alpha})^{i} = (e^{i})^{\alpha} = e^{i\alpha} = \varepsilon^{\alpha}$.

Beweis. $(e^{\alpha})^{i} = \varepsilon^{\alpha} = (e^{i})^{\alpha} = e^{i\alpha} = \varepsilon^{\alpha}$ (nach 510).

512. **Satz.** $\cos\alpha = \dfrac{e^{i\alpha} + e^{-i\alpha}}{2}, \quad \sin\alpha = \dfrac{e^{i\alpha} - e^{-i\alpha}}{2}$.

Beweis. Es ist $\cos\alpha = \frac{\varepsilon^{\alpha} + \varepsilon^{-\alpha}}{2}$, $\sin\alpha = \frac{\varepsilon^{\alpha} - \varepsilon^{-\alpha}}{2}$ (nach 505)

$= \frac{e^{i\alpha} + e^{-i\alpha}}{2}$ $= \frac{e^{i\alpha} - e^{-i\alpha}}{2}$ (nach 511).

Satz. $2^n(\cos\alpha)^n = \cos n\alpha + n\cdot\cos(n-2)\alpha + n^{\cdot 2}\cos(n-4)\alpha + \cdots$ 513.
$= \mathrm{S}\, n^{\cdot a}\cos(n-2a)\alpha$ **wo n eine ganze Pluszahl**

Und zwar für gerades n

$$2^{n-1}(\cos\alpha)^n = \cos n\alpha + n\cdot\cos(n-2)\alpha + n^{\cdot 2}\cdot\cos(n-4)\alpha + \cdots$$
$$+ n^{\cdot(\frac{1}{2}n-1)}\cos 2\alpha + \tfrac{1}{2} n^{\cdot(\frac{1}{2}n)}$$

und für ungerades n

$$2^{n-1}(\cos\alpha)^n = \cos n\alpha + n\cdot\cos(n-2)\alpha + n^{\cdot 2}\cdot\cos(n-4)\alpha + \cdots$$
$$+ n^{\cdot\frac{1}{2}(n-3)}\cos 3\alpha + n^{\cdot\frac{1}{2}(n-1)}\cos\alpha.$$

Beweis. Aus 512 folgt unmittelbar $2\cos\alpha = e^{i\alpha} + e^{-i\alpha}$, mithin
$2^n(\cos\alpha)^n = (e^{i\alpha} + e^{-i\alpha})^n = e^{i\alpha n} + ne^{i\alpha(n-2)} + n^{\cdot 2}e^{i\alpha(n-4)} + \cdots$
$+ n^{\cdot n-2}e^{i\alpha(4-n)} + n^{\cdot n-1}e^{i\alpha(2-n)} + e^{i\alpha(-n)}$.
Und wenn man hier jedes Glied $e^{i\alpha a} = \cos a\alpha + i\sin a\alpha$ entwickelt und nach 426 die Glieder ohne i auf beiden Seiten gleich fetzt
$$2^n(\cos\alpha)^n = \cos n\alpha + n\cos(n-2)\alpha + n^{\cdot 2}\cos(n-4)\alpha + \cdots$$
$$+ n^{\cdot n-2}\cos(4-n)\alpha + n^{\cdot n-1}\cos(2-n)\alpha + \cos(-n)\alpha$$
$$= \underset{0,n}{\mathrm{S}}\, n^{\cdot a}\cos(n-2a)\alpha$$
mithin der erste Teil des Satzes bewiefen.

Beachtet man nun, dass $\cos(-a)\alpha = \cos a\alpha$, fo kann man je zwei Glieder zufammenfassen. Bei geradem n bleibt dann in der Mitte ein unpares Glied $n^{\cdot\frac{1}{2}n}\cos(n-n) = n^{\cdot\frac{1}{2}n}$ und erhält man mithin für gerades n, und für ungerades n die im Satze aufgestellten Formeln.

Satz. Für gerades n ist, wenn n eine ganze Pluszahl 514.

$$2^{n-1}(-1)^{\frac{1}{2}n}(\sin\alpha)^n = \cos n\alpha - n\cdot\cos(n-2)\alpha + n^{\cdot 2}\cdot\cos(n-4)\alpha - \cdots$$
$$+ (-1)^{(\frac{1}{2}n-1)} n^{\cdot(\frac{1}{2}n-1)}\cos 2\alpha + (-1)^{(\frac{1}{2}n)}\cdot \tfrac{1}{2} n^{\cdot(\frac{1}{2}n)}$$

und für ungerades n

$$2^{n-1}(-1)^{\frac{1}{2}(n-1)}(\sin\alpha)^n = \sin n\alpha - n\sin(n-2)\alpha + n^{\cdot 2}\sin(n-4)\alpha - \cdots$$
$$+ (-1)^{\frac{1}{2}(n-3)} n^{\cdot\frac{1}{2}(n-3)}\sin 3\alpha + (-1)^{\frac{1}{2}(n-1)} n^{\cdot\frac{1}{2}(n-1)}\cdot\sin\alpha.$$

Beweis. Aus 512 folgt unmittelbar $2\cdot i\sin\alpha = e^{i\alpha} - e^{-i\alpha}$, mithin
$2^n i^n(\sin\alpha)^n = (e^{i\alpha} - e^{-i\alpha})^n = e^{i\alpha n} - ne^{i\alpha(n-2)} + n^{\cdot 2}e^{i\alpha(n-4)} - \cdots$
$+ (-1)^{(n-2)}n^{\cdot(n-2)}e^{i\alpha(4-n)} + (-1)^{n-1}n^{\cdot(n-1)}e^{i\alpha(2-n)} + (-1)^n e^{-i\alpha n}$.

Wenn man hier jedes Glied $e^{i\alpha\lambda} = \cos\alpha\lambda + i\sin\alpha\lambda$ entwickelt und nach 426 die Glieder ohne i auf beiden Seiten gleichſetzt und ebenſo die mit i, ſo erhält man für gerades n $i^n = (-1)^{1/2n}$ alſo Glieder ohne i, und für ungerades n $i^n = i\cdot(-1)^{1/2(n-1)}$, mithin für gerades n die Glieder ohne i

$$2^n(-1)^{1/2n}\cdot(\sin\alpha)^n = \cos n\alpha - n\cos(n-2)\alpha + n_{\cdot 2}\cos(n-4)\alpha - \cdots$$
$$+ (-1)^{n-2} n_{\cdot n-2}\cos(4-n)\alpha + (-1)^{n-1} n_{\cdot n-1}$$
$$+ (-1)^{n-1} n_{\cdot n-1}\cos(2-n)\alpha + (-1)^n\cos(-n)\alpha$$

und für ungerades n die Glieder mit i

$$i2^n(-1)^{1/2(n-1)}(\sin\alpha)^n = i[\sin n\alpha - n\sin(n-2)\alpha + n_{\cdot 2}\sin(n-4)\alpha - \cdots$$
$$+ (-1)^{n-2} n_{\cdot n-2}\sin(4-n)\alpha + (-1)^{n-1}\cdot n_{\cdot n-1}$$
$$+ (-1)^{n-1} n_{\cdot n-1}\sin(2-n)\alpha + (-1)^n\cdot\sin(-n)\alpha]$$

Beachtet man hier, dass $\sin(-\lambda\alpha) = -\sin\lambda\alpha$ ist, dass mithin für gerades n die sin ſich aufheben, dass aber für ungerades n auch die entsprechenden sin entgegengeſetztes Zeichen haben, und alſo $\sin\lambda\alpha - \sin(-\lambda\alpha) = 2\sin\lambda\alpha$ ist, ſo kann man auch hier je zwei Glieder zuſammenfassen und behält für gerades n ein unpares Glied $(-1)^{(1/2n)} n_{\cdot(1/2n)}\cos(n-n) = (-1)^{(1/2n)}\cdot n_{\cdot(1/2n)}$ und erhält mithin für gerades n, wie für ungerades n die im Satze aufgestellten Formeln.

Beispiele. Für gerades n

$2(\cos\alpha)^2 = \cos 2\alpha + 1$

$8(\cos\alpha)^4 = \cos 4\alpha + 4\cos 2\alpha + 3$

Für ungerades n

$4(\cos\alpha)^3 = \cos 3\alpha + 3\cos\alpha$

$16(\cos\alpha)^5 = \cos 5\alpha + 5\cos 3\alpha + 10\cos\alpha$

Für gerades n

$-2(\sin\alpha)^2 = \cos 2\alpha - 1$

$8(\sin\alpha)^4 = \cos 4\alpha - 4\cos 2\alpha + 3$

Für ungerades n

$-4(\sin\alpha)^3 = \sin 3\alpha - 3\sin\alpha$

$16(\sin\alpha)^5 = \sin 5\alpha - 5\sin 3\alpha + 10\sin\alpha$.

515. **Satz.** $\varepsilon^i = \frac{1}{e}$.

Beweis. $\varepsilon^i = e^{ii} = \frac{1}{e}$ (nach 510).

516. **Satz.** $e = \cos i - i\sin i$.

Beweis. Es ist nach 510 $\varepsilon = e^i$, alſo $e = \varepsilon^{-i} = \cos i - i\sin i$ (nach 504)

517. **Satz. Jede reine Pluszahl a zu einer reinen Jgröse (reinen imaginären Gröse) ib erhöht, giebt eine Richteinheit.**

Beweis. Sei a eine Plusgröse $= e^\alpha$ wo $\alpha = \frac{a}{e}$,

ſo ist $a^{ib} = (a^b)^i$ (nach 510)

$a^{ib} = (a^b)^i = ((e^\alpha)^b)^i = (e^{\alpha b})^i = \varepsilon^{\alpha b}$ (nach 511)

und $\varepsilon^{\alpha b} = \cos\alpha b + i\sin\alpha b$ oder

$$a^{ib} = \cos b + i\sin b \cos b\frac{a}{e} + i\sin b\frac{a}{e}$$ (nach 504).

Satz. Jede Richteinheit zu einer reinen Jgröse (reinen imaginären Gröse) ib erhöht (potenzirt), giebt eine Pluszahl. 518.

Beweis. $\cos\alpha + i\sin\alpha = \varepsilon^\alpha$ giebt zur ib erhöht nach 510

$$(\varepsilon^\alpha)^{bi} = \left(\frac{1}{e}\right)^{\alpha b}.$$

Satz. $e^{2n\pi i} = 1$. 519.

Beweis. $e^{2n\pi i} = (e^i)^{2n\pi} = \varepsilon^{2n\pi} = \cos 2n\pi + i\sin 2n\pi = 1$.

Satz. Eine Richtgröse (komplexe Gröse) zu einer Richtgröse erhöht (potenzirt), giebt wieder eine Richtgröse und gelten alfo auch für diefe Höhen (Potenzen) alle für Richtgrösen bewiefenen Sätze und zwar ist $(a + ib)^{c+id} = (e^\alpha(\cos\beta + i\sin\beta))^{c+id} = (e^\alpha \cdot \varepsilon^\beta)^{c+id}$ $= e^{\alpha c - \beta d} \cdot \varepsilon^{\beta c + \alpha d}$ **wenn** β **ein echter Winkel.** 520.

Beweis. $(e^\alpha \cdot \varepsilon^\beta)^{c+id} = (e^\alpha \varepsilon^\beta)^c \cdot (e^\alpha \cdot \varepsilon^\beta)^{id}$ (nach 510)

$= (e^\alpha)^c (\varepsilon^\beta)^c \cdot (e^\alpha)^{di} (\varepsilon^\beta)^{id}$ (nach 501 u. 510)

$= e^{\alpha c} \cdot (e^{\alpha d})^i \varepsilon^{\beta c} \left(\frac{1}{e}\right)^{\beta d}$ (nach 510)

$= e^{\alpha c - \beta d} \varepsilon^{\alpha d} \cdot \varepsilon^{\beta c}$ (nach 511)

$= e^{\alpha c - \beta d} \varepsilon^{\alpha d + \beta c}$ (nach 502)

Satz. Jede Richtgröse (komplexe Gröse) lässt fich als Höhe (Potenz) darstellen, deren Bafe e und deren Stufe eine Richtgröse ist, in welcher die zweite Zahl ein echter Winkel ist. 521.

Beweis. Sei die Winkelgröse $a + ib$, und c ihr Pluswert, α ihr echter Winkel und fei $c = e^\beta$, fo ist $a + ib = c \cdot \varepsilon^\alpha = e^\beta \cdot \varepsilon^\alpha$ (nach 504) mithin $a + ib = e^\beta \cdot \varepsilon^\alpha = e^\beta \cdot e^{i\alpha} = e^{\beta + i\alpha}$ (nach 511)

Satz. $(e^{a+ib})^{c+id} = e^{(a+ib)(c+id)}$ **wenn b ein echter Winkel.** 522.

Beweis. $e^{a+ib} = e^a \cdot e^{ib} = e^a \varepsilon^b$ (nach 510), mithin

$(e^{a+ib})^{c+id} = e^{ac-bd} \varepsilon^{bc+ad}$ (nach 520)

$= e^{ac-bd} (e^i)^{bc+ad}$ (nach 510)

$= e^{ac-bd} e^{ibc+iad}$ (nach 511)

$= e^{ac-bd+ibc+iad} = e^{(a+ib)(c+id)}$

Satz. $(e^a \cdot \varepsilon^b)^{c+id} = e^{ac-bd} \varepsilon^{bc+ad} \cdot \varepsilon^{-2n\pi(c+id)}$ **wenn** $b = 2n\pi + p$ **wo p echt.** 523.

Beweis. Es ſei $b = 2n\pi + p$ wo p echt oder zwischen $-\pi$ und π, ſo iſt

$\varepsilon^b = \cos(2n\pi + p) + i\sin(2n\pi + p) = \cos p + i\sin p = \varepsilon^p$, alſo

$$(e^a\varepsilon^b)^{c+id} = (e^a \cdot \varepsilon^p)^{c+id} = e^{ac-pd} \cdot \varepsilon^{pc+ad} \quad \text{(nach 520)}$$
$$= e^{ac-bd+2n\pi d}\varepsilon^{bc+ad-2n\pi c}$$
$$= e^{ac-bd}\varepsilon^{bc+ad} \cdot e^{2n\pi d}\varepsilon^{-2n\pi c}$$
$$= e^{ac-bd}\varepsilon^{bc+ad} \cdot e^{2n\pi(d-ic)}$$
$$= e^{ac-bd}\varepsilon^{bc+ad} \cdot \varepsilon^{-2n\pi(c+id)}.$$

524. **Satz.** $e^{(a+ib)(c+id)} = (e^a + ib)^{c+id} \cdot \varepsilon^{-2n\pi(c+id)}$
wo $b = 2n\pi + p$ und p ein echter Winkel iſt.

Beweis. Unmittelbar aus 521.

525. **Satz.** $e^{a+ib} \cdot e^{c+id} = e^{(a+c)+i(b+d)}$.

Beweis. $e^{a+ib} \cdot e^{c+id} = e^a \cdot \varepsilon^b \cdot e^c \cdot \varepsilon^d$
$$= e^{a+c} \cdot \varepsilon^{b+d} \quad \text{(nach 502)}$$
$$= e^{a+c}e^{i(b+d)} \quad \text{(nach 510)}$$
$$= e^{a+c+i(b+d)} \quad \text{(nach 510)}$$

526. **Satz.** $(a + ib)^{c+id} \cdot (a + ib)^{f+ig} = (a + ib)^{(c+f+i(d+g))}$.

Beweis. Es ſei $a + ib = e^{\alpha + i\beta}$ wo β ein echter Winkel, ſo iſt

$$(a + ib)^{c+id} \cdot (a + ib)^{(f+ig)} = (e^{\alpha+i\beta})^{(c+id)}(e^{\alpha+\beta i})^{(f+ig)}$$
$$= e^{(\alpha+i\beta)(c+id)} \cdot e^{(\alpha+\beta i)(f+ig)} \quad \text{(nach 522)}$$
$$= e^{(\alpha+i\beta)(c+di)+(\alpha+\beta i)(f+ig)} \quad \text{(nach 525)}$$
$$= e^{(\alpha+i\beta)(c+f+i(d+g)i)}$$
$$= (e^{\alpha+i\beta})^{(c+f+i(d+g))} \quad \text{(nach 522)}$$
$$= a + ib^{(c+f+i(d+g))}.$$

527. **Satz.** $(a + ib)^{-(c+id)} = \left(\frac{1}{a+ib}\right)^{(c+id)}$.

Beweis.

$$(a + ib)^{(c+id)} \cdot (a + ib)^{(-c+id)} = (a + ib)^{c+id-(c+id)} = (a + ib)^0 = 1$$
(nach 526)

alſo iſt $(a + ib)^{-(c+id)} = \frac{1}{(a+ib)^{c+id}}$ (nach 332).

528. **Satz.** $(a + ia_1)^{n+im} \cdot (b + ib_1)^{n+im} \ldots$
$= ((a + ia_1)(b + ib_1) \cdots)^{n+im} \cdot \varepsilon^{2p\pi(n+im)}$ **wo die Summe von** $\alpha_1 + \beta_1 + \cdots = 2p\pi + r$, **wo r ein echter Winkel, auch** $a + ia_1 = e^{\alpha+i\alpha_1}$ **u. ſ. w.**

Beweis. Es sei $a + ia_1 = e^{\alpha + i\alpha_1}$.., $b + ib_1 = e^{\beta + i\beta_1}$..., wo α_1, β_1.. echt und die Summe $\alpha_1 + \beta_1 + \cdots = 2p\pi + r$ und r ein echter Winkel, so ist

$$(a + ia_1)^{n+im} \cdot (b + ib_1)^{n+im} \cdots = (e^{\alpha + i\alpha_1})^{n+im} \cdot (e^{\beta + i\beta_1})^{n+im} \cdots \quad \text{(nach Annahme)}$$
$$= e^{(\alpha + i\alpha_1)(n+im)} \cdot e^{(\beta + i\beta_1)(n+im)} \cdots \quad \text{(nach 522)}$$
$$= e^{[(\alpha + i\alpha_1)(n+im) + (\beta + i\beta_1)(n+im) + \cdots]} \quad \text{(nach 526)}$$
$$= e^{(\alpha + i\alpha_1 + \beta + i\beta_1 + \cdots)(n+im)} \quad \text{(nach 91)}$$
$$= \left(e^{(\alpha + i\alpha_1 + \beta + i\beta_1 + \cdots)}\right)^{n+im} \cdot \varepsilon^{2p\pi(n+im)} \quad \text{(nach 524)}$$
$$= \left(e^{\alpha + i\alpha_1} e^{\beta + i\beta_1} \cdots\right)^{n+im} \cdot \varepsilon^{2p\pi(n+im)} \quad \text{(nach 526)}$$
$$= ((a + ia_1)(b + ib_1) \cdots)^{n+im} \cdot \varepsilon^{2p\pi(n+im)} \quad \text{(nach Annahme).}$$

Satz. $(a + ia_1)^{(m+im_1)\cdot(n+in_1)} = ((a + ia_1)^{m+im_1})^{n+in_1} \cdot \varepsilon^{2p\pi(n+in_1)}$ 529.
wo α_1 echt und $\alpha_1(m + im_1) = 2p\pi + r$, und r echt, auch $a + ia_1 = e^{\alpha + i\alpha_1}$.

Beweis. Es sei $a + ia_1 = e^{\alpha + i\alpha_1}$ wo α_1 echt und sei $\alpha_1(m + im_1) = 2p\pi + r$ wo r ein echter Winkel, so ist

$$(a + ia_1)^{(m+im_1)(n+in_1)} = (e^{\alpha + i\alpha_1})^{(m+im_1)(n+in_1)} \quad \text{(nach Annahme)}$$
$$= e^{(\alpha + i\alpha_1)(m+im_1)(n+in_1)} \quad \text{(nach 522)}$$
$$= \left[e^{(\alpha + i\alpha_1)(m+im_1)}\right]^{n+in_1} \varepsilon^{2p\pi(n+in_1)} \quad \text{(nach 524)}$$
$$= \left[(e^{\alpha + i\alpha_1})^{(m+im_1)}\right]^{n+in_1} \varepsilon^{2p\pi(n+in_1)} \quad \text{(nach 522)}$$
$$= ((a + ia_1)^{m+im_1})^{n+in_1} \varepsilon^{2p\pi(n+in_1)} \quad \text{(nach Annahme).}$$

Satz. Wenn $e^{a+ia_1} = e^{b+ib_1}$, so ist $a_1 = b_1 + 2a\pi$ und $a + ia_1 = b + ib_1 + 2a\pi i$. 530.

Beweis. Es ist $e^{a+ia_1} = e^a \varepsilon^{a_1}$ und $e^{b+ib_1} = e^b \varepsilon^{b_1}$ mithin ist $e^a \varepsilon^{a_1} = e^b \varepsilon^{b_1}$, d. h. es muss $e^a = e^b$ und $\varepsilon^{a_1} = \varepsilon^{b_1}$ sein. Da nun e eine Plusgröse und a und b reell, so muss auch $a = b$ sein (nach 333) und da $\varepsilon^{a_1} = \varepsilon^{b_1}$ ist, so muss auch der Winkel $a_1 = b_1 + 2a\pi$ sein, d. h. es muss $a + ia_1 = b + ib_1 + 2a\pi i$ sein.

Satz. 531.

Wenn $(a + ia_1)^x = b + ib_1$ ist, so ist $x = \dfrac{\beta + i\beta_1 + 2a\pi i}{\alpha + i\alpha_1}$

wo $a + ia_1 = e^{\alpha + i\alpha_1}$ und $b + ib_1 = e^{\beta + i\beta_1}$.

Beweis. Man ſetze $a + ia_1 = e^{\alpha + i\alpha_1}$ und $b + ib_1 = e^{\beta + i\beta_1}$, ſo ist $e^{\beta + i\beta_1} = (e^{\alpha + i\alpha_1})^x = e^{(\alpha + i\alpha_1)x}$, alſo $(\alpha + i\alpha_1)x = \beta + i\beta_1 + 2a\pi i$, mithin $x = \frac{\beta + i\beta_1 + 2a\pi i}{\alpha + i\alpha_1}$.

3. Die Richtgröse im Loge (im Logarithmus).

Da wir bereits die Richtgröse im Exponenten oder in der Stufe kennen, ſo macht die Richtgröse im Logarithmus oder im Loge keine Schwierigkeiten und können wir ſofort zu den Sätzen übergehen.

532. **Erklärung. Unter dem allgemeinen oder mehrwertigen Loge (Logarithmus) $\frac{b + ib_1}{a + ia_1}$ einer Richtgröse $b + ib_1$ in Bezug auf eine andere Richtgröse $a + ia_1 \gtrless 1$ als Baſe verstehen wir die geſammte Reihe der Grösen x, zu welchen $a + ia_1$ erhöht (potenzirt), $b + ib_1$ liefert.**

Unter dem einfachen oder einwertigen Loge (Logarithmus) $\frac{b + ib_1}{a + ia_1}$ einer Richtgröse $b + ib_1$ in Bezug auf eine andere Richtgröse $a + ia_1 \gtrless 1$ als Baſe verstehen wir den Ausdruck $\frac{\beta + i\beta_1}{\alpha + i\alpha_1}$, wo $a + ia_1 = e^{\alpha + i\alpha_1}$ und $b + ib_1 = e^{\beta + i\beta_1}$ und α_1 und β_1 echte Winkel ſind.

Den mehrwertigen Log bezeichnen wir durch $\underline{\underline{a}}$ wo die Punkte in der obersten Linie die mehren Werte bezeichnen. Zwei mehrwertige Grösen dürfen immer nur entsprechend gleich (Zeichen $\cong$) geſetzt werden, d. h. ſo, dass jeder einfache einwertige Wert derſelben dem entsprechenden Werte gleich geſetzt wird.

533. **Satz.** $\frac{e^{\beta + i\beta_1}}{e^{\alpha + i\alpha_1}} \cong \frac{\beta + i\beta_1 + 2a\pi i}{\alpha + i\alpha_1}$.

Beweis. Unmittelbar aus 531 und 532.

534. **Satz.** $\frac{e^{\beta + i\beta_1}}{e} \cong \beta + i\beta_1 + i2a\pi$.

Beweis. Unmittelbar aus 533.

535. **Satz.** $l_e(a + ib) = {}^1/_2 l_e(a^2 + b^2) + i\,\mathrm{arc}\left(\tan = \frac{b}{a}\right)$ **wo** $\frac{b}{a}$ **echter Winkel**

$l_e(a + ib) \cong {}^1/_2 l_e(a^2 + b^2) + i\left[\mathrm{arc}\left(\tan = \frac{b}{a}\right) \pm a\pi\right]$ **wo** $\frac{b}{a}$ **echter Winkel und zwar ist, wenn a eine Plusgröse**

$\mathfrak{l}_e(a+ib) \cong {}^1/_2 l_e(a^2+b^2) + i\left[\operatorname{arc}\left(\tan = \frac{b}{a}\right) \pm 2\alpha\pi\right]$,

dagegen wenn a eine Strichgröse

$\mathfrak{l}_e(a+ib) \cong {}^1/_2 l_e(a^2+b^2) + i\left[\operatorname{arc}\left(\tan = \frac{b}{a}\right) \pm (2\alpha-1)\pi\right]$.

Beweis. Es ist nach 521 $a+ib = e^{\alpha+i\beta} = e^\alpha(\cos\beta + i\sin\beta)$, wo β echt. Hier ist $a = e^\alpha \cos\beta$, $b = e^\alpha \cdot \sin\beta$ und $e^\alpha = (a^2+b^2)^{1/2}$ (nach 426), mithin ist $\cos\beta = \frac{a}{(a^2+b^2)^{1/2}}$, $\sin\beta = \frac{b}{(a^2+b^2)^{1/2}}$, $\tan\beta = \frac{b}{a}$ und $\beta = \operatorname{arc}\left(\tan = \frac{b}{a}\right) \pm \pi$, da β zwischen $+\pi$ und $-\pi$, dagegen arc zwischen $-{}^1/_2\pi$ und $+{}^1/_2\pi$ genommen ist, mithin ist nach 534

$$\mathfrak{l}_e(a+ib) \cong (\alpha + i\beta \pm 2\alpha\pi)$$
$$\cong l_e(a^2+b^2)^{1/2} + i\left[\operatorname{arc}\left(\tan = \frac{b}{a}\right) \pm \alpha\pi\right],$$

mithin ist der erste Teil des Satzes bewiesen.

Wenn nun $a = e^\alpha \cdot \cos\beta$ eine Plusgröse ist, so muss, da auch $e^\alpha = (a^2+b^2)^{1/2}$ nach 271 eine Plusgröse ist, wenn wir $b = 0$, also $\sin\beta = 0$, $\cos\beta = \pm$ setzen, $\cos\beta$ eine Plusgröse $= +1$ sein. Wenn dagegen a eine Strichgröse, d. h. negativ, so muss $\cos\beta$ eine Strichgröse $= -1$ sein. Mit andern Worten, wenn a eine Plusgröse, so ist der echte Winkel $\beta = 0$, wenn a eine Strichgröse, so ist der echte Winkel $\beta = -\pi$: daraus folgt der zweite Teil des Satzes.

Beispiele. Sei z. B. $a = +1$, so ist $\mathfrak{l}_e(+1) \cong i \cdot 2\alpha\pi$, sei dagegen $a = -1$, so ist $\mathfrak{l}_e(-1) \cong i(2\alpha+1)\pi$, da dann $b = 0$, also $\operatorname{arc}(\tan = 0) = 0$ ist.

Satz. $l_e \frac{a+ia_1}{a-ia_1} = 2i \operatorname{arc}\tan = \frac{a_1}{a}$ wo $\frac{a_1}{a}$ **echter Winkel;** 536.

$$\mathfrak{l}_e\left(\frac{a+ia_1}{a-ia_1}\right) \cong 2i\left[\operatorname{arc}\left(\tan = \frac{a_1}{a}\right) \pm \alpha\pi\right].$$

Satz. $\frac{\varepsilon^\beta}{\varepsilon^\alpha} \cong \frac{\beta + 2\alpha\pi}{\alpha}$. 537.

Beweis. $\frac{\varepsilon^\beta}{\varepsilon^\alpha} \cong \frac{e^{i\beta}}{e^{i\alpha}} \cong \frac{i\beta + 2i\alpha\pi}{i\alpha} = \frac{\beta + 2\alpha\pi}{\alpha}$.

Satz. $\frac{b+ib_1}{a+ia_1} \cong \frac{b+ib_1}{a+ia_1} + 2i\alpha\pi\frac{e}{a+ia_1}$. 538.

Beweis. Es sei $b+ib_1 = e^{\beta+i\beta_1}$ und $a+ia_1 = e^{\alpha+i\alpha_1}$, wo α_1 und β_1 echt, so ist

$$\frac{b + ib_1}{a + ia_1} \cong \frac{e^{\beta + i\beta_1}}{e^{\alpha + i\alpha_1}} \cong \frac{\beta + i\beta_1}{\alpha + i\alpha_1} + 2ia\pi \frac{1}{\alpha + i\alpha_1} \qquad \text{(nach 532)}$$

$$\cong \frac{e^{\beta + i\beta_1}}{e^{\alpha + i\alpha_1}} + 2ia\pi \frac{e}{e^{\alpha + i\alpha_1}} \qquad \text{(nach 533)}$$

$$\cong \frac{b + ib_1}{a + ia_1} + 2ia\pi \frac{e}{a + ia_1} \qquad \text{(nach Annahme).}$$

539. **Satz.** $\frac{\varepsilon^\beta}{\varepsilon^\alpha} = \frac{\beta}{\alpha}$ **wenn β und α ächte Winkel ſind.**

540. **Lehrſatz für Richtloge (komplexe Logarithmen). Es ist allgemein**

$$(a + ia_1)\frac{e^{\alpha + i\alpha_1}}{e^{\varrho + i\varrho_1}} + (b + ib_1)\frac{e^{\beta + i\beta_1}}{e^{\varrho + i\varrho_1}} + \cdots$$

$$= \frac{\left(e^{\alpha + i\alpha_1}\right)^{a + ia_1} \cdot \left(e^{\beta + i\beta_1}\right)^{b + ib_1} \cdots}{e^{\varrho + i\varrho_1}} + 2in\pi \frac{e}{e^{\varrho + i\varrho_1}},$$

wo $\alpha_1, \beta_1, \cdots$ und p echte Winkel und $a\alpha_1 + \alpha a_1 + b\beta_1 + \beta b_1 + \cdots = 2n\pi + p$.

Beweis. Es ist

$$\frac{\left(e^{\alpha + i\alpha_1}\right)^{a + ia_1} \cdot \left(e^{\beta + i\beta_1}\right)^{b + ib_1} \cdots}{e^{\varrho + i\varrho_1}} = \frac{e^{(\alpha + i\alpha_1)(a + ia_1)} \cdot e^{(\beta + i\beta_1)(b + ib_1)}}{e^{\varrho + i\varrho_1}}$$

(nach 522)

$$= \frac{e^{[(\alpha + i\alpha_1)(a + ia_1) + (\beta + i\beta_1)(b + ib_1) + \cdots]}}{e^{\varrho + i\varrho_1}}$$

(nach 526).

Hier ist die Gröse $e^{[(\alpha + i\alpha_1)(a + ia_1) + (\beta + i\beta_1)(b + ib_1) + \cdots)}$ (nach 517) eine Winkeleinheit ε^m wo $m = 2n\pi + p$ und p ein echter Winkel, und $\varepsilon^m = e^{im} = e^{2in\pi + ip}$
alſo ist

$$\frac{\left(e^{\alpha + i\alpha_1}\right)^{a + ia_1} \cdot \left(e^{\beta + i\beta_1}\right)^{b + ib_1} \cdots}{e^{\varrho + i\varrho_1}} = \frac{e^{2in\pi + ir}}{e^{\varrho + i\varrho_1}} = \frac{e^{ip}}{e^{\varrho + i\varrho_1}} = \frac{ip}{\varrho + i\varrho_1}$$

$$= \frac{(\alpha + i\alpha_1)(a + ia_1) + (\beta + i\beta_1)(b + ib_1) + \cdots}{\varrho + i\varrho_1} - 2in\pi \frac{1}{\varrho + i\varrho_1}$$

$$= (a + ia_1)\frac{\alpha + i\alpha_1}{\varrho + i\varrho_1} + (b + ib_1)\frac{\beta + i\beta_1}{\varrho + i\varrho_1} + \cdots - 2in\pi \frac{1}{\varrho + i\varrho_1}$$

$$= (a + ia_1)\frac{e^{\alpha + i\alpha_1}}{e^{\varrho + i\varrho_1}} + (b + ib_1)\frac{e^{\beta + i\beta_1}}{e^{\varrho + i\varrho_1}} + \cdots - 2in\pi \frac{e}{e^{\varrho + i\varrho_1}}.$$

Satz.
$$\frac{a + ia_1}{r + ir_1} + \frac{b + ib_1}{r + ir_1} + \cdots$$

$$= \frac{(a + ia_1)(b + ib_1)}{r + ir_1} \cdots + 2in\pi\frac{e}{r + ir_1},$$

541.

wo $a + ia_1 = e^{\alpha + i\alpha_1}$, $b + ib_1 = e^{\beta + i\beta_1} \cdots$ und $\alpha_1 + \beta_1 + \cdots = 2n\pi + p$, wo p echt ist.

Satz.
$$(a + ia_1)\frac{e^{\alpha + i\alpha_1}}{e^{\varrho + i\varrho_1}} = \frac{(e^{\alpha + i\alpha_1})^{a + ia_1}}{e^{\varrho + i\varrho_1}} + 2in\pi\frac{e}{e^{\varrho + i\varrho_1}},$$

542.

wo $a\alpha_1 + a_1\alpha = 2n\pi + p$ und wo α_1 und p echt find.

Beweis. Unmittelbar aus 540.

Satz.
$$\frac{a + ia_1}{(e^{\varrho + i\varrho_1})^{b + ib_1}} = \frac{a + ia_1}{e^{\varrho + i\varrho_1}} : (b + ib_1), \text{ wenn } \varrho b_1 + b\varrho_1 = c,$$

543.

wo c ein echter Winkel.

Beweis. Sei $a + ia_1 = e^{\alpha + i\alpha_1}$, fo ist nach 522

$$\frac{a + ia_1}{(e^{\varrho + i\varrho_1})^{b + ib_1}} = \frac{e^{\alpha + i\alpha_1}}{e^{(\varrho + i\varrho_1)(b + ib_1)}} = \frac{\alpha + i\alpha_1}{(\varrho + i\varrho_1)(b + ib_1)}$$

$$= \frac{\alpha + i\alpha_1}{\varrho + i\varrho_1} : (b + ib_1) = \frac{a + ia_1}{e^{\varrho + i\varrho_1}} : (b + ib_1).$$

Satz. Es ist

544.

$$\alpha\frac{a + ia_1}{r + ir_1} + \beta\frac{b + ib_1}{r + ir_1} + \cdots \cong \frac{(a + ia_1)^\alpha \cdot (b + ib_1)^\beta \cdots}{r + ir_1}$$

dann und nur dann, wenn $\alpha, \beta \cdots$ fämmtlich ganze Zahlen find und es irgend zwei unter ihnen giebt, welche Eins zum grösten gemeinschaftlichen Mase haben.

Beweis. Um zu unterfuchen, in welchem Falle die obige Formel gelte, prüfen wir die Ausdrücke.

$$(\alpha + i\alpha_1)\frac{a + ia_1}{r + ir_1} + (\beta + i\beta_1)\frac{b + ib_1}{r + ir_1} + \cdots \cong$$

$$\cong (\alpha + i\alpha_1)\left(\frac{a + ia_1}{r + ir_1} + 2i\mathfrak{a}\pi\frac{e}{r + ir_1}\right)$$

$$+ (\beta + i\beta_1)\left(\frac{b + ib_1}{r + ir_1} + 2i\mathfrak{b}\pi\frac{e}{r + ir_1}\right) + \cdots, \text{ wo } \mathfrak{a}, \mathfrak{b} \cdots \text{ jede beliebige ganze Zahl}$$

(nach 538)

$$\cong (\alpha + i\alpha_1)\frac{a + ia_1}{r + ir_1} + (\beta + i\beta_1)\frac{b + ib_1}{r + ir_1} + \cdots$$

$$+ 2i\pi\frac{e}{r + ir_1}(\mathfrak{a}(\alpha + i\alpha_1) + \mathfrak{b}(\beta + i\beta_1) + \cdots)$$

$$\cong \frac{(a+ia_1)^{\alpha+i\alpha_1}\cdot(b+ib_1)^{\beta+i\beta_1}\cdots}{r+ir_1}$$

$$+\,2i\pi\frac{e}{r+ir_1}(\nu+\mathfrak{a}(\alpha+i\alpha_1)+\mathfrak{b}(\beta+i\beta_1)+\cdots)\quad\text{(nach 540),}$$

wo $a+ia_1=e^{\alpha'+i\alpha_1'}$, $b+ib_1=e^{\beta'+i\beta_1'}\ldots$ und $(\alpha+i\alpha_1)(\alpha'+i\alpha_1')+(\beta+i\beta_1)(\beta'+i\beta_1')+\cdots=2i\pi\nu+\text{i}n$, wo n ein echter Winkel.

Andrerſeits ist

$$\frac{(a+ia_1)^{\alpha+i\alpha_1}\cdot(b+ib_1)^{\beta+i\beta_1}\cdots}{r+ir_1}\cong\frac{(a+ia_1)^{\alpha+i\alpha_1}\cdot(b+ib_1)^{\beta+i\beta_1}\cdots}{r+ir_1}$$

$$+\,2i\pi\frac{e}{r+ir_1}\cdot n\quad\text{(nach 538),}$$

wo n jede beliebige ganze Zahl darstellt. Somit ſind die beiden obigen Ausdrücke dann und nur dann gleich, wenn auch $\nu+\mathfrak{a}(\alpha+i\alpha_1)+\mathfrak{b}(\beta+i\beta_1)+\cdots=n$ jede beliebige ganze Zahl und keine andere als eine ganze Zahl darstellt, d. h. wenn die Grösen $+i\alpha_1$, $\beta+i\beta_1$ ganze Zahlen ſind, und entweder eine von ihnen oder eine durch Zufügen oder Abziehen abgeleitete Gröse gleich Eins ist.

545. **Satz.** $\dfrac{a+ia_1}{r+ir_1}+\dfrac{b+ib_1}{r+ir_1}+\cdots\cong\dfrac{(a+ia_1)(b+ib_1)\cdots}{r+ir_1}$.

Beweis. Unmittelbar aus 544.

4. Die Richtgröse im Winkel.

Nach den Vorbemerkungen zu Nummer 510 haben wir bereits geſehen, dass wenn man die Reihen für sin x und cos x auch für ix statt x anwendet, dass dann

$e^x=\varepsilon^{-ix}=\cos ix-i\sin ix$ und $e^{-x}=\varepsilon^{ix}=\cos ix+i\sin ix$

ist, dies führt uns bereits auf die Bedeutung der Richtgröse im Winkel; es ist hienach

$$\cos ix=\frac{e^{-x}+e^x}{2}=\frac{\varepsilon^{ix}+\varepsilon^{-ix}}{2}\ \text{und}\ \sin ix=\frac{e^{-x}-e^x}{2i}=i\frac{e^x-e^{-x}}{2}$$

$$=\frac{\varepsilon^{ix}-\varepsilon^{-ix}}{2i}=i\frac{\varepsilon^{-ix}-\varepsilon^x}{2}$$

und kann man hienach leicht die Richtgröse im Winkel erklären.

546. **Erklärung. Unter den Richtgrösen sin(a + ib) und cos(a + ib) verstehen wir die Richtgrösen, für welche**

$$\sin(x+iy) = \frac{e^{-y+ix} - e^{y-ix}}{2i} = \frac{e^{i(x+iy)} - e^{-i(x+iy)}}{2i}$$
$$= \frac{\varepsilon^{(x+iy)} - \varepsilon^{-(x+iy)}}{2i}$$
$$\cos(x+iy) = \frac{e^{-y+ix} + e^{y-ix}}{2} = \frac{e^{i(x+iy)} + e^{-i(x+iy)}}{2}$$
$$= \frac{\varepsilon^{(x+iy)} - \varepsilon^{-(x+iy)}}{2} \text{ ist.}$$

Da nach 530, wenn $e^{y-ix} = e^{c-id}$ ist, auch $x = d + 2a\pi$ sein muss, so folgt, dass wenn $\sin(x+iy) = \sin(c+id)$, und zugleich $\cos(x+iy) = \cos(c+id)$ sein soll, dann auch $x = d + 2a\pi$ sein muss, d. h. die Formel, welche wir bereits für die Sinus und Cosinus reeller Winkel kennen gelernt haben.

Satz. $\sin iy = i\frac{e^y - e^{-y}}{2} \qquad \cos iy = \frac{e^y + e^{-y}}{2}$. 547.

Beweis. Unmittelbar aus 545, wenn man $x = 0$ setzt.

Man nennt die Formel $\frac{e^y + e^{-y}}{2} = \cos iy$ gewöhnlich den hyperbolischen Cosinus (Zeichen cshpy) und die Formel $\frac{e^y - e^{-y}}{2} = \frac{\sin iy}{i}$ den hyperbolischen Sinus (Zeichen snhpy). Viel besser ist es siniy und cosiy einzuführen, dann behalten die Formeln ihre harmonische Gestalt, so bleibt $(\sin iy)^2 + (\cos iy)^2 = 1$, dagegen wird $(\mathrm{cshpy})^2 - (\mathrm{snhpy})^2 = 1$ und so in vielen Fällen; man tut daher besser, diese unnütze neue Bezeichnung des hyperbolischen Sinus und Cosinus wieder abzuschaffen.

Satz. $\sin(x+iy) = \frac{e^y + e^{-y}}{2}\sin x + i\frac{e^y - e^{-y}}{2}\cos x$ 548.

$$= (\sin x)\cos iy + (\cos x)\sin iy$$
$$\cos(x+iy) = \frac{e^y + e^{-y}}{2}\cos x - i\frac{e^y - e^{-y}}{2}\sin x$$
$$= (\cos x)\cos iy - (\sin x)\sin iy.$$

Beweis. Nach 545 ist

$$\sin(x+iy) = \frac{e^{-y+ix} - e^{y-ix}}{2i} = i\frac{e^y \cdot e^{-ix} - e^{-y} \cdot e^{+ix}}{2}$$
$$= i\frac{e^y(\cos x - i\sin x) - e^{-y}(\cos x + i\sin x)}{2}$$
$$= \frac{e^y + e^{-y}}{2} \cdot \sin x + i\frac{e^y - e^{-y}}{2}\cos x$$
$$= (\sin x)\cos iy + (\cos x)\sin iy$$

$$\cos(x + iy) = \frac{e^{-y+ix} + e^{y-ix}}{2} = \frac{e^y \cdot e^{-ix} + e^{-y} \cdot e^{ix}}{2}$$

$$= \frac{e^y(\cos x - i\sin x) + e^{-y}(\cos x + i\sin x)}{2}$$

$$= \frac{e^y + e^{-y}}{2}\cos x - i\frac{e^y - e^{-y}}{2}\sin x$$

$$= (\cos x)\cos iy - (\sin x)\sin iy.$$

549. **Satz.**

$$\tan(x + iy) = \frac{2\sin 2x + i(e^{2y} - e^{-2y})}{e^{2y} + 2\cos 2x + e^{-2y}} = \frac{\sin 2x + \sin 2iy}{\cos 2x + \cos 2iy}$$

$$\cot(x + iy) = -\frac{\sin 2x - \sin 2iy}{\cos 2x - \cos 2iy}.$$

Beweis. Es ist

$$\tan(x + iy) = \frac{\sin(x + iy)}{\cos(x + iy)} = \frac{(e^y + e^{-y})\sin x + i(e^y - e^{-y})\cos x}{(e^y + e^{-y})\cos x - i(e^y - e^{-y})\sin x}.$$

Und wenn man hier Zähler und Nenner mit

$$(e^y + e^{-y})\cos x + i(e^y - e^{-y})\sin x$$

vervielfacht, so wird der Nenner reell und

$$\tan(x + iy) = \frac{2\sin 2x + i(e^{2y} - e^{-2y})}{e^{2y} + 2\cos 2x + e^{-2y}} = \frac{\sin 2x + \sin 2iy}{\cos 2x + \cos 2iy}.$$

Ebenso folgt $\cot(x + iy) = -\frac{\sin 2x - \sin 2iy}{\cos 2x - \cos 2iy}$.

550. **Satz.** $\operatorname{arc}(\tan = x) = \frac{1}{2i} l_e \frac{1 + ix}{1 - ix}$.

Beweis. Unmittelbar aus 536.

551. **Satz.** $\operatorname{arc}(\sin = x) = \frac{1}{2i} l_e \frac{(1 - x^2)^{1/2} + ix}{(1 - x^2)^{1/2} - ix}$.

Beweis. Es ist $\operatorname{arc}(\sin = x) = \operatorname{arc}\left(\tan = \frac{x}{(1 - x^2)^{1/2}}\right)$

(nach 491)

$$= \frac{1}{2i} l_e \frac{1 + \frac{ix}{(1 - x^2)^{1/2}}}{1 - \frac{ix}{(1 - x^2)^{1/2}}}$$

$$= \frac{1}{2i} l_e \frac{(1 - x^2)^{1/2} + ix}{(1 - x^2)^{1/2} - ix}.$$

Satz. 552.

$$\mathrm{arc}(\sin = a + ib) = x + iy; \qquad \mathrm{arc}(\cos = a + ib) = \frac{\pi}{2} - (x + iy).$$

Beweis.

$$\sin(x + iy) = (\sin x)\cos iy + (\cos x)\sin iy \qquad \text{(nach 548)}$$

$$= (\sin x)\frac{e^y + e^{-y}}{2} + i(\cos x)\frac{e^y - e^{-y}}{2} = a + ib$$

(nach 547)

$$\text{wo } a = (\sin x)\frac{e^y + e^{-y}}{2}, \qquad b = (\cos x)\frac{e^y - e^{-y}}{2}.$$

Es ist aber auch

$$a + ib = \sin(x + iy) = [\cos(90^0 - x)]\cos iy + [\sin(90^0 - x)]\sin iy$$

(nach 452)

$$= \cos((90^0 - x) - y) = \cos\left(\frac{\pi}{2} - (x + y)\right)$$

(nach 547).

Daraus ergiebt sich unmittelbar der Satz

$$\mathrm{arc}(\sin = a + ib) = x + iy, \qquad \mathrm{arc}(\cos = a + ib) = \frac{\pi}{2} - (x + iy).$$

Satz. $\mathrm{arc}(\sin = a + ib) + \mathrm{arc}(\cos = a + ib) = \frac{\pi}{2}$. 553.

Unmittelbar aus 552 durch Zufügung.

Satz. $\mathrm{arc}(\tan = c + id) = x + iy;$ 554.

$$\mathrm{arc}(\cot = c + id) = \frac{\pi}{2} - (x + iy).$$

Satz. $\mathrm{arc}(\tan = c + id) + \mathrm{arc}(\cot = c + id) = \frac{\pi}{2}$. 555.

Unmittelbar aus 554.

Vierter Abschnitt der Zahlenlehre: Die erweiternde Zahlenlehre oder die Lehre von den Gleichungen.

Die Lehre von den Gleichungen bildet den höchsten Zweig der Zahlenlehre, ſie ſetzt die andern Zweige derſelben bereits voraus, namentlich ſetzt ſie den Zweigliederſatz oder binomischen Lehrſatz 393 aus dem zweiten Abschnitte und die Lehre von den Richtgrösen voraus.

Aus der Lehre von den Richtgrösen oder komplexen Grösen gebraucht man namentlich die Sätze, dass $a + ia_1 = b + ib_1$ dann und nur dann, wenn $a = b$, und $a_1 = b_1$ und wo $i = (-1)^{1/2}$, ferner dass, wenn $(a^2 + b^2)^{1/2} = c$, oder wenn $a^2 + b^2 = c^2$, d. h. wenn a und b die Katheten und c die Hypotenuſe in einem rechtwinkligen Dreiecke ſind, dass dann

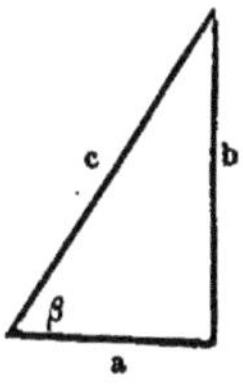

$a + ib = c\left(\frac{a}{c} + i\frac{b}{c}\right) = c(\cos\beta + i\sin\beta)$ ist, dass $\iota = \cos 1 + i\sin 1$ und dass

$$(\cos\alpha + i\sin\alpha)(\cos\beta + i\sin\beta) = (\cos\alpha)\cdot\cos\beta - (\sin\alpha)\cdot\sin\beta + i[(\sin\alpha)\cdot\cos\beta + (\cos\alpha)\cdot\sin\beta)]$$
$$= \cos(\alpha + \beta) + i\sin(\alpha + \beta)$$

nach einem bekannten Satze der Trigonometrie, mithin $(\cos\alpha + i\sin\alpha)^2 = \cos 2\alpha + i\sin 2\alpha$ und

$\iota^\alpha = \cos\alpha + i\sin\alpha$, $\iota^{\alpha+\beta} = \iota^\alpha \cdot \iota^\beta$, auch $(a\iota^\alpha)^c = a^c \cdot \iota^{\alpha c}$, wenn α zwischen $-\pi$ und $+\pi$, d. h. ein echter Winkel ist.

Will man nicht den dritten Abschnitt durchnehmen, ſo muss man wenigstens dieſe Sätze vollkommen anschaulich machen und beweiſen.

Hieraus hat ſich der Satz 498 ergeben, der für die Lehre von den höhern Gleichungen die Einleitung bildet.

Wenn $x^n = 1$, wo n eine ganze Zahl, ſo ist

$$\sqrt[n]{x^n} \cong x_a \cong \cos\frac{2a\pi}{n} + i\sin\frac{2a\pi}{n} = \varepsilon^{\frac{2a\pi}{n}},$$

wo a alle ganzen Werte von 0 bis $n-1$ haben kann, und $2\pi = 360^0$.

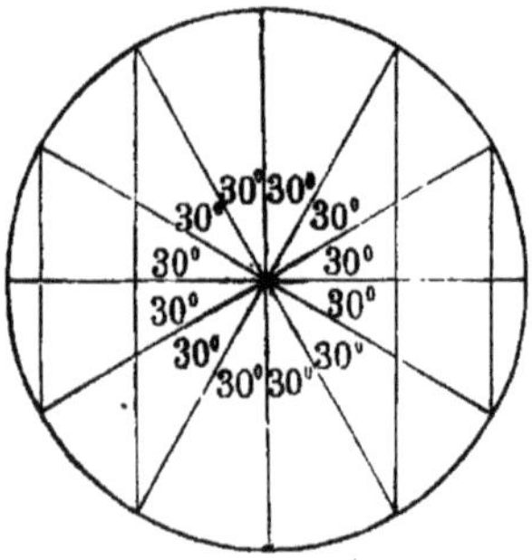

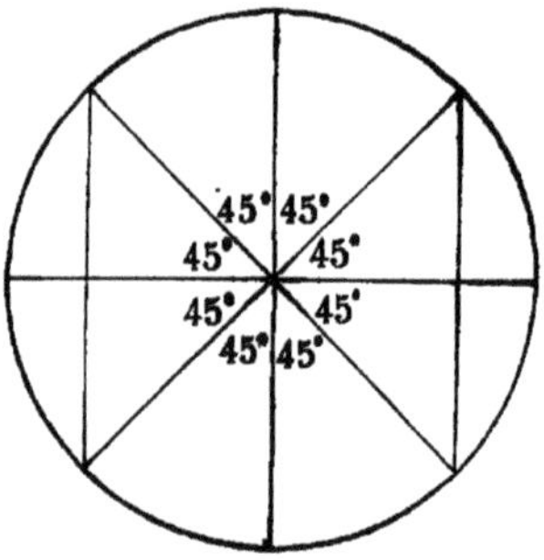

Beispiele. Es ſei

$$x^8 = 1, \text{ ſo ist } \frac{2a\pi}{8} = 0^0, 45^0, 90^0, 135^0, 180^0, 225^0, 270^0, 315^0.$$

Es ſei $x^{12} = 1$, ſo ist

$$\frac{2a\pi}{12} = 0^0, 30^0, 60^0, 90^0, 120^0, 150^0, 180^0, 210^0, 240^0, 270^0, 300^0, 330^0.$$

Für die höhern Gleichungen pflegt man gewöhnlich die Form

$$a_0 x^n + a_1 x^{n-1} + a_2 x^{n-2} + \cdots + a_{n-1} x + a_n = 0$$

zu Grunde zu legen; aber dieſe Form muss verworfen werden, da ſie nicht mit der Form der Reihen übereinstimmt und daher leicht zu Verwirrungen Anlass giebt. Bei den Reihen giebt man dem Gliede x^a die Vorzahl a_a, ebenſo muss man es daher auch bei den Gleichungen machen, ich lege daher die Form

$$a_0 + a_1 x + a_2 x^2 + \cdots + a_{n-1} x^{n-1} + a_n x^n = 0$$

auch für die Gleichungen zu Grunde.

Die Lehre von den Gleichungen ist im Jahre 1847 von meinem Bruder und mir gemeinschaftlich ausgearbeitet worden, damals mit Benutzung der Ausdehnungslehre und der äusern Produkte Die Sätze ſind bereits damals im Weſentlichen in der jetzigen Form abgeleitet. Die Gleichungen dritten und vierten Grades ſind jedoch damals nicht von uns behandelt worden, ebenſo nicht die neuern Löſungswege für höhere Gleichungen.

Die Sätze über die Gleichungen ersten Grades ſind bereits in Satz 302 bis 314 aufgestellt; ich erlaube mir aber im Folgenden dieſe Sätze hier zu wiederholen, um alle Gleichungsſätze hier beiſammen zu haben.

Die Lehre von den quadratischen Gleichungen ist ſo gehalten, dass man dieſelben auch ſofort nach Satz 393 durchnehmen kann.

Die Lehre von den kubischen Gleichungen und von den biquadratischen Gleichungen ist ſo gehalten, dass die Löſung darnach leicht zu finden ist.

Das Buch schliest mit der Löſung der höhern Gleichungen durch Näherung.

13. Die allgemeinen Sätze über die Gleichungen.

556. **Erklärung. Die Unbekannte heist die Gröse x einer Gleichung, deren Wert gesucht werden soll.**

Eine Wurzel der Gleichung heist der bestimmte Wert, welcher, statt der Unbekannten eingeführt, der Gleichung genügt. Hat man die Wurzel gefunden, so sagt man, die Gleichung sei aufgelöst.

Sind n Gleichungen mit n Unbekannten gegeben, so heist die Reihe von n bestimmten Werten, welche den n Gleichungen genügt, die Wurzelreihe der n Gleichungen.

Aus zwei Gleichungen mit einer Unbekannten eine neue Gleichung ableiten, welche diese Unbekannte nicht enthält, heist die Unbekannte entfernen (eliminiren).

557. **Satz. Eine Gleichung bleibt richtig, wenn man beide Seiten der Gleichung mit gleichen Grösen auf gleiche Weise knüpft, namentlich wenn man auf beiden Seiten Gleiches fügt, bei trennbarer Fügung Gleiches abzieht, mit Gleichem webt und bei trennbarer Webung durch Gleiches (ungleich Null) teilt.**

Beweis. Aus Satz 17 oder aus 303.

558. **Satz. Statt auf einer Seite der Gleichung ein Stück zuzufügen oder einen Abzug abzuziehen, kann man auf der andern Seite das Stück abziehen, oder den Abzug zufügen, und**

Statt eine Seite mit einem Fache zu vervielfachen oder durch einen Nenner zu teilen, kann man die andere Seite durch das Fach teilen, oder mit dem Nenner vervielfachen, d. h.

$$\text{wenn } a + c = b, \text{ so } a = b - c,$$
$$\text{wenn } a - c = b, \text{ so } a = b + c,$$
$$\text{wenn } ac = b, \text{ so } a = \frac{b}{c},$$
$$\text{wenn } \frac{a}{c} = b, \text{ so } a = bc.$$

Beweis. Unmittelbar aus 303.

559. **Satz. Ein Glied schafft man von einer Seite weg, indem man es mit dem entgegengesetzten Zeichen auf die andere Seite der Gleichung stellt.**

Ein Fach oder einen Nenner eines Gliedes schafft man weg, indem man alle andern Glieder durch das Fach teilt, oder mit dem Nenner vervielfacht.

Beweis. Unmittelbar aus 304.

Satz. Statt die eine Seite einer Gleichung zu einer Stufe zu erhöhen oder zu einer Senke zu tiefen, kann man die andere Seite der Gleichung zu der Stufe tiefen oder zu der Senke erhöhen, und 560.

Statt eine Seite der Gleichung mit einer Base a zu erhöhen oder nach einer Base b zu logen, kann man die andere Seite nach der Base a logen oder mit der Base b erhöhen, d. h.

$$\text{wenn } a^n = b, \text{ so } a = b^{\frac{1}{n}}, \qquad \text{wenn } a^{\frac{1}{n}} = b, \text{ so } a = b^n,$$

$$\text{wenn } n^a = b, \text{ so } a = \frac{b}{n}, \qquad \text{wenn } \frac{a}{n} = b, \text{ so } a = n^b.$$

Beweis. Unmittelbar aus 343 und 344.

Satz. Man kann die Vorzeichen aller Glieder einer Gleichung entgegengesetzt nehmen. 561.

Beweis. Man kann beide Seiten der Gleichung mit -1 vervielfachen, dann aber werden alle Zeichen entgegengesetzt (nach 158).

Beispiele. $a - x = b - c$, $\quad x - a = c - b$.

Satz. Wenn beide Seiten der Gleichung Brüche sind, deren Zähler ungleich Null, so kann man beide Brüche umkehren. 562.

Beweis. Es sei $\frac{a}{b} = \frac{c}{d}$, so ist $1 : \frac{a}{b} = 1 : \frac{c}{d}$ (nach 303),

d. h. $\frac{b}{a} = \frac{d}{c}$ (nach 181), was zu beweisen war.

Erklärung. Eine Gleichung heist eingerichtet, wenn sie die Form einer Höhenreihe hat, in welcher die höchste Höhe das Fach 1 hat, die Glieder mit Höhen von x auf der linken Seite und das Glied ohne x auf der rechten Seite der Gleichung steht (sie heist auf Null gebracht, wenn alle Glieder auf der einen Seite und 0 auf der andern Seite der Gleichung steht). 563.

Die Gleichung heist nten Grades, wenn x^n die höchste Höhe (Potenz) von x ist, sie heist ersten Grades, wenn die linke Seite der eingerichteten Gleichung nur x enthält.

Aufgabe. Eine Gleichung mit einer Unbekannten x einzurichten. 564.

Auflösung. Man schafft alle Nenner weg (nach Satz 559), löst die Klammern auf, welche x enthalten, schafft die Glieder, welche x enthalten, auf die linke, die ohne x auf die rechte Seite, fasst in jedem Gliede die Fache oder Faktoren x zu einer Höhe zusammen, fügt die Glieder, welche gleiche Höhen von x enthalten, in ein Glied, ordnet die Glieder so, dass die höchste Höhe von x beginnt und die jedesmal niedere folgt. Ist dann die Vorzahl des ersten Gliedes Null, ſo lasse man dies fort, ist ſie nicht Null, ſo teile man jedes Glied durch dieſelbe, ſo ist die Gleichung eingerichtet.

Beweis. Unmittelbar aus den vorhergehenden Sätzen.

565. **Satz. Eine Gleichung ersten Grades mit einer Unbekannten ist aufgelöſt, wenn ſie eingerichtet ist.**

Die Auflöſung der Gleichungen ersten Grades mit mehren Unbekannten ist in den Sätzen 309 bis 314 gelehrt.

Einen weitern Weg der Auflöſung lehrt die Ausdehnungslehre.

Die folgenden Sätze dieſer Nummer können, wenn man nur die Gleichungen zweiten Grades durchnehmen will, weggelassen werden; dagegen werden ſie für die Gleichungen höhern Grades gebraucht.

566. **Satz. Die Wurzeln der Gleichung $x^n = a$ ſind**

$x_\alpha = a^{\frac{1}{n}} \cdot \varepsilon^{\frac{2\alpha\pi}{n}}$, wo α alle ganzen Werte von 0 bis $n-1$ haben kann.

Beweis. $x^n = a = a \cdot 1$, mithin $x_\alpha = a^{\frac{1}{n}} \sqrt[n]{1} = a^{\frac{1}{n}} \varepsilon^{\frac{2\alpha\pi}{n}}$.

567. **Satz. Jede Gleichung $n$ten Grades hat mindestens eine Wurzel.**

Beweis. Es ſei $A = 0$ dieſe Gleichung, wo A eine Gleichung $n$ten Grades von x ist; es ist zu zeigen, dass es allemal einen Wert von x giebt, welcher der Gleichung genügt.

Man kann zuerst zeigen, dass man, wenn für irgend einen Wert x der Ausdruck A, alſo auch ſein Pluswert noch nicht Null ist, stets x ſo ändern kann, dass der Pluswert von A, welcher mit a bezeichnet ſein mag, kleiner wird als er war. Hieraus folgt dann, dass der kleinste Wert von a nicht von Null verschieden ſein kann, dass er alſo Null ſein muss, und da unter allen Werten, welche a bei beliebigem x annehmen kann, doch einer der kleinste ſein muss, ſo wird dann bewieſen ſein, dass es Werte von x geben muss, für welche a, und alſo auch A gleich Null wird. Man ſetze alſo in A überall $x + y$ statt x, und gehe dadurch der Ausdruck A in B über. Jedes Glied von B lässt ſich dann nach dem Zweigliederſatze (binomischen Lehrſatze 393) in einer nach y steigenden Höhenreihe entwickeln, deren erstes Glied gleich dem entsprechenden Gliede von A ist; zieht man daher A von B ab, ſo erhält man eine nach y steigende Höhenreihe, in welcher notwendig das erste Glied (d. h. die Vorzahl von y^0) Null ist, übrigens auch eines oder mehre der folgenden Glieder Null ſein können. Das erste Glied, was nicht Null ist, ſei Cy^p, wo p alſo > 0, und die folgenden Glieder höhere Höhen von y enthalten, alſo

$$B - A = Cy^p + \cdots\cdots,$$

Setzen wir, um die Pluswerte einzuführen,

$$A = a\varepsilon^{\alpha},\ B = b\varepsilon^{\beta},\ C = c\varepsilon^{\gamma},\ y = u\varepsilon^{\zeta},$$

wo a, b, c, u die Pluswerte, und wo $\alpha, \beta, \gamma, \zeta$ die echten Winkel der Winkelgrösen A, B, C, y ſind, ſo geht die vorige Gleichung über in

$$b\varepsilon^{\beta} - a\varepsilon^{\alpha} = c\varepsilon^{\gamma}(u\varepsilon^{\zeta})^{p} + \cdots,\ \text{d. h.}$$

$$b\varepsilon^{\beta} = a\varepsilon^{\alpha} + cu^{p}\varepsilon^{\gamma + p\zeta} + \cdots.$$

$$= a(\cos\alpha + i\sin\alpha) + cu^{p}[\cos(\gamma + p\zeta) + i\sin(\gamma + p\zeta)] + \cdots$$

(nach 500)

$$= a\cos\alpha + cu^{p}\cos(\gamma + p\zeta) + \cdots + i[a\sin\alpha + cu^{p}\sin(\gamma + p\zeta) + \cdots],$$

alſo (nach 426)

$$b^{2} = [a\cos\alpha + cu^{p}\cos(\gamma + p\zeta) + \cdots]^{2} + [a\sin\alpha + cu^{p}\sin(\gamma + p\zeta) + \cdots]^{2},$$

$$= a^{2}((\cos\alpha)^{2} + (\sin\alpha)^{2}) + 2acu^{p}[(\cos\alpha)\cos(\gamma + p\zeta)$$
$$+ (\sin\alpha)\sin(\gamma + p\zeta)] + \cdots,$$

wo die folgenden Glieder schon höhere Höhen von u, als die p te, enthalten; alſo nach bekannten Sätzen der Trigonometrie

$$= a^{2} + 2acu^{p}\cos(\gamma + p\zeta - \alpha) + \cdots,\ \text{oder}$$

$$b^{2} - a^{2} = 2acu^{p}\cos(\gamma + p\zeta - \alpha) + \cdots.$$

Da nun $y = u\varepsilon^{\zeta}$ ein beliebig zu wählender Zuwachs von x ist, alſo u und ζ willkürlich gewählt werden können, ſo können wir ζ ſo wählen, dass $\cos(\gamma + p\zeta - \alpha) = -1$ ſei. Dies wird der Fall ſein, wenn wir $\zeta = \frac{\pi + \alpha - \gamma}{p}$ ſetzen, was immer möglich ist, da p $\gtrless$ 0. Dann wird in der Tat $\cos(\gamma + p\zeta - \alpha) = \cos\pi = -1$ und die obige Gleichung wird $b^{2} - a^{2} = -2acu^{p} + \cdots$.

So lange a (der Pluswert von A) nicht Null ist, und auch u von Null verschieden, alſo als Plusgröse angenommen wird, bleibt $\alpha\gamma u^{p}$ Plusgröse. Nun können wir u stets ſo klein annehmen, dass $2acu^{p}$ gröser wird als der Pluswert der Summe aller folgenden Glieder mit höhern Höhen von u. Dann wird alſo $-2acu^{p} + \cdots$ eine Strichzahl, alſo auch $b^{2} - a^{2}$ eine Strichzahl, d. h. $b^{2} < a^{2}$, alſo auch $b < a$ (nach 377), d. h. der Pluswert von B ist kleiner als der von A. Alſo, wenn A noch nicht Null ist, ſo kann man x stets ſo ändern, dass der Pluswert a von A kleiner wird als vorher. Nun muss es aber Werte von x geben, für die a kleiner wird als für alle übrigen Werte von x. Für jene Werte kann, wie eben gezeigt, a nicht von Null verschieden ſein, d. h. muss a Null ſein. Alſo giebt es Werte von x, für die a, d. h. der Pluswert von A Null ist, alſo auch A ſelbst Null ist.

568. **Satz. Es ist $a_0 + a_1x + a_2x^2 + \cdots + \alpha_{n-1}x^{n-1} + x^n$
$= \alpha_0 + (\alpha_1 + \alpha_2x + \alpha_3x^2 + \cdots + \alpha_{n-1}x^{n-2} + x^{n-1})(x - \alpha)$, wo $\alpha_0 = a_0 + \alpha a_1$ und $\alpha_a = a_a + \alpha a_{a+1}$ und $\alpha_{n-1} = a_{n-1} + \alpha$ ist.**

Beweis. Führt man die Vervielfachung auf der rechten Seite aus, ſo erhält man

$$\alpha_1 + \alpha_2x + \alpha_3x^2 + \cdots + \alpha_{n-1}x^{n-2} + x^{n-1}$$
$$x - \alpha$$
$$\alpha_1x + \alpha_2x^2 + \alpha_3x^3 + \cdots + \alpha_{n-1}x^{n-1} + x^n$$
$$- \alpha\alpha_1 - \alpha\alpha_2x - \alpha\alpha_3x^2 - \alpha\alpha_4x^3 - \cdots - \alpha x^{n-1}.$$

Es ist aber $\alpha_0 - \alpha\alpha_1 = a_0$, $\alpha_1 - \alpha\alpha_2 = a_1$, $\alpha_2 - \alpha\alpha_3 = a_2, \cdots$
$\alpha_{n-1} - \alpha = a_{n-1}$, alſo ist

$$(x - \alpha)(\alpha_1 + \alpha_2x + \alpha_3x^2 + \cdots + \alpha_{n-1}x^{n-2} + x^{n-1}) + \alpha_0$$
$$= a_0 + a_1x + a_2x^2 + \cdots + a_{n-1}x^{n-1} + x^n.$$

569. **Satz. Wenn $x = \alpha$ eine Wurzel der Gleichung $a_0 + a_1x + a_2x^2 + \cdots + a_{n-1}x^{n-1} + x^n = 0$ ist, ſo ist dieſe Gleichung gleich $(x - \alpha)(\alpha_0 + \alpha_1x + \alpha_2x^2 + \cdots + \alpha_{n-2}x^{n-2} + x^{n-1}) = 0$, wo $\alpha_{a-1} = a_a + \alpha a_a$ ist oder**

Es lässt ſich dann die Gleichung $a_0 + a_1x + a_2x^2 + \cdots + a_{n-1}x^{n-1} + x^n$ durch $x - \alpha$ ohne Rest teilen und der Bruch (der Quotient) ist ein Ausdruck $(n - 1)$ ten Grades.

Beweis. Wenn man die in Satz 568 angegebenen Werte von $\alpha_1, \alpha_2, \cdots \alpha_n$ einführt, ſo erhält man
$\alpha_0 = a_0 + \alpha\alpha_1$, $\alpha_a = a_a + \alpha\alpha_{a+1}$, alſo $\alpha_0 = a_0 + \alpha a_1 + \alpha^2a_2$, $\alpha_0 = a_0 + \alpha a_1 + \alpha^2a_2 + \alpha^3a_3$ und endlich $\alpha_0 = a_0 + \alpha a_1 + \alpha^2a_2 + a^3a_3 + \cdots + \alpha^{n-1}a^{n-1} + a^n$. Und da nun α statt x nach der Annahme der Gleichung genügt, ſo ist dieſe Gleichung $= 0$, d. h. $\alpha_0 = 0$, mithin ist nach 568

$$a_0 + a_1x + \cdots + x^n = (x - \alpha)(\alpha_1 + \alpha_2x + \cdots + \alpha_{n-1}x^{n-2} + x^{n-1}).$$

570. **Satz. Jede Gleichung n ten Grades von der Form $a_0 + a_1x + a_2x^2 + \cdots + x^n = 0$ lässt ſich als ein Zeug (Produkt) von n Grösen der Form $x - \alpha$ darstellen.**

Beweis. Aus 567 und 569, wenn man dieſe Sätze wiederholt anwendet.

571. **Satz. Jede Gleichung n ten Grades hat n Wurzeln, von denen aber mehre einander gleich werden können und**

Wenn $\alpha_1, \alpha_2, \cdots \alpha_n$, die Wurzeln einer Gleichung n ten Grades ſind, ſo ist das Zeug der Grösen $x - \alpha_1 \cdots x - \alpha_n$ der Gleichung gleich, oder

$$0 = a_0 + a_1x + a_2x^2 + \cdots + x^n = (x - \alpha_1)(x - \alpha_2)(x - \alpha_3)\cdots(x - \alpha_n).$$

Beweis. Nach 570 lässt ſich, wenn $a_0 + a_1x + a_2x^2 + \cdots + x^n = 0$ die gegebene Gleichung ist, die linke Seite als Zeug (Produkt) von n Grösen der Form $x - \alpha$ darstellen. Es ſeien dies $x - \alpha_1, x - \alpha_2 \cdots$, $x - \alpha_n$, ſo hat man

$$a_0 + a_1x + a_2x^2 + \cdots + x^n = (x - \alpha_1)(x - \alpha_2)(x - \alpha_3) \cdots (x - \alpha_n) = 0.$$

Jedes Zeug (Produkt) ist nach 175 dann und nur dann Null, wenn eines ſeiner Fache (Faktoren) Null ist, alſo ist entweder $x - \alpha_1 = 0$, oder $x - \alpha_2 = 0$ u. ſ. w., d. h. es ist entweder $x = \alpha_1$ oder $x = \alpha_2$ u. ſ. w. oder $x = \alpha_n$ oder es ſind dieſe n Grösen $\alpha_1, \alpha_2, \cdots \alpha_n$ die n Wurzeln der Gleichung. Und umgekehrt, wenn dies n Wurzeln der Gleichung ſind, ſo folgt nach 569 die Gleichung

$$a_0 + a_1x_1 + a_2x^2 + \cdots + x^n = (x - \alpha_1)(x - \alpha_2)(x - \alpha_3) \cdots (x - \alpha_n) = 0.$$

Satz. In einer Gleichung n ten Grades 572.
$a_0 + a_1x + a_2x^2 + \cdots + x^n = 0$ ist die Summe der n Wurzeln gleich $- a_{n-1}$, die Summe der Zeuge oder Produkte von je zweien derſelben $= a_{n-2}$, die Summe der Zeuge von je dreien derſelben $= - a_{n-3}$ u. ſ. w., die Summe der Zeuge von je r derſelben $= a_{n-r} \cdot (-1)^r$.

Beweis. Denn wenn die Wurzeln $\alpha_1, \alpha_2, \cdots \alpha_n$ ſind, ſo ist (nach 571)

$$a_0 + a_1x + a_2x^2 + \cdots + x^n = (x - \alpha_1)(x - \alpha_2) \cdots (x - \alpha_n).$$

Entwickelt man nun die rechte Seite nach Höhen von x, ſo erfolgt der zu erweiſende Satz.

Satz. Wenn in einer Gleichung n ten Grades mit Vorzahlen (reellen 573.
Koeffizienten) $a + ib$ eine Wurzel ist, ſo ist auch $a - ib$ eine ſolche.

Beweis. Es ſei $A = 0$ die gegebene Gleichung n ten Grades für x. Setzt man nun $a + ib$ statt x, ſo verwandelt ſich A (nach 426) in einen Ausdruck der Form $B + iC$, und wenn man $a - ib$ statt x ſetzt, in $B - iC$. Wenn nun $a + ib$ eine Wurzel der Gleichung ist, ſo muss $B + iC = 0$ ſein, d. h. (nach 426), $B = 0$, $C = 0$; dann ist alſo auch $B - iC = 0$, d. h. auch $a - ib$ ist dann eine Wurzel der Gleichung $A = 0$.

Satz. Wenn man in einer Gleichung n ten Grades 574.
$x^n + a_{n-1}x^{n-1} + \cdots + a_0 = 0$ statt der Unbekannten x eine neue y einführt, welche mit x durch die Gleichung

$$x = y - \frac{a_{n-1}}{n}$$

verbunden ist, d. h. welche gegen x um den n ten Teil der zweiten Vorzahl (der Vorzahl von x^{n-1}) vermehrt ist und dann die Gleichung

nach y einrichtet, ſo ist die Vorzahl des zweiten Gliedes in der ſo erhaltenen Gleichung Null.

Beweis.

$$x^n = \left(y - \frac{a_{n-1}}{n}\right)^n = y^n - ny^{n-1}\frac{a_{n-1}}{n} + \cdots$$

$$= y^n - a_{n-1}y^{n-1} + \cdot\cdot a_{n-1}x^{n-1} = a_{n-1}\left(y - \frac{a_{n-1}}{n}\right)^{n-1}$$

$$= a_{n-1}(y^{n-1} - \cdots\cdot) = a_{n-1}y^{n-1} - \cdots,$$

alſo $x^n + a_{n-1}x^{n-1} + \cdots = y^n + 0\cdot y^{n-1} + \cdots$.

14. Die Gleichungen zweiten Grades oder die quadratischen Gleichungen.

Die quadratischen Gleichungen werden in den Schulen stets vor der Lehre von den Jgrösen (den komplexen Grösen) durchgenommen, wissenschaftlich gehören ſie erst in den letzten Abschnitt nach der Lehre von den Jgrösen (komplexen Grösen), in dieſem Buche müssen ſie alſo an dieſer Stelle ihre Behandlung finden. Um ſie aber auch Jedem verständlich zu machen, der jene schwierige Lehre nicht durchgenommen hat, füge ich die folgende Erklärung in elementarer Form hier auf.

575. **Erklärung. Jede Gröse x, welche einer Gleichung von x Genüge tut, heist eine Wurzel dieſer Gleichung. Das Zeichen der zweiten Wurzel ist $\sqrt{\mathfrak{F}x}$, geleſen 2 te Wurzel aus Formel von x.**

Die Gleichung zweiten Grades hat zwei Werte; man darf alſo nicht allgemein ſetzen $\sqrt{x} = \sqrt{x}$, kurz die Wurzel ist keine einwertige Gröse, mit welcher man rechnen dürfte, ſo z. B. hat $\sqrt{a^2}$ die beiden Werte $+a$ und $-a$, wollte man alſo $\sqrt{a^2} = \sqrt{a^2}$ ſetzen, ſo wäre damit auch $+a = -a$ geſetzt. Es ist vielmehr nur $\sqrt{a^2} \cong \sqrt{a^2}$, d. h. es ſind nur die entsprechenden Wurzeln aus a^2 einander gleich.

576. **Erklärung. Die Gleichung zweiten Grades wird auch eine quadratische Gleichung genannt. Dieſelbe ist eine reine, wenn das Glied erster Stufe fehlt, eine gemischte, wenn es vorhanden ist.**

Das Zeichen der zweiten Wurzel ist kurz $\sqrt{}$.

Die zweite Tiefe aus $-a$ heist eine reine Jgröse (imaginäre Gröse), die zweite Tiefe aus -1 heist das J (die imaginäre Eins) Zeichen i.

Beispiele. $x^2 = a$ ist eine reine, $x^2 + ax = b$ ist eine gemischte quadratische Gleichung. Jede Gleichung zweiten Grades hat zwei Wurzeln, z. B. die Gleichung $x^2 = a^2$ hat die Wurzeln $+a$ und $-a$, die Gleichung $x^2 = -a^2$ hat, wie wir später ſehen werden, die Wurzeln $+ia$ und $-ia$.

Satz. $(a + b)^2 = a^2 + 2ab + b^2$. 577.

Das Quader der Summe zweier Grösen erhält man, indem man zu der Summe der beiden Quader der Grösen das doppelte Zeug (Produkt) dieſer Grösen zufügt (addirt).

Beweis. $(a + b)^2 = (a + b)(a + b)$ (nach 318)

$= a^2 + 2ab + b^2$ (nach 180)

Beispiele. $(3 + 5)^2 = 9 + 2 \cdot 3 \cdot 5 + 25 = 64$

$(7 + 3)^2 = 49 + 2 \cdot 7 \cdot 3 + 9 = 100$.

Satz. $(a - b)^2 = a^2 - 2ab + b^2$. 578.

Das Quader des Unterschiedes zweier Grösen erhält man, indem man von der Summe der beiden Quader der Grösen das doppelte Zeug (Produkt) der beiden Grösen abzieht.

Beweis. $(a - b)^2 = (a - b)(a - b)$ (nach 318)

$= a^2 - 2ab + b^2$ (nach 180).

Beispiele. $(5 - 3)^2 = 25 - 2 \cdot 5 \cdot 3 + 9 = 4$

$(7 - 3)^2 = 49 - 2 \cdot 7 \cdot 3 + 9 = 16$.

Satz. $(a + b)(a - b) = a^2 - b^2$. 579.

Das Zeug oder Produkt der Summe und des Unterschiedes zweier Zahlen ist gleich dem Unterschiede der beiden Quader der Zahlen oder

Der Unterschied der Quader zweier Zahlen ist gleich dem Zeuge (Produkte) aus der Summe und dem Unterschiede der beiden Zahlen.

Beweis. $(a + b)(a - b) = a^2 - b^2$ (nach 180).

Beispiele. $(7 + 3)(7 - 3) = 49 - 9 = 40$

$(8 + 5)(8 - 5) = 64 - 25 = 39$.

Satz der reinen quadratischen Gleichung. Die reine Gleichung zweiten Grades $x^2 = a^2$ hat, wenn a^2 eine Plusgröse $+ a^2$ ist, zwei Zahlwurzeln (reelle Wurzeln) $+ a$ und $- a$, welche entgegengeſetzt ſind, wenn a^2 eine Strichgröse $- b^2$ ist, ſo hat ſie zwei Jwurzeln (imaginäre Wurzeln). 580.

Beweis. a. Wenn a^2 eine Plusgröse ist, ſo folgt aus $x^2 = a^2$ ſofort $x^2 - a^2 = 0$, mithin nach 578 $(x + a)(x - a) = 0$.

Wenn aber ein Zeug (Produkt) Null ist, ſo ist nach 114 notwendig einer der beiden Fache (Faktoren) Null, alſo ist entweder $x + a = 0$, oder $x - a = 0$, d. h. x ist entweder $- a$ oder $+ a$.

b. Wenn a^2 eine Strichgröse, ſo ist die Wurzel derſelben eine Jgröse nach 425.

Satz der gemischten quadratischen Gleichung. Eine gemischte quadratische Gleichung löſt man auf, indem man ſie einrichtet, dann auf beiden Seiten das Quader der halben Vorzahl (des 581.

halben Koeffizienten) des Gliedes erster Stufe zufügt, auf beiden Seiten die Wurzel zieht und der rechten Seite das Zeichen $\mp$ vorſetzt, oder

Wenn $x^2 + ax = b$ ist, ſo ist

$$x + \frac{a}{2} \cong \mp\left(b + \left(\frac{a}{2}\right)^2\right)^{1/2} \text{ und } x \cong -\frac{a}{2} \mp \left(b + \left(\frac{a}{2}\right)^2\right)^{1/2}.$$

Beweis. 1. Man füge zu $x^2 + ax = b$ auf beiden Seiten $\left(\frac{a}{2}\right)^2$, ſo ist $x^2 + ax + \left(\frac{a}{2}\right)^2 = b + \left(\frac{a}{2}\right)^2$. Hier ist die linke Seite nach 576 das Quader von $x + \frac{a}{2}$, alſo ist

$\left(x + \frac{a}{2}\right)^2 = b + \left(\frac{a}{2}\right)^2$, mithin nach 340

$$x + \frac{a}{2} \cong \mp\left(b + \left(\frac{a}{2}\right)^2\right)^{1/2}, \text{ alſo } x \cong -\frac{a}{2} \mp \left(b + \left(\frac{a}{2}\right)^2\right)^{1/2}.$$

Beweis. 2. Man vervielfache die Gleichung mit 4, alſo $4x^2 + 4ax = 4b$ und betrachte $2x$ als Unbekannte, dann ist $(2x)^2 + 2a\cdot(2x) = 4b$, man füge nun auf beiden Seiten a^2, ſo ist $(2x)^2 + 2a\cdot(2x) + a^2 = (2x + a)^2 = 4b + a^2$, dann ist nach 340 die Wurzel

$$2x + a \cong \mp (4b + a^2)^{1/2}, \text{ mithin } x \cong \frac{-a \mp (4b + a^2)^{1/2}}{2}.$$

Beispiele. $x^2 + 5x = 6$, mithin $x \cong -\frac{5}{2} \mp \left(6 + \left(\frac{5}{2}\right)^2\right)^{1/2}$, d. h. entweder $x = -6$ oder $x = +1$

$x^2 + 3x = 7$, mithin $x \cong -\frac{3}{2} \mp \left(7 + \left(\frac{3}{2}\right)^2\right)^{1/2}$, d. h. $x = \frac{-3 \mp 6{,}082763}{2}$.

582. **Satz. Wenn $x^2 - ax = b$ ist, ſo ist**

$$x - \frac{a}{2} = \mp\left(b + \left(\frac{a}{2}\right)^2\right)^{1/2}; \quad x = \frac{a}{2} \mp \left(b + \left(\frac{a}{2}\right)^2\right)^{1/2}.$$

Beweis. Unmittelbar aus 581, wenn man $-a$ statt a ſetzt.

Beispiele. $x^2 - 3x = 4$, mithin $x = \frac{3}{2} \mp \left(4 + \frac{9}{4}\right)^{1/2}$, d. h. $x = -1$, oder $x = +4$

$x^2 - 4x = 12$, mithin $x = 2 \mp (12 + 4)^{1/2}$, d. h. $x = -2$, oder $x = +6$.

583. **Satz der Löſung durch Winkelgröſen.**

Wenn $x^2 + ax = +b$, und b eine Plusgröse, ſo ist

$$\left.\begin{aligned} x &= b^{1/2} \tan {}^1/_2\varphi \text{ oder} \\ x &= -b^{1/2} \cot {}^1/_2\varphi \end{aligned}\right\} \text{ wo } \tan\varphi = \frac{2\cdot b^{1/2}}{a}.$$

Beweis. Man hat $x \cong -\frac{a}{2} \mp \left(b + \left(\frac{a}{2}\right)^2\right)^{1/2}$, oder

$$x \cong \frac{a}{2}\left[-1 \mp \left(1 + \frac{4b}{a^2}\right)^{1/2}\right].$$

Da hier b eine Plusgröse ist, ſo ſetze man

$(\tan\varphi)^2 = \frac{4b}{a^2}$, oder $\tan\varphi = \frac{2b^{1/2}}{a}$, dann hat man

$$x \cong \frac{a}{2}\left[-1 \mp (1 + (\tan\varphi)^2)^{1/2}\right]$$

und da $1 + (\tan\varphi)^2 = 1 + \frac{(\sin\varphi)^2}{(\cos\varphi)^2} = \frac{(\cos\varphi)^2 + (\sin\varphi)^2}{(\cos\varphi)^2} = \frac{1}{(\cos\varphi)^2}$,

ſo ist $x \cong \frac{a}{2}\left[-1 \mp \frac{1}{\cos\varphi}\right] \cong \frac{a}{2}\left(\frac{-\cos\varphi \mp 1}{\cos\varphi}\right)$

und da $\tan\varphi = \frac{2b^{1/2}}{a}$, ſo ist $\frac{a}{2} = \frac{b^{1/2}}{\tan\varphi}$ und da $(\cos\varphi)\tan\varphi = \sin\varphi$,

ſo ist $x \cong b^{1/2}\left(\frac{-\cos\varphi \mp 1}{\sin\varphi}\right)$.

Nun ist aber nach 472

$\tan{}^1\!/_2\,\varphi = \frac{1 - \cos\varphi}{\sin\varphi}$ und $\cot{}^1\!/_2\,\varphi = \frac{1 + \cos\varphi}{\sin\varphi}$, mithin ist

entweder $x = b^{1/2}\tan{}^1\!/_2\,\varphi$, oder $x = -b^{1/2}\cot{}^1\!/_2\,\varphi$.

Beispiele.

$x^2 + 7x = 12$

$\log\tan\varphi = \log\frac{2\cdot(12)^{1/2}}{7}$	$= 9{,}99552$	$\varphi = 44^0 42' 17''$
$\log\tan{}^1\!/_2\,\varphi$	$= 9{,}61405$	${}^1\!/_2\,\varphi = 22^0 21' 8''$
$\log b^{1/2}$	$= 0{,}53959$	
$\log x$	$= 0{,}15364$	$x = 1{,}4243.$

Satz. Wenn $x^2 + ax = -b$, und b eine Plusgröse, ſo ist 584.

$$\left.\begin{array}{l} x = -a(\sin{}^1\!/_2\,\varphi)^2 \text{ oder} \\ x = -a(\cos{}^1\!/_2\,\varphi)^2 \end{array}\right\} \text{ wo } \sin\varphi = \frac{2b^{1/2}}{a}.$$

Beweis. Man hat in obiger Formel $-b$ statt b zu ſetzen, dann ist

$$x \cong \frac{a}{2}\left(-1 \mp \left(1 - \frac{4b}{a^2}\right)^{1/2}\right).$$

Da hier b eine Plusgröse ist, ſo ſetze man

$$(\sin\varphi)^2 = \frac{4b}{a^2}, \quad \text{oder } \sin\varphi = \frac{2b^{1/2}}{a},$$

dann ist $x \cong \frac{a}{2}(-1 \mp (1-(\sin\varphi)^2)^{1/2} = \frac{a}{2}(-1 \mp \cos\varphi)$ (nach 441).

Nun aber ist nach 455

$(\sin {}^1/_2\varphi)^2 = \frac{1-\cos\varphi}{2}$, $(\cos {}^1/_2\varphi)^2 = \frac{1+\cos\varphi}{2}$, mithin ist

entweder $x = -a(\sin {}^1/_2\varphi)^2$, oder $x = -a(\cos {}^1/_2\varphi)^2$.

Beispiele.

$x^2 + 11x = -25$

$\log\sin\varphi = \log\frac{2\cdot(25)^{1/2}}{11} = 9{,}95861$ $\varphi = 65^0 22' 50''$

$\log(\sin {}^1/_2\varphi)^2 = 9{,}46494$ ${}^1/_2\varphi = 32^0 41' 25''$

$\log(-x) = 0{,}50633$ $x = -3{,}2087$

Bemerkt möge hier werden, dass die beiden trigonometrischen Löſungen nur wenig Vorteile bieten, die gewöhnliche Löſung ist, wenn man Loge oder Logarithmen anwendet, ebenſo bequem.

15. Die Gleichungen dritten Grades oder die kubischen Gleichungen.

Um die Gleichungen dritten Grades löſen zu können, muss man zunächst das zweite Glied der Gleichung nach Satz 574 entfernen. Es kann dies leicht geschehen, auch ohne auf einen frühern Satz zurückzugehen.

Die vollständige Gleichung dritten Grades hat die Form

$$x^3 + a_2x^2 + a_1x + a_0 = 0.$$

Setzen wir hier $x = y - {}^1/_3 a_2$, ſo wird daraus

$$\left.\begin{array}{l} y^3 - a_2y^2 + {}^1/_3 a_2^2\, y - {}^1/_{27} a_2^3 \\ \quad + a_2y^2 - {}^2/_3 a_2^2\, y + \frac{1}{9} a_2^3 \\ \qquad + a_1 y \quad - {}^1/_3 a_1a_2 \\ \qquad\qquad + a_0 \end{array}\right\} = 0$$

$$y^3 \quad + \left(a_1 - \frac{a_2^2}{3}\right)y + a_0 + {}^2/_{27} a_2^3 - {}^1/_3 a_1a_2 = 0,$$

oder kurz $y^3 - \mathfrak{A}\cdot y + \mathfrak{B} = 0$.

Wir bringen die Gleichung auf die Form

$$y^3 + 3py = 2q, \quad \text{wo } p = {}^1/_3\left(a_1 - \frac{a_2^2}{3}\right) \text{ und } q = {}^1/_2({}^1/_3 a_2a_1 - a_0 - {}^2/_{27} a_2^3).$$

585. **Satz. Die Gleichungen dritten Grades bringt man auf die Form $x^3 + 3px = 2q$.**

Wenn q das entgegengeſetzte Zeichen erhält, ſo erhält auch die Wurzel das entgegengeſetzte Zeichen.

Es empfiehlt ſich, für die Auflöſung dieſer Gleichungen demnach drei Fälle zu unterscheiden: 1, wo p eine Pluszahl ist, 2, wo p eine Strichzahl und zugleich $q^2 > p^3$ ist, und 3, wo p eine Strichzahl und zugleich $p^3 > q^2$ ist.

Die Auflöſung ist dann folgende:

Fall 1. Für $x^3 + 3px = 2q$ ist:

$$(\tan\varphi)^2 = \frac{p^3}{q^2}, \qquad \tan\psi = \left(\tan\frac{\varphi}{2}\right)^{1/3}. \qquad x^1 = 2\cdot p^{1/2} : \tan 2\psi,$$

$$x_2 = -\frac{x_1}{2} + i(3(p + {}^1/_4 x_1^2))^{1/2}, \qquad x_3 = -\frac{x_1}{2} - i(3(p + {}^1/_4 x_1^2))^{1/2}$$

Fall 2. Für $x^3 - 3px = 2q$, wo $q^2 > p^3$ ist:

$$(\sin\varphi)^2 = \frac{p^3}{q^2}, \qquad \tan\psi = \left(\tan\frac{\varphi}{2}\right)^{1/3}, \qquad x_1 = 2\cdot p^{1/2} : \sin 2\psi,$$

$$x_2 = -\frac{x_1}{2} + (3(p - {}^1/_4 x_1^2))^{1/2}, \qquad x_3 = -\frac{x_1}{2} - (3(p - {}^1/_4 x_1^2))^{1/2}$$

Fall 3. Für $x^3 - 3px = 2q$, wo $p^3 > q^2$ ist:

$$\sin 3\varphi = \left(\frac{q^2}{p^3}\right)^{1/2}, \qquad -x_1 = 2\cdot p^{1/2}\cdot\sin\varphi,$$

$$-x_2 = 2\cdot p^{1/2}\sin(60^0 - \varphi), \qquad +x_3 = 2\cdot p^{1/2}\cdot\sin(60^0 + \varphi).$$

Beweis. A. Wir beweiſen zunächst, dass wenn q entgegengeſetztes Zeichen erhält, dass dann auch jede Wurzel das entgegengeſetzte Zeichen erhält.

Sei alſo $x = a_1$ eine Wurzel der Gleichung $x^3 + 3px = 2q$, wo die Zeichen von p und q beliebig ſeien, ſo ſetze $x = -y$ und führe dies ein, ſo erhalten wir $-y^3 - 3py = 2q$, mithin nach Umkehr der Zeichen $y^3 + 3py = -2q$ und hier ist $y = -x = -a_1$ eine Wurzel der Gleichung.

B. Um die kubische Gleichung $x^3 + 3px = 2q$ zu löſen, wo das Zeichen von p verschieden ſein kann, ſetze* man $x = u + v$ und zugleich $uv + p = 0$ (durch welche beiden Gleichungen die Grösen u und v bestimmt ſind), dann erhält man

$$u^3 + v^3 + 3x(uv + p) = 2q \text{ und da } uv + p = 0, \text{ auch}$$
$$u^3 + v^3 = 2q,$$

alſo $u^3 = 2q - v^3$ $\qquad$ $v^3 = 2q - u^3$.

Ferner $uv = -p$, mithin $\qquad$ $u^3v^3 = -p^3$, alſo

$u^3(2q - u^3) = -p^3$ $\qquad$ $v^3(2q - v^3) = -p^3$

oder $u^6 - 2qu^3 = p^3$ $\qquad$ $v^6 - 2qv^3 = p^3$

und durch Auflöſung dieſer Gleichungen zweiten Grades

*Dieſe Löſung ist von Euler. Setzt man $x = u + v$, ſo ist
$(u + v)^3 = u^3 + 3uv(u + v) + v^3$, mithin
$(u + v)^3 - 3uv(u + v) = u^3 + v^3$. Alſo
$p = -3uv$ und $2q = u^3 + v^3$.

$$u^3 = q + (q^2 + p^3)^{1/2} \qquad v^3 = q - (q^2 + p^3)^{1/2}, \text{ mithin}$$

(∘) $$x = u + v = \left(q + (q^2 + p^3)^{1/2}\right)^{1/3} + \left(q - (q^2 + p^3)^{1/2}\right)^{1/3}$$

$$= q \cdot \left[\left(1 + \left(1 + \frac{p^3}{q^2}\right)^{1/2}\right)^{1/3} + \left(1 - \left(1 + \frac{p^3}{q^2}\right)^{1/2}\right)^{1/3}\right].$$

Fall 1. Wenn p ein Pluszeichen hat, d. h. $x^3 + 3px = 2q$, fo fetze

(*) $$(\tan\varphi)^2 = \frac{p^3}{q^2}, \text{ mithin } q = \frac{p^{3/2}}{\tan\varphi} \text{ und } q^{1/3} = \frac{p^{1/2}}{(\tan\varphi)^{1/3}}$$

$$\left(1 + \frac{p^3}{q^2}\right)^{1/2} = (1 + (\tan\varphi)^2)^{1/2} = \frac{1}{\cos\varphi} \qquad \text{(nach 467).}$$

Dann ist

$$x = \frac{p^{1/2}}{(\tan\varphi)^{1/3}}\left[\left(\frac{1 + \cos\varphi}{\cos\varphi}\right)^{1/3} - \left(\frac{1 - \cos\varphi}{\cos\varphi}\right)^{1/3}\right]$$

$$x = p^{1/2}\left(\left(\frac{1 + \cos\varphi}{\sin\varphi}\right)^{1/3} - \left(\frac{1 - \cos\varphi}{\sin\varphi}\right)^{1/3}\right)$$

$$= p^{1/2}\left(\left(\cot\frac{\varphi}{2}\right)^{1/3} - \left(\tan\frac{\varphi}{2}\right)^{1/3}\right).$$

(**) Man fetze hier $\tan\psi = \left(\tan\frac{\varphi}{2}\right)^{1/3}$,

fo ist

$$x = p^{1/2}(\cot\psi - \tan\psi) = p^{1/2}\left(\frac{(\cos\psi)^2 - (\sin\psi)^2}{(\sin\psi)\cos\psi}\right)$$

$$= p^{1/2}\frac{2\cos 2\psi}{\sin 2\psi} = 2 \cdot p^{1/2} \cdot \cot 2\psi = \frac{2 \cdot p^{1/2}}{\tan 2\psi}.$$

Um die andern Wurzeln x_2 und x_3 zu finden, beachte man, dass die gegebene Gleichung für alle 3 Wurzeln gelten muss. Es ist alfo $x_1^3 + 3px_1 = 2q$ und $x_2^3 + 3px_2 = 2q$, mithin

$$x_2^3 - x_1^3 + 3p(x_2 - x_1) = 0 \quad \text{und} \quad \frac{x_2^3 - x_1^3}{x_2 - x_1} + 3p = 0,$$

mithin, wenn man die Divifion oder Teilung ausführt

$$x_2^2 + x_2x_1 + x_1^2 + 3p = 0$$

und demnach, wenn man die Wurzel auszieht

$$x_2 = -\frac{x_1}{2} + i\left(3\left(p + \frac{x_1^2}{4}\right)\right)^{1/2} \qquad \text{wo } i = (-1)^{1/2},$$

$$x_3 = -\frac{x_1}{2} - i\left(3\left(p + \frac{x_1^2}{4}\right)\right)^{1/2}$$

Fall 2. Wenn p ein Strichzeichen hat, d. h. $x^3 - 3px = 2q$ und $q^2 > p^3$, ſo ist nach (○), da p ein Strichzeichen hat,

$$x = q^{1/3}\left[\left(1 + \left(1 - \frac{p^3}{q^2}\right)^{1/2}\right)^{1/3} + \left(1 - \left(1 - \frac{p^3}{q^2}\right)^{1/2}\right)^{1/3}\right].$$

Man ſetze nun

$$(\sin\varphi)^2 = \frac{p^3}{q^2}, \text{ alſo } q = \frac{p^{3/2}}{\sin\varphi}, \quad q^{1/3} = \frac{p^{1/2}}{(\sin\varphi)^{1/3}} \text{ und} \qquad (*)$$

$$x = \frac{p^{1/2}}{(\sin\varphi)^{1/3}}\left[(1 + \cos\varphi)^{1/3} + (1 - \cos\varphi)^{1/3}\right]$$

$$= p^{1/2}\left[\left(\cot\frac{\varphi}{2}\right)^{1/3} + \left(\tan\frac{\varphi}{2}\right)^{1/3}\right].$$

Hier ſetze man $\tan\psi = \left(\tan\frac{\varphi}{2}\right)^{1/3}$, (**)

ſo ist

$$x = p^{1/2}(\tan\psi + \cot\psi) = p^{1/2}\frac{(\sin\psi)^2 + (\cos\psi)^2}{(\sin\psi)\cdot\cos\psi}$$

$$= \frac{2\cdot p^{1/2}}{\sin 2\psi}.$$

Die andern Wurzeln finden ſich ebenſo wie im erſten Falle, ſofern man dem p ein Strichzeichen giebt, es iſt alſo

$$x_2 = -\frac{x_1}{2} + \left(3\left(p - \frac{x_1^2}{4}\right)\right)^{1/2}, \quad x_3 = -\frac{x_1}{2} - \left(3\left(p - \frac{x_1^2}{4}\right)\right)^{1/2}.$$

Fall 3. Wenn p ein Strichzeichen hat, d. h. $x^3 - 3px = 2q$ und $p^3 > q^2$, ſo benutze man die Formel

$\sin 3\varphi = 3\sin\varphi - 4(\sin\varphi)^3$ (nach 464) und ſetze $\sin\varphi = -\frac{x}{r}$, ſo iſt

$$\sin 3\varphi = -3\cdot\frac{x}{r} + 4\frac{x^3}{r^3}, \text{ mithin}$$

$$x^3 - \frac{3r^2}{4}x = +\frac{r^3}{4}\cdot\sin 3\varphi, \text{ alſo}$$

$$p = \frac{r^2}{4} \text{ und } \frac{r}{2} = p^{1/2}. \text{ Ferner } q = +\frac{r^3}{8}\cdot\sin 3\varphi = +p^{3/2}\sin 3\varphi.$$

Alſo $\sin 3\varphi = \left(\frac{q^2}{p^3}\right)^{1/2}$.

Dann iſt $x = -r\cdot\sin\varphi = -2\cdot p^{1/2}\cdot\sin\varphi$.

Es ist aber ferner

$$\sin 3\varphi = \sin(180^0 - 3\varphi) = -\sin(180^0 + 3\varphi).$$

Daraus erhalten wir die drei Werte von x.

$$x_1 = -2\cdot p^{1/2}\cdot\sin\varphi, \qquad x_2 = -2\cdot p^{1/2}\sin(60^0 - \varphi),$$

$$x_3 = 2\cdot p^{1/2}\sin(60^0 + \varphi).$$

Beispiele. Fall 1. $x^3 + 39x = 152$

$\log(\tan\varphi)^2 = \log\frac{13^3}{76^2}$	$= 9{,}58020$	$\varphi = 31^0 39' 50''$
$\log\tan {}^1/_2\varphi$	$= 9{,}45267$	${}^1/_2\varphi = 15^0 49' 55''$
$\log\tan\psi$	$= 9{,}81756$	$\psi = 33^0 18' 17''$
$\log x_1 = {}^1/_2\log 13 + \log 2 - \log\tan 2\psi$	$= 0{,}49403$	$x_1 = 3{,}1191$
$\log {}^1/_4 x_1^2$	$= 0{,}38600$	${}^1/_4 x_1^2 = 2{,}4322$
$\log(3(p + {}^1/_4 x_1^2))$	$= 1{,}66555$	$3(p + {}^1/_4 x_1^2) = 46{,}2966$
$\log[3(p + {}^1/_4 x_1^2)]^{1/2}$	$= 0{,}83277$	$i[3(p + {}^1/_4 x_1^2)]^{1/2} = i6{,}8042$
$x_2 = -1{,}5595 + i\cdot 6{,}8042$		$x_3 = -1{,}5595 - i\cdot 6{,}8042.$

Fall 2. $x^3 - 24x = 60$ $\qquad 900 > 512$

$\log(\sin\varphi)^2 = \log\frac{8^3}{30^2}$	$= 9{,}75503$	$\varphi = 48^0 57' 32''$
$\log\tan\psi = {}^1/_3\left(\log\tan\frac{\varphi}{2}\right)$	$= 9{,}88609$	$\psi = 37^0 34' 7''$
$\log x_1 = \log\left(2\cdot p^{1/2}\right) - \log\sin 2\psi$	$= 0{,}76735$	$x_1 = 5{,}85263$
$\log {}^1/_4 x_1^2$	$= 0{,}93266$	${}^1/_4 x_1^2 = 8{,}5636$
$\log[3(p - {}^1/_4 x_1^2)]^{1/2}$	$= 0{,}11405$	$[3(p - {}^1/_4 x^2)]^{1/2} = -1{,}3003$
$x_2 = -4{,}25292$	$x_3 = -1{,}65232.$	

Fall 3. $x^3 - 42x = 80$ $\qquad 2644 > 1600$

$\log\sin 3\varphi = \log\left(\frac{q^2}{p^3}\right)^{1/2}$	$= 9{,}76573$	$\varphi = 11^0 53' 21''$
$\log(-x_1) = \log\left(2\cdot p^{1/2}\right) + \log\sin\varphi$	$= 0{,}18800;$	$x_1 = -1{,}5417$
$\log(-x_2) = \log\left(2\cdot p^{1/2}\right) + \log\sin(60^0 - \varphi)$	$= 0{,}74592;$	$x_2 = -5{,}5708$
$\log x_3 = \log\left(2\cdot p^{1/2}\right) + \log\sin(60^0 + \varphi)$	$= 0{,}85202;$	$x_3 = 7{,}1125.$

16. Die Gleichungen vierten Grades oder die biquadratischen Gleichungen.

Um die Gleichungen vierten Grades löfen zu können, schafft man das 2te Glied fort. Sei alfo die allgemeine Gleichung $x^4 + a_1x^3 + a_2x^2 + a_3x + a_4 = 0$, fo fetze man $x = y - {}^1/_4 a_1$ und entwickle die Formel, fo fällt das zweite Glied fort und die Formel wird $x^4 + ax^2 + bx + c = 0$.

586. **Satz. Die Gleichung vierten Grades bringt man auf die Form $x^4 + ax^2 + bx + c = 0$, dann ist**

$$\mathbf{x = \pm {}^1\!/_2 \cdot e^{1/2} \pm \left({}^1\!/_4 e \pm f \cdot e^{1/2} - d\right)^{1/2},}$$

wo $\mathbf{e^3 + 2ae^2 + (a^2 - 4c)e = b^2}$ **und** $\mathbf{d = {}^1\!/_2(a + e),\ f = -\frac{b}{2e}}$ **ist.**

Beweis. Die Gleichung $(x^2 + d)^2 - e(x + f)^2 = 0$ giebt entwickelt und nach Höhen von x geordnet

$$x^4 + (2d - e)x^2 - 2efx + d^2 - ef^2 = 0.$$

Wenn diese der obigen gleich sein soll, so müssen die Vorzahlen (die Koeffizienten) gleich sein, d. h. es muss

$$a = 2d - e, \qquad b = -2ef, \qquad c = d^2 - ef^2 \text{ sein.}$$

Letztere mit 4e vervielfacht giebt

$$4ec = 4ed^2 - 4e^2f^2 = e(e + a)^2 - b^2, \qquad \text{da } 2d = a + e \text{ ist,}$$

mithin nach den Höhen von e geordnet

$$e^3 + 2ae^2 + (a^2 - 4c)e = b^2, \qquad d = {}^1\!/_2(a + e), \qquad f = -\frac{b}{2e}.$$

Die Gleichung $(x^2 + d)^2 - e(x + f)^2 = 0$ ergiebt aber ferner

$$x^2 + d = \pm(x + f) \cdot e^{1/2}, \qquad \text{oder } x^2 \mp x \cdot e^{1/2} = -d \pm f \cdot e^{1/2},$$

mithin $$x = \pm {}^1\!/_2 \cdot e^{1/2} \pm \left({}^1\!/_4 e \pm f \cdot e^{1/2} - d\right)^{1/2}.$$

Ein Zahlenbeispiel möge die Art der Lösung erläutern. Es sei gegeben

$$x^4 + 312x^3 + 23337x^2 - 14874x + 2360 = 0.$$

Man setze $x = y - \frac{312}{4} = y - 78$, so ergiebt sich

$$y^4 - 13167y^2 + 140970y + 32'099'672 = 0,$$

mithin

$$e^3 - 26334e^2 + 44'971'201e - 19'872'540'900 = 0.$$

Hier setze man $e = z + \frac{26334}{3} = z + 8778$, so ergiebt sich

$$z^3 - 186'188'651z - 977'858'792'426 = 0.$$

Vergleichen wir dies mit $z^3 - 3pz = 2q$, so ist $p^3 > q^2$ und liegt also der Fall 3 der kubischen Gleichung vor. Es ist

$$\log q^2 = 23{,}3784922$$
$$\log p^3 = 23{,}3784960$$
$$\log(\sin 3\varphi)^2 = \overline{9{,}9999962}$$
$$\log\sin 3\varphi = 9{,}9999981$$
$$3\varphi = 89^0 49' 50''$$
$$\varphi = 29^0 56' 36^2/_3{}'' \quad 60^0 - \varphi = 30^0 3' 23^1/_3{}'' \quad 60^0 + \varphi = 89^0 56' 36^2/_3{}'',$$

mithin $z_1 = -2(p)^{1/2} \cdot \sin\varphi$ $z_2 = -2(p)^{1/2}\sin(60^0 - \varphi)$ $z_3 = 2(p)^{1/2}\sin(60^0 + \varphi)$

$$z_1 = -7864{,}545 \qquad z_2 = -7891{,}447 \qquad + z_3 = 15756,$$

also $e_1 = z_1 + 8778 = 913{,}455$ $e_2 = z_2 + 8778 = 886{,}553$

$e_3 = z_3 + 8778 = 24534$ und $e_1 + e_2 + e_3 = 26334$.

Daraus ergiebt sich $x_1 = 0{,}31666$, $x_2 = 0{,}31666$, $x_3 = -126{,}31666$,

$x_4 = -186{,}31666$ und $x_1 + x_2 + x_3 + x_4 = -312$,

d. h. die zweite Vorzahl der Gleichung negativ genommen.

17. Die Gleichungen höhern Grades und ihre Löſung durch Näherung.

587. **Satz. Zu jeder Gleichung**

$$x^n + a_{n-1}x^{n-1} + a_{n-2}x^{n-2} + \cdots + a_0 = 0$$

lässt ſich eine andere finden, deren n Wurzeln die Quadern von den n Wurzeln der gegebenen Gleichung ſind.

Beweis. Es ſei y die Unbekannte der zu findenden Gleichung, ſo hat man $y = x^2$, alſo $x = y^{1/2}$. Führt man dieſen Wert von x in die gegebene Gleichung ein, ſo erhält man

$$y^{\frac{n}{2}} + a_{n-1}y^{\frac{n-1}{2}} + a_{n-2}y^{\frac{n-2}{2}} + \cdots + a_0 = 0,$$

oder $y^{\frac{n}{2}} + a_{n-2}y^{\frac{n-2}{2}} + \cdots = -a_{n-1}y^{\frac{n-1}{2}} - a_{n-3}y^{\frac{n-3}{2}} - \cdots.$

Erhebt man beide Seiten dieſer letztern Gleichung aufs Quader, um die gebrochnen Stufen (Exponenten) wegzuschaffen, ſo erhält man

$$y^n + 2a_{n-2}y^{n-1} + \left.\begin{array}{l} a^2_{n-2} \\ +2a_{n-4} \end{array}\right| y^{n-2} + \left.\begin{array}{l} 2a_{n-2}a_{n-4} \\ +2a_{n-6} \end{array}\right| y^{n-3} + \left.\begin{array}{l} a^2_{n-4} \\ +2a_{n-2}a_{n-6} \\ +2a_{n-8} \end{array}\right| y^{n-4} + \cdots$$

$$= a^2_{n-1}y^{n-1} + 2a_{n-1}a_{n-3}\,\Big|\, y^{n-2} + \left.\begin{array}{l} a^2_{n-3} \\ +2a_{n-1}a_{n-5} \end{array}\right| y^{n-3} + \left.\begin{array}{l} 2a_{n-3}a_{n-5} \\ +2a_{n-1}a_{n-7} \end{array}\right| y^{n-4} + \cdots.$$

Alſo iſt die zu findende Gleichung folgende:

$$0 = y^n \left.\begin{array}{l} -a^2_{n-1} \\ +2a_{n-2} \end{array}\right| y^{n-1} \left.\begin{array}{l} +a^2_{n-2} \\ -2a_{n-1}a_{n-3} \\ +2a_{n-4} \end{array}\right| y^{n-2} \left.\begin{array}{l} -a^2_{n-3} \\ +2a_{n-2}a_{n-4} \\ -2a_{n-1}a_{n-5} \\ +2a_{n-6} \end{array}\right| y^{n-3} \left.\begin{array}{l} +a^2_{n-4} \\ -2a_{n-3}a_{n-5} \\ +2a_{n-2}a_{n-6} \\ -2a_{n-1}a_{n-7} \\ +2a_{n-8} \end{array}\right| y^{n-4} + \cdots$$

588. **Aufgabe. Den Näherungswert einer Wurzel einer höhern Gleichung zu verbessern (Weg von Newton arithmetica universalis 1707).**

Auflöſung. Es ſei

$$x^n + a_{n-1}x^{n-1} + a_{n-2}x^{n-2} + \cdots + a_0 = 0$$

die gegebene Gleichung und c der Näherungswert einer Wurzel. Man ſetze $x = c + z$, ſo wird

$$\begin{aligned} 0 &= (c+z)^n + a_{n-1}(c+z)^{n-1} + a_{n-2}(c+z)^{n-2} + \cdots \\ &\qquad + a_1(c+z) + a_0 \\ &= c^n + a_{n-1}c^{n-1} + a_{n-2}c^{n-2} + \cdots + a_0 \\ &\quad + z[nc^{n-1} + (n-1)a_{n-1}c^{n-2} + (n-2)a_{n-2}c^{n-3} + \cdots + a_1] + \cdots \\ &= f_0c + zf_0'c \qquad \text{(nach 393)} \end{aligned}$$

wo die folgenden Glieder höhere Höhen von z enthalten. Wenn nun z fo klein ist, dass die Glieder mit diefen höhern Höhen gegen das Glied mit der ersten Höhe zu vernachlässigen find, fo kann man als nächste Annäherung

$$0 = c^n + a_{n-1}c^{n-1} + a_{n-2}c^{n-2} + \cdots + a_0 + z[nc^{n-1} + (n-1)a_{n-1}c^{n-2} + (n-2)a_{n-2}c^{n-3} + \cdots + a_1]$$

fetzen und alfo

$$z = -\frac{c^n + a_{n-1}c^{n-1} + a_{n-2}c^{n-2} + \cdots + a_0}{nc^{n-1} + (n-1)a_{n-1}c^{n-2} + (n-2)a_{n-2}c^{n-3} + \cdots + a_1}.$$

Dann ist die nächste Annäherung $c + z$; und man hat dann die Probe zu machen, ob $c + z$, statt x gefetzt, den Ausdruck $x^n + a_{n-1}x^{n-1} + \cdots$ der Null näher führt, als der Wert c. Ist dies der Fall, fo kann man denfelben Weg aufs Neue anwenden, indem man jetzt den gefundenen Wert $c + z$ statt c fetzt und ihn aufs Neue verbessert. Durch Wiederholung diefes Verfahrens kann man den Wert fo genau finden, als man will.

Beispiel. Es fei gegeben

$$f_0x = x^5 - 6x - 10 = 0$$
$$f_0'x = 5x^4 - 6 \qquad \text{und } c = 1{,}8.$$

Dann ist $f_0(c_1 + z_1) = f_0c_1 + z_1f_0'c_1 = 0$,

alfo $z_1 = -\dfrac{f_0c_1}{f_0'c_1} = -\dfrac{-1{,}904}{+46{,}488} = +0{,}04$, alfo $c_2 = 1{,}8 + 0{,}04 = 1{,}84$.

Nun ist $f_0c_2 + z_2f_0'c_2$, alfo $z_2 = -\dfrac{f_0c_2}{f_0'c_2} = -\dfrac{0{,}0506}{51{,}3114} = -0{,}00099$,

alfo $c_3 = 1{,}84 - 0{,}00099 = 1{,}83901$.

Nun ist $z_3 = -\dfrac{f_0c_3}{f_0'c_3} = -\dfrac{-0{,}00013}{+51{,}18820} = +0{,}0000025$,

alfo $c_4 = 1{,}8390125$.

Wenn es zwei Wurzeln der Gleichung giebt, für welche der Näherungswert c gleich oder fast gleich nahe liegt, fo lassen fich die höhern Höhen von z nicht vernachlässigen. In diefem Falle muss man die Gleichung in z weiter entwickeln und zunächst einen Näherungswert von z zu bestimmen fuchen, welcher diefer Gleichung genügt.

Satz. Wenn man eine höhere Gleichung von x für zwei Werte x und c aufstellt und die eine von der andern abzieht, fo ist der Unterschied der Gleichungen ohne Rest teilbar durch x — c und das Ergebniss der Teilung eine Gleichung nächst niederen Grades. 589.

Beweis. Es fei $f_0x = a_0 + a_1x + a_2x^2 + \cdots + a_nx^n$,

fo ist $f_0x - f_0c = a_1(x - c) + a_2(x^2 - c^2) + \cdots$,

mithin ist

$$\frac{f_0x - f_0c}{x - c} = a_1 + a_2\frac{x^2 - c^2}{x - c} + a_3\frac{x^3 - c^3}{x - c} + \cdots,$$

d. h. wenn wir dieſe Teilung ausführen

$$\frac{f_0x - f_0c}{x - c} = a_1 + a_2(x + c) + a_3(x^2 + xc + c^2) + \cdots$$
$$+ a_n(x^{n-1} + x^{n-2}c + \cdots + xc^{n-2} + c^{n-1})$$
$$= b_0 + b_1x + b_2x^2 + \cdots + b_{n-2}x^{n-2} + b_{n-1}x^{n-1}.$$

590. **Satz. Wenn man eine höhere Gleichung f_0x von x durch den Unterschied zweier Werte $x - c$ teilt, ſo ist das Ergebniss eine Gleichung von x nächst niedern Grades und ein Rest f_0c, welcher den beſondern Wert von f_0x für x gleich c darstellt und ist, wenn $a_n, a_{n-1} \cdots a_0$ die Vorzahlen für die gegebene Gleichung**

$$a_nx^n + a_{n-1}x^{n-1} + \cdots + a_0 \text{ und } b_{n-1}, b_{n-2} \cdots b_0$$

die entsprechenden Vorzahlen der Gleichung nächst niederen Grades $b_{n-1}x^{n-1} + b_{n-2}x^{n-2} + \cdots + b_0$ bezeichnen

$$b_{n-1} = a_n,\; b_{n-2} = a_{n-1} + b_{n-1}c,\; b_{n-3} = a_{n-2} + b_{n-2}c, \cdots$$
$$b_0 = a_1 + b_1c,\; f_0c = a_0 + b_0c,$$

oder es ist jede Vorzahl b_a der zweiten Reihe gleich der Summe aus der vorhergehenden Vorzahl a_{a+1} der ersten und dem Zeuge von c mit der vorhergehenden Vorzahl b_{a+1} der zweiten Gleichung und die letzte Summe ist der Wert f_0c.

Beweis. Es ſei die gegebene Gleichung

$$f_0x = a_nx^n + a_{n-1}x^{n-1} + \cdots + a_0, \qquad \text{ſo ist nach 589}$$

$$\frac{f_0x - f_0c}{x - c} = b_{n-1}x^{n-1} + b_{n-2}x^{n-2} + \cdots + b_1x + b_0,$$

mithin

$$\frac{f_0x}{x - c} = b_{n-1}x^{n-1} + b_{n-2}x^{n-2} + \cdots + b_1x + b_0 + \frac{f_0c}{x - c}$$

und vervielfachte man dieſe Gleichung mit $x - c$, ſo ergiebt ſich

$$f_0x = b_{n-1}x^n + b_{n-2}x^{n-1} + b_{n-3}x^{n-2} + \cdots + b_0x$$
$$- b_{n-1}cx^{n-1} - b_{n-2}cx^{n-2} - \cdots - b_1cx - b_0c + f_0c.$$

Vergleicht man dieſe mit der gegebenen Gleichung, ſo folgt

$$b_{n-1} = a_n,\; b_{n-2} = a_{n-1} + b_{n-1}c,\; b_{n-3} = a_{n-2} + b_{n-2}c, \cdots$$
$$b_0 = a_1 + b_1c \text{ und } f_0c = a_0 + b_0c.$$

Es bietet dies einen Weg für eine höchst bequeme Berechnung eines Näherungswertes der Gleichung, wie das folgende Beispiel zeigt. Es ſei gegeben

$x^5 - 7x^4 + 63x^2 - 27x - 160 = 0$ und ſei der Näherungswert $c = 3$,

ſo ist $a_5 = 1,\; a_4 = -7,\; a_3 = 0,\; a_2 = 63,\; a_1 = -27,\; a_0 = -160$

und es ist $b_4 = a_5 = 1,\; b_3 = a_4 + b_4 \cdot 3 = -4,\; b_2 = a_3 + b_3 \cdot 3 = -12.$

$b_1 = +27,\; b_0 = +54$

und $f_03 = a_0 + b_0 \cdot 3 = +2.$

Es ergiebt ſich hieraus die folgende bequeme Rechenregel:

Man schreibt die Vorzahlen der gegebenen Gleichung a_n, $a_{n-1}, \cdots a_0$ mit ihren Vorzeichen in eine Reihe, vervielfacht die erste Vorzahl a_n mit dem Näherungswerte c der Wurzel, ſetzt das Zeug oder Produkt unter die nächste Vorzahl a_{n-1} und fügt beide zu; die Summe vervielfacht man wieder mit c, schreibt das Zeug unter die nun nächste Vorzahl a_{n-2} und nimmt die Summe u. ſ. w. Die gewonnenen Summen ſind die Vorzahlen b_{n-2}, b_{n-3} u. ſ. w., die letzte Summe ist der Wert der Gleichung f_0c.

Beispiel. $f_0x = x^6 - 13x^4 - 52x^2 + 15x + 5$.

Näherungswert $x = 4$. Die Rechnung ergiebt

+1	0	−13	0	−52	+15	+5
	+4	+16	+12	+48	−16	−4
+1	+4	+3	+12	−4	−1	+1

Man hat demnach

$$\frac{f_0x}{x-4} = x^5 + 4x^4 + 3x^3 + 12x^2 - 4x - 1 + \frac{1}{x-4} \text{ und } f_04 = +1.$$

Aufgabe. Aus einer gegebenen Gleichung eine zweite Gleichung abzuleiten, deren Wurzeln um c kleiner ſind als die Wurzeln der gegebenen Gleichung. 591.

Auflöſung. Es ſei die gegebene Gleichung

$$f_0x = a_nx^n + a_{n-1}x^{n-1} + a_{n-2}x^{n-2} + \cdots + a_1x + a_0 = 0.$$

Die geſuchte Gleichung ſei

$$b_ny^n + b_{n-1}y^{n-1} + b_{n-2}y^{n-2} + \cdots + b_1y + b_0 = 0.$$

Es ſoll die Wurzel der letzteren $y = x - c$ ſein, daraus folgt

$$b_n(x-c)^n + b_{n-1}(x-c)^{n-1} + b_{n-2}(x-c)^{n-2} + \cdots$$
$$+ b_1(x-c) + b_0 = f_0x.$$

Hieraus folgt für $x = c$ die Formel $b_0 = f_0c$.

Zieht man dieſe von der vorigen ab und teilt man nach 590 durch $x - c$, ſo erhält man eine ganze Gleichung, welche wir φx nennen wollen

$$b_n(x-c)^{n-1} + b_{n-1}(x-c)^{n-2} + b_{n-2}(x-c)^{n-3} + \cdots$$
$$+ b_2(x-c) + b_1 = \varphi x.$$

Dieſe Gleichung giebt für $x = c$ wieder $b_1 = \varphi c$.

Man kann nun dieſelbe Handlung mehrfach wiederholen und erhält hiebei die einzelnen Vorzahlen als Funktionen von c. Die geſuchten Vorzahlen $b_0, b_1, b_2 \cdots$ ſind alſo die Reste, welche entstehen, wenn f_0x durch $x - c$, das Ergebniss der Teilung wieder durch $x - c$, das demnächst folgende Ergebniss nochmals durch $x - c$ geteilt wird und ſo fort, bis alle Vorzahlen gewonnen ſind.

Beispiel. Die gegebene Gleichung ſei

$$x^4 - 9x^3 + 5x^2 + 9x + 108 = 0.$$

Die Wurzeln ſollen um 3 kleiner ſein, d. h. $c = 3$. Man hat.

$+1$	-9	$+5$	$+9$	$+108$	$c = 3$
	$+3$	-18	-39	-90	
$+1$	-6	-13	-30	$+18 = b_0$	
	$+3$	-9	-66		
$+1$	-3	-22	$-96 = b_1$		
	$+3$	0			
$+1$	$+0$	$-22 = b_2$			
	$+3$				
$+1$	$+3 = b_3,$				

mithin ist die geſuchte Gleichung

$$y^4 + 3y^3 - 22y^2 - 96y + 18 = 0.$$

Nach demſelben Verfahren kann man die Sache auch ſo einrichten, dass $b_{n-1} = 0$ wird, ſetzt man nämlich $y = x - c$ und entwickelt $x = y + c$, ſo wird $a_n x^n + a_{n-1} x^{n-1} + \cdots = a_n y^n + (a_{n-1} + n a_n c) y^{n-1} + \cdots$, mithin $b_n = a_n$ und $b_{n-1} = a_{n-1} + n a_n c \cdots$, ſoll alſo $b_{n-1} = 0$ ſein, ſo muss

$$c = -\frac{a_{n-1}}{n a_n}$$ geſetzt werden.

Wenn c eine mehrziffrige Zahl ist, ſo kann man die Verminderung der Wurzel jedesmal mit nur einer Ziffer ausführen.

592. **Aufgabe. Die weiteren Nährungswerte einer Wurzel zu finden. Weg nach Horner Abhandlung in Philosophical transactions vom Jahre 1819.**

Auflöſung. Die gegebene Gleichung ſei

$$x^n + a_{n-1}x^{n-1} + a_{n-2}x^{n-2} + \cdots + a_1 x + a_0 = 0$$

und ſei nach dem Wege von Newton der erste Näherungswert

$$x_1 = \alpha_0 + \frac{\alpha_1}{10}$$

gefunden, während der genaue Wert $x = \alpha_0 + \frac{\alpha_1}{10} + \frac{\alpha_2}{10^2} + \frac{\alpha_3}{10^3} + \cdots$ ſei, ſo ist $y = x - x_1 = \frac{\alpha_2}{10^2} + \frac{\alpha_3}{10^3} + \cdots$ und ist $y < {}^1/_{10}$. Nach

(*) 591 ist nun $y^n + b_{n-1}y^{n-1} + b_{n-2}y^{n-2} + \cdots + b_1 y + b_0 = 0$

Hier kann man für den nächsten Näherungswert von x die höhern Höhen von y (da $y < {}^1/_{10}$ ist) vernachlässigen und hat alſo als nächsten Näherungswert für $y = \frac{\alpha_2}{10^2}$ die Gleichung

$$b_1 y + b_0 = 0, \qquad \text{oder } \frac{\alpha_2}{10^2} = y = -\frac{b_0}{b_1}.$$

Der nächste Näherungswert von x ist dann

$$x_2 = \alpha_0 + \frac{\alpha_1}{10} + \frac{\alpha_2}{10^2}.$$

Um zu prüfen, ob der wahre Wert über oder unter α_2 ist, führt man in die Gleichung (*) den Wert

$$x_2' = \alpha_0 + \frac{\alpha_1}{10} + \frac{\alpha_2 + 1}{10^2}$$

ein, liegt dann der Wert der Wurzel in der 2ten Bruchstelle zwischen α_2 und $\alpha_2 + 1$, fo muss f_0x bei Einführung von x_2 und x_2', verschiedene Werte erhalten.

In der Gleichung (*) vermindert man nun y um $\frac{\alpha_2}{10^2}$ und erhält

dann $z = y - \frac{\alpha_2}{10^2} = \frac{\alpha_3}{10^3} + \frac{\alpha_4}{10^4} + \cdots$, wo $z < {}^1/_{100}$. Nach 591 ist

dann $$z^n + c_{n-1}z^{n-1} + c_{n-2}z^{n-2} + \cdots + c_1 z + c_0 = 0 \qquad (^{**})$$

Hier kann man wieder für den nächsten Näherungswert $z = \frac{\alpha_3}{10^3}$ die höhern Höhen von z vernachlässigen und behält alfo

$$c_1 z + c_0 = 0, \qquad \text{oder } z = \frac{\alpha_3}{10^3} = -\frac{c_0}{c_1}$$

und dadurch den nächsten Näherungswert von x

$$x_3 = \alpha_0 + \frac{\alpha_1}{10} + \frac{\alpha_2}{10^2} + \frac{\alpha_3}{10^3}.$$

Man prüft nun wieder, ob der wahre Wert von x in der dritten Bruchstelle zwischen α_3 und $\alpha_3 + 1$ liegt und geht dann ganz in gleicher Weife zu den folgenden Stellen über.

Wenn es fich um die Bestimmungen von Strichwurzeln (negativen Wurzeln) handelt, fo giebt man den Vorzahlen $a_1, a_3, a_5, \cdots$ kurz den Vorzahlen a_{2a+1} entgegengefetztes Zeichen und verwandelt fie dadurch in Pluswurzeln (pofitive Wurzeln).

Wenn zwei Wurzeln fehr nahe bei einander liegen, z. B.

$$x_1 = \alpha_0 + \frac{\alpha_1}{10} + \frac{\alpha_2}{10^2} + \frac{\alpha_3}{10^3} + \cdots \quad x_2 = \alpha_0 + \frac{\beta_1}{10} + \frac{\beta_2}{10^2} + \frac{\beta_3}{10^3} + \cdots,$$

fo genügt der Gleichung (*) fowohl

$$y = \frac{\alpha_1}{10} + \frac{\alpha_2}{10^2} + \frac{\alpha_3}{10^3} + \cdots, \text{ als auch } y = \frac{\beta_1}{10} + \frac{\beta_2}{10^2} + \frac{\beta_3}{10^3} + \cdots.$$

Die Gleichung * erleidet mithin fowohl zwischen

$y = \frac{\alpha_1}{10}$ und $y = \frac{\alpha_1 + 1}{10}$ als auch zwischen $y = \frac{\beta_1}{10}$ und $y = \frac{\beta_1 + 1}{10}$

einen Zeichenwechsel, auserdem ändert das letzte Glied der Gleichung (**) nämlich c_0 fein Zeichen, wenn β_1 für α_1 eingefetzt wird.

Beispiel. $x^3 + 8x^2 + 6x - 75,9 = 0$ $\qquad x_1 = 2,4$

$c_0 = 2;$				
1	8	6	$-75,9$	
	2	20	52	
1	10	26	$-$ **23,9**	
	2	24		
1	12	**50**		
	2			
1	**14**			

$c_1 = 0,4$				
1	14	50	$-23,9$	
	0,4	5,76	22,304	
1	14,4	55,76	$-$ **1,596**	$= b_0$
	0,4	5,92		
1	14,8	**61,68** $= b_1$		
	0,4			
1	15,2 $= b_2$			

$y^3 + 15,2\,y^2 + 61,68y - 1,596 = 0$ Prüfung $\frac{-b_3}{b_2} = \frac{1,596}{61,68} = 0,02$

$c_2 = 0,02$				
1	15,2	61,68	$-$ 1,596	
	0,02	0,3044	1,239688	
1.	15,22	61,9844	$-$ **0,356312** $= c_0$	
	0,02	0,3048		
1.	15,24	**62,2892** $= c_1$		
	0,02			
1.	**15,26** $= c_2$			

$x_2 = 2,42$

$z^3 + 15,26z^2 + 62,2892z - 0,356312 = 0$ Prüfung $\frac{-c_3}{c_2} = \frac{0,356312}{62,2892} = 0,005$

$c_3 = 0,005$				
1.	15,26	62,2892	$-$ 0,356312	
	0,005	0,076325	0,311827625	
1.	15,265	62,365525	$-$ **0,044484375** $= d_0$	
	0,005	0,076350		
1.	15,270	**62,441875** $= d_1$		
	0,005			
1.	**15,275** $= d_2$			

$x_3 = 2,425$

$u^3 + 15,275\,u^2 + 62,441875\,u - 0,044484375 = 0$

$-\frac{d_3}{d_2} = \frac{0,044484375}{62,441875} = 0,0007,$ $\qquad x_4 = 2,4257.$

593. **Aufgabe. Die Pluswerte der Wurzeln einer Gleichung zu finden. (Weg von Graeffe. Auflöfung der höhern numerischen Gleichungen Zürich 1837).**

Auflöfung. Aus der gegebenen Gleichung leite man (nach 587) eine neue Gleichung ab, deren Wurzeln die Quader von den Wurzeln der gegebnen Gleichung find, und auf diefe Gleichung wende man wiederholt dasfelbe Verfahren an. Hat man dann z. B. das Verfahren 8 Mal angewandt, fo gelangt man zu einer Gleichung, deren Wurzeln die 256ten Höhen der Wurzeln der gegebnen Gleichung find. Angenommen nun, die gegebene Gleichung habe a Wurzeln, deren Pluswert α, b Wurzeln, deren Pluswert β fei, u. f. w., fo dass alfo $a + b + \cdots = n$, d. h. gleich dem Grade der Gleichung ist, und zwar fei $\alpha > \beta, \beta > \gamma, \cdots$. Hat man dann eine Gleichung abgeleitet, deren Wurzeln die mten Höhen von den Wurzeln der gegebnen Gleichung find, fo hat diefe abgeleitete Gleichung a Wurzeln, deren Pluswert α^m, b Wurzeln, deren Pluswert β^m ist u. f. w. Nun wird man m stets fo gros wählen können, dass die Brüche $\frac{\beta^m}{\alpha^m}, \frac{\gamma^m}{\beta^m}, \dots$ kleiner werden als eine verlangte Grenze, z. B. kleiner als 10^{-6}. Denn foll z. B. $\left(\frac{\beta}{\alpha}\right)^m < 10^{-6}$, d. h. $\frac{\alpha^m}{\beta^m} > 10^6$, fo hat man $m(\log\alpha - \log\beta) > 6$, d. h. $m > \frac{6}{\log\alpha - \log\beta}$. Haben wir alfo m hinlänglich gros gewählt, fo kann in der beabfichtigten Annäherung β^m gegen α^m vernachlässigt werden, ebenfo γ^m gegen β^m u. f. w. Nun ist (nach 572), wenn $0 = y^n - c_{n-1}y^{n-1} + c_{n-2}y^{n-2} - \dots$ die abgeleitete Gleichung ist, c_{n-r} die Summe der Zeuge oder Produkte von je r der Wurzeln, namentlich enthält c_{n-a} das Zeug der a Wurzeln, deren Pluswerte $= \alpha^m$ find. Dies Zeug ist α^{ma}, denn wenn $u + iv$ eine Wurzel der gegebnen Gleichung ist, deren Pluswert α ist, fo ist auch (nach 573) $u - iv$ eine Wurzel der Gleichung; es ist aber dann $(u + iv)(u - iv) = \alpha^2$ (nach 432). Hieraus folgt alfo, dass das Zeug der a Wurzeln, deren Pluswerte $= \alpha$ find, gleich $\mp \alpha^a$ ist. Aber das Zeug der m ten Höhen diefer Wurzeln ist (nach 323, 499) gleich der m ten Höhe des Zeuges diefer Wurzeln, d. h. gleich $(\mp \alpha^a)^m$; da aber m eine gerade Zahl ist, fo ist $(-\alpha^a)^m = (\alpha^a)^m = \alpha^{am}$. Die übrigen Zeuge, aus denen c_{n-a} besteht, haben mindestens statt eines der Fache oder Faktoren, deren Pluswerte α^m find, ein Fach, dessen Pluswert β^m oder noch kleiner als β^m ist, diefe Glieder können alfo bei der erlangten Annäherung gegen das erste vernachlässigt werden und es wird alfo c_{n-a} fehr nahe $= \alpha^{am}$ fein. Aus gleichen Gründen wird $c_{n-(a+b)}$ fehr nahe $\alpha^{am}\beta^{bm}$, d. h. $= c_{n-a}\beta^{bm}$, $c_{n-(a+b+c)} = \alpha^{am}\beta^{bm}\gamma^{cm}$, d. h. $= c_{n-(a+b)}\gamma^{cm}$ fein u. f. w. Dann wird alfo in der Annäherung $\alpha = c_{n-a}{}^{\frac{1}{am}}$, $\beta = \left(\frac{c_{n-(a+b)}}{c_{n-a}}\right)^{\frac{1}{bm}}$, $\gamma = \left(\frac{c_{n-(a+b+c)}}{c_{n-(a+b)}}\right)^{\frac{1}{cm}}$, und kann man auf diefe Weife die Pluswerte der Wurzeln einer Gleichung finden.

Aufgabe. Die Zahlwurzeln oder reellen Wurzeln einer Gleichung zu finden. 594.

Auflöfung. Man fucht zunächst die Pluswerte aller Wurzeln der Gleichung. Jede Zahlwurzel ist einem folchen Pluswerte gleich oder entgegengefetzt. Ist der Grad der Gleichung ein ungerader, fo muss, da die Anzahl der Winkelwurzeln oder imaginären Wurzeln nach 573 stets eine gerade ist, eine Wurzel eine Zahl oder eine reelle Wurzel ſein. Man muss nun durch unmittelbares Einſetzen der Pluswerte ermitteln, ob einer dieſer Werte oder ob einer der entgegengeſetzten Werte der Gleichung genügt. Hat man eine Zahlwurzel w gefunden, ſo kann man die Gleichung durch x — w nach 569 teilen, ſie wird dann um einen Grad niedriger. Jede ſo gewonnene Gleichung kann man dann ebenſo behandeln, bis keine Zahlwurzel mehr bleibt. Die ſo gefundenen Näherungswerte der Zahlwurzeln kann man dann nach 588 verbeſſern, und erhält ſo die ſämmtlichen Zahlwurzeln der Gleichung.

595. **Aufgabe. Zwei Gleichungen höherer Grade durch zwei andere zu erſetzen, von denen die erstere eine der Unbekannten nicht mehr enthält.**

Auflöſung (durch Teilung). Es ſeien

(a) $A = x^n + ax^{n-1} + bx^{n-2} + \cdots = 0$

(b) $A_1 = x^m + a_1x^{m-1} + b_1x^{m-2} + \cdots = 0$

die beiden Gleichungen, wo $a, b, \cdots a_1, b_1, \cdots$ Ausdrücke ſind, welche die übrigen Unbekannten, aber nicht mehr x enthalten, und zwar ſei $n \geqq m$. Man wende dasſelbe Verfahren wie bei der Aufſuchung des grösten gemeinschaftlichen Mases zweier Zahlen an, nämlich man teile mit A_1 in A ſo lange, bis der Rest von niederm Grade wird als der Teiler, teile ebenſo mit dieſem Reste in den vorigen Teiler und ſo überhaupt mit dem jedesmaligen Reste in den vorigen Teiler, bis endlich der letzte Rest nicht mehr x enthält; der letzte Rest ſei A_{r+1}, der letzte Teiler A_r, ſo ſind

(c) $A_r = 0$

(d) $A_{r+1} = 0$

zwei Gleichungen, welche die ursprünglichen beiden erſetzen und von denen die letztere nicht mehr x enthält.

Beweis 1. Wenn die beiden Gleichungen (a) und (b) zugleich stattfinden ſollen, ſo heist das, es muss mindestens einen Wert von x geben, der beiden zugleich genügt. Es ſei $x = \alpha$ ein ſolcher Wert, der den Gleichungen $A = 0$ und $A_1 = 0$ genügt, ſo müssen (nach 569) A und A_1 durch $x - \alpha$ teilbar ſein. Nun hatte man mit A_1 in A geteilt. Der Bruch oder Quotient ſei Q und der Rest A_2, ſo ist $A - A_1Q = A_2$. Da nun A und A_1 durch $x - \alpha$ teilbar ſind, ſo ist auch $A - A_1Q$ durch $x - \alpha$ teilbar, alſo auch A_2. Folglich ſind A_1 und A_2 durch $x - \alpha$ teilbar. Aus A_1 und A_2 gehen aber A_2 und A_3

auf gleiche Weise hervor wie jene aus A und A_1, folglich sind auch A_2 und A_3 durch $x - \alpha$ teilbar u. s. w., also endlich auch A_r und A_{r+1}. Aber A_{r+1} enthält kein x mehr; soll es also $x - \alpha$ zum Fache oder Faktor haben, so muss der andere Fach Null, also auch

(d) $A_{r+1} = 0$

sein; und da ferner A_r der Fach $x - \alpha$ enthält, so ist $x = \alpha$ eine Wurzel der Gleichung

(c) $A_r = 0$,

d. h. alle Werte für x, welche den Gleichungen (a) und (b) genügen, genügen auch der Gleichung (c). Also wenn die Gleichungen (a) und (b) erfüllt werden, so müssen auch die Gleichungen (c) und (d) erfüllt werden.

2. Aber auch umgekehrt folgen aus den Gleichungen (c) und (d) wieder die Gleichungen (a) und (b). Denn wenn $A_{r+1} = 0$ ist, und $x = \alpha$ ein Wert ist, der die Gleichung $A_r = 0$ erfüllt, so ist A_r durch $x - \alpha$ teilbar. Nun war aber nach der Auflösung

$$A_{r+1} = A_{r-1} - A_r Q_{r-1},$$

also $$A_{r-1} = A_{r+1} + A_r Q_{r-1},$$

oder da A_r durch $x - \alpha$ teilbar ist, und A_{r+1} Null ist, so ist auch A_{r-1} durch $x - \alpha$ teilbar; also A_r und A_{r-1}; auf dieselbe Weise aber wie A_{r-1} aus A_r und A_{r+1} hervorging, geht auch A_{r-2} aus A_{r-1} und A_r hervor; also sind auch A_{r-2} und A_{r-1} durch $x - \alpha$ teilbar u. s. w., endlich auch A und A_1 durch $x - \alpha$ teilbar, d. h. $x = \alpha$ ist eine Wurzel der Gleichungen (a) und (b). Also wenn die Gleichungen (c) und (d) richtig sind, so sind auch die Gleichungen (a) und (b) richtig.

3. Also ersetzen sich das Gleichungspar (a) und (b) und das Gleichungspar (c) und (d) gegenseitig.

Es lassen sich hiernach also n höhere Gleichungen mit n Unbekannten schlieslich (wenn nicht die Unbekannten schon früher verschwinden) auf eine höhere Gleichung mit einer Unbekannten zurückführen.

Aufgabe. Die Richtwurzeln oder komplexen Wurzeln einer Gleichung zu finden. (Weg von Encke in Crelles Journal der Mathematik Bd. 22 S. 193). 596.

Auflösung. Jede Wurzel, deren Pluswert α ist, muss sich (nach 439) in der Form $\alpha(\cos\varphi + i\sin\varphi)$ darstellen lassen. Es ist also nur φ zu suchen. Man setze statt x jenen Wert ein, so erhält man

$$\alpha^n(\cos\varphi + i\sin\varphi)^n + a\alpha^{n-1}(\cos\varphi + i\sin\varphi)^{n-1} + \cdots = 0.$$

Entwickelt man diese Gleichung nach dem Zweigliedersatze (dem binomischen Satze), so erhält man eine Gleichung der Form

$$A + i\sin\varphi B = 0,$$

in welcher A und B nur Höhen von $\cos\varphi$ und gerade Höhen von $\sin\varphi$ enthalten, und zwar ist die Summe der Stufen von $\cos\varphi$ und $\sin\varphi$ in jedem Gliede von A gleich n, in jedem Gliede von B gleich $n - 1$. Aus diesen Ausdrücken kann man noch $\sin\varphi$ ganz wegschaffen. Denn jede Höhe von $\sin\varphi$ mit gerader Stufe, z. B. $(\sin\varphi)^{2m}$ lässt sich in der Form $(\sin\varphi^2)^m = (1 - (\cos\varphi)^2)^m$ darstellen, und letzteres giebt, nach dem Zweigliedersatze entwickelt, nur Höhen von $\cos\varphi$. Somit werden A und B Ausdrücke, welche nur $\cos\varphi$ enthalten, und zwar wird A in Bezug auf $\cos\varphi$ vom n ten, B vom $(n - 1)$ ten Grade. Da nun nach dem obigen $A + i\sin\varphi B = 0$ war, so muss (nach 426) sowohl $A = 0$ sein, als auch $\sin\varphi B = 0$. Da ferner die Wurzel $\alpha(\cos\varphi + i\sin\varphi)$ eine Winkelgröse sein soll, so kann $\sin\varphi$ nicht Null sein, also erhält man $B = 0$. Setzen wir noch $\cos\varphi = z$, so hat man 2 Gleichungen der Form

$$A = z^n + a_{n-1}z^{n-1} + a_{n-2}z^{n-2} + \cdots = 0 \text{ und}$$
$$B = z^{n-1} + b_{n-2}z^{n-2} + b_{n-3}z^{n-3} + \cdots = 0.$$

Durch wiederholte Teilung erhält man hieraus auf dem Wege in 595 eine Gleichung, die im Allgemeinen vom ersten Grade sein wird, aber auch zu höhern Graden anwachsen kann, und deren Wurzeln die sämmtlichen Werte z liefern, welche den Gleichungen $A = 0$ und $B = 0$ genügen. Da $z = \cos\varphi$ nach der Annahme eine Zahl (reell) ist, so lassen sich diese Wurzeln (nach 593) sämmtlich finden. Ist aber $\cos\varphi$ gefunden, so ist damit der echte Winkel $\mp\varphi$ gefunden, und damit sind auch die Winkelwurzeln oder imaginären Wurzeln $\alpha(\cos\varphi + i\sin\varphi)$ und $\alpha(\cos\varphi - i\sin\varphi)$ gefunden.

Formelbuch der Zahlenlehre.

Von

Robert Grassmann.

Stettin 1890.

Druck und Verlag von R. Grassmann.

Einleitung in die Zahlenlehre oder Arithmetik.

Die Erklärungen und die Beweisform der Grösenlehre.

1. Denklehre, Grösenlehre.
2. Gröse.
3. Zeichen der Gröse: a, b, c.
4. Einfaches (Element): $e_1, e_2, e_3, \cdots$.
5. Knüpfung, Ergebniss oder Gesammt.
6. Zeichen der Knüpfung: $a \circ b$, gelesen „a mit b."
7. Klammer: $a \circ (b \circ c)$, gelesen „a mit Klammer b mit c geschlossen."
8. Fortschreitend knüpfen. Einfache Gröse.
   $$\underset{1,n}{G_e} a_a = a_1 \circ a_2 \circ a_3 \circ \cdots \circ a_n.$$
9. Formel. $f \circ a$, $F \circ a$, $\varphi \circ a$, $\Phi \circ a$; gleichlautend, verschieden, entsprechend.
10. Gleich, ungleich.
11. Zeichen $a = b$, gelesen „a gleich b," $a \gtrless b$, gelesen „a ungleich b."
    Gleichung, linke, rechte Seite.
12. $a = a$.
13. $a \circ b \circ c \circ d = [(a \circ b) \circ c] \circ d$.
14. $\underset{1,n+1}{G_e} a_a = \underset{1,n}{G_e} a_a \circ \underset{n+1}{a}$.
15. Bedingt gleich $\overset{*}{=}$ — * Bedingung.
16. $F \circ a \overset{*}{=} F \circ b$ — * wenn $a = b$.
17. $a \circ b \overset{*}{=} a \circ c$ — * wenn $b = c$.
18. Wenn $a = c$ und $b = c$; so $a = b$.
19. $(a = b) = (b = a)$.
20. Wenn $a = b$ und $b = c$; so $a = c$.
21. Wenn $a = (b \circ c \circ d \circ \cdots)$; so ist $a = b \circ c \circ d \cdots$
22. Gerader Beweis: Wenn $a_1 = a_2$, $a_2 = a_3 \cdots a_{n-1} = a_n$; so $a_1 = a_n$.
23. Fortleitender Beweis: Wenn $F \circ a_1 = \Phi \circ a_1$ und sofern $F \circ a_a = \Phi \circ a_a$, so auch $F \circ a_{a+1} = \Phi \circ a_{a+1}$; so $F \circ a_n = \Phi \circ a_n$.
24. Einfacher (elementarer) Beweis.

Die Arten der Grösenknüpfung.

25. Knüpfungsgröse (ob).
26. ao(ob) = aob.
27. Drei Arten der Knüpfung.
28. Anreihung: aoboc ≷ ao(boc).
29. Einigung.
30. ao(boe) = aoboe.
31. aob eine einfache Gröse.
32. ao(boc) = aoboc.
33. $ao(b_1ob_2o \cdots ob_n) = aob_1ob_2o \cdots ob_n$.
34. Jede Gröse als Einfaches (Element) zu ſetzen.
35. Vertauschung.
36. $e_1oe_2 = e_2oe_1$.
37. aobocod = doaoboc.
38. Jede Gröse als Einfaches zu ſetzen.

Die Gattungen der Knüpfung und der Zerlegung.

39. Nicht ändernde Gröse. Zeichen μ.
40. $ao\mu = a$, $\mu oa = a$.
41. Unveränderliche Gröse. Zeichen v.
42. $aov = v$ $voa = v$.
43. Zwei Gattungen der Knüpfung.
44. Zwei Gattungen der Zerlegung.
45. Trennbare Knüpfung.
46. Wenn aob = aoc oder boa = coa; ſo b = c, wo a ≷ v.
47. Trennung. Geſammt. Trenner ≷ v.
48. Zeichen a⌣b = c, geleſen „a trenn b gleich c.“ Geſammt a. Trenner b. Bleibſel c.
49. a = aob⌣b; a = a⌣bob.
50. Trenngröse (⌣b), geleſen „Trenn b.“ Mitgröse (ob), geleſen „Mit b.“
51. ao(⌣b) = a⌣(ob) = a⌣b; a⌣(⌣b) = ao(ob) = aob.
52. Drei Arten des Trennens.
53. Antrennen.
54. ao(b⌣c) ≷ aob⌣c.
55. Eintrennen.
56. ao(b⌣c) = aob⌣c; ao(⌣boc) = a⌣boc.
57. b⌣b = μ; ⌣bob = μ.
58. a⌣(boc) = a⌣b⌣c; a⌣(b⌣c) = a⌣boc.
59. Geſetz der Einigung und Eintrennung.
60. Jede Gröse als Einfaches zu ſetzen.
61. Abtrennen.
62. Geſetz der Vertauschung und Abtrennung.
63. Jede Gröse als Einfaches zu ſetzen.
64. Untrennbare Knüpfung.
65. Löſung.

66. Zeichen der Löfung ✓; Gelös, Wurzel.
67. Entsprechend gleich $\simeq$.
68. Gelös mehre Werte, kein Gefetz der Grösenlehre gilt.

Die Beziehung zweier Knüpfungen.

69. Fügung, Addition: Stück, Summe.
70. Zeichen der Fügung +, gelefen „plus." Plusgröse (+ b), Plusklammer + ( ). $\underset{1,n}{S}a_a = a_1 + a_2 + \cdots + a_n$.
71. Null. 0.
72. $a + 0 = a$; $0 + a = a$.
73. Drei Arten der Fügung.
74. Anfügung.
75. $a + (b + e) \gtrless a + b + e$.
76. Einfügung.
77. $a + (b + e) = a + b + e$.
78. Gefetz der Einfügung.
79. Zufügung.
80. $e_1 + e_2 = e_2 + e_1$.
81. Gefetz der Zufügung.
82. Weben, Multipliziren.
83. Zeichen des Webens $a \cdot b$, gelefen „a mal b," oder ab, gelefen „ab." Fach (Faktor), Zeug (Produkt). Malgröse ($\cdot$b), gelefen „Mal b."
84. Malklammer a(bc); Beziehungsklammer a(b + c).
85. Formelzeichen (Funktionszeichen) fürs ganze folgende Glied gültig.
86. $(a + e)b = ab + eb$; $a(b + e) = ab + ae$; $e_1e_2 = e$.
87. Das Zeug ae ist wieder eine Einfachgröse.
88. Das Zeug ac ist wieder eine Einfachgröse.
89. $(a + b)c = ac + bc$; $c(a + b) = ca + cb$.
90. $\left(\underset{1,n}{S}a_a\right)b = \underset{1,n}{S}a_a b$; $b\left(\underset{1,n}{S}a_a\right) = \underset{1,n}{S}ba_a$.
91. $\left(\underset{1,n}{S}a_a\right)\left(\underset{1,m}{S}b_b\right) = \underset{1,n;1,m}{S}a_a b_b$.
92. $\left(\underset{1,n}{S}a_a\right)\left(\underset{1,m}{S}b_b\right)\left(\underset{1,p}{S}c_c\right)\cdots = \underset{1,n;\,1,m;\,1,p\ldots}{S}a_a b_b c_c \cdots$.
93. Gefetz des Webens.
94. $0 \cdot a = 0$; $a \cdot 0 = 0$.
95. Eins. 1.
96. $e \cdot 1 = e$; $1 \cdot e = e$.
97. $1 \cdot 1 = 1$.
98. $a \cdot 1 = a$; $1 \cdot a = a$.
99. Drei Arten des Webens.
100. Anweben.
101. Gefetz des Anwebens.
102. Einweben.
103. $e_1(e_2e_3) = e_1e_2e_3$.
104. $a(e_1e_2) = ae_1e_2$.
105. $a(be) = abe$.

106. Gefetz des Einwebens.
107. Verweben.
108. $e_1e_2 = e_2e_1$.
109. Gefetz des Verwebens.
110. Formenlehre oder Mathematik: Aeusere Fügung.
111. Die Einheit das Einfache der Formenlehre oder Mathematik.
112. Zweige: Rechenlehre oder Analyfis.
Niedere: Zahlenlehre oder Arithmetik.
Höhere: Folgelehre oder Funktionenlehre.
Ausenlehre oder Synthefis.
Niedere: Ausdehnungslehre.
Höhere: Erweiterungslehre.

Erster Abschnitt der Zahlenlehre: Die niedere Zahlenlehre oder ganze Zahlen und Brüche.

113. Zahlenlehre oder Arithmetik: Nur eine Einheit die Eins.
114. Zahlen: Jede Zahl allen andern ungleich.
115. $\underset{1,m+n}{S} \; 1 \gtrless \underset{1,m}{S}1.$
116. Null. Eins. Zwei. Drei. Vier. Fünf. Sechs. Sieben. Acht. Neun.
0 1 2 3 4 5 6 7 8 9
117. Stelle. Nullte Stelle. ate Stelle.
Eins. Zehn. Hundert. Taufend. Zehntaufend. Hunderttaufend. Million.
1 10 100 1000 10000 100000 1000000
118. $a + (b + 1) = a + b + 1$.
119. Auf einer Stelle $9 + 1$ giebt 1 auf der nächst höhern Stelle.
120. $a + (b + 1) = a + b + 1$, $1 + 1' = 1' + 1$.
121. Das Eins und Eins.
122. Zufügen der Zahlen: Gefetz dafür.
123. Zufügen mehrziffriger Zahlen.
124. Rechenregel fürs Zufügen.
125. Zahlenzufügen ist trennbar. Wenn $a + b = a + c$, fo $b = c$.
126. Abziehen (Subtrahiren), Vorrat (minuendus), Abzug (subtractor), Rest oder Unterschied.
127. Zeichen des Abziehens —, gelefen „strich" oder „minus;"
Strichgröse (negative Gröse) $(-b)$, Strichklammer $-(\ )$.
„Plus" und „Strich" entgegengefetzte Zeichen.
128. Gliederausdruck (Polynom); Glied, durch Plus oder Strich geknüpft.
129. $a = a + b - b$; $a = a - b + b$;
130. Das Eins von Eins.
131. Gefetz der ersten Ordnung der Zahlenlehre.
132. Jede Zahlgröse ist als Einheit zu fetzen.
133. $+(-a) = -(+a) = -a$; $+(+a) = -(-a) = +a$.
134. $a + 0 = a - 0 = a$.
135. $0 = a - a = -a + a$. Wenn $a = b$, fo ist $a - b = 0$.
136. Das Abziehen mehrziffriger Zahlen.

137. Rechenregel fürs Abziehen. Borgeregeln.
138. Gleichartig, gleichwertig, entgegengefetzt.
139. $+a$ und $-a$ find entgegengefetzte Zahlen.
140. Jede Zahl ist entweder Pluszahl oder Strichzahl oder Null.
141. Die Summe von Pluszahlen, die von Strichzahlen.
142. Grösere Zahl, kleinere Zahl, $a > b$, $b < a$.
Ausschliesendes Mittel $c = \text{Mitt}\,(b\,[\,,\,]\,a)$. Einschliesendes Mittel $c = \text{Mitt}\,[b\,,a]$.
143. Jede Zahl entweder gröser, gleich oder kleiner als a.
144. Wenn $a_1 > a_2$. $a_2 > a_3, \cdots a_{n-1} > a_n$. fo $a_1 > a_n$.
145. $+a > 0$, $-a < 0$.
146. Wenn $a > b$, fo ist $a - b$ gleichartig mit a.
147. Wenn $a > b$, fo ist $a \pm c > b \pm c$.
148. Wenn $a + c > a$, fo ist $(a + c) + b > a + b$.
149. Wenn $a_1 + c_1 > a_1$, $a_2 + c_2 > a_2, \cdots$, fo ist
$(a_1 + c_1) + (a_2 + c_2) + b > a_1 + a_2 + b$.
150. Wenn $a + c > a$, fo ist $b - (a + c) < b - a$.
151. Benannte Zahl ae, Anzahl a, Name e, gleichbenannte.
152. In der Zahlenlehre nur gleichbenannte.
153. $ae + be + \cdots = (a + b + \cdots)e$; $ae - be = (a - b)e$.
154. Alle Sätze erster Ordnung gelten für benannte Zahlen.
155. Vervielfachen, Multipliziren. Vielfaches, Produkt.
156. $(a + 1)b = ab + 1 \cdot b$; $a(b + 1) = ab + a \cdot 1$; $1 \cdot 1' = 1' \cdot 1$
$a \cdot 1 = 1 \cdot a = a$.
157. $(+a)(+b) = ab = (-a)(-b)$; $(+a)(-b) = -ab = (-a)(+b)$.
$-(a + b)c = -(ac + bc) = -ac - bc$; $-(a - b)c = -(ac - bc)$
$= -ac + bc$.
158. $(-1)a = -a$.
159. $2\mathfrak{a}$ Strichfache geben $+$; $2\mathfrak{a} + 1$ Strichfache geben Strich.
160. Gefetz der Vervielfachung.
161. $(a \cdot 10^n)(b \cdot 10^m) = ab \cdot 10^{n+m}$.
162. Vervielfachung einer einziffrigen mit einer mehrziffrigen Zahl.
163. Vervielfachung mehrziffriger Zahlen.
164. Trennbares Vervielfachen.
Wenn $ac = bc$, fo $a = b$ wenn $c \gtrless 0$.
165. Teilen, Dividiren; Zuteilende Gröse (dividendus); Teiler (divifor); Quote (quotiens); Bruch, Zähler, Nenner; Vorzahl (Koeffizient). Nenner $\gtrless 0$.
166. Zeichen des Teilens : oder / gelefen „durch,“
Teilgröse $(:b)$, gelefen „durch b,“ Teilklammer :( ), Teilstrich $\frac{a+b}{c}$.
„Mal“ und „durch“ umgekehrte Zeichen.
167. $a = \frac{ab}{b} = \frac{a}{b} \cdot b = a \cdot b : b = a : b \cdot b$.
168. $a \cdot (:b) = a : (\cdot b) = a : b$; $a : (:b) = a \cdot (\cdot b) = ab$.
169. $(a_1 + a_2 + \cdots + a_n) : b = a_1 : b + a_2 : b + \cdots + a_n : b$.
170. $\frac{a}{b} \pm \frac{c}{b} = \frac{a \pm c}{b}$.
171. $\cdot(:a) = :(\cdot a) = :a$; $:(:a) = \cdot a$ wo $a \gtrless 0$.

172. $a = a \cdot 1 = \frac{a}{1}$.

173. $1 = a : a = : a \cdot a$, wo $a \gtrless 0$.

174. $\frac{0}{a} = 0 \cdot a = 0$, wo $a \gtrless 0$.

175. Wenn $\frac{a}{b} = 0$ oder $ab = 0$ und $b \gtrless 0$; ſo $a = 0$.

176. Brucheinheit. $\frac{1}{a}$ $1 : a$.

177. $\frac{1}{a} = 1 : a = : a$; $\frac{m}{a} = m \cdot \frac{1}{a}$.

178. $1 : (-a) = -(1 : a)$; $\frac{1}{-a} = -\frac{1}{a}$.

179. $\frac{a}{-b} = -\frac{a}{b}$.

180. Geſetz der zweiten Ordnung der Zahlenlehre.

181. $a : \frac{b}{c} = a \cdot \frac{c}{b}$.

182. $\frac{a}{b} = \frac{ac}{bc}$.

183. Beziehungsgeſetz der zweiten Ordnung der Zahlenlehre.

184. Rechenregel fürs Teilen.

185. Gemeinnenner $\frac{a_1}{b_1}, \frac{a_2}{b_2}, \cdots \frac{a_n}{b_n}$, Gemeinnenner $b_1 \cdot b_2 \cdots b_n$.

186. $\frac{a_1}{b_1} \pm \frac{a_2}{b_2} \pm \cdots \pm \frac{a_n}{b_n} = \frac{P_1 \pm P_2 \pm \cdots \pm P_n}{P}$

wo $P = b_1 b_2 \cdots b_n$ und $P_\alpha = b_1 b_2 \cdots b_{\alpha-1} \cdot a_\alpha \cdot b_{\alpha+1} \cdots b_n$

187. Jede Zahlgröse ist als Einheit zu ſetzen.

188. Zehntbruch (Dezimalbruch).

$\alpha + 1$ Bruchstelle $= {}^1/_{10}$ mal $\alpha + 1$te Bruchstelle; gleichnamige

Zehntel. Hundertel. Tauſendtel. Zehntauſendtel. Milliontel.

$0,_1$ $0,_{01}$ $0,_{001}$ $0,_{0001}$ $0,_{000001}$

189. $0,_{0a} = 0000,_{ca0000}$.

190. Gleichnamig machen der Zehntbrüche.

191. Zufügen der Zehntbrüche.

192. Abziehen der Zehntbrüche.

193. Vervielfachen mit zehn, hundert, tauſend, million.

194. Teilen durch zehn, hundert, tauſend, million.

195. Vervielfachen mit ${}^1/_{10}$, ${}^1/_{100}$, ${}^1/_{1000}$ u. ſ. w.

196. Teilen durch ${}^1/_{10}$, ${}^1/_{100}$, ${}^1/_{1000}$ u. ſ. w.

197. Vervielfachen eines Zehntbruches.

198. Vervielfachen zweier Zehntbrüche.

199. Teilen durch Zehntbrüche.

200. Teilen eines Zehntbruches durch einen Zehntbruch.

201. Vergleichung: Wenn $a > b$ und c Pluszahl, ſo ist $ca > cb$ und $-ca < -cb$.

202. Wenn $a + c > a$ und b eine Pluszahl, ſo $(a + c)b > ab$.

203. Wenn $a_1 + c_1 > a_1, a_2 + c_2 > a_2, \cdots$, so $(a_1 + c_1)(a_2 + c_2) > a_1 a_2$.
204. Wenn $a_1 < 1, a_2 < 1, \cdots$, so $a_1 a_2 \cdots < 1$.
Wenn $a_1 > 1, a_2 > 1, \cdots$, so $a_1 a_2 \cdots > 1$.
205. **Echte Bruchzahl**, Zähler kleiner als Nenner.
206. Wenn $\frac{a}{b}$ echte Bruchzahl, so $\frac{a}{b} < 1$.
207. $\frac{a_1}{b_1} \cdot \frac{a_2}{b_2} \cdots < 1$, wenn $\frac{a_a}{b_a}$ echte Bruchzahlen.
208. $\frac{a}{b + c} < \frac{a}{b}$ wenn $b + c > b$
209. **Aufgehen** von a in ac, wenn c ganze Zahl.
210. a und 1 gehen in a auf.
211. Wenn a in b aufgeht, so $b \geqq a$.
212. Wenn a in b und b in a aufgeht, so $a = b$.
213. Wenn $b = \mathfrak{a}a$ und $c = \mathfrak{b}b$, so $c = \mathfrak{a}\mathfrak{b}a$.
214. **Gemeinmas** (gemeinschaftliches Mas). Fremd (primär).
215. Wenn a Gemeinmas von b und c, so auch von $\mathfrak{b}b \pm \mathfrak{c}c$, wo $\mathfrak{b}$ und $\mathfrak{c}$ ganze Zahlen.
216. Auffinden des grösten Gemeinmases von 2 Zahlen.
217. Wenn m gröstes Gemeinmas von a und b, so mc das von ac und bc.
218. Wenn c in ab aufgeht und dem a fremd, so geht c in b auf.
219. **Primzahl**, zusammengesetzte Zahl, Primfache.
220. Wenn Primzahl a nicht in b aufgeht, so ist sie dem b fremd.
221. Wenn Primzahl a nicht in b und c aufgeht, so auch nicht in bc.
222. Wenn sie nicht in $a_1, a_2, \cdots a_n$ aufgeht, so auch nicht in $a_1 a_2 \cdots a_n$.
223. Jede zusammengesetzte Zahl lässt sich in Primfache zerlegen.
224. Wenn $a_1, a_2, \cdots a_n$ Primfache und $a_1 a_2 \cdots a_n = B$, so nur Ordnung verschieden.
225. In jede Zahl gehen nur ihre Primfache und die Zeuge derselben auf.
226. Gröstes Gemeinmas von n Zahlen finden.
227. Kurzer oder reduzirter Bruch.
228. Wenn $a < bb$ und die Primzahlen $< b$ gehen nicht auf, so a eine Primzahl.
229. Zwei, vier, acht gehen auf, wenn sie in die letzte, in die beiden, in die 3 letzten Ziffern aufgehen.
230. Gerade Zahlen, ungerade Zahlen.
231. Fünf geht auf, wenn die letzte Ziffer 5 oder 0 ist.
232. Quersumme einer Zahl.
233. Drei und neun gehen auf, wenn sie in die Quersumme aufgehen.
234. **Neunerrest**, gleiche Neunerreste.
235. Neunerprobe beim Zufügen.
236. dgl. beim Abziehen.
237. dgl. beim Vervielfachen.
238. dgl. beim Teilen ohne Rest.
239. dgl. beim Teilen mit Rest.
240. Aufgehen von 11.
241. Aufgehen von 7, 13.
242. **Kleinster Gemeinnenner** oder Dividuus.
243. Kleinsten Gemeinnenner zweier Zahlen finden.

244. Kleinsten Gemeinnenner mehrer Zahlen finden.
245. Zahlenreihe (arithmetische Reihe) ersten Ranges.
$\mathfrak{a}$ erstes, $\mathfrak{t}$ ntes Glied, $\mathfrak{b}$ Unterschied 2er Glieder, $\mathfrak{S}$ Summe der n ersten Glieder.
246. $\mathfrak{t} = \mathfrak{a} + (n-1)\mathfrak{b}$; $\mathfrak{S} = \frac{n(\mathfrak{a}+\mathfrak{t})}{2} = n\mathfrak{a} + \frac{n(n-1)}{2}\mathfrak{b}$.
247. Summe der ganzen Zahlen von 1 bis $n = \frac{n(n+1)}{2}$.
248. Summe der ungeraden Zahlen von 1 bis $(2n-1) = n^2$.
249. Zahlenmittel (arithmetisches Mittel) von $a_1, a_2, \cdots a_n = (a_1 + a_2 + \cdots + a_n)\frac{1}{n}$.
250. Verwandlung eines Bruches in einen Zehntbruch.
251. Endlicher, unendlicher, gekürzter Zehntbruch. Kürzungsstelle.
252. Wiederkehr (Periode). Rein wiederkehrender (periodischer), gemischter Bruch.
253. Brüche, die nur 2 und 5 als Fache im Nenner, geben endlichen Zehntbruch.
254. Brüche, die nicht 2 und 5 als Fache im Nenner, geben rein wiederkehrenden Zehntbruch.
255. Brüche, die 2, 5 und andere als Fache im Nenner, geben gemischten Zehntbruch.
256. Verwandlung des endlichen Zehntbruches in gewöhnlichen Bruch.
257. Verwandlung des rein wiederkehrenden Zehntbruches in gewöhnlichen Bruch.
258. Verwandlung des gemischten Zehntbruches in gewöhnlichen Bruch.
259. Praktisches Rechnen. Abgekürztes Rechnen.
260. Abgekürztes Zufügen und Abziehen.
261. Abgekürztes Vervielfachen.
262. Abgekürztes Teilen.
263. Wertzahl eines Mases.
264. Auflöſen (reſolviren) des höhern Mases ins niedere.
265. Zurückführen (reduziren) des niedern Mases ins höhere.
266. Die mehrfach benannte Zahl einnamig machen.
267. Die einnamige Zahl mehrfach benannt machen.
268. Mehrfach benannte Zahlen zufügen.
269. Desgleichen bei zehnteiligen Masen.
270. Mehrfach benannte Zahlen abziehen.
271. Desgleichen bei zehnteiligen Masen.
272. Vervielfachen benannter Zahlen.
273. Alle Geſetze der Vervielfachung gelten.
274. Vervielfachen einer einfach benannten Zahl.
275. Vervielfachen einer mehrfach benannten Zahl.
276. Zweite Art.
277. Teilen benannter Zahlen: Messen und Schneiden.
278. Alle Geſetze der Teilung gelten fürs Schneiden.
279. Teilen einer einfach benannten Zahl.
280. Teilen einer mehrfach benannten Zahl.
281. Zweite Art.
282. Alle Geſetze der Teilung gelten fürs Messen.

283. Einfach benannte Zahl teilen durch gleichnamige.
284. Mehrfach benannte Zahl teilen durch mehrfach benannte.
285. Bruchgleichung (Proportion) Verhältniss. Aeusere, innere Grösen, $a : b = c : d$.
286. Wenn $a : b = c : d$, und $b \gtrless 0$, $d \gtrless 0$, so $ad = bc$.
287. Wenn $ad = bc$, so $a : b = c : d$.
288. Wenn $a : b = c : d$, so $d : b = c : a$ und $a : c = b : d$.
289. Wenn $a : b = c : d$ und $a = c \gtrless 0$, so $b = d$.
290. Wenn $a : b = c : d$, so ist $a = \frac{bc}{d}$ und $b = \frac{ad}{c}$.
291. Wenn $a : b = c : d$, so ist $\frac{ma + nc}{mb + nd} = \frac{c}{d}$.
292. Wenn $\frac{a}{a_1} = \frac{b}{b_1} = \frac{c}{c_1} = \cdots$, so $\frac{ma + nb + pc + \cdots}{ma_1 + nb_1 + pc_1 + \cdots} = \frac{a}{a_1}$.
293. Wenn $\frac{a}{b} = \frac{c}{d}$, so $\frac{ma + nb}{mc + nd} = \frac{a}{c}$.
294. Wenn $\frac{a}{b} = \frac{c}{d}$ und $\frac{e}{b} = \frac{c}{d}$, so $a = e$.
295. Wenn $\frac{a_1}{b_1} = \frac{c_1}{d_1}$, $\frac{a_2}{b_2} = \frac{c_2}{d_2}, \cdots \frac{a_n}{b_n} = \frac{c_n}{d_n}$, so $\frac{a_1 a_2 \cdots a_n}{b_1 b_2 \cdots b_n} = \frac{c_1 c_2 \cdots c_n}{d_1 d_2 \cdots d_n}$.
296. Bruchkreuz $\frac{a \mid c}{b \mid d}$, Scheitelzeuge ad und bc.
297. Im Bruchkreuze $\frac{a \mid c}{b \mid d}$ ist $ad = bc$.
298. Dreisatz oder Regeldetri.
299. Wenn $\frac{x \mid d}{a \mid c}$ oder $\frac{a \mid c}{x \mid d}$, so $x = \frac{ad}{c}$.
300. Die gleichbenannten einnamigen Zahlen unter einander.
301. Erweiterter Dreisatz.
302. Gleichung ersten Grades. Unbekannte, Wurzel, Auflösung.
303. Wenn $a = b$, so $a \pm c = b \pm c$, ferner $ac = bc$, und $\frac{a}{c} = \frac{b}{c}$, wo $c \gtrless 0$.
304. Wenn $a + c = b$, so $a = b - c$; Wenn $a - c = b$, so $a = b + c$.
Wenn $ac = b$, so $a = \frac{b}{c}$; Wenn $\frac{a}{c} = b$, so $a = bc$.
305. Wegschaffen eines Gliedes, eines Fachs oder eines Nenners.
306. Alle Vorzeichen der Glieder kann man entgegengesetzt nehmen.
307. Wenn beide Seiten Brüche, so kann man sie umkehren.
308. Eingerichtete Gleichung. Gleichung n ten Grades.
309. Die Gleichung ersten Grades ist aufgelöst, wenn eingerichtet.
310. Lösung der Gleichung ersten Grades mit einer Unbekannten.
311. Anwendung dieser Gleichungen.
312. Lösung der Gleichung ersten Grades mit 2 Unbekannten.
313. Lösung der Gleichung ersten Grades mit 3 Unbekannten.
314. Lösung der Gleichung ersten Grades mit n Unbekannten.

Zweiter Abschnitt der Zahlenlehre: Höhere Zahlenlehre oder Höhen, Tiefen und Logen.

315. Höhen, Potenziren.
316. Zeichen des Höhens: a^m, gelefen „a hoch m."
Bafe a, Stufe (Exponent) m, Höhe (Potenz).
317. Bafenklammer $(ab)^c$ und $(a+b)^c$, Stufenklammer a^{bc} und a^{b+c}.
318. $a^{b+1} = a^b \cdot a$; $a^1 = a$; $1^1 = 1$.
319. $a^0 = 1$, wo $a \gtrless 0$.
320. $a^{b+c} = a^b \cdot a^c$, wo c eine ganze Zahl.
321. $a^{\underset{1,n}{S} b_6} = \underset{1,n}{P} a^{b_6}$ oder $a^{b_1 + b_2 + \cdots + b_n} = a^{b_1} \cdot a^{b_2} \cdots a^{b_n}$.
322. $a^1 = a$ $1^a = 1$.
323. $a^c \cdot b^c = (ab)^c$, wo c eine ganze Zahl.
324. $a^{bc} = (a^b)^c$.
325. $(a^b)^c = (a^c)^b$.
326. Gefetz der Zahlenhöhung.
327. $a^n \overset{*}{=} P_n a = a \cdot a \cdots a$, * wo n ganze Pluszahl.
Vorläufig foll die Stufe stets ganze Pluszahl fein.
328. $0^n = 0$.
329. $1^n = 1$; $(-1)^{2n} = 1$; $(-1)^{2n+1} = -1$.
330. $(+a)^n = +(a^n)$; $(-a)^{2n} = +(a^{2n})$; $(-a)^{2n+1} = -(a^{2n+1})$.
331. Desgleichen.
332. $a^{-n} \overset{*}{=} \frac{1}{a^n}$; $a^n \overset{*}{=} \frac{1}{a^{-n}}$ * wo $a \gtrless 0$.
333. Zahl vervielfachen bez. teilen durch 10^n.
334. $a^{b-c} = \frac{a^b}{a^c}$ wo $a \gtrless 0$.
335. $\left(\frac{a}{b}\right)^c = \frac{a^c}{b^c}$ wo $b \gtrless 0$.
336. $\left(\frac{a}{b}\right)^{-c} = \left(\frac{b}{a}\right)^c$ wo a und $b \gtrless 0$.
337. Echter Plusbruch erhöht.
338. Wenn $a^n = 1$, und $n \gtrless 0$, fo $a = 1$.
339. Wenn $a^b = 1$ und $a \gtrless 1$, fo $b = 0$.
340. Wenn $a^c = b^c$, wo $c \gtrless 0$, fo $a = b$.
Wenn $a^c = a^d$, wo $a \gtrless 1$, fo $c = d$.
341. Tiefen, Radiziren. Stufe $\gtrless 0$.
342. Zeichen des Tiefens $a^{\frac{1}{n}}$, gelefen „a hoch $\frac{1}{n}$" oder „a tief n."
Zutiefende Gröse (radicandus), Senke (radicator), Tiefe (radix).
343. $\left(a^{\frac{1}{n}}\right)^n = a$.
344. $\left(a^n\right)^{\frac{1}{n}} = a$.

345. $1^{\frac{1}{a}} = 1.$
346. Für das Tiefen gelten alle Gefetze des Höhens.
347. $(ab)^{\frac{1}{n}} = a^{\frac{1}{n}} \cdot b^{\frac{1}{n}}.$ $\left(\frac{a}{b}\right)^{\frac{1}{n}} = \frac{a^{\frac{1}{n}}}{b^{\frac{1}{n}}}.$
348. $a^{\frac{m}{n}} = \left(a^{m}\right)^{\frac{1}{n}} = \left(a^{\frac{1}{n}}\right)^{m}.$
349. $a^{\frac{1}{mn}} = \left(a^{\frac{1}{m}}\right)^{\frac{1}{n}} = \left(a^{\frac{1}{n}}\right)^{\frac{1}{m}}.$ $a^{\frac{1}{m:n}} = a^{\frac{n}{m}}.$
350. Logen, Logarithmiren. Loghöhe (potentia log.) Logbafe (bafis log.) Log (Logarithmus).
351. Zeichen des Logens $\frac{b}{a}$, gelefen „b gelogt nach a;" $l_a b$, gelefen „log b nach a."
352. $c = \frac{a^c}{a}.$
353. $\frac{1}{b} = 0.$
354. $\frac{b}{b} = 1.$
355. $\frac{ab}{c} = \frac{a}{c} + \frac{b}{c}.$
356. $\frac{a:b}{c} = \frac{a}{c} - \frac{b}{c}.$
357. $\frac{a^b}{c} = b \cdot \frac{a}{c}.$ $l_c a^b = b \cdot l_c a.$
358. $\frac{a^{\frac{1}{b}}}{c} = \frac{1}{b} \cdot \frac{a}{c}.$ $l_c a^{\frac{1}{b}} = \frac{1}{b} l_c a.$
359. Gefetz des Logens.
360. $\frac{a}{c} = \frac{a}{b} \cdot \frac{b}{c}.$ $l_c a = l_c a \cdot l_c \cdot b.$
361. $\frac{a}{c} = \frac{a}{b} : \frac{c}{b}.$ $l_c a = \frac{1}{b} a : l_b c.$
362. Zehnlog (gemeiner, briggischer Logarithmus), $\log a = l_{10} a.$
363. $\log a = \log_{10} a = \frac{a}{10}$ $\log abc^n = \log (abc^n).$
364. $\log a \cdot 10^n = \log a + n;$ $\log a : 10^n = \log a - n.$
365. Desgleichen.
366. Stellenlog (characteristica), Ziffernlog (mantissa).
367. Diefelben Ziffern haben denfelben Ziffernlog.
368. Logtafel (Logarithmentafel): Tafel der Ziffernloge.
369. Stellenlog gleich der Stelle der höchsten Ziffer.

370. Auffinden des Logs zur Zahl.
371. Auffinden der Zahl zum Loge.

372. $\log ab = \log a + \log b$; $\log \frac{a}{b} = \log a - \log b$.

373. $\log a^n = n \cdot \log a$; $\log a^{\frac{1}{n}} = \frac{1}{n} \cdot \log a$.

374. Elog (natürlicher, neperscher Log). $e = 2{,}718281828459$. $\log e = 0{,}4342944819$.

375. $\frac{a}{e} = \frac{a}{10} : \frac{e}{10}$; $l_e a = 2{,}3025851 \cdot \log a$.

376. $\frac{a}{10} = \frac{a}{e} \cdot \frac{e}{10}$; $\log a = 0{,}4342945\, l_e a$.

377. Wenn $a > b$ und a, b, c Pluszahlen, so $a^n > b^n$ und $a^{\frac{1}{n}} > b^{\frac{1}{n}}$.

378. Wenn $a > b$ und $c > 1$ und a, b Pluszahlen, so $c^a > c^b$ und $\frac{a}{c} > \frac{b}{c}$.

379. Wenn $a > 1$, so ist $\log a$ Pluszahl, wenn $a < 1$, so Strichzahl.
380. Wenn p in a^b aufgeht, so auch in a; wo p, a, b ganze Pluszahlen.
381. Wenn a und b fremde und n ganze Zahl, so a^n und b^n fremde.
382. Endzahl (Rationalzahl), Unzahl (Irrationalzahl).
383. Alle Sätze der Zahlenlehre gelten für Unzahlen.

384. $a^{\frac{1}{n}}$ ganze Zahl oder Unzahl, wenn a ganze Pluszahl.
385. $\log a$ Unzahl, wenn a weder Höhe, noch Tiefe von 10.
386. Wenn a eine Primzahl auser 2 und 5, so ist $a^{4\alpha + 2} = b \cdot 10 + 1$ oder $= b \cdot 10 + 9$, und ist $a^{4\alpha} = b \cdot 10 + 1$, wo b eine ganze Pluszahl.

387. Geschiedszahl und Geänderzahl von n zur mten Stufe, wo n ganze Zahl.

$$n^{\bullet m} = \frac{n(n-1)(n-2)\cdots(n-m+1)}{1 \cdot 2 \cdot 3 \cdots n}; \quad n'^m = n(n-1)(n-2)\cdots(n-m+1).$$

Tauschzahl von $m = m! = 1 \cdot 2 \cdot 3 \cdots m$.

388. Zeichen der Geschiedszahl $n^{\bullet m}$, gelesen „n Punkt m," Geänderzahl n'^m gelesen „n Schlag m," Tauschzahl m!, gelesen „m Tausche."

389. $n^{\bullet m} = \frac{n'^m}{m!}$ $n'^m = m! \cdot n^{\bullet m}$.

390. $n^{\bullet m} = \frac{n!}{m!(n-m)!}$.

391. $(n+1)^{\bullet m} = n^{\bullet m} + n^{\bullet m-1}$.
392. $(a+b)^2 = a^2 + 2ab + b^2$.
393. Binomischer Lehrsatz:

$$(a+b)^n = a^n + n \cdot a^{n-1} b + \frac{n(n-1)}{1 \cdot 2} a^{n-2} b^2 + \cdots + n a b^{n-1} + b^n,$$

$$= S n^{\bullet \alpha} a^{n-\alpha} b^{\alpha}$$ wo n ganze Pluszahl.

394. Rechenregel für zweite Tiefe.
395. Abgekürztes Berechnen der zweiten Tiefe.
396. Log der Summe.

397. Log des Unterschiedes.
398. Zahlenreihe (arithmetische Reihe) pten Ranges.
399. Die p ten Unterschiede find gleich.
Das $\mathfrak{a}$te Glied der cten Unterschiede ${}^{c}a_{\mathfrak{a}}$.
400. ${}^{c}a_{n+1} = {}^{c}a_{n} + {}^{c+1}a_{n}$.
401. ${}^{p+\mathfrak{a}}a_{\mathfrak{b}+1} - {}^{p+\mathfrak{a}}a_{\mathfrak{b}} = 0$.
402. ${}^{c}a_{n+1} = \underset{}{S} n^{\cdot\mathfrak{a}} ({}^{c+\mathfrak{a}}a_{1})$.
403. ${}^{c-1}a_{n+1} (- {}^{c-1}a_{1}) = \underset{1,n}{S} {}^{c}a_{\mathfrak{a}}$.
404. $\underset{1,n}{S} {}^{c}a_{\mathfrak{a}} = \underset{1,}{S} n^{\cdot\mathfrak{a}} ({}^{c+\mathfrak{a}-1}a_{1})$.
405. Stufenreihe (geometrische Reihe) ersten Ranges. $a_{\mathfrak{a}+1} : a_{\mathfrak{a}} = b$.
a erstes, t n tes Glied, b Folgebruch, S Summe der n ersten Glieder.
406. $t = ab^{n-1}, \qquad S = \frac{tb - a}{b - 1} = a\frac{b^n - 1}{b - 1} = a\frac{1 - b^n}{1 - b}$.
407. Zinfen und Renten: Vermögen k, Zinsfus p, Zinsfach $z = 1 + \frac{p}{100}$.
Jährlicher Beitrag b, Jahresrente r.
408. Vermögen k hat nach n Jahren Wert $x = kz^n$.
409. Vermögen k hatte vor n Jahren Wert $x = kz^{-n}$.
410. Jährlicher Beitrag b giebt nach n Jahren Vermögen $x = bz\frac{z^n - 1}{z - 1}$.
411. Anfangsvermögen x giebt für n Jahre die Rente r; $x = r\frac{z^n - 1}{(z - 1)z^{n-1}}$.
412. Jährlicher Beitrag x für n Jahre giebt nach $n + 1$ Jahren die Rente r auf q Jahre $x = \frac{r}{z^q} \cdot \frac{z^q - 1}{z^n - 1}$.
413. Höhenreihe (Potenzreihe) von x. $ax^n + bx^{n-1} + cx^{n-2} + \cdots$
Entsprechende Vorzahlen; Vorzahl Null.
414. $(ax^n + bx^{n-1} + \cdot\cdot) + (\mathfrak{a}x^n + \mathfrak{b}x^{n-1} + \cdot\cdot) = (a + \mathfrak{a})x^n + (b + \mathfrak{b})x^{n-1} + \cdots$
415. $(ax^n + bx^{n-1} + \cdot\cdot) - (\mathfrak{a}x^n + \mathfrak{b}x^{n-1} + \cdot\cdot) = (a - \mathfrak{a})x^n + (b - \mathfrak{b})x^{n-1} + \cdots$
416. $(ax^n + bx^{n-1} + \cdot\cdot)\mathfrak{a}x^m = a\mathfrak{a}x^{n+m} + b\mathfrak{a}x^{n+m-1} + \cdots$
417. $(ax^n + bx^{n-1} + \cdots) : \mathfrak{a}x^m = \frac{a}{\mathfrak{a}}x^{n-m} + \frac{b}{\mathfrak{a}}x^{n-m-1} + \cdots$
418. $(ax^n + bx^{n-1} + \cdots)(\mathfrak{a}x^m + \mathfrak{b}x^{m-1} + \mathfrak{c}x^{m-2} + \cdot\cdot)$
$= a\mathfrak{a}x^{n+m} + (b\mathfrak{a} + a\mathfrak{b})x^{n+m-1} + (c\mathfrak{a} + b\mathfrak{b} + a\mathfrak{c})x^{n+m-2} + \cdots$
419. Vorzahlen für jede Stufe.
420. $\frac{A}{B} = C + \frac{A - BC}{B}$.
421. Reihenzahl, Systemzahl. Grundzahl, Reihenbruch.
Zehntzahl (dekadische Systemzahl), Zehntbruch (Dezimalbruch).
422. a auf n ter Stelle $= a \cdot 10^n$; 0 te Stelle links neben Komma.

Dritter Abschnitt der Zahlenlehre: Die dehnende Zahlenlehre.

423. Das J (die imaginäre Eins) $=$ i, die Jgröse (imaginäre Gröse) $=$ ia.
424. $i = (-1)^{1/2}; \qquad i^2 = -1$.

425. $(-a)^{1/2} = i \cdot a^{1/2}$.

426. **Richtgröse** (**komplexe Gröse**) $= a + ib$. Erste, zweite Zahl.
Richtwert $r = (a^2 + b^2)^{1/2}$; **Richteinheit** $(a^2 + b^2)^{1/2} = 1$.
$a + ib = \alpha + i\beta$, dann und nur dann, wenn $a = \alpha$ und $b = \beta$.
Die **Zahlgrösen** umfassen die Zahlen und die Richtgrösen.

427. $r^2 \overset{*}{=} a^2 + b^2$ $\quad$ * wenn $a + ib$ gegeben.

428. **Lotſeiten** (**Katheten**) a und b, **Spannſeite** (**Hypotenuſe**) r.

429. Alle Geſetze der niedern Zahlenlehre gelten für Richtgrösen.

430. $(a + ib) \pm (\alpha + i\beta) = (a \pm \alpha) + i(b \pm \beta)$.

431. $(a + ib)(\alpha + i\beta) = (a\alpha - b\beta) + i(a\beta + b\alpha)$.

432. $(a + ib)(a - ib) = a^2 + b^2 = r^2$.

433. $\dfrac{a + ib}{\alpha + i\beta} = \dfrac{(a + ib)(\alpha - i\beta)}{\alpha^2 + \beta^2}$.

434. $\dfrac{a + ib}{r} = \dfrac{a}{r} + i\dfrac{b}{r}$ ist eine Richteinheit.

435. **Winkel der Richteinheit** β.
Kreisumfang: $2\pi = 2 \cdot 3{,}_{14159265359} = 360^0$ à $60'$ à $60''$.

Echter Winkel zwischen $-\pi$ und $+\pi$. **Rechter Winkel** $\frac{1}{2}\pi = 90^0$.

Erster Plusrechter 0 bis $\frac{\pi}{2}$, zweiter $\frac{\pi}{2}$ bis π.

Erster Strichrechter 0 bis $-\frac{\pi}{2}$, zweiter $-\frac{\pi}{2}$ bis $-\pi$.

436. **Ergänzungswinkel** $= 90^0 - \beta = \frac{\pi}{2} - \beta$.
Nebenwinkel $= 180^0 - \beta = \pi - \beta$.

437. In Richteinheit 1 te Zahl Cosinus $\beta = \cos\beta$, 2 te Zahl Sinus $\beta = \sin\beta$.

438. $\cos\beta = \frac{a}{r}$; $\quad \sin\beta = \frac{b}{r}$; $\quad \cos\beta + i\sin\beta =$ Richteinheit.

439. $(\cos\beta + i\sin\beta)(\cos\beta - i\sin\beta) = 1$.

$$\cos\beta - i\sin\beta = \frac{1}{\cos\beta + i\sin\beta}.$$

440. $a + ib = r(\cos\beta + i\sin\beta)$ $\qquad$ wo $r = (a^2 + b^2)^{1/2}$.

441. $(\cos\beta)^2 + (\sin\beta)^2 = 1$; $\cos\beta = (1 - (\sin\beta)^2)^{1/2}$; $\sin\beta = (1 - (\cos\beta)^2)^{1/2}$.

442. $\cos\beta = \text{Mitt.}[-1, +1]$; $\qquad \sin\beta = \text{Mitt.}[-1, +1]$.

443. Im ersten Plusrechten sin und cos Pluszahl.

444. $\sin(-\beta) = -\sin\beta$; $\qquad \cos(-\beta) = \cos\beta$.

445. $\sin(180^0 - \beta) = \sin\beta$; $\qquad \cos(180^0 - \beta) = -\cos\beta$.

446. Sin Pluszahl von $2a\pi$ bis $(2a + 1)\pi$,
Strichzahl von $(2a + 1)\pi$ bis $(2a + 2)\pi$.

Cos Pluszahl von $\left(2a - \frac{1}{2}\right)\pi$ bis $\left(2a + \frac{1}{2}\right)\pi$,

Strichzahl von $\left(2a + \frac{1}{2}\right)\pi$ bis $\left(2(a + 1) - \frac{1}{2}\right)\pi$.

447. $\cos(-\beta) + i\sin(-\beta) = \cos\beta - i\sin\beta = \frac{1}{\cos\beta + i\sin\beta}$.

448. $\cos(180^0 - \beta) + i\sin(180^0 - \beta) = -\cos\beta + i\sin\beta = -\frac{1}{\cos\beta + i\sin\beta}$.
$\cos(180^0 + \beta) + i\sin(180^0 + \beta) = -\cos\beta - i\sin\beta = -(\cos\beta + i\sin\beta)$.

449. $\sin n\pi = 0$; $\cos 2n\pi = 1$; $\cos(2n + 1)\pi = -1$; wo n ganze Zahl.

450. Wenn $a(\cos\alpha + i\sin\alpha) = b(\cos\beta + i\sin\beta)$ und $a \gtrless 0$, $b \gtrless 0$, und α und $\beta = \text{Mitt}[+\pi, -\pi]$, so ist $a = b$ und $\alpha = \beta$.

451. $(\cos\alpha + i\sin\alpha)(\cos\beta + i\sin\beta) = \cos(\alpha + \beta) + i\sin(\alpha + \beta)$.

452. $\cos(\alpha + \beta) = (\cos\alpha)\cos\beta - (\sin\alpha)\sin\beta$.
$\sin(\alpha + \beta) = (\sin\alpha)\cos\beta + (\cos\alpha)\sin\beta$.

453. $\cos(\alpha - \beta) = (\cos\alpha)\cos\beta + (\sin\alpha)\sin\beta$.
$\sin(\alpha - \beta) = (\sin\alpha)\cos\beta - (\cos\alpha)\sin\beta$.

454. $\sin 2\alpha = 2(\sin\alpha)\cos\alpha$.
$\cos 2\alpha = (\cos\alpha)^2 - (\sin\alpha)^2 = 1 - 2(\sin\alpha)^2 = 2(\cos\alpha)^2 - 1$.

455. $\sin\frac{\alpha}{2} = \pm\left(\frac{1 - \cos\alpha}{2}\right)^{1/2}$; $\cos\frac{\alpha}{2} = \pm\left(\frac{1 + \cos\alpha}{2}\right)^{1/2}$.

456. $\cos(n + 1/2)\pi = 0$; $\sin(2n + 1/2)\pi = 1$; $\sin(2n - 1/2)\pi = -1$; n ganze Zahl.

457. $\cos 90^0 = 0$; $\sin 90^0 = 1$.

458. $\cos 45^0 = \sin 45^0 = \frac{1}{2^{1/2}} = 1/2 \cdot 2^{1/2}$.

459. Sin x wächst von -1 bis $+1$ für x von $(2n - 1/2)\pi$ bis $(2n + 1/2)\pi$
nimmt ab von $+1$ bis -1 für x von $(2n + 1/2)\pi$ bis $(2n + 1\,1/2)\pi$.
Cos x wächst von -1 bis $+1$ für x von $(2n - 1)\pi$ bis $2n\pi$
nimmt ab von $+1$ bis -1 für x von $2n\pi$ bis $(2n + 1)\pi$.

460. $\cos(90^0 - \alpha) = \cos\left(\frac{\pi}{2} - \alpha\right) = \sin\alpha$; $\sin(90^0 - \alpha) = \sin\left(\frac{\pi}{2} - \alpha\right) = \cos\alpha$.

461. $\cos\alpha + i\sin\alpha = \sin(90^0 - \alpha) + i\cos(90^0 - \alpha)$.

462. $\cos(\alpha_1 + \alpha_2 + \cdots + \alpha_n) + i\sin(\alpha_1 + \alpha_2 + \cdots + \alpha_n)$
$= (\cos\alpha_1 + i\sin\alpha_1)(\cos\alpha_2 + i\sin\alpha_2)\cdots(\cos\alpha_n + i\sin\alpha_n)$.

463. $\cos n\alpha + i\sin n\alpha \overset{*}{=} (\cos\alpha + i\sin\alpha)^n$ * n ganze Zahl.

464. $\cos nx \overset{*}{=} S(-1)^a n^{*2a}(\cos x)^{n-2a} \cdot (\sin x)^{2a}$ * n ganze Zahl.
$\sin nx \overset{*}{=} S(-1)^a n^{*2a+1}(\cos x)^{n-(2a+1)} \cdot (\sin x)^{2a+1}$ * n ganze Zahl.

465. $[a(\cos\alpha + i\sin\alpha)]^n \overset{*}{=} a^n(\cos n\alpha + i\sin n\alpha)$ * n ganze Zahl.

466. Tan = Tangente; Cot = Cotangente.

467. $\tan\beta = \frac{\sin\beta}{\cos\beta}$; $\cot\beta = \frac{\cos\beta}{\sin}$; $\cot\beta = \frac{1}{\tan\beta}$;
$1 + (\tan\beta)^2 = \frac{1}{(\cos\beta)^2}$; $1 + (\cot\beta)^2 = \frac{1}{(\sin\beta)^2}$.

468. $\tan(-\beta) = \tan(180^0 - \beta) = -\tan\beta$.
$\cot(-\beta) = \cot(180^0 - \beta) = -\cot\beta$.

469. Tan und Cot Pluswert im 1. Plus-, 2. Strichrechten.
Strichwert im 2. Plus-, 1. Strichrechten.

470. $\tan(\alpha + \beta) = \frac{\tan\alpha + \tan\beta}{1 - (\tan\alpha)\tan\beta}$; $\tan(\alpha - \beta) = \frac{\tan\alpha - \tan\beta}{1 + (\tan\alpha)\tan\beta}$.

471. $\tan 2\alpha = \frac{2\tan\alpha}{1-(\tan\alpha)^2}$.

472. $\tan\frac{\alpha}{2} = \frac{\sin\alpha}{1+\cos\alpha} = \frac{1-\cos\alpha}{\sin\alpha}$; $\tan\frac{\pi}{4} = 1$.

473. $\tan n\pi = 0 = \cot(n+{}^1/_2)\pi$; $\tan(n+{}^1/_2)\pi = \infty = \cot n\pi$; n ganze Zahl.

474. Tan x wächst von $-\infty$ bis $+\infty$ für x von $(n-{}^1/_2)\pi$ bis $(n+{}^1/_2)\pi$.
Cot x nimmt ab von $+\infty$ bis $-\infty$ für x von $n\pi$ bis $(n+1)\pi$.

475. $\cot(90^0-\alpha) = \cot\left(\frac{\pi}{2}-\alpha\right) = \tan\alpha$; $\tan(90^0-\alpha) = \tan\left(\frac{\pi}{2}-\alpha\right) = \cot\alpha$.

476. $\sin(n\pi+(-1)^n x) = \sin x$; $\sin(n\pi-(-1)^n x) = -\sin x$.
$\cos(2n\pi \pm x) = \cos x$; $\cos((2n+1)\pi \pm x) = -\cos x$.
$\tan(n\pi+x) = \tan x$; $\tan(n\pi-x) = -\tan x$.
$\cot(n\pi+x) = \cot x$; $\cot(n\pi-x) = -\cot x$.

477. Winkeltafel, trigonometrische Logarithmentafel.

478. Praktischste Einrichtung der Winkeltafel.

479. $\sin(\alpha+\beta)+\sin(\alpha-\beta) = 2(\sin\alpha)\cos\beta$.
$\sin(\alpha+\beta)-\sin(\alpha-\beta) = 2(\cos\alpha)\sin\beta$.
$\cos(\alpha+\beta)+\cos(\alpha-\beta) = 2(\cos\alpha)\cos\beta$.
$\cos(\alpha+\beta)-\cos(\alpha-\beta) = 2(\sin\alpha)\sin\beta$.

480. $\sin\alpha+\sin\beta = 2(\sin{}^1/_2(\alpha+\beta))\cos{}^1/_2(\alpha-\beta)$.
$\sin\alpha-\sin\beta = 2(\cos{}^1/_2(\alpha+\beta))\sin{}^1/_2(\alpha-\beta)$.
$\cos\alpha+\cos\beta = 2(\cos{}^1/_2(\alpha+\beta))\cos{}^1/_2(\alpha-\beta)$.
$\cos\beta-\cos\alpha = 2(\sin{}^1/_2(\alpha+\beta))\sin{}^1/_2(\alpha-\beta)$.

481. $\frac{\sin\alpha+\sin\beta}{\cos\alpha+\cos\beta} = \tan{}^1/_2(\alpha+\beta)$; $\frac{\sin\alpha-\sin\beta}{\cos\alpha+\cos\beta} = \tan{}^1/_2(\alpha-\beta)$.
$\frac{\sin\alpha+\sin\beta}{\cos\beta-\cos\alpha} = \cot{}^1/_2(\alpha-\beta)$; $\frac{\sin\alpha-\sin\beta}{\cos\beta-\cos\alpha} = \cot{}^1/_2(\alpha+\beta)$.

482. $\frac{\sin\alpha-\sin\beta}{\sin\alpha+\sin\beta} = (\cot{}^1/_2(\alpha+\beta))\tan{}^1/_2(\alpha-\beta)$;
$\frac{\cos\beta-\cos\alpha}{\cos\alpha+\cos\beta} = (\tan{}^1/_2(\alpha+\beta))\tan{}^1/_2(\alpha-\beta)$.

483. $(\sin\alpha)^2-(\sin\beta)^2 = (\sin(\alpha+\beta))\sin(\alpha-\beta)$;
$(\cos\beta)^2-(\cos\alpha)^2 = (\sin(\alpha+\beta))\sin(\alpha-\beta)$.

484. $\sin\alpha \pm \cos\alpha = 2^{1/2}\sin(\alpha \pm 45^0) = 2^{1/2}\cos(\alpha \mp 45^0)$.
$\cos\alpha \pm \sin\alpha = 2^{1/2}\sin(45^0 \pm \alpha) = 2^{1/2}\cos(45^0 \mp \alpha)$.

485. $\left(\frac{1\pm\sin 2\alpha}{2}\right)^{1/2} = \sin(45^0\pm\alpha) = \cos(45^0\mp\alpha)$;
$\frac{1+\sin\alpha}{1-\sin\alpha} = \tan(45^0+{}^1/_2\alpha) = \cot(45^0-{}^1/_2\alpha)$.

486. $\tan\alpha \pm \tan\beta = \frac{\sin(\alpha\pm\beta)}{(\cos\alpha)\cos\beta}$; $\cot\beta \pm \cot\alpha = \frac{\sin(\alpha\pm\beta)}{(\sin\alpha)\sin\beta}$.

487. $1 \pm \tan\alpha = 2^{1/2}.\frac{\sin(45^0\pm\alpha)}{\cos\alpha} = 2^{1/2}\frac{\cos(45^0\mp\alpha)}{\cos\alpha}$;
$\cot\alpha \pm 1 = 2^{1/2}\frac{\sin(45^0\pm\alpha)}{\sin\alpha} = 2^{1/2}\frac{\cos(45^0\mp\alpha)}{\sin\alpha}$.

488. $\frac{1 \pm \tan\alpha}{1 \mp \tan\alpha} = \tan(45^0 \pm \alpha) = \cot(45^0 \mp \alpha)$.

489. $\frac{1 + \tan\alpha}{1 + \cot\alpha} = \frac{1 - \tan\alpha}{\cot\alpha - 1} = \tan\alpha$.

490. Bogen, arcus β, wo der Winkel zwischen $-\frac{\pi}{2}$ und $+\frac{\pi}{2}$.

491. Zeichen: $\mathrm{arc}(\sin = x)$, $\mathrm{arc}(\cos = x)$, $\mathrm{arc}(\tan = x)$, $\mathrm{arc}(\cot = x)$.

492. $\mathrm{arc}(\sin = x) = \mathrm{arc}\left(\cos = (1 - x^2)^{1/2}\right) = \mathrm{arc}\left(\tan = \frac{x}{(1 - x^2)^{1/2}}\right)$

$= \mathrm{arc}\left(\cot = \frac{(1 - x^2)^{1/2}}{x}\right)$.

$\mathrm{arc}(\tan = z) = \mathrm{arc}\left(\cot = \frac{1}{z}\right) = \mathrm{arc}\left(\sin = \frac{z}{(1 + z^2)^{1/2}}\right)$

$= \mathrm{arc}\left(\cos = \frac{1}{(1 + z^2)^{1/2}}\right)$.

493. $\mathrm{arc}(\sin = x) + \mathrm{arc}(\cos = x) = \frac{\pi}{2} = 90^0$.

$\mathrm{arc}(\tan = z) + \mathrm{arc}(\cot = z) = \frac{\pi}{2} = 90^0$.

494. $\mathrm{arc}(\sin = x) + \mathrm{arc}(\sin = y) \stackrel{*}{=} \mathrm{arc}\left(\sin = x(1 - y^2)^{1/2} + y(1 - x^2)^{1/2}\right)$,
$* \; x^2 + y^2 \leqq 1$.

$\mathrm{arc}(\sin = x) + \mathrm{arc}(\sin = y) \stackrel{*}{=} \pi - \mathrm{arc}\left(\sin = x(1 - y^2)^{1/2} + y(1 - x^2)^{1/2}\right)$,
$* \; x^2 + y^2 > 1$.

$\mathrm{arc}(\sin = x) - \mathrm{arc}(\sin = y) = \mathrm{arc}\left(\sin = x(1 - y^2)^{1/2} - y(1 - x^2)^{1/2}\right)$.

495. $\mathrm{arc}(\tan = x) + \mathrm{arc}(\tan = y) \stackrel{*}{=} \mathrm{arc}\left(\tan = \frac{x + y}{1 - xy}\right)$, $* \; xy \leqq 1$.

$\mathrm{arc}(\tan = x) + \mathrm{arc}(\tan = y) \stackrel{*}{=} \pi - \mathrm{arc}\left(\tan = \frac{x + y}{1 - xy}\right)$, $* \; xy > 1$.

$\mathrm{arc}(\tan = x) - \mathrm{arc}(\tan = y) = \mathrm{arc}\left(\tan = \frac{x - y}{1 - xy}\right)$.

496. Allgemeiner Bogen Aarc.

497. $\mathrm{Aarc}(\sin = x) \cong a\pi + (-1)^a \mathrm{arc}(\sin = x)$.
$\mathrm{Aarc}(\cos = x) \cong 2a\pi \pm \mathrm{arc}(\cos = x)$.
$\mathrm{Aarc}(\tan = x) \cong a\pi + \mathrm{arc}(\tan = x)$.
$\mathrm{Aarc}(\cot = x) \cong a\pi + \mathrm{arc}(\cot = x)$.

498. Wenn $x^n = 1$, wo n eine ganze Zahl, ſo $x = \cos\frac{2a\pi}{n} + i\sin\frac{2a\pi}{n}$, wo a alle ganzen Werte von 0 bis $n - 1$.

499. Richtgröse in der Baſe.
$[a(\cos\alpha + i\sin\alpha)]^c = a^c(\cos c\alpha + i\sin c\alpha)$, wo c reine Zahl.
$\varepsilon = \cos 1 + i\sin 1$.

500. $a(\cos c + i\sin c) = a\varepsilon^c$.

501. $(a\varepsilon^c)^n \stackrel{*}{=} a^n \cdot \varepsilon^{cn}$ * wo entweder n ganze Zahl, oder c echter Winkel.

502. $a^{b+c} \stackrel{*}{=} a^b \cdot a^c$ * wo b und c Zahlen, a eine Zahlgröse.

503. $a^{b-c} \stackrel{*}{=} a^b : a^c$ * wo b und c Zahlen, $a \gtrless 0$.

2*

504. $\varepsilon^{\alpha} = \cos\alpha + i\sin\alpha;$ $\qquad \varepsilon^{-\alpha} = \cos\alpha - i\sin\alpha.$

505. $\cos\alpha = \frac{\varepsilon^{\alpha} + \varepsilon^{-\alpha}}{2};$ $\qquad \sin\alpha = \frac{\varepsilon^{\alpha} - \varepsilon^{-\alpha}}{2}.$

506. $\varepsilon^{\alpha} = \varepsilon^{2n\pi + \alpha}.$

507. $a^q \cdot b^q \cdot c^q \cdots \overset{*}{=} (abc\cdots)^q \cdot \varepsilon^{2n\pi q}$ * wo q Zahl und $\alpha + \beta + \gamma + \cdots = 2n\pi + p$, wo $\alpha, \beta, \gamma \cdots$ wie p echte Winkel.

508. $a^{bc} \overset{*}{=} (a^b)^c \varepsilon^{2n\pi c}$ * wo b und c Zahlen und $\alpha b = 2n\pi + p$, wo α und p echte Winkel.

509. $a^{\beta\gamma\delta\zeta} \overset{*}{=} \left(\left(\left(a^{\beta}\right)^{\gamma}\right)^{\delta}\right)^{\zeta} \cdot \varepsilon^{2\pi(m\gamma\delta + n\delta + o)\zeta}$

* wo $a = a_1 \varepsilon^{\alpha}$ und α echt, $\beta, \gamma, \delta, \zeta$ Zahlen und $\alpha\beta = 2m\pi + r_1$, $r_1\gamma = 2n\pi + r_2$, $r_2\delta = 2o\pi + r_3$ und r_1, r_2, r_3 echte Winkel.

510. Richtgröse in der Stufe.

a) $e^i = \varepsilon$ $\qquad (e^{\alpha})^i = \varepsilon^{\alpha}.$

b) $(a\varepsilon^{\alpha})^{i\beta} \overset{*}{=} a^{i\beta}(\varepsilon^{\alpha})^{i\beta}$ $\qquad a^{i\beta} = (a^{\beta})^i$ $\qquad (\varepsilon^{\alpha})^{i\beta} = \left(\frac{1}{e}\right)^{\alpha\beta}$

* wo a eine Pluszahl, β eine reine Zahl und α eine echte Zahl.

c) $a^{\alpha + i\beta} \overset{*}{=} a^{\alpha} \cdot a^{i\beta}$ * wo α und β Zahlen, a eine beliebige Zahlgröse.

511. $(e^{\alpha})^i = (e^i)^{\alpha} = e^{i\alpha} = \varepsilon^{\alpha}.$

512. $\cos\alpha = \frac{e^{i\alpha} + e^{-i\alpha}}{2};$ $\qquad \sin\alpha = \frac{e^{i\alpha} - e^{-i\alpha}}{2}.$

513. $2^n \cdot (\cos\alpha)^n \overset{*}{=} S n^{*a} \cos(n - 2a)\alpha$ * n ganze Pluszahl,

oder für gerades n:

$$2^{n-1}(\cos\alpha)^n = \cos n\alpha + n \cdot \cos(n-2)\alpha + n^{*2} \cdot \cos(n-4)\alpha + \cdots + n^{*(1/2n - 1)} \cos 2\alpha + 1/2 \cdot n^{*(1/2n)},$$

für ungerades n:

$$2^{n-1}(\cos\alpha)^n = \cos n\alpha + n \cdot \cos(n-2)\alpha + n^{*2} \cdot \cos(n-4)\alpha + \cdots + n^{*(1/2n - 3)} \cos 3\alpha + n^{*1/2(n-1)} \cos\alpha.$$

514. Für gerades n, wo n eine ganze Pluszahl:

$$2^{n-1}(-1)^{1/2n}(\sin\alpha)^n = \cos n\alpha - n \cdot \cos(n-2)\alpha + n^{*2} \cdot \cos(n-4)\alpha - \cdots + (-1)^{(1/2n - 1)} n^{*(1/2n - 1)} \cos 2\alpha + (-1)^{1/2n} n^{*1/2n} \cdot 1/2,$$

für ungerades n:

$$2^{n-1}(-1)^{1/2(n-1)}(\sin\alpha)^n = \sin n\alpha - n\sin(n-2)\alpha + n^{*2} \cdot \sin(n-4)\alpha - \cdots + (-1)^{1/2(n-3)} n^{*1/2(n-3)} \sin 3\alpha + (-1)^{1/2(n-1)} n^{*1/2(n-1)} \cdot \sin\alpha.$$

515. $\varepsilon^i = \frac{1}{e}.$

516. $e = \cos i - i\sin i.$

517. $a^{ib} \overset{*}{=} \cos b \cdot l_e a + i\sin b l_e a$ * wo a reine Pluszahl.

518. $(\cos\alpha + i\sin\alpha)^{ib} = (\varepsilon^{\alpha})^{ib} = \left(\frac{1}{e}\right)^{\alpha b}.$

519. $e^{2n\pi i} = 1.$

520. $(a+ib)^{c+id} = (e^{\alpha}(\cos\beta + i\sin\beta))^{c+id} = (e^{\alpha}\varepsilon^{\beta})^{c+id} = e^{\alpha c - \beta d}\cdot\varepsilon^{\beta c + \alpha d}$
wo β echter Winkel.

521. $a+ib = e^{\beta + i\alpha}$ und zwar α echter Winkel. $e^{\beta+i\alpha} = e^{\alpha}(\cos\beta + i\sin\beta)$.

522. $(e^{a+ib})^{c+id} \overset{*}{=} e^{(a+ib)(c+id)}$ * wenn b echter Winkel.

523. $(e^{a}\varepsilon^{b})^{c+id} \overset{*}{=} e^{ac-bd}\varepsilon^{bc+ad}\varepsilon^{-2n\pi(c+id)}$ * wenn $b = 2n\pi + p$, wo p echter Winkel.

524. $e^{(a+ib)(c+id)} \overset{*}{=} (e^{a+ib})^{c+id}\varepsilon^{-2n\pi(c+id)}$ * wenn $b = 2n\pi + p$, wo p echter Winkel.

525. $e^{a+ib}\cdot e^{c+id} = e^{a+c+i(b+d)}$.

526. $(a+ib)^{c+id}\cdot(a+ib)^{f+ig} = (a+ib)^{c+f+i(d+g)}$.

527. $(a+ib)^{-(c+id)} = \left(\dfrac{1}{a+ib}\right)^{c+id}$.

528. $(a+ia_1)^{n+im}\cdot(b+ib_1)^{n+im}\cdots \overset{*}{=} ((a+ia_1)(b+ib_1)\cdots)^{n+im}\cdot\varepsilon^{2p\pi(n+im)}$,
wo $\alpha_1+\beta_1+\cdots = 2p\pi + r$, und r echter Winkel, auch $a+ia_1 = e^{\alpha+i\alpha_1}\ldots$.

529. $(a+ia_1)^{(m+im_1)(n+in_1)} \overset{*}{=} ((a+ia_1)^{m+im_1})^{n+in_1}\cdot\varepsilon^{2p\pi(n+in_1)}$,
wo $a+ia_1 = e^{\alpha+i\alpha_1}$, $\alpha(m+im_1) = 2p\pi + r$, und α_1 und r echte Winkel.

530. Wenn $e^{a+ia_1} = e^{b+ib_1}$, so ist $a_1 = b_1 + 2a\pi$, $a+ia_1 = b+ib_1+i2a\pi$.

531. Wenn $(a+ia_1)^x = b+ib_1$, so ist $x = \dfrac{\beta+i\beta_1+i2a\pi}{\alpha+i\alpha_1}$.

532. Richtgröse im Loge. Mehrwertiger Log $\dfrac{b+ib_1}{a+ia_1}$.

Einwertiger $\dfrac{e^{\beta+i\beta_1}}{e^{\alpha+i\alpha_1}} = \dfrac{\beta+i\beta_1}{\alpha+i\alpha_1}$, wo α_1 und β_1 echte Winkel.

533. $\dfrac{e^{\beta+i\beta_1}}{e^{\alpha+i\alpha_1}} \cong \dfrac{\beta+i\beta_1+i2a\pi}{\alpha+i\alpha_1}$; $\dfrac{e^{\beta+i\beta_1}}{e^{\alpha+i\alpha_1}} \overset{*}{=} \dfrac{\beta+i\beta_1}{\alpha+i\alpha_1}$ * $\alpha_1\,\beta_1$ echt.

534. $\dfrac{e^{\beta+i\beta_1}}{e} \cong \beta+i\beta_1+i2a\pi$; $\dfrac{e^{\beta+i\beta_1}}{e} \overset{*}{=} \beta+i\beta_1$ * β_1 echt.

535. $l_e(a+ib) \cong {}^1/_2 l_e(a^2+b^2) + i\left[\operatorname{arc}\left(\tan = \dfrac{b}{a}\right) \pm a\pi\right]$, wo $\dfrac{b}{a}$ echter Winkel;

$l_e(a+ib) \overset{*}{=} {}^1/_2 l_e(a^2+b^2) + i\operatorname{arc}\left(\tan = \dfrac{b}{a}\right)$ * wo $\dfrac{b}{a}$ echt.

Für a Plusgröse $l_e(a+ib) \cong {}^1/_2 l_e(a^2+b^2) + i\left[\operatorname{arc}\left(\tan = \dfrac{b}{a}\right) \pm 2a\pi\right]$.

Für a Strichgröse $l_e(a+ib) \cong {}^1/_2 l_e(a^2+b^2) + i\left[\operatorname{arc}\left(\tan = \dfrac{b}{a}\right) \pm (2a-1)\pi\right]$.

536. $l_e\dfrac{a+ia_1}{a-ia_1} \cong 2i\left[\operatorname{arc}\left(\tan = \dfrac{a_1}{a}\right) \pm a\pi\right]$;

$l_e\dfrac{a+ia_1}{a-ia_1} \overset{*}{=} 2i\left[\operatorname{arc}\left(\tan = \dfrac{a_1}{a}\right)\right]$ * wo $\dfrac{a_1}{a}$ echt.

537. $\dfrac{\varepsilon^{\beta}}{\varepsilon^{\alpha}} \cong \dfrac{\beta+2a\pi}{\alpha}$; $\dfrac{\varepsilon^{\beta}}{\varepsilon^{\alpha}} \overset{*}{=} \dfrac{\beta}{\alpha}$ * wo β und α echte Winkel.

538. $\frac{b+ib_1}{a+ia_1} \cong \frac{b+ib_1}{a+ia_1} + i2a\pi\frac{e}{a+ia_1}$.

539. $\frac{\varepsilon^\beta}{\varepsilon^\alpha} \stackrel{*}{=} \frac{\beta}{\alpha}$ * β und α echte Winkel.

540. $(a+ia_1)\frac{e^{\alpha+i\alpha_1}}{e^{\varrho+i\varrho_1}} + (b+ib_1)\frac{e^{\beta+i\beta_1}}{e^{\varrho+i\varrho_1}} + \cdots$

$$\stackrel{*}{=} \frac{\left(e^{\alpha+i\alpha_1}\right)^{a+ia_1}.\left(e^{\beta+i\beta_1}\right)^{b+ib_1}\cdots}{e^{\varrho+i\varrho_1}} + i2n\pi\frac{e}{e^{\varrho+i\varrho_1}}$$

* wo $a\alpha_1 + \alpha a_1 + b\beta_1 + \beta b_1 + \cdots = 2n\pi + p$, und $\alpha_1, \beta_1 \cdots$ und p echte Winkel.

541. $\frac{a+ia_1}{r+ir_1} + \frac{b+ib_1}{r+ir_1} + \cdots \stackrel{*}{=} \frac{(a+ia_1)(b+ib_1)\cdots}{r+ir_1} + i2n\pi\frac{e}{r+ir_1}$

* wo $\alpha_1 + \beta_1 + \cdots = 2n\pi + p$, wo $\alpha_1, \beta_1, \cdots p$ echte Winkel und $a+ia_1 = e^{\alpha+i\alpha_1}\ldots$.

542. $(a+ia_1)\frac{e^{\alpha+i\alpha_1}}{e^{\varrho+i\varrho_1}} \stackrel{*}{=} \frac{\left(e^{\alpha+i\alpha_1}\right)^{a+ia_1}}{e^{\varrho+i\varrho_1}} + i2n\pi\frac{e}{e^{\varrho+i\varrho_1}}$

* wo $a\alpha_1 + \alpha a_1 = 2n\pi + p$ und wo α_1, p echte Winkel.

543. $\frac{a+ia_1}{\left(e^{\varrho+i\varrho_1}\right)^{b+ib_1}} \stackrel{*}{=} \frac{a+ia_1}{e^{\varrho+i\varrho_1}} : (b+ib_1)$ * wenn $\varrho b_1 + b\varrho_1 = c$ und c echter Winkel.

544. $\alpha\frac{a+ia_1}{r+ir_1} + \beta\frac{b+ib_1}{r+ir_1} + \cdots \cong \frac{(a+ia_1)^\alpha(b+ib_1)^\beta\cdots}{r+ir_1}$

dann und nur dann, wenn $\alpha, \beta \cdots$ ganze Zahlen und zwei von ihnen Eins zum grösten gemeinschaftlichen **Mase** haben.

545. $\frac{a+ia_1}{r+ir_1} + \frac{b+ib_1}{r+ir_1} + \cdots \cong \frac{(a+ia_1)(b+ib_1)\cdots}{r+ir_1}$

546. Richtgröse im Winkel.

547. $\sin iy = i\frac{e^y - e^{-y}}{2}$; $\cos iy = \frac{e^y + e^{-y}}{2}$.

548. $\sin(x+iy) = \frac{e^y + e^{-y}}{2}\sin x + i\frac{e^y - e^{-y}}{2}\cos x$

$$= (\sin x)\cos iy + (\cos x)\sin iy.$$

$$\cos(x+iy) = \frac{e^y + e^{-y}}{2}\cos x - i\frac{e^y - e^{-y}}{2}\sin x$$

$$= (\cos x)\cos iy - (\sin x)\sin iy.$$

549. $\tan(x+iy) = \frac{2\sin 2x + i(e^{2y} - e^{-2y})}{2\cos 2x + e^{2y} + e^{-2y}} = \frac{\sin 2x + \sin 2iy}{\cos 2x + \cos 2iy}$,

$\cot(x+iy) = \frac{\sin 2x - \sin 2iy}{\cos 2x - \cos 2iy}$.

550. $\operatorname{arc}(\tan = x) = \frac{1}{2i} l_e \frac{1+ix}{1-ix}$.

551. $\operatorname{arc}(\sin = x) = \frac{1}{2i} l_e \frac{(1 - x^2)^{1/2} + ix}{(1 - x^2)^{1/2} - ix}$.

552. $\operatorname{arc}(\sin = a + ib) = x + iy$; $\operatorname{arc}(\cos = a + ib) = \frac{\pi}{2} - (x + iy)$.

553. $\operatorname{arc}(\sin = a + ib) + \operatorname{arc}(\cos = a + ib) = \frac{\pi}{2}$.

554. $\operatorname{arc}(\tan = c + id) = x + iy$; $\operatorname{arc}(\cot = c + id) = \frac{\pi}{2} - (x + iy)$.

555. $\operatorname{arc}(\tan = c + id) + \operatorname{arc}(\cot = c + id) = \frac{\pi}{2}$.

Vierter Abschnitt der Zahlenlehre: Die Gleichungslehre.

556. Gleichung. Unbekannte x, Wurzeln. Entfernen (eliminiren).
557. Gleiches zufügen, abziehen, mit Gleichem vervielfachen, teilen.
558. Wenn $a + c = b$, ſo $a = b - c$, wenn $a - c = b$, ſo $a = b + c$.
Wenn $ac = b$, ſo $a = \frac{b}{c}$, wenn $\frac{a}{c} = b$, ſo $a = bc$.
559. Wegschaffen eines Gliedes, Faches oder Nenners.
560. Wenn $a^n = b$, ſo $a = b^{\frac{1}{n}}$, wenn $a^{\frac{1}{n}} = b$, ſo $a = b^n$.
Wenn $n^a = b$, ſo $a = \frac{b}{=}{n}$, wenn $\frac{a}{=}{n} = b$, ſo $a = n^b$.
561. Alle Vorzeichen entgegengeſetzt nehmen.
562. Die Brüche umkehren, wenn Zähler ungleich Null.
563. Gleichung nten Grades, eingerichtet.
564. Gleichung mit einer Unbekannten einzurichten.
565. Gleichung ersten Grades auflöſen.
566. Wenn $x^n = a$, ſo $x_{\mathfrak{a}} = a^{\frac{1}{n}} \cdot \varepsilon^{\frac{2\mathfrak{a}\pi}{n}}$, wo $\mathfrak{a}$ ganze Zahl von 1 bis $n - 1$.
567. Jede Gleichung nten Grades eine Wurzel.
568. } $a_0 + a_1 x + a_2 x^2 + \cdots + x^n = \alpha_0 + (\alpha_1 + \alpha_2 x + \cdots + \alpha_{n-1} x^{n-2} + x^{n-1})(x - \alpha)$,
569. } wo $\alpha_0 = a_0 + \alpha a_1$; $\alpha_{\mathfrak{a}} = a_{\mathfrak{a}} + \alpha a_{\mathfrak{a}+1}$; $\alpha_{n-1} = a_{n-1} + \alpha$.
570.
571. } $a_0 + a_1 x + \cdots + a_{n-1} x^{n-1} + x^n = (x - \alpha_1)(x - \alpha_2) \cdots (x - \alpha_n)$.
572. In $a_0 + a_1 x + \cdots + a_{n-1} x^{n-1} + x^n$ ist $a_{n-r} = S \alpha_{\mathfrak{a}} \alpha_{\mathfrak{b}} \alpha_{\mathfrak{c}} \cdots (-1)^r$,
wo $\alpha_{\mathfrak{a}} \alpha_{\mathfrak{b}} \alpha_{\mathfrak{c}} \cdots$ r Fache enthält und $\mathfrak{a}, \mathfrak{b}, \mathfrak{c}$ jede Gröse.
573. Wenn $a + ib$ eine Wurzel, ſo auch $a - ib$.
574. Jede Gleichung nten Grades lässt ſich ſo einrichten, dass die Vorzahl von x^{n-1} Null wird.
575. Gleichung und Wurzel zweiten Grades.
576. Reine, gemischte, reine Jgröse $i = (-1)^{1/2}$.
577. $(a + b)^2 = a^2 + 2ab + b^2$.
578. $(a - b)^2 = a^2 - 2ab + b^2$.
579. $(a + b)(a - b) = a^2 - b^2$.
580. Wenn $x^2 = a^2$, ſo $x \cong \pm a$.
Wenn $x^2 = -b^2$, ſo $x \cong \pm ia$.

581. Wenn $x^2 + ax = b$, ſo ist $x = -\frac{a}{2} \mp \left(b + \left(\frac{a}{2}\right)^2\right)^{1/2}$.

582. Wenn $x^2 - ax = b$, ſo ist $x = \frac{a}{2} \mp \left(b + \left(\frac{a}{2}\right)^2\right)^{1/2}$.

583. Wenn $x^2 + ax = b$, ſo ist $x_1 = b^{1/2}\tan {}^1/_2\varphi$, $x_2 = -b^{1/2}\cot {}^1/_2\varphi$,

wo $\tan\varphi = \frac{2b^{1/2}}{a}$.

584. Wenn $x^2 + ax = -b$, ſo ist $x_1 = -a(\sin {}^1/_2\varphi)^2$, $x^2 = -a(\cos {}^1/_2\varphi)^2$,

wo $\sin\varphi = \frac{2b^{1/2}}{a}$.

585. Wenn $x^3 + 3px = 2q$, ſo ergiebt ſich

Für $+p$ ist $(\tan\varphi)^2 = \frac{p^3}{q^2}$; $\tan\psi = \left(\tan\frac{\varphi}{2}\right)^{1/3}$;

$x_1 = 2p^{1/2} : \tan 2\psi$; $\left.\begin{matrix} x_2 \\ x_3 \end{matrix}\right\} = -\frac{x_1}{2} \pm i\left(3(p + {}^1/_4 x_1^2)^{1/2}\right)$.

Für $-p$ und $p^3 < q^2$ ist $(\sin\varphi)^2 = \frac{p^3}{q^2}$; $\tan\psi = \left(\tan\frac{\varphi}{2}\right)^{1/3}$;

$x_1 = 2p^{1/2} : \sin 2\psi$; $\left.\begin{matrix} x_2 \\ x_3 \end{matrix}\right\} = -\frac{x_1}{2} \pm \left((3(p - {}^1/_4 x_1^2)^{1/2}\right)$.

Für $-p$ und $p^3 > q^2$ ist $\sin 3\varphi = \left(\frac{q^2}{p^3}\right)^{1/2}$.

$-x_1 = 2p^{1/2} \cdot \sin\varphi$; $\left.\begin{matrix} x^2 \\ x_3 \end{matrix}\right\} = 2p^{1/2}\sin(60^\circ \mp \varphi)$.

586. Wenn $x^4 + ax^2 + bx + c = 0$ und $e^3 + 2ae^2 + (a^2 - 4c)e = b^2$,

auch $d = {}^1/_2(a + e)$, $f = -\frac{b}{2e}$ ist, ſo ist

$x = \pm {}^1/_2 e^{1/2} \pm \left({}^1/_4 e \pm f \cdot e^{1/2} - d\right)^{1/2}$.

587. Wenn $x^n + a_{n-1}x^{n-1} + a_{n-2}x^{n-2} + \cdots + a_0 = 0$, ſo lässt ſich eine andere Gleichung finden, deren Wurzeln die Quader der Wurzeln dieſer Gleichung.

588. Näherung nach Newton: $x = c + z$, $f_0 x = f_0 c + z f_0' c$.

589. $\frac{f_0 x - f_0 c}{x - c} = b_{n-1}x^{n-1} + b_{n-2}x^{n-2} + \cdots + b_1 x + b_0$.

590. Hier ist $b_{n-1} = a_n$, $b_{n-(a+1)} = a_{n-a} + b_{n-a}c$, $f_0 c = a_0 + b_0 c$.

591. Gleichung, wo die Wurzeln um c kleiner.

592. Näherung nach Horner.

593. Näherung nach Graeffe (Pluswerte der Wurzeln).

594. „ Zahlwurzeln (reelle Wurzeln).

595. „ eine Unbekannte entfernen.

596. „ nach Encke (Richtwurzeln).

Ingram Content Group UK Ltd.
Milton Keynes UK
UKHW020624240423
420680UK00007B/436

9 781013 147562